RAINER EPPELMANN

FREMD IM EIGENEN HAUS

RAINER EPPELMANN

FREMD IM EIGENEN HAUS

Mein Leben
im anderen Deutschland

Kiepenheuer & Witsch

Mitarbeit: Christian v. Ditfurth

Umschlaggestaltung: Kalle Giese, Overath
Umschlagfoto: Michael Ebner
Satz: Kalle Giese Grafik, Overath
Druck und Bindearbeiten: Mohndruck, Gütersloh
ISBN 3-462-02279-2

Inhalt

Die Mauer

Am 13. August 1961 hatte ich Ferien. Ich war mit der Jungen Gemeinde auf Schloß Mansfeld, einem Rüstzeitenheim der evangelischen Kirche; so nannten wir unsere Freizeitheime. Ich hatte frühmorgens im Radio gehört, daß die Grenze zwischen Ost- und West-Berlin geschlossen worden war, und nun standen wir sechs oder sieben Siebzehn- und Achtzehnjährigen im Waschraum und sangen einen vierstimmigen Kanon: »Berlin ist zu, Berlin ist zu.« Ich hatte nichts begriffen. Noch nicht!

Mich hatte der Vorschlag der Jungen Gemeinde gereizt, einen vierzehntägigen Ferienaufenthalt mit einer Laienspielgruppe zu verbringen und dabei ein Theaterstück einzuüben, das dann am Ende der gemeinsamen Zeit in der Kirchengemeinde aufgeführt werden sollte. Da meine Eltern nicht genug Geld hatten, um mir die Tour zu bezahlen, hatte ich am Anfang der Schulferien bei der Berliner Verkehrs-Gesellschaft (BVG) als Schaffner gearbeitet. Die Endhaltestelle der Straßenbahn war noch direkt vor dem Ostflügel des Reichstagsgebäudes, praktisch auf der Grenze zwischen Ost- und West-Berlin.

In der Jungen Gemeinde in unserem Stadtbezirk Hohenschönhausen – wir wohnten damals in der Niehofer Straße –

fühlte ich mich wohl. Ich gehörte seit meiner Konfirmation im vierzehnten Lebensjahr dazu. Ich war erst als Siebenjähriger getauft worden, und dies vermutlich nur auf Intervention meiner Großmutter mütterlicherseits. Taufe und Konfirmation bedeuteten damals nicht viel für mich. An Inhalte des Konfirmandenunterrichts kann ich mich nicht erinnern, und ich weiß nicht einmal, welcher Pfarrer mich konfirmiert hat.

Meine Eltern lagen sonntags morgens im Bett oder arbeiteten in Haus und Garten, und mich schickten sie in die Kirche. Nicht einmal Heiligabend sind sie zum Gottesdienst gegangen. Der Kontakt zur Kirchengemeinde lag ihnen nicht am Herzen, und mir zunächst auch nicht. Er wurde mir erst wichtig in der Jungen Gemeinde. Der Grund dafür war so einfach wie menschlich: Ich war der einzige Junge in einer Schar immer hübscher werdender Mädchen. Außerdem interessierte mich die inhaltliche Arbeit, die dort geleistet wurde. Zu Hause sprachen wir nie über Gott und Jesus. Christine Groß, die Leiterin der Jugendgruppe, aber tat dies mit Sachkunde und großer Offenheit. Zum erstenmal hörte ich etwas von »historisch-kritischer Forschung«, erlebte ich verschiedene Formen der Bibelarbeit und des Gottesdienstes.

Seit Ende 1962 habe ich außerdem in der Theaterspielgruppe »Die Boten« mitgemacht, die Pfarrer Rudi Rokohl von der evangelischen Adventskirchengemeinde nach dem Mauerbau gegründet hatte. Zuvor waren die »Vaganten«, die in West-Berlin ansässig waren, mit Verkündigungsspiel und christlichem Theater in allen Gemeinden der Stadt aufgetreten. Mir hat die Laienschauspielerei viel Spaß gemacht. Außerdem hat sie mir Sicherheit im Auftreten gegeben und es mir erleichtert, mich in andere Rollen zu versetzen.

Als ich in der Woche nach dem 13. August von Schloß Mansfeld nach Hause zurückkam, waren meine Eltern getrennt. Mein Vater arbeitete seit Jahren als Zimmermann in West-Berlin und galt als »Ausweis-West-Berliner«, weil er sich bei einer Tante in Charlottenburg polizeilich gemeldet hatte. Dank seines Passes konnte er die Grenzsperren passieren. Er wollte im Einverständnis mit meiner Mutter im Westen bleiben. Wo solle er arbeiten im Osten, und wie solle er die Familie ernähren, wenn er so viel weniger Geld verdiene? Beide waren fest überzeugt davon, daß die Mauer, die da vor den Augen der Welt Stein um Stein aufgeschichtet wurde, nicht lange bleiben würde. Das würde sich der Westen nicht bieten lassen! Mein Vater stammte aus Rheinhessen und war meiner Mutter zuliebe nach Berlin gekommen, aber freiwillig einsperren ließ er sich nicht. Auch nicht für uns.

So war meine Mutter nun allein mit uns vier Kindern. Ich war achtzehn, meine Schwestern Regina und Dorit siebzehn und acht, mein Bruder Dietmar war erst fünf Jahre alt. Wegen uns war meine Mutter Hausfrau und hatte somit kein eigenes Einkommen. Vater brachte kein Geld mehr nach Hause. Also mußten Regina und ich welches verdienen.

Mit der Schule war es zunächst sowieso vorbei. Wir hatten bis zum Mauerbau ein West-Berliner Gymnasium besucht und somit nach dem Verständnis der Machthaber in der DDR die Arbeiter-und-Bauern-Macht verraten. Zwar galt das Schulpflichtgesetz für ganz Berlin, aber das sollte nicht das letzte Mal sein, daß ich bestraft wurde, weil ich ein Gesetz in Anspruch nahm.

Ich war nur mit Schwierigkeiten nach der achten Klasse auf die Oberschule im Ost-Berliner Stadtbezirk Weißensee gekommen. Das verdankte ich vor allem meiner Russischlehrerin, die sich gegen einige Widerstände für mich eingesetzt hatte. Meine Leistungen in Russisch waren gut, und außerdem war ich in die Gesellschaft für Deutsch-Sowjetische Freundschaft (DSF) eingetreten, was ich vor meinen Eltern allerdings verheimlichte. Sie hätten es mir verärgert untersagt. Daneben spielte meine soziale Herkunft eine positive Rolle. Meine Mutter war gelernte Schneiderin und mein Vater Zimmermann. In den Augen der Schulgewaltigen sprach jedoch gegen mich, daß mein Vater in West-Berlin in einem kleinen Baubetrieb arbeitete.

Meine Schwester hat sich ein Jahr später ebenfalls bemüht, auf die Oberschule zu kommen, aber in ihrem Fall war nichts mehr zu machen, obwohl auch ihr Wunsch von Lehrern unterstützt wurde. Es wurde eigens ein Elternabend einberufen, der dann feststellte, daß die Eppelmanns zu sehr auf den Westen fixiert seien. Es spielte gewiß der Neid auf meinen Vater eine Rolle, der Westmark verdiente und sich sogar einen Wintergarten leisten konnte.

Da hörten meine Eltern, daß es in West-Berlin zwei oder drei Schulen gab, die ausschließlich für Ost-Berliner Schüler eingerichtet worden waren, denen es in der DDR verwehrt wurde, das Abitur zu machen. Meist weil sie nicht genügend gesellschaftliche Betätigung nachweisen konnten und sie daher nicht würdig waren, die »Kommandohöhen« des »ersten deutschen Arbeiter-und-Bauern-Staats« zu erklimmen. Gute Zeugnisse allein reichten nicht.

So entschlossen sich meine Eltern, meine Schwester auf die Johannes-Kepler-Schule in Neukölln zu schicken. Als meine Mutter auf dem zuständigen Schulamt in der Nähe des Funkturms vorsprach, fragte die Sachbearbeiterin sie, ob sie ein Kind habe, das bereits die Erweiterte Oberschule (EOS) besu-

che, und klärte sie darüber auf, daß Kinder, deren Geschwister in eine Schule im Westen gingen, in den EOS meist schlechtere Noten erhielten. Daher entschieden meine Eltern, daß ich ebenfalls die Johannes-Kepler-Schule besuchen sollte.
Ich war zwar in Weißensee von der neunten in die zehnte Klasse versetzt worden, aber in Neukölln ließ ich mich zurückstufen, weil ich keine Lust hatte, fünf Jahre Englischunterricht nachzuholen. In dieser Sprache war ich bis dahin nicht unterrichtet worden. Vokabeln pauken mochte ich gar nicht. Es war mir allerdings auch nicht angenehm, in der Parallelklasse meiner Schwester zu sitzen.
Ab und zu wurde die S-Bahn kontrolliert und wir von DDR-Volkspolizisten aus dem Zug geholt. Ich habe manches Ei gesehen, das eine wütende Frau einem DDR-Grenzer vor die Füße warf, weil der es konfiszieren wollte.
Bis zum Mauerbau hatten Tausende von Menschen aus Ost-Berlin und Umgebung im Westteil der Stadt gearbeitet. Die meisten von ihnen erhielten einen Teil ihres Lohns in Westmark und den Rest in Mark der DDR. Mein Vater dagegen verdiente nur Westmark, weil er sich gegenüber seinem Arbeitgeber als West-Berliner ausgewiesen hatte.
Viele haben die harte Währung in einer der West-Berliner Wechselstuben »umgerubelt« und für eine Deutsche Mark fünf DDR-Mark eingelöst. Im SED-Jargon hießen diese Menschen »Grenzgewinnler«. Wer Devisen hatte, konnte sich in West-Berlin Kaffee und Bananen kaufen oder was im Osten sonst noch Mangelware war. Den Geruch von Bückling habe ich bis heute in der Nase. Es war herrlich, wenn Vater und Mutter mit uns am Wochenende einkaufen gingen. Aber das war nun vorbei.
Mein Vater durfte dank seines Passes in den ersten Tagen nach

dem Bau des »antifaschistischen Schutzwalls« noch in den Ostteil. Er schaffte es sogar, sein Auto – einen Ford mit West-Berliner Kennzeichen – abzuholen.
Ich hatte ihm bis zuletzt immer wieder in den Ohren gelegen, daß er mir auch so einen Paß besorgte, damit ich nach West-Berlin konnte, bevor die Grenze endgültig dicht war. Schon zuvor war in der Bevölkerung gemunkelt worden, daß irgendwann die Grenze geschlossen werden würde, aber Staatsratsvorsitzender Walter Ulbricht hatte dies noch wenige Tage vor dem 13. August öffentlich heftig dementiert. Mein Vater erklärte bis zum Schluß, daß der Viermächtestatus der einstigen Reichshauptstadt eine Mauer nicht zulasse.
Dabei war für jeden sichtbar, daß die DDR ausblutete. Sie verlor vor allem Monat für Monat Tausende von hochqualifizierten Wissenschaftlern und Facharbeitern, meist junge Menschen, die keine Perspektive für sich im SED-Sozialismus sahen. Die Diktatur funktionierte nicht gut, schon gar nicht, solange die Menschen sich ihr durch Flucht entziehen konnten.
Unsere Propaganda machte die Bundesregierung und den West-Berliner Senat für die Mauer verantwortlich. Mit klingendem Spiel hätten die Revanchisten durchs Brandenburger Tor gen Osten marschieren wollen an einem ominösen Tag X, auf den sich ein eigens zu diesem Zweck installierter Forschungsbeirat zu Fragen der Wiedervereinigung schon vorbereitet habe.
Als der »antifaschistische Schutzwall« unter Leitung des Ulbricht-Favoriten Erich Honecker, zuvor »Häuptling« der FDJ, gebaut war, brach die Kampagne gegen alles Westliche los. Junggenossen stiegen auf die Dächer, um die Fernsehantennen nach Osten umzudrehen und solche für Westempfang ab-

zubauen. Hart wurde gegen »arbeitsscheue Personen« vorgegangen und jede ideologische Abweichung unbarmherzig bekämpft. Und jetzt, nach dem 13. August, konnte die SED-Führung endlich die allgemeine Wehrpflicht verordnen, denn wohin sollten junge Männer nun abhauen, die nichts hielten von der Nationalen Volksarmee (NVA)?

Ich hätte noch einige Tage nach dem Mauerbau aus Ost-Berlin herauskommen können, wenn mein Vater sein Versprechen, mir einen West-Berliner Paß zu besorgen, gehalten hätte. Er war zwar ein guter Zimmermann, aber Briefe schreiben war nicht seine Sache, und im Umgang mit Behörden ist er nicht der Geschickteste gewesen. Möglicherweise fühlte er sich überfordert durch meine Bitte. Vielleicht war ja in der Laube meiner Tante in Charlottenburg auch nur für ihn Platz. Mir war von vornherein klar, daß mein ganzes Leben anders verlaufen wäre, hätte ich in den Westen gehen können.

Ein paar Wochen nach der Grenzschließung standen meine Mutter und wir Kinder auf der Heinrich-Heine-Straße. Wir hatten uns mit meinem Vater verabredet. So sahen wir, wie er uns auf der Westseite von einem der inzwischen zu diesem Zweck gebauten Holztürme aus zuwinkte. Wir winkten zurück. Zwischen uns lagen nur ein paar Meter Mauer und Stacheldraht: die »Friedensgrenze«, wie die SED-Propaganda erklärte. Ich war maßlos traurig – und wütend. Die Mauer mit all ihren Folgen für meine Familie und mich würde ich der SED nie verzeihen.

Es ist für mich etwas Selbstverständliches gewesen, daß ich am 9. November 1989 auf der Bornholmer Brücke stand. Es entsprang nicht tiefgründiger Überlegung, sondern war emotional bedingt, daß ich mich zu den paar tausend Menschen gesellte, die sehen wollten, daß die Mauer endlich offen war.

Ich empfand den 9. November 1989 als die notwendige Korrektur des unmenschlichen 13. August 1961. Dieser hatte alles zerschlagen, was ich mir für meine Zukunft erträumte.

Für uns Jugendliche, die wir in West-Berlin zur Schule gegangen waren, kam nun die »Zeit der Bewährung«. Wir mußten auf die Ost-Berliner Arbeitsämter gehen und uns dort erfassen lassen. Nur zwei von zwanzig aus unserer Klasse durften ihr Abitur auf einer DDR-Oberschule machen, da ihre Eltern Beziehungen zu den richtigen Leuten hatten. Meine Schwester und ich bekamen zunächst nicht einmal eine Lehrstelle, weil wir in den Bewerbungen wahrheitsgemäß angegeben hatten, daß unser Vater im Westen wohnte.
Meiner Schwester wurde eine Stelle als Hilfskraft in einem Krankenhaus zugewiesen und ich zu einem privaten Dachdeckerbetrieb vermittelt. Bis zu diesem Tag hatte ich nie körperlich schwer gearbeitet, sondern höchstens handwerklich herumgebastelt. Aber jetzt mußte ich von einem Tag auf den anderen eine »Tuppe« tragen. Das ist ein Gefäß, in dem man Mörtel oder Ziegel auf dem Rücken schleppt. Gefüllt wog es etwa eineinhalb Zentner, und mit diesem Gewicht mußte ich drei, vier, fünf und mehr Etagen nach oben steigen. Dort, auf oder unter dem Dach, warteten ein oder zwei Gesellen, die weiterarbeiten wollten, ohne auf mich warten zu müssen. Von mir hing ab, ob sie ihr Soll schafften. Ich tat monatelang nichts anderes und war in den ersten Wochen völlig zerschlagen. Ich wuchs noch und habe mir hier wohl meine Wirbelsäulenverkrümmung geholt.
Immerhin brachte ich für damalige Verhältnisse nicht wenig Geld nach Hause, mein Verdienst lag zwischen 400 und 600 Mark. Das meiste davon mußte ich zwar abgeben, aber es war

das erste selbstverdiente Geld. Was ich davon behalten durfte, investierte ich vor allem in eine 250er Sport-AWO, deren Kaufpreis ich in kleinen Raten abstotterte, und in die angemessene Kluft: Zur bereits vorhandenen Lederjacke und Niethose kamen eine Fidel-Castro-Mütze und langschaftige braune Lederhandschuhe. Ich fand mich todschick.

In dieser Ausstattung – statt im üblichen Festtagsanzug – begab ich mich auch zum Wahllokal, als ich mit achtzehn Jahren das erste Mal an einer »Volkswahl« teilnehmen durfte. Es waren die Kommunalwahlen im September 1961, bei denen der Liste der Nationalen Front unter Führung der SED wie gewohnt knapp hundert Prozent der Stimmen zugeschrieben wurden.

Meine Stimme bekam sie allerdings nicht. Als ich das Wahllokal betrat, fragte ich laut, was ich tun müsse, wenn ich mit keinem der Kandidaten einverstanden sei. In diesem Fall müsse ich jeden einzeln durchstreichen, wurde mir erklärt. Ich tat es vor aller Augen und verließ stolz den Raum.

Erst Jahre später begriff ich, daß meine Demonstration im Wahllokal im Prinzip zwar richtig, aber wenig wirkungsvoll gewesen war. Denn hatten mich nicht Leute hineingehen sehen und daraus die Schlußfolgerung ziehen müssen, daß ich mich an dem unwürdigen und undemokratischen Spektakel beteiligte?

Erst bei den Kommunalwahlen im Mai 1989 – 26 Jahre später – habe ich ein Wahllokal wieder von innen gesehen. Auch dieses Mal strich ich die Namen aller Kandidaten durch. Ich machte bei der Farce mit, weil wir uns in der Bürgerrechtsbewegung darauf verständigt hatten, die Stimmenauszählung möglichst flächendeckend zu kontrollieren. Der dabei offenkundig werdende Wahlbetrug ließ das Ansehen der SED in

der DDR-Öffentlichkeit drastisch weiter sinken. Besonders in den Kirchengemeinden gingen jetzt viele Menschen auf Distanz zu Staat und Partei. Der so dumme wie freche Wahlbetrug hatte bei vielen das Faß zum Überlaufen gebracht.
Meine Mutter hat sich nie an DDR-Wahlen beteiligt. Eifrige Genossen suchten sie am Wahltag auf und agitierten sie wie andere Unwillige auch. Das Regime legte großen Wert auf eine hohe Wahlbeteiligung, die es als Zustimmung zum politischen System der DDR ausgab. Aber meine Mutter erklärte, daß sie nicht daran denke mitzumachen, solange die Obrigkeit nicht dafür sorge, daß ihre Familienverhältnisse in Ordnung kämen. Sie mußte dann ihrem Mann ein Telegramm nach West-Berlin schicken und ihn auffordern, in den Osten zurückzukehren, um an der Wahl teilzunehmen. Er antwortete, daß er nach einer Gallenoperation im Krankenhaus liege und nicht kommen könne.
Am Tag nach der Wahl vermerkte der Abschnittsbevollmächtigte (ABV) der Volkspolizei, daß mein Vater seit dem 13. August nicht mehr bei uns wohnte, sondern im Westteil der Stadt. Das war nicht die ganze Wahrheit, denn dank seines West-Berliner Passes hatte er noch einige Tage nach dem Mauerbau die Grenze passieren können. Aber möglicherweise wollte der ABV meiner Mutter weitere Nachfragen der Staatsorgane ersparen.

Die Stimmabgabe gegen die Nationale Front war damals allerdings meine einzige politische Tat. Viel lieber donnerte ich mit meiner Freundin Anja auf meiner 250er durch die Gegend, gemeinsam mit Klaus Weise, der sich sogar eine 350er Sport-AWO angeschafft hatte, und seiner Freundin Angelika, Anjas Schwester. Anja hatte ich in der Jungen Gemeinde kennengelernt. Zusammen machte es viel mehr Spaß, die DDR per Zweirad zu erkunden, als allein.

Meine Maschine lief mit Rückenwind 130 Stundenkilometer. Wenn ich die Höchstgeschwindigkeit erreicht hatte, versuchte ich manchmal instinktiv den nicht existierenden nächsthöheren Gang einzulegen. Tempobeschränkungen ignorierte ich souverän. Es machte mir Spaß, den meisten Autos davonzufahren. Vor lauter Übermut ließ ich hin und wieder bei vollem Tempo den Lenker los und markierte einen Cowboy, der in vollem Galopp beidhändig wild um sich schoß. Am schönsten war es, wenn Anja dabei war und vor Angst kreischte.

Mein Vater hatte mir aus dem Westen einen ganz kleinen Lenker geschickt, so wie er damals Mode war. Wer mich von vorn sah, mußte glauben, daß der Eppelmann den Scheinwerfer in den Händen hielt. Einmal im Jahr baute ich mit Hilfe von Klaus das Motorrad völlig auseinander, polierte die Ventile und präparierte den Auspuff, um noch ein paar Stundenkilometer herauszuschinden. Außerdem wurde dadurch der Klang satter und lauter. Den letzten Schalldämpfer entfernten wir jedoch nicht, damit uns die Polizei nicht auf die Schliche kam, wenn sie den Auspuff inspizieren sollte.

Meine Mutter wollte, daß zuerst meine Schwester Regina eine gute Schulbildung erhielt und ich als Hauptverdiener zunächst weiter arbeitete. Regina hat daraufhin nur noch stundenweise im Krankenhaus gearbeitet und auf der Abendschule das Abitur gemacht. Sie hat später an der Humboldt-Universität sogar Pädagogik, Deutsch und Englisch studieren dürfen – ohne Jugendweihe, aber konfirmiert, und ohne Mitglied der FDJ zu werden. 1968 wurde sie nach Beendigung ihres Studiums Junglehrerin für Deutsch und Englisch in Neuenhagen, im Norden Berlins gelegen. Als der Warschauer Pakt im August die ČSSR besetzte und den »Prager Frühling«, wie der Reformsozialismus von Alexander Dubcek und Ota Cik genannt wurde, niederwalzte, weigerte sich Regina als einzige des Lehrerkollegiums, eine Resolution zu unterschreiben, in der der Einmarsch als »sozialistische Bruderhilfe« gerechtfertigt wurde. Eine Woche lang diskutierten Vertreter der SED und der Schulleitung mit ihr, auch der Schulrat schaltete sich ein. Aber Regina blieb bei ihrer Position und wurde entlassen.

Ich habe sie wegen ihrer mutigen Haltung bewundert. Sie stand völlig allein und hatte niemanden, hinter dem sie sich verstecken konnte. Hinzu kam, daß zu dieser Zeit unsere Mutter und die beiden jüngeren Geschwister in den Westen hatten ausreisen dürfen und das Verhältnis zwischen Regina und mir getrübt war.

Damals, an einem Augusttag im Jahr 1968, stand ich mit meinem Freund Jochen vor der ČSSR-Botschaft in der Schönhauser Allee. Wir kannten uns von den »Boten«, er hatte wegen Flugblattverteilens im Gefängnis gesessen. Wir hatten verabredet, in die Vertretung zu gehen, um den Tschechoslowaken unsere Solidarität auszudrücken. Wir hatten Angst, sahen Volkspolizisten, die zwar niemanden von denen, die die Botschaft besuchten, aufhielten, aber durch ihre bloße Anwesenheit abschreckten. Schließlich nahmen wir unser Herz in die Hand und gingen hinein. In dem ausliegenden Kondolenzbuch notierten wir unsere Empörung über den Überfall. Wir unterschrieben mit unseren vollen Namen samt Anschriften – um der Stasi die Arbeit nicht zu erschweren, wie wir trotzig meinten. Es hatte keine Folgen für mich oder Jochen, der Jahre später in die Bundesrepublik ausreiste.

Zurück zur Chronologie. Bis zum Sommer 1962, ein Jahr lang, schleppte ich Ziegel und Mörtel die Treppen hinauf. Da mein erster Arbeitgeber starb, mußte ich bald zu einem anderen Dachdeckerbetrieb wechseln. Dort arbeitete ich mit Klaus Schulze zusammen, der zwei oder drei Jahre älter war als ich. Es erleichterte meine ungeliebte Existenz etwas, daß ich mit ihm vernünftig reden konnte und er in mir nicht nur den Handlanger sah. Er brachte mir einiges bei. Zum Beispiel zeigte er mir, wie man Biberschwänze verlegte. So nennt man Flachziegel, die rund 25 Zentimeter lang und nur 1 Zentimeter stark sind. Die Ziegel werden durch Mörtel miteinander verbunden, und es ist nicht einfach, den Zement fachgerecht auf die schmalen Seitenkanten aufzutragen. Ich könnte heute noch ein solches Dach eindecken. Erst als ich schon Gemeindepfarrer war, habe ich gehört, daß man ein Biberschwanzdach auch trocken verlegen kann. Dabei werden die Ziegel an den Dachlatten verdrahtet. Bei uns in der DDR gab es aber diese simplen Drahthaken nicht.
Einmal arbeiteten Klaus und ich auf dem Dach einer Gummifabrik in Weißensee. Plötzlich kam eine fürchterliche Windböe und riß mich um. Ich rutschte hinab, und hätten meine Hände nicht instinktiv die Leitung eines Blitzableiters erfaßt, wäre ich drei oder vier Etagen hinuntergestürzt und auf der Stelle tot gewesen. Als ich wieder oben auf den Dachlatten stand, fingen meine Knie fürchterlich zu wackeln an. Erst jetzt war mir bewußt, was mir fast passiert wäre.
Manches machte mir bei aller Plackerei Spaß. Mir gefiel es, in achtzehn Meter Höhe Regenrinnen zu säubern. Da saß ich an der Dachkante, stützte mich mit einem Fuß in der Rinne ab, die ich mit der Kelle auskratzte, das andere Bein baumelte lässig herunter. Unten gingen die Leute vorbei und staunten. De-

nen wurde vom Zusehen schwindlig, und ich fühlte mich ganz stark und toll.
Meine Freundschaft mit Klaus dauerte länger als unsere Zusammenarbeit. Sie ging zu Ende, als sich unsere Interessen auseinanderentwickelten. Klaus wollte viel Geld verdienen und schnell zu Haus und Auto kommen. Solche materiellen Dinge waren mir zwar nicht gleichgültig, aber doch nicht von alles überragender Bedeutung. Er hat dann geheiratet, und dies trug dazu bei, daß wir uns immer seltener sahen.
Im Sommer 1962 hatte ich mich offenkundig »bewährt«, meine vom Staat verordnete Strafarbeit ging zu Ende. Außerdem hatte eine Lehrerin von Dorit meiner Mutter den Rat gegeben, daß wir bei künftigen Bewerbungen für eine Lehre in der entsprechenden Rubrik angeben sollten, daß die Eltern getrennt lebten. Bald durfte ich eine Ausbildung als Maurer anfangen im Wohnungsbaukombinat (WBK) Berlin, einem großen Volkseigenen Betrieb (VEB) in Lichtenberg, ganz in der Nähe der Stasizentrale in der Normannenstraße.
Eine Maurerlehre war nicht unendlich weit entfernt von einem meiner früheren Berufswünsche. Denn hätte ich das Abitur in West-Berlin absolvieren dürfen, wäre ich, davon war ich überzeugt, Architekt geworden. Oder Bundeswehrpilot. Aber keineswegs, weil ich eine Schwäche fürs Militärische gehabt hätte. Mich begeisterte das Fliegen. Für Uniformen und Rangabzeichen interessierte ich mich nicht. Ich habe die Dienstränge erst einigermaßen gelernt, als ich 1990 Minister für Abrüstung und Verteidigung der DDR wurde.
So ganz im reinen war ich mit mir hinsichtlich meiner Berufswahl noch nicht gewesen, als mir am 13. August 1961 Walter Ulbricht und Erich Honecker in Moskaus Auftrag die Ent-

scheidung abnahmen. Nun wurde ich also weder Architekt noch Pilot, sondern erst einmal Maurer.
Genauer gesagt, nannte sich mein nun zu erlernender Beruf »Rohbaumonteur«, eine sozialistische Wortschöpfung, in der sich ausdrücken sollte, daß wir alles besser machten. Als Rohbaumonteur hatte man eine Menge mit Mauern und mit Putzen zu tun, aber vor allem mit Platten. Die nach ihnen benannte Bauweise wurde damals gerade eingeführt, und mit ihrer Hilfe errichtete man schon ganze Häuser. Zunächst waren die Platten rund ein Meter mal ein Meter groß, und sie wurden, verbunden durch Mörtel, Stück für Stück aufeinander gesetzt. Das war die Technik der Zukunft, glaubten die Experten. Daher habe ich das Mauern nur nebenbei gelernt.
Aber noch während der Lehrzeit zeigte sich, daß auf Maurer nicht verzichtet werden konnte, und so verwandelte sich der Rohbaumonteur des Lehrvertrags in den Maurer des Gesellenbriefs, der mir schon nach zwei Jahren Lehrzeit ausgehändigt wurde, weil ich zehn Schuljahre nachweisen konnte.
Die Platten sind später immer größer geworden, und dann wurden sie auch miteinander verschweißt, weil sonst die Stabilität gelitten hätte. Aber trotzdem wurden weiter Leute gebraucht, die einen Schornstein hochziehen, eine Wand mauern und verputzen oder Fliesen verlegen konnten. Die Arbeitsteilung wurde allerdings noch während meiner Lehrzeit auf die Spitze getrieben: Zum Beispiel wurden sogenannte Schnur- und Eckenmaurer ausgebildet. Jene, die am besten mit der Kelle umgehen konnten, mauerten die Ecken hoch, und die anderen spannten die Schnur von der einen Ecke zur anderen und setzten dann die Ziegel dazwischen.
Ich war nicht nur zwei bis drei Jahre älter als meine Mitlehrlinge, sondern auch ehrgeizig, weil ich den Eindruck hatte, daß

dies möglicherweise meine letzte Chance war in diesem Staat. Ich wollte noch studieren, und dazu mußte ich überdurchschnittliche Leistungen in der Berufsausbildung zeigen.
In einem Bau habe ich mich »verewigt«, und zwar in der Zoologica. Das ist ein großes Zoofachgeschäft neben dem zentralen Schlachthof am S-Bahnhof Leninallee. Im Erdgeschoß sind die Ausstellungsräume und darüber Büros. Wenn ich später mit meinen Kindern an dem Haus vorbeifuhr, konnte ich ihnen die Ecke zeigen, die ich gemauert hatte.
Zu meinen Kollegen hatte ich keinen intensiven Kontakt, sieht man vielleicht von einem Auszubildenden ab, der auch bei den »Boten« mitspielte. Als ich meinen Gesellenbrief hatte, brach die Verbindung zum WBK Berlin ab. Dabei spielte nicht nur der Altersunterschied eine Rolle, sondern auch die Tatsache, daß es sich in meiner Sicht um eine Zweckgemeinschaft für zwei Jahre gehandelt hatte. Ich hatte nie geglaubt, daß ich den Maurerberuf lebenslang ausüben würde. Ich betrachtete die Lehrzeit lediglich als Episode, als eine Stufe in der Treppe, die mich doch noch zum Studium führen sollte.

Daß ich trotz allem bautechnischen Hin und Her etwas gelernt hatte, bestätigte mir auch mein Vater. Das erste Passierscheinabkommen im Dezember 1963 erlaubte es ihm, uns über die Weihnachtsfeiertage zu besuchen. Ich erzählte ihm, daß wir 800 Steine am Tag vermauerten. Damit könne ich im Westen eine Menge Geld verdienen, sagte er.
In Folge des Passierscheinabkommens, das West-Berlinern Verwandtenbesuche im Ostteil der Stadt erlaubte, gab es an den Grenzübergangsstellen der geteilten Stadt einen solchen Andrang, daß die Kontrolleure zeitweise den Überblick verloren. So geschah es, daß Ost-Berliner, die ihre Verwandten zum

Abschied begleiteten, unversehens im anderen Stadtteil landeten. Manche blieben drüben, manche kehrten zurück, weil sie ihre Familien und ihre Habe nicht verlassen wollten.
Mangels Abitur konnte ich Architekt nicht mehr werden, aber wenigstens Bauingenieur. Das verdanke ich einem Berufsschullehrer, einem überzeugten Kommunisten, der bei Hausbesuchen gerne erzählte, daß in der Sowjetunion in fünf Jahren endlich das Geld abgeschafft werde. Auf der letzten Elternversammlung vor Abschluß der Lehrzeit stand er vorne am Pult und erklärte, delegiert auf die Fachschule werde nur, wer fleißig gearbeitet und gelernt habe. Und dann sagte er überraschenderweise: »Hier kann ich Ihnen ein Beispiel geben. Das ist der Eppelmann, der früher ein schwarzes Schaf war. Der hat gute Arbeit geleistet, der ist tüchtig gewesen.« Meine Mutter, die mir dies erzählte, glaubte, nicht richtig zu hören.
So kam ich im September 1962 an die Ingenieurschule für Bauwesen in der Straßmannstraße in Berlin-Friedrichshain, ganz in der Nähe der Samaritergemeinde, die aber damals für mich noch nichts bedeutete. Sie galt als die »rote Fachschule« in Berlin. Aber ich war zufrieden, weil sie die einzige ihrer Art in Ost-Berlin war. Aus meinem Studienwunsch Hochbau wurde allerdings nichts, statt dessen sollte ich mich nach Meinung der Bedarfsplaner mit dem Tiefbau befassen.
Im September 1964 begann der Unterricht. Das Klima in dieser Schule war entsetzlich. Ich hatte bald den Eindruck, daß wir zu Staatsfunktionären, aber nicht zu Baufachleuten ausgebildet werden sollten. Die Lehrer erschienen mir als unerschütterliche Gefolgsleute der SED. »Wir sind auf der Seite des Fortschritts, wir sind auf der Seite der Zukunft«, hämmerten sie uns fortlaufend ein. In den Lehrbüchern wurden für

1975 paradiesische Zeiten in einer kommunistischen DDR prognostiziert. »Überholen ohne einzuholen«, plapperten sie treudumm ihrem Staatslenker Ulbricht nach.
Wir stünden auf der Seite der Sieger der Geschichte, dozierten sie. Das unverbrüchliche Bündnis mit der Sowjetunion bringe uns Wohlstand und Frieden vor den Aggressionsgelüsten des Imperialismus. Der Westen werde noch neidisch darauf sein, was der Sozialismus unter Führung der heroischen Kommunistischen Partei der Sowjetunion alles zustande bringen würde.
Fortschritt hieß für sie, daß Autos auf in die Straßen eingelassenen Führungsschienen fuhren und die Insassen sich frohgemut unterhielten, ohne auf den Verkehr achten zu müssen. »Das können nur wir«, behaupteten sie. Wir, die Arbeiterklasse, seien die einzigen, die politische Verantwortung tragen dürften, denn die anderen Klassen hätten in der Geschichte politisch und moralisch versagt. Nur die Arbeiter dächten an das Allgemeinwohl, die Kapitalisten dagegen sorgten sich nur um ihre Interessen. Im Kapitalismus stehe der Profit im Mittelpunkt, im Sozialismus aber der Mensch.
Der Volksmund entdeckte übrigens eine treffende Interpretation dieses Propagandaspruchs: »Weißt du, warum im Sozialismus der Mensch im Mittelpunkt steht?«
»Nein, warum denn?«
»Damit man ihm von allen Seiten gut in den A . . . treten kann.«
Dieses agitatorische Trommelfeuer, dem jeder DDR-Bürger jahrzehntelang ausgesetzt war, hat Wirkung gezeigt. Wenn auch das meiste links ins Ohr hineinging und rechts wieder herauskam, irgend etwas ist bei jedem von uns hängengeblieben. Einige heutige Unsicherheiten meiner Landsleute im

Osten gehen sicher darauf zurück. Wer hörte nicht gerne, daß er im richtigen, im Lager der Gewinner sei?
In der Ingenieurfachschule wurden wir in Klassen unterteilt und nach einem festen Stundenplan unterrichtet. An die Unterrichtsfächer erinnere ich mich nur noch schwach. Neben Hoch- und Tiefbau, technischem Zeichnen und Statik beschäftigten wir uns mit Betriebsökonomie und der unvermeidlichen Staatsbürgerkunde. Letztere war so penetrant wie unerträglich. Vorlesungen gab es nicht. Die Schulwoche begann Montag früh und ging bis Samstag mittag. Wenn man alle Prüfungen bestand, war man nach drei Jahren Bauingenieur.
Nach meiner Zeit in der Johannes-Kepler-Schule in Neukölln drückte ich zum erstenmal wieder täglich die Schulbank. Es war ein Unterschied wie Tag und Nacht. So groß der ideologische Eifer von Lehrern und vielen Schülern war, so erbärmlich war das intellektuelle Niveau. Meine Geschichtslehrerin in West-Berlin, Frau Schmelzer, war eine alte Sozialdemokratin gewesen, die uns Streiten beigebracht hatte. Sie zeigte uns historische Zusammenhänge, von denen wir nie zuvor gehört hatten. Ich war daran gewöhnt, mich mit Menschen und Themen auseinanderzusetzen, mich zu informieren und Meinungsunterschiede auszutragen. Ich wollte überzeugt werden und diskutieren und nicht mit ewigen Wahrheiten vollgepumpt werden. Doch das war der Stil an der Ingenieurfachschule. Dort sollten unsere Lehrer uns zu Gläubigen des realen Sozialismus erziehen.
In vielen Fällen ist ihnen dies an dieser und an den anderen Schulen weitgehend gelungen. Wie viele Kinder sind von solchen Lehrern verbogen worden, und wie viele Lehrer stellen sich heute ihrer Schuld? Es war nur eine Minderheit, die

sich sichtbar bemühte, die Interessen der Kinder wahrzunehmen.
Solche Fragen müssen sich aber nicht nur Lehrer gefallen lassen, sondern auch andere Berufsgruppen. Zum Beispiel die Journalisten. Sie verstanden sich gewissermaßen als Pädagogen der DDR-Bevölkerung. Zeitung zu lesen fiel mir zunehmend schwer. Ich flüchtete mich dabei oft in Sarkasmus. Es war offenkundig, daß diejenigen, die die Artikel schrieben, die ich las, entweder strohdumm oder vollkommen korrumpiert waren. Wahrscheinlich traf meist letzteres zu. Sie logen, daß sich die Balken bogen. Nicht nur ich fragte mich, wo es diese DDR denn gebe, die die Journalisten in leuchtenden Farben priesen? Vielleicht auf dem Mars oder auf der Venus? Auf der Erde, in dem Land, in dem ich lebte, jedenfalls entdeckte ich sie nicht. Es war ungeheuer frustrierend, feststellen zu müssen, wie die »sozialistische Menschengemeinschaft« Walter Ulbrichts ununterbrochen belogen und betrogen wurde, ohne sich dagegen wehren zu können.
Ich kochte innerlich, aber ich hielt mich in der Kaderschmiede mit Kritik zurück. Mir war klar, daß dies womöglich meine letzte Chance war, einen akzeptablen Beruf zu erlernen. Hätte ich widersprochen, dann wäre ich von der Schule geflogen. So schwieg ich – und holte mir binnen weniger Wochen eine üble Gastritis. Der Magen rebellierte in immer kürzeren Abständen, bis ein Arzt mich im Dezember 1962 krankschrieb und mir Bettruhe verordnete.
Diese Musterschule machte mich krank, und ich erklärte meiner Mutter, die gerade von einer vierwöchigen kirchlichen Kur heimgekommen war, daß ich die Kaderschmiede nicht mehr betreten würde. Sie solle bitte dorthin gehen und mich abmelden – ich war 21 Jahre alt und schickte meine Mutter, da-

mit sie etwas tat, was ich als Erwachsener eigentlich hätte selbst tun müssen!

Bisher hatte meine Mutter mir gegenüber immer ihren Willen durchgesetzt, und ich hatte gehorcht, auch wenn es mir manchmal schwergefallen war. Sie versuchte, mich zu überzeugen, aus Vernunft in den sauren Apfel zu beißen. Es sei vielleicht die letzte Gelegenheit, einen guten Beruf zu erlernen. Aber diesmal weigerte ich mich, ihr zu folgen. Ich ginge lieber wieder auf den Bau als auf diese Ingenieurfachschule.

Auf den Rat der Hausärztin hin brachte meine Mutter mich zum Nervenarzt. Der unterhielt sich erst mit mir allein und danach mit meiner Mutter. Er erklärte ihr, daß ich keineswegs an Depressionen litt, sondern genau wisse, was ich wolle. Sie solle mich schnellstmöglich von der Schule nehmen.

Schließlich begriff meine Mutter, daß es mir bitterernst war und sie mich nicht würde umstimmen können. Sie sah ein, daß es keinen Sinn hatte, daß ich mich weiter quälte. Sie suchte die Schule auf und erklärte dem Direktor, daß ich abgehen müßte. Sie begründete diesen Wunsch natürlich nicht politisch, sondern sagte, meine Schwester erhalte an der Humboldt-Universität 155 Mark Stipendium und ich 125. Sie sei eine alleinstehende Hausfrau mit vier Kindern, aber ohne Einkommen. Also müsse ihr Sohn Rainer Geld verdienen.

Der Direktor wollte das zunächst nicht einsehen, auch weil die Lehrer mit meinen Leistungen zufrieden waren. Er erinnerte an mein Sündenregister, trotz dem sie mir großzügig verziehen und mich aufgenommen hätten. Und nun so etwas. Hätte die Schule mich am Anfang nicht akzeptiert, hätte womöglich der RIAS in West-Berlin am nächsten Tag berichtet, wie schlimm die DDR mit Leuten umgehe, die ihr nicht genehm seien. Meine Mutter blieb hart und erwiderte, sie sei mit mir beim Nervenarzt gewesen, der gemeint habe, daß man junge Menschen nicht zu etwas pressen dürfe, wozu sie innerlich nicht bereit seien. »Würden Sie Ihre Kinder zwingen?« fragte sie den Direktor.

Der überlegte eine Weile und sagte dann zu dem ebenfalls anwesenden Kaderchef: »Also, ab sofort wegen Unzuverlässigkeit von der Schule verwiesen.« Eine schriftliche Bestätigung gaben sie meiner Mutter nicht, und als sie fragte, was dies bedeute, erklärte der Direktor: »Das heißt, daß wir Ihren Sohn niemals wieder an unserer Schule aufnehmen, selbst wenn er sich besinnt und zu uns kommen möchte.«

Der Direktor und mit ihm wohl die Lehrer empfanden meine Weigerung, ihre Schule weiter zu besuchen, als persönliche Beleidigung. Ich wollte ihre Gnade nicht länger in Anspruch nehmen! Das verstanden sie nicht.

Es war nicht schwer, eine neue Anstellung zu finden. Zwei Mitglieder der Theaterspielgruppe »Die Boten« arbeiteten in der Produktionsgenossenschaft des Handwerks (PGH) »Bauhütte Berlin«, der eine als Buchhalter und der andere als stellvertretender Leiter. Außerdem arbeitete der Mann einer Mitspielerin in dieser PGH, die in der Nähe des S-Bahnhofs Ostkreuz angesiedelt war. Sie redeten mir gut zu und setzten sich für mich ein. Bald konnte ich anfangen.

Die PGH war hervorgegangen aus einer Privatfirma, die sich nicht mehr hatte halten können, weil sie gewaltig unter Druck gesetzt worden war. Die sozialistische Planwirtschaft bevorzugte große Betriebseinheiten, und Privatunternehmer waren ihr ein Dorn im Auge, auch wenn sie bis Anfang der siebziger Jahre nicht ganz auf sie verzichten wollte. Die PGH waren eingebaut in das ökonomische System der DDR und standen unter Kontrolle der SED-beherrschten Handwerkskammer. Ihre

Mitglieder mußten zwanzig Prozent Lohnsteuer zahlen, während in den VEB nur zehn Prozent abgezogen wurden. Trotzdem verdienten die Kollegen in den PGH mehr als die Arbeiter in den Volkseigenen Betrieben, weil die Genossenschaften besser funktionierten und effektiver arbeiteten.

Jeder Mitarbeiter in den PGH war auch Teilhaber. Wenn ich mich recht erinnere, betrug unser Mitgliedsbeitrag 600 Mark. Diese Summe mußte man allerdings nicht auf den Tisch legen, sondern sie wurde bei neuen Mitgliedern anfangs in Raten vom Monatslohn einbehalten. Am Jahresende gab es dann eine Gewinnausschüttung. Als ich die PGH verließ, bekam ich meinen Mitgliedsbeitrag zurück.

In der Genossenschaft gab es ein bißchen weniger Planwirtschaft und ein bißchen mehr Freiheit als in den Staatsunternehmen. Bei uns sorgte sich kein Parteisekretär um unser ideologisches Wohl, statt dessen wurden Mitgliederversammlungen abgehalten. Dort wurde alles mögliche diskutiert und beschlossen. Meist standen Fragen im Mittelpunkt, die mit der Wirtschaftspolitik und der Lage des Betriebs zusammenhingen.

Die rund hundert Mitarbeiter konnten innerhalb eines vorgegebenen Rahmens beeinflussen, wie der Betrieb sich weiter entwickeln sollte. Wieviel Geld geht in die Rücklage? Wieviel investieren wir in neue Maschinen? Übernehmen wir weitere Aufgaben wie etwa die Schwammsanierung, oder bleibt es bei den Abteilungen Maurer und Zimmerleute? Auf den Jahreshauptversammlungen wählten wir unseren Vorstand.

Während ich diese Zeilen niederschreibe, fällt mir ein, daß ich wiederholt erklärt habe, daß es in der DDR nur in der evangelischen Kirche demokratische Elemente gegeben habe. Das trifft in dieser Absolutheit nicht zu, es lassen sich solche An-

sätze auch in den PGH und den Landwirtschaftlichen Produktionsgenossenschaften (LPG) entdecken.
Immer wieder mußte ich feststellen, daß die wirtschaftliche Entwicklung der DDR nicht so zügig voranschritt, wie das SED-Politbüro und die Staatliche Plankommission es verhießen hatten. Also wurden neue Pläne aufgestellt und alte berichtigt. Dann entdeckten die Oberen, daß die Begeisterung für den sozialistischen Aufbau als Arbeitsmotivation nicht genügte und auch nicht im erforderlichen Umfang vorhanden war. Also erfanden sie »ökonomische Hebel«, Prämien zum Leistungsanreiz.
Solche Schwenks in der Politik mußten natürlich irgendwie begründet werden. Diese Aufgabe hatte bei uns meist der PGH-Vorsitzende, der hochgeachtete ehemalige Privateigentümer Johannes Klemke. Um gesellschaftliche Betätigung nachzuweisen, war er in die CDU eingetreten, die unter Führung der SED in einem »antifaschistisch-demokratischen Block« saß zusammen mit den anderen Parteien der DDR – der Liberaldemokratischen Partei Deutschlands (LDPD), der Demokratischen Bauernpartei Deutschlands (DBD) und der Nationaldemokratischen Partei Deutschlands (NDPD).
Einmal tauchte auch ein Funktionär der Handwerkskammer auf, um auf der Mitgliederversammlung eine Rede zu halten. Unser Vorsitzender hätte sich kaum getraut, so aufzutreten und solchen Quatsch zu reden wie dieser Apparatschik, denn er mußte ja tagtäglich mit uns auskommen und wollte wiedergewählt werden. Der Mann von der Handwerkskammer aber drosch unverzagt die damals üblichen Phrasen. Und erntete heftigen Widerspruch von fünf bis zehn PGH-Mitgliedern. Ich trat als erster gegen ihn auf und machte dabei die Erfah-

rung, daß, wenn einer den Anfang macht, andere folgen und sich trauen.

Niemand von uns, der gegen den Funktionär argumentierte, wurde abgeholt. Für Widerspruch in den Betrieben ist in den sechziger Jahren meines Wissens niemand zur Rechenschaft gezogen worden. Ich hatte keine Angst vor Verfolgung, denn was hätten sie mir antun, womit hätten sie drohen können? Meine Arbeit konnten sie mir nicht wegnehmen, und daß es mit dem Studium erst einmal vorbei war, wußte ich seit meinem Abgang von der Ingenieurfachschule.

Aus ganz anderen Gründen wurde mir später deutlich, daß ich nicht bis zu meinem 65. Lebensjahr Handwerker bleiben konnte. Aber in der Zeit als Maurer und Putzer in der PGH »Bauhütte Berlin« habe ich mich fast frei gefühlt. Niemand konnte mich erpressen. Ich hatte noch keine Familie und brauchte mir um die Zukunft von Kindern keine Sorgen zu machen. Ich konnte sagen, was ich wollte.

In meiner PGH war die Atmosphäre viel offener als in den meisten anderen Bereichen der DDR-Gesellschaft. In dieser für meine Entwicklung wichtigen Phase gewann ich an Selbstbewußtsein. Die Gastritis verschwand und ist nie wieder zurückgekehrt.

Einige Wochen nach der Volkskammerwahl vom 18. März 1990 hat mich ein alter Mann freundlich auf der Straße angesprochen. Er war einst Lagerverwalter in der PGH gewesen und nun stolz darauf, daß ein ehemaliger Kollege Minister geworden war. Andere frühere PGHler riefen mich an. Späte Nachwirkungen einer guten Zeit.

Die meisten DDR-Arbeiter machten ihren Mund nicht auf. Dabei hätte es für sie kaum ein Risiko bedeutet. Was hätten die berüchtigten Sicherheitsorgane dem Arbeiter denn tun können? Sie brauchten ihn doch. Die Grenze war weiter gesteckt, als gemeinhin angenommen wurde. Wenn man sie nicht überschritt, wenn man also darauf verzichtete, Ulbricht oder Honecker als Verbrecher zu bezeichnen oder die Obrigkeit in anderer Weise zu beschimpfen, passierte einem nicht viel. Vielleicht läßt sich vor diesem Hintergrund leichter erklären, warum heute so viele Menschen in Ostdeutschland Berührungsängste haben gegenüber ehemaligen Bürgerrechtlern. Ein bißchen Scham glaube ich hier und da zu erkennen.

Natürlich hat die Staatssicherheit die diffusen Ängste der Menschen geschürt. Gewiß ist etwa mit Absicht verbreitet worden, daß eingesperrt wird, wer einen politischen Witz erzählt. Das ist vielleicht zweimal passiert, aber millionenfach kolportiert worden und hat die gewünschte Wirkung erzielt, sich öffentlich nicht kritisch mit der Politik der Partei- und Staatsführung auseinanderzusetzen. Wenn man nicht einmal Witze erzählen durfte ...

Ein alter Herr aus der Nachbarschaft, wir nannten ihn Onkel Meißner, ist immer zur Wahl gegangen und hat brav seinen Stimmzettel abgegeben für die Kandidaten der SED-gesteuerten Nationalen Front, des Zusammenschlusses der Parteien und Massenorganisationen; neben der Einheitspartei waren dies der Freie Deutsche Gewerkschaftsbund (FDGB), die Freie Deutsche Jugend (FDJ), der Demokratische Frauenbund Deutschlands (DFD), die Gesellschaft für Deutsch-Sowjetische Freundschaft (DSF) und der Kulturbund (KB). Onkel Meißner handelte gegen seine Überzeugung, wie ich wußte. Als Vierzehn- oder Fünfzehnjähriger habe ich ihn einmal gefragt, warum er sich an den Wahlen beteilige? Er mache

mit, weil er Angst um seine Rente und um seine Wohnung habe, entgegnete er. Ich habe schon damals gewußt, daß diese Furcht vollkommen unbegründet war.
Es gab viele Möglichkeiten, sie wurden aber nur selten genutzt. Ein Beispiel: Mitte der siebziger Jahre hatte ich mich für die Klasse meiner ältesten Tochter in das Elternaktiv wählen lassen, das war gewissermaßen die Elternvertretung. Auf einer Sitzung des Aktivs erklärte ein SED-Vater, auf der nächsten Elternversammlung müßten wir einmal über den verderblichen Einfluß des Westfernsehens sprechen. Er wolle eine grundsätzliche Rede halten mit dem Tenor, die Eltern sollten ein Vorbild geben, nicht Westfernsehen gucken und darauf achten, daß ihre Kinder es ebensowenig täten. Ich sagte zu dem DDR-begeisterten Vater, daß ich ganz anderer Meinung sei. Wenn er auf seiner Anti-Westfernsehen-Rede auf der nächsten Elternversammlung bestehe, träte ich sofort nach ihm auf und hielte eine Pro-Westfernsehen-Rede. Leute, die so eingesperrt seien wie wir, müßten wenigstens die Chance haben, Informationen und Meinungen zu vergleichen. Obwohl sie schon beschlossen war, wurde die Anti-Westfernsehen-Rede nie gehalten.
Es herrschte ein millionenfaches Schweigen über Ereignisse, die nie hätten verschwiegen werden dürfen. In meiner Kinder- und Jugendzeit hat mir niemand berichtet von den Ostdeutschen, die sich nach 1945 auf einmal im KZ wiederfanden, weil sie für Nazis gehalten wurden. Ich habe zu DDR-Zeiten auch nichts gehört von den Menschen, denen alles genommen wurde, als man sie 1961 und 1962 von der Grenze zu Westdeutschland wegdeportierte, und auch nicht von den Bauern, die in die Landwirtschaftlichen Produktionsgenossenschaften hineingetrieben wurden. Nicht wenige von ihnen flohen

oder brachten sich um, weil sie nicht Genossenschaftsbauern werden wollten.
Das SED-Regime hat Millionen von Opfern hinterlassen. Unter ihnen gibt es eine besondere Gruppe, die es mit am schlimmsten getroffen hat: die Vergessenen, die sich nicht einmal trauten, über ihr Leid zu reden. Dazu zählen auch jene kleinen und mittleren Unternehmer, die Anfang der siebziger Jahre enteignet worden waren und dann bestenfalls Abteilungsleiter im vormals eigenen Betrieb sein durften. Jeden Tag mußten die Leidtragenden der SED sich verhöhnen lassen durch die Propaganda, die behauptete, die DDR sei ein mustergültiger Rechtsstaat, in dem das Wohl des Menschen Leitfaden der Politik sei.
Im Schweigen über dieses und anderes Unrecht besteht ein großes Versagen meiner Eltern, die auch über die Zeit vor 1945 so wenig sagten wie viele andere. Sie wollten von all dem Schrecklichen, das zwischen 1933 und 1945 geschehen war, nichts gewußt haben. Dabei war der Bruder meiner Mutter 1934 nach Frankreich geflohen, weil er angeblich wie ein Jude aussah und deshalb schikaniert und beschimpft wurde.
Regina und ich machten unseren Eltern leidenschaftliche Vorwürfe und stellten bitterböse Fragen.
In einem Familienalbum entdeckte ich zufällig ein Bild, das meinen Vater in der Uniform eines SS-Unterscharführers zeigt. Er hatte am Frankreichfeldzug teilgenommen und dort später kroatische Freiwillige ausgebildet, war Fahrlehrer bei der SS gewesen und gehörte schließlich zur Wachmannschaft der Konzentrationslager Buchenwald und Sachsenhausen.
Als mein Vater in Buchenwald Dienst tat, besuchte ihn meine Mutter ab und zu. Sie nahm sich dann ein Hotelzimmer in Weimar, denn mein Vater war in einer Kaserne untergebracht.

Er sagte ihr damals nicht, aus was sein Dienst bestand. Erst viel später erzählte er meiner Mutter, daß er Gefangene bewacht habe. Und dann noch folgende Episode: Einmal warfen SS-Leute Zigaretten über den Zaun ins KZ-Gelände. Die Gefangenen, die nie Zigaretten erhielten, wollten natürlich gerne rauchen, und die Bewacher spornten sie an, sich die Zigaretten am Zaun zu holen. Und dann schossen sie auf die Gefangenen. Weil diese sich nicht in der Nähe des Stacheldrahtzauns aufhalten durften.

Meine Mutter erinnert sich noch heute daran, daß mein Vater immer nervös wurde, wenn im Radio oder im Fernsehen von NS-Prozessen berichtet wurde. Er hatte vermutlich Angst, er könnte eines Tages ebenfalls zur Verantwortung gezogen werden. Und dann plagte ihn vielleicht auch das schlechte Gewissen.

Meine Mutter war zuerst im Bund Deutscher Mädel (BDM) und trat dann als Postbeamtin in die NSDAP ein. Sie wurde deswegen aber von den sowjetischen Besatzungsbehörden nie befragt oder zum Steineklopfen befohlen. Das verdankte sie nicht allein der Tatsache, daß sie Kinder hatte, sondern möglicherweise auch dem Umstand, daß im Haus ein alter Kommunist wohnte, der ein gutes Wort für sie eingelegt hatte.

Nach dem Krieg lag mein Vater zunächst in einem Berliner Lazarett, weil ihm in den letzten Kriegstagen der Zeigefinger der linken Hand angeschossen worden war. Als er hörte, daß alle deutschen Soldaten, die in Frankreich gedient hatten, in die französische Besatzungszone gebracht werden sollten, sprang er aus einem Fenster und floh. In Bad Kreuznach fand er eine Ärztin, die ihm nicht nur den verletzten Finger amputierte, sondern auch die SS-Blutgruppentätowierung wegoperierte. Dort setzten ihn dann die Amerikaner fest, aber es gelang ihm, zu uns nach Berlin zu fliehen. In den Folgejahren reiste er jeweils im Herbst mit Genehmigung der sowjetischen Behörden in seinen rheinland-pfälzischen Heimatort Jugenheim und half bei der Weinlese. Einmal nahmen ihm sowjetische Soldaten an der Zonengrenze das Geld ab, das er verdient hatte.

Um den Jahreswechsel 1946/47 erwischten ihn die Franzosen und sperrten ihn in Ingelheim für mehrere Monate ins Gefängnis. Er entkam mit Hilfe einer Finte. Er versprach einem Gefängniswärter, ihm Holz zu verschaffen, damit dieser einen Kinderlaufstall bauen konnte. Gemeinsam gingen sie zum Hof meiner Großeltern, wo mein Vater die erste Gelegenheit nutzte und ausriß. Er kam zu uns nach Berlin, in den russischen Sektor, wo die Franzosen nichts zu sagen hatten.

Eines Tages im Jahr 1947 tauchten bei uns zu Hause dann überraschenderweise doch französische Soldaten auf, die mit Genehmigung der sowjetischen Behörden eine Hausdurchsuchung machten. Als sie meinen Vater nicht fanden, mit dem wir am Morgen noch gefrühstückt hatten, wurden die Franzosen wütend, einer schlug meine Mutter, wogegen der sowjetische Soldat, der die Franzosen begleitete, protestierte. Sie habe einem von der SS auf dem Schoß gesessen, obwohl die doch alles kaputtgemacht hätten, warf ein Franzose ihr vor. Wie meine Mutter später berichtet hat, habe auch ich, damals gerade vier Jahre alt, eisern geschwiegen, sogar als mich einer der unerbetenen Besucher freundlich auf den Schoß nahm und nach meinem Papa fragte. Der wartete währenddessen im Nachbarhaus, bis die Soldaten erfolglos abgezogen waren.

Mein Vater war ein entschiedener Antikommunist. Als die Russischlehrerin, der ich die Übernahme in die Oberschule zu verdanken hatte, mich fragte, ob ich nicht in die FDJ eintreten wolle, habe ich mich dazu bereit erklärt. Aber zu Hause sagten meine Eltern nur: Nein, das komme nicht in Frage. Anderntags mußte ich der Lehrerin dann erklären, daß meine Eltern mir den Eintritt in die Freie Deutsche Jugend verboten hätten. Ich war traurig darüber und fühlte mich alleingelassen.

Zwar sah mein Vater nach 1945 den Nationalsozialismus kritischer als zuvor. Aber die eigene Vergangenheit verurteilte er nicht. Der NS-Staat hatte ihm eine Arbeit in Uniform gegeben und Macht. Er hatte als Unterscharführer etwas zu sagen gehabt, wenn auch nur wenig.

Es war fesselnd für einen Zwölf- bis Fünfzehnjährigen, den Erwachsenen zuzuhören, wenn sie über den Krieg redeten und sich ihre kleinen Geschichten erzählten. Sie haben nicht von den Verbrechen berichtet und vom massenhaften Krepieren an der Front für ihren großen Führer. Vielmehr erschien der Krieg in ihren Anekdoten wie ein Abenteuer, zu dem auch manche lustige Begebenheit zählte. So, wenn sie Hühner stahlen, um etwas zu essen zu bekommen, oder wenn sie »dem Russen« ein Schnippchen schlugen, als der sie schon in der Falle wähnte. Es schien so, als wäre die ganze Furchtbarkeit des Hitler-Regimes mit einemmal ebenso verschwunden wie die Tatsache, daß die Elterngeneration mißbraucht worden war und Massenmördern gedient hatte. Wenn man die Geschichte des Nationalsozialismus nur beurteilte anhand der Geschichten, die über ihn in deutschen Elternhäusern erzählt worden sind, dann erschiene er den Nachgeborenen wie eine romantische und gefahrvolle Ritterzeit.

Heute besteht die Aufgabe der Eltern in Ostdeutschland darin, die Wahrheit über die jüngste Vergangenheit zu sagen, auch wenn sie nicht immer als Helden dastehen. Sonst geht es ihnen wie dem Trabantwerker, dem eine Träne ins Auge trat, als das letzte Plasteauto vom Band lief. Er hatte schon vergessen, daß er seit zwanzig Jahren gesagt hatte, wie gerne er einen besseren Wagen gebaut hätte. In dem Augenblick, als die Produktion des Trabbis eingestellt wurde, sah er nur noch diese liebe kleine Kiste, die er zwei Jahrzehnte lang hergestellt hatte. Und hat völlig verdrängt, wie schlecht und unsicher das Auto gewesen ist.

Außer dem Haß auf alles, was mit der SED zu tun hatte, interessierten sich meine Eltern nicht für Politik. Eine Zeitung lasen sie selten, ich erinnere mich nur noch dunkel an Schlagzeilen der DDR-Presse, die ich im Vorübergehen aufschnappte. Im Radio und später im Fernsehen liefen Unterhaltungssendungen. Zur Karnevalszeit guckte mein Vater, als Rheinländer in dieser Hinsicht vorbelastet, »Mainz, wie es singt und lacht« und ähnliches.

In West-Berlin wurden in der Zeit vor dem Mauerbau Flugschriften gegen Ulbricht verteilt mit Texten und Karikaturen. Mir haben sie gefallen wie vielen anderen DDR-Bürgern auch, da der SED-Chef äußerst unbeliebt war in der Bevölkerung.

Vom Aufstand der Arbeiter am 17. Juni 1953 gegen Ulbrichts Regime weiß ich nur noch, daß Panzer durch die Pankower Maximilianstraße – in der wir damals wohnten – fuhren. Auf den Balkons auf der gegenüberliegenden Straßenseite standen Menschen, die die Panzer beobachteten. Aus einem dieser Häuser kam ein Mann auf die Straße und winkte den Soldaten zu. Erst da registrierten wir, daß er Kommunist war.

Bei Onkel Meißner verfolgte ich im Volksempfänger 1954, wie die Bundesrepublik Fußballweltmeister wurde. Ich habe noch

im Ohr, wie der Reporter überschäumte, als Helmut Rahn das 2:1 geschossen hatte.
Am Radio erlebte ich auch, wie die Sowjetarmee zwei Jahre später in Ungarn einfiel und Imre Nagy, der reformkommunistische Ministerpräsident in Budapest, den Westen zu Hilfe rief. Die Radiostationen in Ungarn sendeten bis zur letzten Minute. Ihre Hoffnungen auf Unterstützung aus dem Westen erwiesen sich als verfehlt. Die Großmächte hatten ihr Terrain längst abgesteckt und duldeten keine Einmischung des Widersachers.
Am Radio hörte ich auch immer wieder die Kommentare Egon Bahrs, der später gemeinsam mit Willy Brandt die Ostpolitik formulierte und gestaltete. Sie hat wesentlich dazu beigetragen, die Mauer zu durchlöchern, bis sie dann ganz fiel.

Bausoldat

Am 24. Januar 1962, ein halbes Jahr nach dem Bau der Mauer mitten durch Berlin, beschloß die DDR-Volkskammer, das pseudoparlamentarische Akklamationsorgan der SED, die allgemeine Wehrpflicht einzuführen für Männer zwischen dem achtzehnten und dem fünfzigsten Lebensjahr. Der Wehrdienst wurde auf eineinhalb Jahre festgelegt.

Daraufhin trat die evangelische Kirche auf den Plan, weil es in den Jungen Gemeinden Männer gab, die vor dem Hintergrund der Nazivergangenheit Deutschlands erklärten, daß sie keine Waffe in die Hand nehmen würden. Die Kirchen forderten vom Staat, ein Kriegsdienstverweigerungsrecht zu schaffen, wie es in der Bundesrepublik Deutschland im Grundgesetz verankert worden war.

Die SED kam diesen Bestrebungen wenigstens auf halbem Weg entgegen. Staatsratsvorsitzender Walter Ulbricht hatte dem thüringischen Landesbischof Moritz Mitzenheim, der sich zunehmend von der SED benutzen ließ, in einem Gespräch Zugeständnisse in der Wehrdienstfrage versprochen. Im September 1964 erließ die Staatsführung eine Anordnung, in der es unter anderem hieß, daß Wehrpflichtige in der NVA einen waffenlosen Dienst als sogenannte Bausoldaten leisten könnten, wenn sie »aus religiösen Anschauungen oder

aus ähnlichen Gründen den Wehrdienst mit der Waffe ablehnen«.
Bausoldaten trugen die Uniform der NVA. Die Unteroffiziere und Offiziere waren eigens für diese Verwendung ausgesucht worden, wie ich später feststellte. Sie konnten sich überdurchschnittlich gut artikulieren und waren als Politoffiziere in Moskau gesellschaftspolitisch geschult worden.
Die DDR war damit mehr als zwanzig Jahre lang der einzige Staat im sozialistischen Lager, der so etwas Ähnliches wie ein Kriegsdienstverweigerungsrecht kannte. Meines Erachtens spielten dabei zwei Momente eine Rolle. Zuerst wirkten die furchtbaren Erfahrungen des Zweiten Weltkriegs nach, die es schwermachten, den Pazifismus aus religiösen Gründen zu diskreditieren. Zweitens gab es auf seiten des direkten politischen Widersachers, der immer wieder als militaristisch kritisierten Bundesrepublik, ein solches Recht, und da wollten die Einheitssozialisten nicht gänzlich zurückstehen.
Die Erfahrungen des letzten Krieges prägten auch manche jungen Männer, die lieber berufliche und soziale Nachteile in Kauf nahmen, als ihren Wehrdienst mit der Waffe abzuleisten. Denn das stellte sich gleich heraus: Wer sich für die Baueinheiten der NVA entschied, konnte seine berufliche Fortentwicklung meist in den Wind schreiben. Ich weiß nicht, ob es einen einzigen Bausoldaten gab, der an einer staatlichen Hochschule oder Universität der DDR zugelassen wurde.
Neben pazifistischen und religiösen Motiven – »Du sollst nicht töten« – gab es auch die Einsicht, daß Kreisläufe von Gewalt und Vergeltung sich nur durch Verzicht oder durch Liebe durchbrechen ließen. Hinzu kam in einigen Fällen schließlich die nie öffentlich eingestandene Überzeugung, mit dem Regime der DDR möglichst wenig zu tun haben zu wollen.

Der letztgenannte Grund war für mich ausschlaggebend, als die Einberufung zur NVA auf mich zukam. Natürlich sagte auch ich nichts, was den Schluß hätte erlauben können, ich sei gegen den Wehrdienst als solchen, sondern nur gegen die NVA. In Westdeutschland hätte ich damals wahrscheinlich nicht verweigert.

Heute würde ich aber in keinem Land der Erde mehr als Soldat eine Waffe in die Hand nehmen – das ist eine zentrale Lehre aus meinem Leben. Diese Haltung bringt mich als Bundestagsabgeordneter immer wieder in eine schwierige Lage. Das gilt vor allem angesichts der Diskussion über die Ausweitung des Verteidigungsauftrags der Bundeswehr. Wie, wenn nicht mit militärischer Gewalt, hätte man den irakischen Diktator Saddam Hussein zurückschlagen können, als dieser Kuwait überfiel? Dennoch denke ich mit Grauen an die schrecklichen Bilder vom Krieg, an die Perfektion der Vernichtung und an Saddams brutales »Raketenspiel« gegen Israel. Ich habe noch heute einen faden Beigeschmack im Mund, wenn ich an die damaligen Argumente von Teilen der bundesdeutschen Medien und der Friedensbewegung denke. Es quält mich, wenn ich begreife, daß es auch den gegen Saddam Verbündeten nicht nur ums Völkerrecht zu gehen schien, sondern auch um politische und strategische Fragen im Nahen Osten. Außerdem habe ich den Eindruck, daß die Ölinteressen des Westens eine große Rolle gespielt haben. Größer jedenfalls als der Wunsch nach einer Demokratisierung Kuwaits.

Helfen militärische Mittel heute gegen den Bürgerkrieg im ehemaligen Jugoslawien? Ich glaube kaum, auch wenn mancher meiner Parteifreunde sich dafür ausgesprochen hat. Wie kann man den Frieden bewahren? Wie kann man ihn wiederherstellen und Menschenrechte schützen, wo Krieg ist? Auch

ich, der ich mich zum Pazifismus bekenne, muß als Politiker alle denkbaren Mittel erwägen, um die Gewalt zu bekämpfen. Zuschauen hilft nicht, und beten allein läßt die Waffen nicht schweigen. Es darf keinen Unterschied in der Beurteilung machen, daß Bomben und Granaten nicht Landsleute, sondern Kroaten, Bosnier oder Serben verletzen und töten. Die Völkergemeinschaft trägt für den Frieden Verantwortung. Aber wie kann sie ihr gerecht werden?
Das sind quälende Fragen. Ich bin erschüttert, wenn ich Zahlen der Getöteten und Vergewaltigten lese oder Bilder aus Sarajevo und anderen Regionen des Kriegsgebiets sehe. Ich sage mir: Du lebst hier friedlich und satt vor dich hin. Tust du wirklich alles, um das Morden zu beenden? Vor allem da ich doch weiß, daß die Blockade gegen Serbien und Montenegro fortlaufend durchbrochen wird. Es gibt Leute, die diese Blockade mißachten. Auch, weil sie Geschäfte machen wollen. Solange Menschen auf dieser Erde leben, werden immer einige Geschäfte machen wollen, selbst dann, wenn sie damit anderen Menschen schaden, sie sogar töten.
Was bedeutet diese Einsicht für mich als Politiker? Daß ich mich in bestimmten Situationen doch für militärische Gewalt aussprechen muß? Bin ich also im Extremfall nur ein Atompazifist? Wahrscheinlich ist es so. Allerdings ist es von zentraler Bedeutung, daß nicht ein amerikanischer oder russischer Präsident oder ein deutscher Kanzler darüber entscheidet, sondern die Völkergemeinschaft. Gewiß, auch diese kann sich irren – bekanntlich passiert das sogar Konzilien –, aber dies unterläuft ihr gewiß seltener als einem einzelnen.
Was meine Haltung zur internationalen Konfliktbewältigung angeht, weiß ich mich ganz in der Nähe von kirchlichen und liberalen, auch sozialdemokratischen Positionen. Das emp-

finde ich jedoch nicht als Belastung. Zwanghafte Abgrenzung ist kein Ausdruck von Stärke.

Zurück zur Chronologie. Ich fühlte mich damals, Anfang der sechziger Jahre, wohl in der Jungen Gemeinde. Aber besonders religiös war ich nicht. Vermutlich auch deshalb, weil meine Eltern keine praktizierenden Christen waren. Viel wichtiger als Glaubensgründe war mir die Tatsache, daß ich keine Waffe in die Hand nehmen würde für die Leute, die mir, wie es schien, lebenslängliche sozialistische Lagerhaft verpaßt hatten, ohne mich zu fragen, ob ich damit einverstanden sei, und ohne mir die Möglichkeit zu geben, mich zu verteidigen oder davonzumachen. Die Waffendienstverweigerung war mein erster Akt bewußten politischen Widerstands.

Ich war schon 1962 gemustert worden. Damals hatte ich die Absicht zu verweigern noch nicht erklärt, da die Bausoldatenanordnung noch nicht erlassen worden war. Ich ließ alles über mich ergehen und wurde meines guten Gesundheitszustands wegen für die Panzer vorgesehen. Da ich gerade meine Lehre absolvierte, brauchte ich nicht sofort einzurücken.

Zwei Jahre später, als ich meinen Gesellenbrief in der Tasche hatte, wurde ich zu einer Musterungsüberprüfung zitiert. Ein Arzt stellte fest, daß sich an meinem Gesundheitszustand nichts geändert hatte. Anschließend stand ich vor einem Offizier, der meine NVA-Akte vor sich liegen hatte. Er teilte mir mit, daß ich nun zur Panzerwaffe eingezogen würde.

Ich widersprach: Aus den Panzern werde nichts, da es inzwischen eine andere rechtliche Lage in der DDR gebe. Ich wolle mich an das Gebot »Du sollst nicht töten« halten und nicht derjenige sein, der bestimme oder mitbestimme, wann das Leben eines anderen Menschen beendet sei. Ich sei folgerichtig

nicht bereit, mich für das Töten anderer Menschen ausbilden zu lassen.
Der Offizier brüllte los, daß die NVA bestimme, wohin ich käme, und nicht ich.
Ich klärte ihn darüber auf, daß ich sehr wohl entscheiden könne, ob ich den Wehrdienst mit oder ohne Waffe ableistete.
Als der Offizier merkte, daß ich einigermaßen informiert war über meine Rechte, beruhigte er sich und sagte: »Na gut, Sie sind Arbeiter, also ein intelligenter Mensch, gehen Sie mal in den Nebenraum, schreiben Sie auf, warum und weshalb Sie keine Waffe nehmen wollen. Dann entscheiden wir.«
Als ich dies getan hatte, las der Offizier sich mein Papier durch und entließ mich mit der Feststellung, daß ich Bescheid erhalten würde. Es dauerte nicht lange, bis eine Kommission die Sache beraten hatte und mir mitteilte, wann und wo ich als Bausoldat einzurücken hätte.
So ungehobelt sich der Offizier zunächst verhalten hatte, ich möchte anmerken, daß ich dieses einfache Verfahren einer Gewissensprüfung vorzog, wie sie in Westdeutschland lange Jahre üblich war. Es ist mir bis zum heutigen Tag nicht wirklich begreiflich, wie eine Kommission oder ein Gericht die Gewissensnot eines jungen Mannes eruieren will.
Nachdem ich mich zur Waffendienstverweigerung durchgerungen hatte, hatte ich es leichter als viele junge Männer in Westdeutschland. Ich schrieb meine Gründe auf, und damit war ich praktisch Bausoldat. In anderen Fällen reichte es sogar aus, daß der Betreffende seine Entscheidung kurz mündlich erläuterte. Es genügte, sich als Kirchenmitglied zu erkennen zu geben und zu sagen, daß man aus religiösen Gründen nicht töten wolle. Ich traf später in meiner Einheit sogar einen Ost-Berliner Sozialdemokraten, der nicht in der Kirche war

und aus sogenannten »ähnlichen Gründen« Bausoldat werden durfte.
Aber auch hier gilt, wie in vielen anderen Bereichen unseres Lebens in der DDR, daß es keine Rechtssicherheit gab. Wohl und Wehe hingen oft von dem ab, in dessen Kompetenz Entscheidungen fielen. Und so hatte eine ganze Reihe von jungen Männern – beispielsweise der Bürgerrechtler Ralf Hirsch – Schwierigkeiten, als Verweigerer anerkannt zu werden. Fast auf verlorenem Posten stand dann der, der keine Unterstützung durch die Kirche fand.
Die Tatsache, daß man sich zu den Baueinheiten melden konnte, war weitgehend unbekannt. In der Propaganda wurde diese Möglichkeit einfach unterschlagen, während in den Broschüren, die an den Grenzübergängen für Reisende aus dem Westen auslagen, die DDR nicht versäumte, sich als einen toleranten Staat darzustellen, der niemanden zum Waffendienst zwinge.
Wenn ein Wehrpflichtiger im Wehrkreiskommando zu erscheinen hatte, wies man ihn darauf hin, daß er zur Volksmarine, zu den Pionieren oder Panzern gehen könne. Von den Baueinheiten war keine Rede. Sie wurden vielmehr soweit wie möglich versteckt. Nur in den Kirchen wurde teilweise weitererzählt, daß es eine gesetzliche Möglichkeit gab, den Waffendienst zu verweigern. Die meisten Pfarrer scheuten sich allerdings, für den Bausoldatendienst Reklame zu machen.
Ich bin zusammen mit zwanzig anderen als zweiter Bausoldatenjahrgang nach Stralsund einberufen worden. Dort bezogen wir eine neu errichtete Kaserne mit bewachten Toren. Später wurde die Einheit nach Saßnitz auf Rügen verlegt. Wir waren allerdings viel unterwegs, denn wir mußten für die NVA

bauen. So errichteten wir Lagerhallen und einmal einen Schieß- und Übungsplatz – das fiel uns schwer.
Wir waren in Sechs- und Achtmannstuben mit Doppelstockbetten untergebracht. Es gab für jeden einen Spind und einen Hocker, in der Mitte des Raumes standen zwei Tische mit eingelassenen Plasteplatten.
Einige meiner Kameraden waren sogar älter als ich. Man hatte sie schnell eingezogen, bevor sie keinen achtzehnmonatigen Wehrdienst mehr leisten mußten, sondern nur noch für Reserveübungen in Frage kamen. So hatte es zum Beispiel einen Kfz-Meister aus Gramzow bei Prenzlau getroffen, der einen eigenen Betrieb besaß. Er war verheiratet und hatte zwei Kinder. Natürlich machte er sich Sorgen, daß seine Werkstatt, die Verwandte für ihn weiterbetrieben, Schaden nehmen würde.
Am ersten Tag wurden wir eingekleidet. Wir waren vollgepackt mit Uniformteilen und Ausrüstungsgegenständen, was die ständig brüllenden Unteroffiziere nicht davon abhielt, uns durch die Gegend zu scheuchen. Sie wollten uns von Anfang an einschüchtern. Sie jagten uns über den Kasernenhof, durch die Gänge und die Treppen hinauf und hinunter. Wir mußten erst einmal laufen lernen, war ihr Motto, und davon hatten wir »Scheißzivilisten« nach ihrer Überzeugung keine Ahnung. Außerdem beabsichtigten sie, uns Anstand, Ordnung und Sauberkeit beizubringen – beziehungsweise, was sie darunter verstanden.
Zu den beeindruckenden Erlebnissen des ersten Tags bei der NVA gehörte, daß wir zwei Bausoldaten vorfanden, die eineinhalb Jahre vor uns eingezogen worden waren. Sie mußten nachdienen, weil sie wegen Gelöbnisverweigerung im Gefängnis gesessen hatten. Einer von ihnen hieß Jörg Hildebrandt. Seine Frau Regine ist heute für die SPD Arbeits- und Sozialmi-

nisterin im Land Brandenburg. Jörg Hildebrandt arbeitete nach seiner Entlassung als Lektor bei der Evangelischen Verlagsanstalt in Berlin.

Jörg und sein Kamerad begrüßten uns und rieten, daß wir uns keine Angst einjagen lassen sollten. Wir fragten sie aus, warum sie noch da seien, und sie gaben uns Tips, wie wir uns am besten durchschlugen in der ungewohnten Umgebung.

Auch wenn wir nie eine Waffe tragen würden, marschieren und exerzieren mußten wir wie alle anderen NVA-Angehörigen. Manchen fiel es leicht, anderen schwer. Ein Kamerad, Hans-Joachim Ebert, hatte damit arge Probleme. Er war ein langer Schlacks und marschierte deshalb immer vorne, wo sein aus dem NVA-Rahmen fallender Schaukelgang besonders auffiel. Dieser Zug funktionierte daher nicht wie eine Maschine, was den beruflichen Ehrgeiz unseres Ausbilders schwer verletzte. Es sollte Hans-Joachim später zwei Monate mehr Gefängnis einbringen als mir.

Alle zwei bis vier Wochen hatten wir Ausgang, sonst durften wir die Kaserne nur zu dienstlichen Zwecken verlassen. Ein nichtiger Anlaß reichte aus, um den Ausgang zeitweise ganz zu streichen. Diese Praxis diente der Disziplinierung, wobei sich die NVA auf diesem Feld wohl nicht grundsätzlich von anderen Armeen unterschied. Insoweit erging es uns wie allen einfachen Soldaten.

Wir genossen allerdings ein Privileg, das in den bewaffneten Einheiten Neid erzeugte und vielleicht auch deshalb gewährt wurde: Wir durften einmal im Monat einen Gottesdienst besuchen, das heißt, wir hatten einen zusätzlichen Sonntagvormittagsausgang. Nach dem Frühstück begaben wir uns zum Gottesdienst und nach dessen Abschluß gleich wieder zurück in die Kaserne.

Nach Hause kamen wir in diesen achtzehn Monaten selten, denn die NVA stationierte ihre Wehrpflichtigen damals aus Prinzip möglichst weit weg von ihren Heimatorten. Keiner von uns wohnte an der Ostsee. Wenn wir zwei oder drei Tage Urlaub erhalten hatten, verbrachten wir einen großen Teil der Zeit in der Bahn.
Erst mein direkter Vorgänger als Verteidigungsminister, Admiral Theodor Hoffmann, hat als Angehöriger der letzten SED-geführten Regierung unter Hans Modrow begonnen, ein menschlicheres Verfahren zu praktizieren. In meiner Amtszeit achtete die NVA dann streng darauf, die Wehrpflichtigen in Heimatnähe unterzubringen, so daß sie Wochenendurlaube zu Hause verbringen konnten.

In den ersten vierzehn Tagen meiner Bausoldatenkarriere sagte ich zwar meine Meinung, aber ich bemühte mich, niemanden zu provozieren. Natürlich war ich unsicher wie meine Kameraden auch und versuchte mich erst einmal zu orientieren.
Im Fach Staatsbürgerkunde unterrichtete uns ein in Moskau ausgebildeter Major, ein kräftiger, dunkelhaariger Mittvierziger, wohingegen in den bewaffneten Einheiten ein Zugführer dazu reichte. Es waren dort meist Unterleutnants oder Leutnants, die nachbeteten, was in eigens zu diesem Zweck gedruckten Broschüren über die »Friedenspolitik der DDR« ausgeführt wurde. Bei uns spielten diese Heftchen eine untergeordnete Rolle. Statt dessen mühte sich unser Major, uns von den Vorzügen des »ersten Arbeiter-und-Bauern-Staats auf deutschem Boden« und seiner Sicherheitspolitik gegenüber dem stets zur Aggression geneigten Imperialismus zu überzeugen. Er hielt uns für einen Anachronismus, für weltfremde

Spinner, da in seinen Augen den Frieden nur schützte, wer sich bewaffnete.

Es entwickelten sich leidenschaftliche Auseinandersetzungen. Ich weiß nicht, ob der Major seine Erkenntnisse an die Staatssicherheit weitergegeben hat. Möglicherweise bestand seine Aufgabe auch darin, unsere »negativen« Ansichten aus uns herauszulocken. An diese Möglichkeit haben wir damals nicht gedacht.

Für ihn war es ganz natürlich, daß uns, die wir ein »Sonderrecht« beanspruchten, ein Studium an einer staatlichen Hochschule verwehrt wurde. Das stand zwar nicht im Gesetzbuch, aber immer wieder wurden in der DDR Menschen bestraft, weil sie ihnen zustehende Rechte nutzten. Dabei besaßen diejenigen, die dafür verantwortlich waren, kein schlechtes Gewissen, sondern sie waren fest davon überzeugt, daß sie richtig handelten.

Als Begründung dafür, daß einem das Studium verweigert wurde, verwiesen die Behörden jedoch nicht darauf, daß man Bausoldat gewesen sei. Statt dessen erklärte der Staat, daß jene, die studierten, später in besonderer Weise Verantwortung und auch leitende Funktionen übernähmen. Und da wollte die SED nur Leute sehen, die vorbehaltlos zu »unserer DDR« und ihrer Partei- und Staatsführung standen. Dazu zählten im Verständnis der Herrschenden keinesfalls jene, die den Arbeiter-und-Bauern-Staat nicht mit der Waffe beschützen wollten.

Wenn ich später als Pfarrer mit staatlichen Funktionären über Menschenrechte diskutierte und ihnen vorwarf, daß sie diese verletzten, obwohl die DDR mit ihrem Beitritt zur UNO doch deren Menschenrechtscharta zugestimmt habe, erwiderten die Funktionäre selbstherrlich: »Herr Eppelmann, Sie le-

gen diese Charta bürgerlich aus, wir interpretieren sie aber sozialistisch-fortschrittlich.«
Auch unserem Politmajor fiel es nicht ein, sich dafür zu entschuldigen, daß wir schlechter gestellt waren als andere. Er fand diesen eklatanten Bruch rechtsstaatlicher Prinzipien angemessen. So wie ihm klar war, daß Offizier in der Nationalen Volksarmee nur werden solle, wer Mitglied der SED sei. Lediglich in Ausnahmefällen ließen die Herrschenden Angehörige der Blockparteien eine militärische Laufbahn einschlagen.
Nach vierzehn Tagen Grundausbildung sollten wir unser Gelöbnis ablegen. Wir trugen als Bausoldaten zwar keine Waffen, aber unser Leben sollten auch wir für die Deutsche Demokratische Republik und ihre Repräsentanten einsetzen.
Wir stellten des weiteren fest, daß im Text stand, wir müßten unseren Vorgesetzten »unbedingten Gehorsam« leisten. Mir fiel ein, daß sich nach 1945 viele Mörder auf einen angeblichen Befehlsnotstand berufen hatten. Zu ihnen zählte etwa der Organisator der »Endlösung der Judenfrage«, Karl Adolf Eichmann, dem 1962 in Israel der Prozeß gemacht worden war. Auch er behauptete, beim Völkermord nur mitgemacht zu haben, weil andere es befohlen hätten.
Beruhte meine Entscheidung, eine Waffe nicht in die Hand zu nehmen, noch weitgehend auf persönlichen und politischen Motiven, so spielten bei meiner Weigerung, das Gelöbnis abzulegen, neben politischen auch religiöse Gründe eine Rolle. Ich wollte nie in eine Lage geraten, daß mir jemand sagen konnte, ich müsse jetzt dieses oder jenes tun, weil ich versprochen hätte, es zu tun.
13 von uns 21 erklärten aus den genannten Gründen, nicht am Gelöbnis teilnehmen zu können. Die Antwort des Politoffi-

ziers war: »Sie werden nie einen unmenschlichen Befehl erhalten, weil wir eine menschliche Armee sind.« Dieses Argument überzeugte mich nicht, weil ich bis heute der Auffassung bin, daß Menschsein immer auch heißt, Fehler zu machen.
Ich dachte in diesem Zusammenhang an die Biographie meines Vaters. Sollte ich einmal Kinder haben, dann wollte ich ausschließen, daß sie mir bittere Fragen stellten und ich keine Antworten wußte. Zum Beispiel: Warum hast du Dinge getan, die du bei einem bißchen Mut nicht hättest tun müssen?
Unsere Ausbilder bemühten sich, uns zu überreden, indem sie darauf hinwiesen, daß das Gelöbnis viel geringer zu bewerten sei als der Fahneneid. Wenn einer den Fahneneid breche, lade er nicht bloß eine moralische Schuld auf sich, sondern er könne dafür auch strafrechtlich belangt werden. In der Tat gibt es genug Beispiele dafür in der Geschichte der Nationalen Volksarmee, daß Soldaten wegen Verletzung des Fahneneids strafrechtlich zur Verantwortung gezogen worden sind. Auf Fahnenflucht oder Verrat stand die Todesstrafe, und in einigen Verratsfällen wurde sie verhängt und vollstreckt. Wer sich nicht an das Gelöbnis halte, wurde uns eingeredet, der mache sich zwar moralisch und politisch schuldig, müsse aber strafrechtliche Konsequenzen nicht befürchten.
Als die Überredungsversuche nicht fruchteten, folgten Drohungen. Zu drei bis fünf Jahre Gefängnis würden wir verurteilt wegen Befehlsverweigerung, wenn wir stur blieben, wurde uns angekündigt.
Am Tag des Gelöbnisses wartete unser Zug in den Stuben. Wir wußten, daß ein Militärstaatsanwalt darauf vorbereitet war, Gelöbnisverweigerer an Ort und Stelle festnehmen zu lassen und zu verhören. Statt unseres Arbeitsanzugs hatten wir unsere Dienstuniformen an. Das Gelöbnis sollte im Rahmen

einer feierlichen Zeremonie auf dem Kasernenhof abgelegt werden.
Dann kam der Befehl: »Raustreten zum Ablegen des Gelöbnisses!« Wir verließen die Stuben und stellten uns im Gang in Reih und Glied auf. Dann wurde befohlen, daß wir vor der Kaserne antreten sollten. Dreizehn Mann blieben stehen, die anderen rückten aus.
Sie kamen aber gleich wieder zurück, weil nun befohlen wurde, daß alle zurück in die Stuben sollten. Dort redeten der Zugführer und die Ausbilder noch einmal auf jeden ein. Sie erklärten, daß sie diese Sache durchziehen würden mit allen Konsequenzen für die Verweigerer.
Aber es half nichts, auch der zweite Anlauf scheiterte, und nun schilderte uns der inzwischen herbeigerufene Militärstaatsanwalt, was zu erwarten sei, wenn der dritte Versuch ebenfalls scheitere.
Danach hatten wir noch ein wenig Zeit, miteinander zu reden. Der Kfz-Meister erklärte, er könne seinen Betrieb dichtmachen, wenn er drei Jahre in den Knast komme und danach noch seinen Bausoldatendienst ableisten müsse. Andere argumentierten ähnlich. Jetzt wurde es ernst, das war allen klar.
Wieder wurde befohlen, aus den Stuben herauszutreten, und wieder folgten alle dieser Aufforderung. Neunzehn Mann gehorchten auch dem Befehl, im Kasernenhof zur Ablegung des Gelöbnisses anzutreten. Zwei blieben stehen: Hans-Joachim Ebert und ich. Die anderen legten das Gelöbnis ab, auch wenn einige später sagten, sie hätten den Text nicht nachgesprochen. Rechtlich und für mich machte das keinen Unterschied, entscheidend war, daß sie dabeigestanden hatten.
Hans-Joachim und ich wurden sofort erneut dem Militärstaatsanwalt vorgestellt, der unverzüglich Haftbefehle aus-

stellte und Ermittlungsverfahren wegen Befehlsverweigerung gegen uns einleitete. Ein Schreiber hielt unsere Personalien fest. Der Staatsanwalt war sachlich und fragte zuerst, ob wir bei unserer Entscheidung bleiben wollten. Er appellierte an unsere Vernunft. Offensichtlich hatten wir noch eine letzte Chance, der Gerichtsverhandlung zu entgehen, wenn wir jetzt nachgaben. Doch wir hatten uns entschieden. Ich zumindest mit Herzklopfen.

Ich neige zur Konsequenz, und wenn ich mich einmal zu etwas entschlossen habe, halte ich es durch. Aber ich gestehe, daß ich mir an diesem Punkt, wie bei späteren Gelegenheiten auch, nicht vollkommen sicher bin, ob ich getan hätte, was ich tat, wenn ich gewußt hätte, was mir bevorstand. Ich hatte gehörig Angst und keine Ahnung, wie es mit mir weitergehen würde. Heroisch fühlte ich mich nicht. Ich wollte aber mir und meiner Überzeugung treu bleiben.

Die erste Vernehmung dauerte ungefähr eine halbe Stunde. Danach durften wir noch einmal auf unsere Stuben, um persönliche Dinge und Waschzeug einzupacken. Die Kameraden, die soeben das Gelöbnis abgelegt und anschließend eine Bockwurst verzehrt hatten, schwiegen betreten. Sie sahen, was los war. Und sie wußten, daß sie entsprechend ihren Bekundungen nun eigentlich gleichfalls ihre Sachen hätten packen müssen. Mir war ebensowenig zum Sprechen zumute. Mit zugeschnürtem Hals verstaute ich die paar Dinge, die ich mitnehmen durfte. Bewacht von zwei Militärpolizisten, wurden wir dann in einem Trabant-Kübelwagen abtransportiert. Wie ich später feststellte, brachten sie uns in die Untersuchungshaftanstalt Greifswald.

Fluchtgefahr bestand nicht – wohin hätten wir bis zur Gerichtsverhandlung gehen sollen, wo doch die Grenzen hermetisch abgeriegelt waren? Die sofortige Inhaftierung gehörte wohl eher zum Abschreckungsprogramm. Außerdem hätte unser Verbleiben im Bausoldatenzug in den Augen der Vorgesetzten zersetzend gewirkt, zumindest wären Hans-Joachim und ich ein ständiger Grund für ein schlechtes Gewissen jener gewesen, die ursprünglich mit uns zusammen das Gelöbnis hatten verweigern wollen.

Zuerst nahmen Justizvollzugsbeamte mir meine Kleidung weg; ich wußte damals nicht, daß man als Untersuchungshäftling darauf bestehen konnte, weiterhin Zivil zu tragen. Ich mußte Gefängnisbekleidung anziehen, und dann kündigten mir Wärter an, daß sie mich in die »Tigerzelle« sperren würden zusammen mit einem Selbsttötungskandidaten, der ebenfalls gerade erst eingeliefert worden sei. Diese Zweimannzelle trug ihren exotischen Namen zu Recht, weil statt einer Tür ein großes Gitter in die Wände eingelassen war, so daß die Wärter jederzeit hineinsehen konnten. Offensichtlich hielten es die Aufseher für eine kluge Eingebung, einen Christenmenschen mit einem Freitodkandidaten zusammenzulegen, um das Schlimmste zu verhüten.

Aber ich befaßte mich weniger mit den Suizidgedanken meines Zellennachbarn als mit dem eigenen Elend. Ich sah das Gitter, das eindrücklich symbolisierte, daß ab sofort andere restlos darüber bestimmten, was mit mir geschah. Auch darüber, wann dieses Gitter wieder aufging und ich aus dem Gefängnis herauskam. Zwei Tage saß ich in der »Tigerzelle« und heulte, wenn ich mich unbeobachtet fühlte. Manchmal ist es gut, daß man vorher nicht genau weiß, auf was man sich einläßt.

Ich esse heute gerne Petersilie. Vor der Inhaftierung hatte ich dieses Kraut kaum wahrgenommen, wenn ich mich an einen gedeckten Tisch setzte. Es war für mich Dekoration, die meist nach dem Essen im Mülleimer landete. Mit meinem Gefängnisaufenthalt aber änderte sich nicht nur mein Verhältnis zu Petersilie, sondern auch das zu anderen kleinen Dingen des Lebens. Beim Hofgang faszinierte mich zum Beispiel eine kleine Blume oder irgend etwas Grünes. Ich hätte es zuvor nicht gesehen.

Und noch etwas Wichtiges änderte sich: Ich war trotz meiner 22 Jahre als recht unbekümmerter junger Bursche zur Armee gekommen, aber nach der Haft war ich ein Mann. Meinen Reifeprozeß habe ich im Schnelldurchgang im Gefängnis absolviert. Ich gewann unter anderem eine gehörige Portion Gelassenheit und Selbstbewußtsein dazu. Das half mir später, Einschüchterungsversuchen zu widerstehen.

So schwer die ersten beiden Tage waren, die acht Monate Haft haben mich nicht kaputtgemacht, weil ich wußte, warum ich im Gefängnis war. Ich traf dort Menschen, die tief verzweifelt waren. Einer rannte mit dem Kopf gegen die Wand; er hatte die Tat, für die er verurteilt werden sollte, volltrunken begangen. Wegen ein paar Gläsern zuviel hatte er Jahre seines Lebens verschenkt. Ich dagegen bereute nichts. An jedem Tag, den ich im Gefängnis saß, wurde ich stärker. Ich erlebte die acht wichtigsten Monate meines Lebens – so empfand ich es bis Mitte der achtziger Jahre. Und dies, obwohl es auch meine schwerste Zeit war.

Am dritten Tag meines Knastdaseins wurde ich in eine normale Zelle mit Tür verlegt. Sie war größer als die »Tigerzelle«. Darin standen zwei Doppelstockbetten und ein Tisch mit vier Hockern. Drei Schlafstellen waren belegt von Insassen, die erheblich älter waren als ich. Hinlegen durfte man sich nur abends zur Bettruhe. Unsere Notdurft verrichteten wir in

einen Kübel mit Deckel und schwarzem Plastikring zum Sitzen. Chlorkalk dämpfte den Gestank und desinfizierte. Der Kübel wurde jeden Morgen vor dem Frühstück von einem Zellengenossen geleert.
Eines Tages saßen wir beim Mittagessen und aßen eine nicht besonders gut schmeckende Blutwurst mit matschigen Kartoffeln und Sauerkraut. Einer in unserer Zelle stand plötzlich auf, ging zum Kübel, zog die Hose herunter und entleerte seinen Darm. Spätestens jetzt wußte ich ganz genau, wo ich gelandet war.
Ich wurde von den Aufsehern formal korrekt darauf hingewiesen, daß ich Haftbeschwerde einlegen könne. Ich tat es und war nicht überrascht, als sie abgelehnt wurde. Leute wie ich mußten nach Meinung der Behörden in Untersuchungshaft bleiben.
In den ersten Tagen wurde ich zusammen mit anderen Neuinhaftierten in einem kleinen geschlossenen Transporter zu einer Greifswalder Poliklinik gefahren, um streng nach Vorschrift einem Arzt vorgestellt zu werden. Als der Wagen vor der Klinik hielt, wurden uns Handschellen umgelegt. Wir stiegen aus und liefen dann durch ein kleines Spalier von Wärtern zum Eingang. In diesem Augenblick kamen zufällig ein paar Passanten vorbei. Ich werde die Augen einer älteren Frau nie vergessen. Sie schaute mich erschrocken und voller Angst an, aber nicht, weil ich armer Kerl Gefangener war, sondern weil sie mich für einen schlimmen Verbrecher hielt. Mich hat ihr Blick verletzt. Möglicherweise hatte sie in den folgenden Jahren mein Gesicht vor Augen, wenn sie an Kriminelle dachte.
Die Untersuchung, die uns zuteil wurde, war erbärmlich oberflächlich. Einen solchen Arzt würde ich freiwillig nicht mehr

aufsuchen. Für ihn war offensichtlich jeder Untersuchungshäftling ein Krimineller. Ein guter Arzt wirbt um Vertrauen, weil er weiß, daß er einem Patienten nur dann wirklich helfen kann, wenn eine Brücke des Vertrauens zwischen beiden besteht. Aber der Greifswalder Arzt hätte ein Stück Holz genauso behandelt, wie er mit uns verfuhr. Er hakte rasch ab, ob wir irgendwelche Gebrechen hätten und ob einer regelmäßig Tabletten nehmen müsse, die er dann gegebenenfalls verschrieb.

Dann interessierte ihn noch, ob wir tätowiert waren. Er fand diese Frage sogar besonders wichtig, denn es war Strafgefangenen wie Untersuchungshäftlingen verboten, sich tätowieren zu lassen. Deshalb ließ ich mich wenige Wochen später am linken Oberarm verzieren. Der Arzt notierte alle Hautbilder, die er entdecken konnte, damit die Aufseher später überprüfen konnten, ob neue hinzugekommen waren.

Diese zweifelhafte Verschönerung der Hautoberfläche galt den Justizbehörden als Selbstverstümmelung. In gewisser Hinsicht trifft das sogar zu, denn die Tätowierung wurde nicht von Fachleuten mit eigens für diesen Zweck vorgesehenen Instrumenten und Mitteln durchgeführt, sondern auf geradezu abenteuerliche Weise. Die Tinktur, die im Gefängnis dazu verwendet wurde, war eine Mischung aus Zigarettenasche, Marmeladesirup und einer weiteren Flüssigkeit. Die Experten hatten ihre speziellen Rezepturen. Zwei Nadeln wurden so aneinander festgebunden, daß ihre Spitzen versetzt waren. Sie wurden in die Flüssigkeit eingetaucht, von der ein wenig zwischen ihnen hängenblieb, und in die Haut gestochen. Die erste Spitze piekte ein kleines Loch, und von der zweiten Spitze lief die Tinktur dann hinein. Ein Loch nach dem anderen wurde so präpariert. Die vielen kleinen Wunden, verunreinigt durch die Tinktur, entzündeten sich rasch und waren von den Aufsehern leicht zu entdecken. Ein derart frisch verzierter Gefängnisinsasse konnte sich nicht herausreden, indem er sagte, diese Tätowierung habe er schon ewig, sie sei bisher nur immer übersehen worden.

Einer meiner Zellengenossen war wegen Wirtschaftsvergehen festgenommen worden. Er hatte wohl Steuern hinterzogen. Ein anderer sah aus wie ein Zwanzigjähriger, er war aber schon Ende Dreißig und saß seit zwei Jahrzehnten fast ununterbrochen im Gefängnis. Er wurde immer wieder bei kleineren Einbrüchen und Diebstählen erwischt. Er war völlig unfähig, selbständig zu leben, und klagte, nachdem er sein Urteil erhalten hatte und sich ausrechnen konnte, daß er Heiligabend entlassen werden würde: »Da ist doch keiner da, um mich wieder einzusperren.« Im Gefängnis hatte er ein Dach über dem Kopf, regelmäßige Mahlzeiten und ging auch einer Arbeit nach, bei der er ein paar Mark verdiente.

Als ich ihn kennenlernte, durfte er allerdings genausowenig arbeiten wie wir anderen, weil dies Untersuchungshäftlingen untersagt war. Wir saßen den ganzen Tag herum. Uns wurde ein Buch pro Woche zum Lesen bewilligt. Wenn man ausdauernd schmökern wollte, mußte man mitlesen, was die anderen sich ausgeborgt hatten. In der Gefängnisbücherei gab es vor allem Belletristik. Eine Bibel war in Greifswald nicht zu bekommen. Viele bevorzugten Bücher, in denen Beischlafszenen beschrieben wurden. Wenn einer auf eine solche Stelle stieß, dann ging die Leseempfehlung herum von Knastologe zu Knastologe.

Außerdem durften wir Schach und Mühle spielen. Schach hatte ich vorher nicht beherrscht, aber jetzt lernte ich es und war voll bei der Sache. Später, in der Strafhaft in Ueckermünde, habe ich an einer Knastschachmeisterschaft teilgenommen und bin immerhin zweiter oder dritter geworden unter 20 bis 25 Konkurrenten.

Die Zeit verging ungeheuer langsam. Wir orientierten uns von einer Mahlzeit zur anderen. Uhren besaßen wir nicht, was wahrscheinlich ganz sinnvoll war, sonst hätten wir alle fünf Minuten nach der Zeit geschaut.

Einmal am Tag war Hofgang für fünfzehn oder dreißig Minuten; ich weiß es nicht mehr genau. Einer lief hinter dem anderen im Kreis. Sprechen war verboten. Hier sah ich Hans-Joachim wieder. Er wurde aber so in die Reihe gestellt, daß wir nicht miteinander flüstern konnten.

Meine Mutter war sofort informiert worden von meiner Verhaftung. Noch am selben Tag, während des sich dem Gelöbnis anschließenden Ausgangs, hatte Jörg Hildebrandt sie in Berlin angerufen und erzählt, was in Stralsund vorgefallen war. Die Staatsanwaltschaft sah sich erst einige Tage später bemüßigt, meine Mutter zu unterrichten. Sie besuchte mich zwei- oder dreimal. Sonst kam niemand, weil nur ein Familienangehöriger dieses Recht hatte. Mehr als einmal etwa alle acht Wochen aber hätte auch sie nicht anreisen dürfen.

Nur ein einziges Mal wurde ich aus der Zelle zu einer Vernehmung durch den Militärstaatsanwalt geholt. Er wollte erneut wissen, was ich ihm schon gesagt hatte, und dann mußte ich ein Protokoll unterschreiben.

Eines Tages tauchte ein Rechtsanwalt namens Günter Heinekke aus Berlin in der Untersuchungshaftanstalt auf. Er kam im Auftrag meiner Mutter, wurde aber von der evangelischen Kirche bezahlt und war von Oberkonsistorialrat Manfred Stolpe empfohlen worden, dem späteren Konsistorialpräsidenten der Kirche in Berlin-Brandenburg und heutigen Ministerpräsidenten in Potsdam. Die Kirche fühlte sich zuständig für die jungen Männer, die aus religiösen Motiven Wehrdienst und Gelöbnis verweigerten, zumal sie zu mehr als neunzig Prozent aus den Jungen Gemeinden stammten.

Ich kannte den Anwalt nicht. Er befragte mich nach meinen Motiven, ließ sich den Hergang der Ereignisse schildern und verabschiedete sich bis zur Verhandlung. Im Gegensatz zu einem Pflichtverteidiger, der wohl eher als Nebenstaatsanwalt aufgetreten wäre, spürte ich bei ihm gleich, daß er meine Haltung respektierte und mich nach Kräften verteidigen wollte.

Der Prozeß vor dem Militärgericht sollte in Neustrelitz stattfinden. Deshalb wurde ich in die dortige Untersuchungshaftanstalt verlegt, wo ich dann drei Viertel der insgesamt viermonatigen Untersuchungshaft verbrachte.

Auf der Bahnfahrt von Greifswald nach Neustrelitz traf ich Hans-Joachim wieder. Unterhalten konnten wir uns auch hier nicht. Das war verboten, und die Wärter achteten darauf, daß niemand dem anderen etwas zuflüsterte.

Von Stralsund nach Neustrelitz fuhren wir im sogenannten »Grotewohl-Express«. So nannten die Gefangenen einen eigens für solche Transporte vorgesehenen Waggon der Deutschen Reichsbahn – wenig schmeichelhaft für den damaligen DDR-Ministerpräsidenten Otto Grotewohl. Die »Fahrgäste« saßen einzeln in gesicherten Abteilen. Die Fenster waren vergittert. Den Blick zum Gang verwehrte Spiegelglas, durch das, wie ich später erfuhr, die Wärter vom Gang aus unbemerkt hindurchsehen konnten.

Die Untersuchungshaftanstalt Neustrelitz war ein großer schmutziggelber Backsteinbau. Ich kam für die erste Nacht in eine sogenannte Transportzelle. Ich sehe noch wie heute einen Mann mit krausen Haaren vor mir. Er ließ sich von einem anderen eine Zigarette geben, die dieser verbotenerweise eingeschmuggelt hatte. Dann griff er in seinen lockigen Haarwuchs und hatte auf einmal die ganze Hand voller Streichhölzer. Die Not hatte diesen Menschen besonders erfinderisch gemacht.

Am nächsten Morgen führte ein Wärter mich in eine 30 bis 35 Quadratmeter große Zelle mit sechs Doppelstockbetten aus Eisen; zehn Schlafstellen waren belegt. Die Betten waren offensichtlich bei der NVA ausrangiert worden. Sie waren vollkommen durchgelegen. Meine Schlafstelle war überhaupt nur benutzbar, wenn ich das Keilkissen nahm und es in der Mitte unter die Matratze schob. Sonst hätte ich gekrümmt wie in einer Hängematte liegen müssen.

Ich hatte Glück, aus einer Arbeiterfamilie zu stammen und psychisch robust zu sein. Sonst wäre ich an meiner Umgebung kaputtgegangen. So kam ich mit meinen Zellengenossen einigermaßen aus. Sie akzeptierten es, daß ich rasch zum Stubenältesten ernannt wurde. Diese zweifelhafte Ehre widerfuhr mir wahrscheinlich, weil ich NVA-Angehöriger war. Die Aufseher unterstellten, daß ein Soldat am besten geeignet war, die morgendliche Meldung zu erstatten. Ich hatte in dieser Funktion keine Vorrechte, war aber für Sicherheit und Ordnung in der Zelle verantwortlich.

Neben jenen, die wegen Körperverletzung oder Wirtschaftsvergehen angeklagt werden sollten, traf ich auf zwei Vertreter einer Straftätergruppe, von der ich in meiner jugendlichen Naivität zuvor nie etwas gehört hatte. Es handelte sich um »Hühnerficker«, wie sie im Knastjargon tituliert wurden – sie wurden der Sodomie beschuldigt. Beim einen traf die Charakterisierung tiergenau zu, der andere hatte eine Ziege vorgezogen. Die Mithäftlinge forderten sie immer wieder auf, detailliert zu schildern, wie sie es denn angestellt hätten, und die beiden Experten gaben freimütig ihre einschlägigen Erfahrungen weiter. Zwei andere Zellengenossen wurden des Totschlags bezichtigt.

Eines Tages kam ein Schließer auf die Idee, daß wir unsere Zelle verschönern sollten. Vor allem der braungestrichene alte Holzfußboden mißfiel ihm. Er fragte uns, ob wir bereit seien, in der Zelle zu arbeiten. Wir waren angesichts unserer Langeweile sofort dabei. Der Aufseher gab uns – mit Gewißheit gegen jede Vorschrift – ein scharfes Kratzwerkzeug, mit dessen Hilfe wir in mehreren Tagen die Farbe entfernten, eine mittelalterliche Methode. Danach bekamen wir Metallwolle, um die alten Fußbodenbretter zu glätten. Am Schluß wurden sie eingeölt und sahen wieder richtig gut aus. Diese Tage waren schneller vergangen als jene zuvor, und wir waren sogar ein bißchen stolz auf unsere Leistung.

Ich hatte mich an das Gefängnisleben gewöhnt und wieder Mut geschöpft. Es genügte, daß ein paar Gefangene anständig miteinander umgingen, und schon entwickelten sich in uns ungeahnte Kräfte. Acht eingesperrte Männer mit unendlich viel Zeit kommen auf die blödsinnigsten Ideen. Ich habe nie wieder soviel gelacht wie in diesen Wochen.

Es hätte auch ganz anders kommen können. Schon im normalen Strafvollzug, aber ganz gewiß bei den »Politischen«. Wie, erzählte mir ein Freund, der in einer Massenzelle mit fast dreißig Mann wegen »versuchter Republikflucht« gesessen hatte. Die Gefangenen schlugen sich um das Essen, satt wurden nur die Stärkeren. Für die anderen fielen ein paar traurige Reste ab. Kein Aufseher kam, um zu helfen. Der Insasse einer solchen

Zelle traute sich nur einmal, Gewalttätigkeiten zu melden. Denn danach hatte er nachts eine Begegnung mit der »schwarzen Kuh«: Im Schlaf wurde ihm plötzlich eine Decke über den Kopf gestülpt, damit er niemanden erkannte, und dann wurde er brutal verprügelt. Am nächsten Morgen wollte natürlich keiner beteiligt gewesen sein. »Der ist aus dem Bett gefallen, Herr Wachtmeister«, lautete eine Standarderklärung für die Blessuren des Geschlagenen.

In Neustrelitz war im Gegensatz zu Greifswald den Gefangenen vorgeschrieben, sich mittags eineinhalb Stunden ins Bett zu legen. Am Anfang wußte ich nicht so recht, was ich von diesem befohlenen Mittagsschlaf halten sollte, aber bald empfand ich ihn als außerordentlich angenehm. Sonst saßen wir tagsüber auf harten Hockern oder liefen in der engen Zelle herum. Ich sehe mich noch heute, wie ich ganz am Anfang in der »Tigerzelle« unendliche Male von der Wand zum Gitter und zurück ging. Seitdem habe ich die Angewohnheit, in Räumen hin und her zu laufen.

Das Frühstück bestand aus zwei Scheiben Schwarzbrot, und dazu gab es Marmelade, vielleicht auch etwas Margarine, aber daran erinnere ich mich nicht mehr. Das Mittagessen war meist wäßrig. Oft gab es Kohlsuppe oder ähnliches. Abends bekamen wir zwei oder drei dünne Wurstscheiben, manchmal auch etwas Käse oder Fisch. Dazu wurde, wie mittags auch, Weiß- und Rotkohlsalat in riesigen Mengen gereicht, weil die Gefangenen nicht unter Vitaminmangel leiden sollten. Am Anfang aßen wir den Kohl noch gern, aber bald konnten wir ihn, der uns in großen Schüsseln auf den Tisch gestellt wurde, nicht mehr sehen. Wir machten uns einen Spaß daraus, ihn an die Decke zu werfen, wo er, wenn er kräftig genug hochgeschleudert wurde, zur allgemeinen Erheiterung kleben blieb.

Die Schließer hatten für diese Art von Humor allerdings keinen Sinn.

In der Militärstrafanstalt Ueckermünde am Oderhaff erlebte ich später, daß ein Schließer einem Gefangenen eine Eierstulle schenkte, die er von seinem von zu Hause mitgebrachten Vesperbrot übrigbehalten hatte. Das war von ihm als Belohnung für gutes Verhalten gedacht. Unter uns, die wir daneben gestanden hatten und leer ausgegangen waren, machte daraufhin der Spruch die Runde: »Ja, ja, nur gute Strafgefangene bekommen eine Eierstulle.« Heiligabend gab es in Ueckermünde eine Bockwurst und ein Brötchen – das war der Festbraten, den der Arbeiter-und-Bauern-Staat seinen Gefangenen schenkte.

So schlecht das Essen auch in Neustrelitz war, es reichte mit Unterstützung des Mittagsschlafs, um untätigen Gefängnisinsassen Bäuche wachsen zu lassen. Ich habe jedenfalls während der Untersuchungshaft trotz Wassersuppe meine sportliche Figur verloren.

Um 21 Uhr 30 mußten wir uns fertig machen für die Bettruhe. Wir erhielten jeder eine Schüssel Wasser zum Waschen; duschen durften wir nur einmal in der Woche. Müde waren wir aber meist noch nicht, wenn um zehn Uhr Bettruhe verordnet wurde. War ich dann allein mit mir, kamen oft genug die Wehmut, die Wut, das Denken an zu Hause, die Sehnsucht nach Anja. Dann war es nicht mehr zum Aushalten, sondern zum Schreien.

Sofern nicht traurige oder bittere Gedanken die Lust zu reden vergällten, quatschten wir vor dem Einschlafen noch eine Weile miteinander und erzählten Witze oder lustige Begebenheiten. Wenn wir anfingen zu lachen, eilte der diensthabende Schließer herbei, schaute durchs Guckloch, knipste sogleich das Licht an und rief durch die Tür, daß wir endlich ruhig sein sollten.

Einmal trieben wir den Schabernack auf die Spitze. Es fing an wie immer. Wir redeten und lachten im Dunkeln, und der Schließer brüllte von draußen: »Ruhe!« Aber wir ließen uns nicht stören. Daraufhin schaltete der Wärter das Licht ein und schaute durch die Luke, erfolglos wie immer. Wir machten jetzt richtigen Lärm, brüllten und schrien provozierend, während wir leise mitzählten, wie oft der Schließer herbeieilte, »Ruhe!« rief und das Licht anmachte. Beim sechsten- oder siebtenmal begannen wir die Zahl der Wärterauftritte laut zu numerieren. Als er das zwölfte oder dreizehnte Mal durch den Türspion lugte, erschreckte ihn der Anblick eines aufrecht stehenden Strafgefangenen, auf dem Kopf eine Schüssel und in der Hand einen Schrubber.
Der Schließer, brüllend: »Was machen Sie da?«
Der Gefangene: »Die anderen haben mir gesagt, ich muß jetzt hier Brand- und Feuerwache schieben.«
Der Aufseher tobte, verzog sich resignierend und ließ das Licht an. Wir lachten schallend. Wir waren in dieser Nacht stärker als der Schlüsselknecht. Bis zum Aufstehen befahl uns niemand mehr, ruhig zu sein. Am nächsten Morgen konnten wir uns an nichts erinnern, als wir zu den Ereignissen der vergangenen Nacht verhört wurden.
Diese Episode ereignete sich nach Hans-Joachims und meiner Verurteilung, aber vor dem Abtransport in die Militärstrafanstalt Ueckermünde. Die Tatsache, daß wir das Gerichtsverfahren hinter uns gebracht und die Ungewißheit verloren hatten, hatte erheblich dazu beigetragen, unsere Stimmung zu verbessern. Wir konnten jetzt ausrechnen, wann wir wieder frei sein würden. Und nun waren wir endlich in einer Zelle zusammen eingesperrt.
Wir beide wurden mit zwei Wochen verschärftem Arrest be-

straft für unseren nächtlichen Jux, Hans-Joachim als Rädelsführer und ich als Stubenältester, der für Ordnung hätte sorgen müssen. Wir wurden einzeln in Dunkelzellen gesperrt, die vielleicht zweieinhalb Meter breit und vier Meter lang waren. Oben in der Wand war ein etwa vierzig mal vierzig Zentimeter großes Fenster eingelassen, das nicht nur mit einem Gitter, sondern auch mit einer Metallblende versehen war. In diese hatte man zwei oder drei Löcher hineingeschweißt, durch die sich ein paar Lichtstrahlen in die Zelle verirrten.
Das einzige Mobiliar bestand aus einer Pritsche: Bretter, die von einem Metallrahmen zusammengehalten wurden. Die Liege wurde morgens um sechs Uhr hochgeklappt und an der Wand festgeschlossen, und abends um zehn Uhr durfte der Einzelhäftling sich auf den blanken Brettern wieder langmachen. Es gab keine Matratze oder sonstige Unterlage und ebensowenig eine Decke. Frühmorgens war ich steif und durchgefroren.
Zu den drei Mahlzeiten reichte mir ein Schließer einen Hokker herein, das Essen hielt ich in der Hand. War ich damit fertig, wurde mir der Hocker wieder abgenommen. Sonst mußte ich tagsüber stehen oder auf dem kalten Boden hocken. Ich habe noch viele Jahre periodisch unter der Blasenentzündung gelitten, die ich mir in diesen zwei Wochen holte. Hans-Joachim erwischte sie noch nachhaltiger. Hofgang gab es in diesen zwei Wochen nicht. Die Tage waren quälend und gemein und wollten gar nicht vergehen. Aber wir hatten endlich Gewißheit. Die Verurteilung in einem Unrechtsprozeß half uns, diese schwere Zeit zu überstehen.

Daß es endlich zum Gerichtsverfahren kommen würde, hatte ich vernommen, als mir die Anklageschrift ausgehändigt wurde, damit ich mich vorbereiten konnte. Außerdem wurde mir auf meine Bitte hin das Strafgesetzbuch in die Hand gedrückt, in dem ich nachschlagen wollte, auf welche Paragraphen der Staatsanwalt sich bezog. Bei der Verhandlung war die Öffentlichkeit nicht ausgeschlossen, aber nur meine Mutter und meine Schwester sowie ein Vertreter der evangelischen Kirche nahmen als Zuschauer teil. Es half mir, bekannte Gesichter zu sehen. Sonst waren außer uns Angeklagten und unserem Anwalt, Herrn Heinecke, der Richter mitsamt zwei Beisitzern, der Militärstaatsanwalt sowie zwei Schreiber anwesend.

Der Staatsanwalt beantragte 27 Monate Gefängnis wegen Dienstverweigerung. Er erklärte: Ein Soldat könne ohne Fahneneid kein Soldat sein, was bedeute, daß ein Bausoldat ohne Gelöbnis kein Bausoldat sein könne. Wenn ein Soldat sich also weigere, das Gelöbnis abzulegen, dann handele es sich nicht nur um eine Befehls-, sondern auch um eine Dienstverweigerung. Und darauf stand natürlich viel mehr als auf die Nichtbefolgung eines Befehls. Die Strafe für eine solche Dienstverweigerung müsse aus Gründen der Abschreckung deutlich länger sein als die achtzehnmonatige Wehrpflicht. Das erklärte der Staatsanwalt natürlich auch deswegen, weil sonst mancher Wehrpflichtige auf die Idee gekommen wäre, nicht zur NVA einzurücken, sondern lieber ins Gefängnis zu gehen.

Unser Anwalt hielt dagegen, daß von einer Dienstverweigerung keine Rede sein könne. Das hätten die Angeklagten schon dadurch bewiesen, daß sie dem Einberufungsbescheid Folge geleistet hätten. Damit hätten sie gezeigt, daß sie bereit gewesen seien, als Bausoldaten zu dienen. Für die Verweigerung des Gelöbnisses hätten beide verständliche Gründe genannt, was sich auf die Strafe auswirken müsse.

Das Gericht folgte den Argumenten von Anwalt Heinecke. Hans-Joachim erhielt zehn Monate Gefängnis, ich acht. Das härtere Urteil für Hans-Joachim begründete der Richter damit, daß dessen Dienstauffassung in den ersten vierzehn Tagen seines Bausoldatendaseins zu wünschen gelassen habe. Zwei Monate für Schwierigkeiten beim Marschieren!

Gleich nach der Verkündung wurden wir gefragt, ob wir das Urteil annähmen. Wir taten es, weil es vergleichsweise günstig ausgefallen war. Alles bis ein Jahr sollten wir gleich akzeptieren, hatte der Anwalt uns geraten. Der Staatsanwalt dagegen war nicht einverstanden und protestierte gegen das in seinen Augen zu milde Strafmaß, wie wir später erfuhren. Aber sein Einspruch wurde zurückgewiesen und das Urteil damit rechtskräftig.

Für die Position unseres Anwalts sprach auch, daß wir nach Abbüßung unserer Strafen unseren Bausoldatendienst fortsetzten, ohne aufgefordert zu werden, das Gelöbnis nachzuholen. Man konnte also in der NVA seinen Dienst tun, ohne das Gelöbnis abzulegen. Es gab darüber eine Absprache zwischen Kirche und Staat. Ein aus Gewissensgründen Verurteilter sollte nicht ein zweites Mal dem gleichen Konflikt ausgesetzt werden.

Da wir nie mit einem Freispruch gerechnet hatten, waren wir erleichtert über das Urteil. Das Gefängnis kannten wir nun, es schreckte uns nicht mehr. Die viermonatige Untersuchungshaft wurde angerechnet. Die restlichen Tage würden wir auf einer Rasierklinge absitzen, sagten wir uns.

Die Militärstrafanstalt Ueckermünde, in die wir nun verlegt wurden, war ein Lager mit drei Baracken, in denen die Gefangenen untergebracht wurden. In einem Haus waren »Arrestanten« eingesperrt. So hießen Soldaten, die weniger als dreißig

Tage absitzen mußten und daher nicht als Strafgefangene geführt wurden. Eine andere Baracke war zu meiner Zeit für Zivilisten bestimmt. Später zogen auch hier NVA-Angehörige ein, als die Straftaten in der Armee zunahmen. Schließlich wurden sogar Betten in die Gänge gestellt.

Weil das Lager in Ueckermünde aus allen Nähten platzte, richtete die NVA schließlich in Schwedt an der Oder ein großes Militärgefängnis ein. Als ich Minister für Abrüstung und Verteidigung wurde, wollte ich überraschend, damit nichts präpariert werden konnte, mit meinem Presseoffizier und letzten Büroleiter, Oberst Uwe Hempel, in der Schwedter Strafanstalt auftauchen. Aber daraus wurde nichts, Admiral Hoffmann hatte sie schon Anfang 1990 aufgelöst, ohne die Öffentlichkeit darüber zu unterrichten.

In der Mitte der Baracken in Ueckermünde verlief ein langer, breiter Gang, von dem rechts und links Türen abgingen. Die Außenmauern waren aus Stein, im Inneren hatte man mit Asbestplatten Zellen für jeweils mehrere Insassen abgetrennt. Es war enorm hellhörig. Wenn irgendwo einer lachte, bekamen es alle mit.

In jeder Baracke gab es einen großen Waschraum mit Toiletten, und ich war endlich Kübel und Chlorkalk los. Die Zellentüren waren nicht abgeschlossen. Zu bestimmten Zeiten durften wir sogar die Baracke verlassen und auf das bewachte Gelände gehen oder auch in eine andere Baracke. Allerdings war es streng verboten, sich über eine Markierung hinaus den Außenmauern zu nähern.

Unter den Insassen herrschte meist große Solidarität, aber es gab auch Gefangene, die sich auf Kosten anderer das Leben erleichterten. Es war ein Unterschied, ob man als einfacher Soldat oder als höherer Dienstgrad inhaftiert war. Zu den Strafgefangenen zählten etwa Unteroffiziere, die nicht rechtzeitig vom Urlaub zurückgekommen waren oder einen Offizier geschlagen hatten. Sie wurden gleich zu Stubenältesten ernannt, zu »Kapos«.

Dieser eingedeutschten Kurzform des französischen »Caporal« (»Unteroffizier«) verdankten auch jene Häftlinge ihren Namen, die in nationalsozialistischen Konzentrationslagern von der SS zu Aufsehern gemacht worden waren. Die Anstaltsleitung war offenkundig davon überzeugt, daß Ranghöhere diese Funktion besser ausfüllen konnten als einfache Soldaten. Wenn Kapos mit den Aufsehern kooperierten, also ihre Kameraden verrieten, hatten sie eine Chance, wegen »guter Führung« ein paar Wochen früher entlassen zu werden. Die Verratenen dagegen erhielten einen »Nachschlag«.

Diese Situation ließ nicht nur freundschaftliche Gefühle entstehen. Wir waren uns nie ganz sicher, ob unser jeweiliger Kapo weitertrug, was wir sagten oder taten. Das Mißtrauen war immer da. Wir konnten nicht ausschließen, daß sich einer in einem schwachen Augenblick verlocken ließ.

Ohne meine Lage unzulässig vergleichen zu wollen, habe ich mich oft gewundert, wie man ein Hitler-KZ oder ein Stalinsches Arbeitslager überstehen konnte. Für Frauen ist es gewiß schwerer, aus hygienisch-biologischen Gründen und weil ihnen das sogenannte »Kind im Manne« meist fehlt. Viele Männer können albernen Unfug treiben, ohne sich komisch vorzukommen. Kindisch zu sein wirkt in Gefängnis und Lager wie ein Ventil. Uns machte es eben Spaß, Rohkostsalat an die Decke zu werfen, die Schließer zu ärgern, sich einmal stärker zu fühlen. Es lenkte uns ab von trüben Gedanken, stärkte das Gemeinschaftsgefühl und gab uns neue Kräfte.

Aber: Wir waren nie vom Tod bedroht. Unsere Aufseher hielten sich weitgehend an die Vorschriften, obwohl auch in Gefängnissen und Lagern der DDR viele Gefangene mißhandelt wurden und durch Übergriffe des Wachpersonals umkamen, wie heute bekannt wird.
Meine beeindruckendste Erfahrung war, daß in unserer kleinen Notgemeinschaft keiner den anderen ans Messer lieferte, sieht man einmal von manchen Kapos ab. Wir mußten einige Male stundenlang in Kälte und Schnee stehen, weil die Aufseher einen Schuldigen für irgend etwas suchten. Keiner kam auf die Idee, sich dieser Tortur zu entziehen, indem er den Bösewicht meldete. Die Suche nach den Rädelsführern verlief immer im Sand.
Wir teilten die letzte Zigarette miteinander, obwohl der Stellenwert von Tabak in Gefängnis und Lager nicht zu überschätzen ist. Wenn keine Zigaretten mehr greifbar waren, rissen manche Schilfgras aus den Matratzen, um es zu rauchen. Das wöchentliche Zigarettenkontingent war äußerst knapp bemessen. Es ganz zu streichen gehörte zu den beliebten Disziplinierungsmaßnahmen der Aufseher. Als Begründung für die strenge Tabakrationierung mußte das Argument herhalten, die Anstaltsleitung wolle verhindern, daß wirtschaftliche Abhängigkeiten unter Gefangenen entstünden.
Auch ich habe die Stummel nicht weggeschmissen. Ich kaufte mir Papier und verarbeitete die Tabakreste zu einem neuen Glimmstengel. Vier Kippen ergaben zusammengedreht eine neue, krümelige Zigarette.
Tabak war auch der Hauptwunsch auf dem Paketschein, den ich einmal in meiner Haftzeit nach Hause schicken durfte. Als mir das Paket dann ausgehändigt wurde, fühlte ich mich, als fielen Weihnachten und Ostern auf einen Tag. Da eine obere

Preisgrenze verordnet war, baten die Gefangenen bei solchen seltenen Gelegenheiten darum, ihnen Billigmarken wie Real und Casino oder Tabak zum Drehen zu senden. Daneben freuten wir uns über zusätzliche Lebensmittel. Alkohol und Konserven waren verboten.

Hans-Joachim war in einer anderen Zelle untergebracht. Er konnte weniger einkaufen als wir, so daß wir ihm immer wieder einmal Zigaretten zukommen ließen. Er verweigerte die meisten Arbeiten und paßte sich auch sonst wenig an den Gefängnisalltag an. Er war so eine Art Hofarbeiter und zog mit Schubkarre, Besen und Schaufel über das Gelände.

Ich mußte in einer Gießerei in Ueckermünde im Dreischichtbetrieb arbeiten. Wir hatten die Aufgabe, die Nähte abzuschleifen, die entstanden, wenn zwei halbkugelförmige gegossene Hälften zu Handgranatenmänteln zusammengefügt worden waren. Diese Arbeit war ungesund, vor allem wegen der riesigen Mengen von Metallstaub. Deshalb gab die Lagerleitung uns täglich einen halben Liter Milch zu trinken. Schutzmasken erhielten wir jedoch nicht.

Wenn wir ein bestimmtes Soll erfüllt hatten, wurde uns ein geringer Geldbetrag ausgezahlt, den wir beim wöchentlichen Einkauf ausgaben. Ein Teil unseres Verdienstes wurde einbehalten für Verpflegung und Unterkunft, ein anderer wurde bei der Entlassung ausgehändigt, und ein geringer Betrag wurde an die Familien überwiesen.

Zivilisten waren in der Gießerei wegen der schlechten Arbeitsbedingungen kaum anzutreffen. Wir wurden sorgfältig abgesondert von ihnen, die uns wohl wunschgemäß für Verbrecher hielten. Wir hatten den Eindruck, daß die Zivilisten weniger leisten mußten und dabei viel mehr Geld verdienten als wir. Niemals zuvor und danach habe ich so hart gearbeitet wie in

dieser Gießerei – acht Stunden, ständig schwitzend, immer im Metallstaub. Hinzu kam ein Arbeitsunfall: Ich geriet mit der Hand in eine Schleifmaschine, und obwohl ich Handschuhe trug, wurde mir der Nagel vom rechten Daumen gerissen.
Eines Tages kam unsere Zellengemeinschaft morgens um zwei Uhr von der Spätschicht in die Baracke zurück. Da erfuhren wir, daß um sieben Uhr bereits Politunterricht sein sollte, von dem wir natürlich auch in der Militärstrafanstalt nicht verschont wurden. Das war für uns zuviel des Schlechten, und wir weigerten uns, auf Schlaf nach schwerer Arbeit zu verzichten. Die Vorzüge des Sozialismus hätten uns auch später ausgemalt werden können, meinten wir. Zur Strafe mußten wir mehrere Stunden auf dem verschneiten Lagerhof frieren, außerdem wurde der Einkauf für eine Woche gesperrt. Aber das war uns die Sache wert, schließlich hatten wir gezeigt, daß die Obrigkeit nicht alles mit uns machen konnte.
Sonst kamen wir allerdings um die Staatsbürgerkunde genausowenig herum wie ums Exerzieren. Es ist eine absurde, aber nichtsdestotrotz wirklichkeitsgetreue Vorstellung, daß Lagerhäftlingen, auch den »Politischen«, die »führende Rolle der SED« angepriesen wurde.
Auch wenn sie es nicht wahrhaben wollten, waren Journalisten und Lehrer übrigens prinzipiell in keiner anderen Lage als die Offiziere in der Armee und die Erzieher im Knast, die uns propagandistisch heimsuchten. Denn war die DDR seit dem 13. August 1961 etwa kein großes Lager?
Ab und zu wurden wir in den Fernsehraum befohlen, um die »Aktuelle Kamera«, die DDR-Nachrichtensendung um 20 Uhr, oder Karl-Eduard von Schnitzlers »Schwarzen Kanal«, eine demagogische Auseinandersetzung mit dem BRD-Fernsehen, zu konsumieren. »Sudel-Ede« war die schlimmste TV-

Strafe, aber er brachte immerhin etwas elektronische Abwechslung in unseren tristen Gefangenenalltag.
Im angeordneten Fernsehen wie im Polituntericht drückte sich aus, daß der reale Sozialismus uns nicht nur bestrafen, sondern vor allem auch erziehen wollte. Die uns Unterrichtenden nannten sich folgerichtig Erzieher. Wir sollten zu wertvollen und würdigen Mitgliedern der »sozialistischen Menschengemeinschaft« gemacht werden.

Am Tag meiner Entlassung wurde mir ein Riesenbeutel mit Post in die Hand gedrückt. Man durfte nämlich nur einen Brief pro Woche schreiben und empfangen, alle anderen Sendungen wurden aufbewahrt, meist ohne daß man wußte, daß es sie gab. In Neustrelitz hatte ich allerdings das Glück, daß ich sah, wie ein Ortsansässiger bevorzugt behandelt wurde und an zwei Tagen in Folge je zwei Briefe erhielt. Als mir der Schließer freundlicherweise mitteilte, daß ein Brief für mich gekommen sei, den er mir aber nicht geben dürfe, weil mein Quantum für diese Woche schon erfüllt sei, gab ich ihm zu verstehen, was ich wußte. Ich sei nicht bereit, mich schlechter behandeln zu lassen als andere. Daraufhin empfing ich für einige Zeit sämtliche Post, die mir geschickt worden war.
Im Postbeutel fand ich einen Brief aus Australien. Er stammte von einem ehemaligen Neuköllner Klassenkameraden, der dorthin ausgewandert war und auf irgendwelchen Wegen von meiner Inhaftierung erfahren hatte. Der liebe Gruß aus der Ferne verschaffte mir den ersten Kontakt mit dem Ministerium für Staatssicherheit. Ich wurde ins Sprechzimmer gerufen, wo zwei Herren mich erwarteten. Ob ich einen Bernd Lukas kennen würde und was ich mit Australien zu tun hätte, wollten sie wissen. Ich war völlig ahnungslos, denn den Brief

zeigten sie mir nicht. Erst nach meiner Entlassung begriff ich, was das Ganze sollte.
Sonst enthielt der Beutel viele Briefe meiner Mutter – und von Anja. Eine Zeitlang hatte sie mir geschrieben. Einige ihrer Briefe wurden mir ausgehändigt, andere nicht. Was hätte ich ihr erzählen sollen, auch wenn ich ihr mehr Briefe hätte schikken dürfen? Acht Monate Gefängnis waren zu lang für diese Jugendfreundschaft. Sie ließ sich nach meiner Entlassung aus der NVA nicht mehr erneuern.
Im Februar 1989 sah ich Anja wieder. Sie hatte mir eine nette Geburtstagskarte geschickt, und ich rief sie an, um mich zu bedanken. Wir verabredeten uns in der Wohnung ihrer Schwester, die ich ebenfalls aus der Jungen Gemeinde kannte, um über alte Zeiten zu reden. Dort traf ich auch meinen Motorradfreund Klaus Weise wieder und Anjas Sohn Michael.
Dieser kannte mich bereits durch die Erzählungen seiner Mutter. Und aus einer anderen Quelle: Er hatte gehört, was im Wachregiment »Feliks Dzierzynski« über mich berichtet wurde. Dies war eine Einheit des Ministeriums für Staatssicherheit (MfS) mit einer Stärke von 7000 Mann. Bei Staatsbesuchen etwa marschierte sie auf wie auch bei den pompösen Veranstaltungen von Stasichef Erich Mielke. Außerdem bewachte sie verschiedene Objekte des Ministeriums.
Michael hatte sich 1987, als er zum Wehrdienst eingezogen werden sollte, für drei Jahre beim Wachregiment verpflichtet. Er saß als Unteroffizier in einer Kompanieschreibstube. Eines Tages schlug der FDJ-Sekretär seiner Einheit vor, zusammen das »Traditionskabinett« im Gebäude der Berliner Bezirksverwaltung der Stasi in Friedrichsfelde zu besuchen, um mehr über Feliks Dzierzynski und die nach ihm benannte Einheit zu erfahren. Unter den dort abgebildeten Staatsfeinden und

»Agenten des Imperialismus« entdeckte er auch mein Konterfei. Pfarrer Eppelmann, so hieß es dazu, locke mit Hilfe von Bluesmessen Jugendliche an, um ihnen Lügen über die DDR zu erzählen. So sollte dem MfS-Nachwuchs der Haß gegen die Kritiker des SED-Regimes ins Herz gepflanzt werden.
Auf die Frage, wie er auf die Idee gekommen sei, sich zu dieser Einheit zu melden, erklärte er: Er habe nach der Mittleren Reife unbedingt bei Mutter und Großmutter in Berlin bleiben wollen, statt nach Rostock oder Eisenach geschickt zu werden. Als Zeitsoldat verdiene er 800 Mark und nicht 125 wie die anderen Wehrpflichtigen, und schließlich sei ihm versprochen worden, daß er nach seiner Entlassung studieren dürfe.
Als im Frühsommer 1989 die letzte große Krise des DDR-Sozialismus einsetzte und sich immer mehr Oppositionsgruppen lauter und kritischer zu Wort meldeten, sagte Michael, daß er nicht im Wachregiment bleiben wolle. In Anjas Beisein fragte er mich, wie er es schaffen könne herauszukommen. Er brauche seinen Vorgesetzten doch bloß zu erzählen, daß er mich kennengelernt habe und sympathisch finde. Er sei deshalb nachdenklich geworden und halte es nicht mehr aus, riet ich ihm.
Erstaunlicherweise übten seine Stasioberen nur geringen Druck auf ihn aus. Am 30. Oktober hatte er seine Entlassung beantragt, und schon am 7. November durfte er gehen, nachdem er eine Woche in der Kaserne festgehalten worden war. So schnell hatte es noch keiner geschafft.
Erst später erfuhr ich die Hintergründe des unerwartet reibungslosen Abgangs: Die Stasi hielt mich für den Staatsfeind Nr. 1. Bis heute hält sich in den Kreisen der ehemaligen Spitzel und Überwacher, angefangen bei Ex-Minister Mielke, das Gerücht, ich hätte für den britischen und den amerikanischen

Geheimdienst gearbeitet. Ich sei Pfarrer nur zu dem Zweck geworden, um die DDR im Schutz der Kirche kaputtmachen zu können. Ich hätte am Schluß gar keine Angst mehr gehabt vor dem allgegenwärtigen Ministerium, sondern meinerseits sogar versucht, in die Stasi einzudringen. Das beweise die Tatsache, daß ich Kontakt zum Wachregiment »Feliks Dzierzynski« gesucht hätte. Wenn man es so sieht, war Michaels rasche Entlassung aus dem Wachregiment die erfolgreiche Abwehr eines imperialistischen Angriffs.
Michael half mir nach der Wende als persönlicher Referent im Ministerium für Abrüstung und Verteidigung. Heute unterstützt er mich bei der Öffentlichkeitsarbeit in meinem Wahlkreis Fürstenwalde–Strausberg–Seelow.

Als ich meine Haftstrafe bis zum letzten Tag abgesessen hatte, brachte mich ein Obermaat der Volksmarine ohne Zwischenaufenthalt von Ueckermünde zurück zu meiner Bausoldateneinheit nach Saßnitz. Der Zugführer begrüßte mich und erklärte, er hoffe, daß wir nun einigermaßen miteinander auskämen. Ich solle mir das Leben nicht unnötig schwermachen.
Nach den Erfahrungen in der Haft war die Militärzeit praktisch gelaufen für mich. Unteroffiziere und Offiziere konnten mich nicht mehr beeindrucken. Was sollten sie mir noch anhaben? Manchmal grinste ich meine Vorgesetzten einfach an, wenn sie mir einen Befehl erteilten. Die Drohung, mir den Ausgang zu streichen, konnte mich nicht beeindrucken. Und als mich ein Unteroffizier für drei Tage in den Bau schicken wollte, sagte ich ihm, daß ich dann endlich mal wieder richtig ausschlafen könne. Den Gefallen wollte er mir dann doch nicht tun.

Hinzu kam, daß ich einer von zwei gelernten Maurern im Zug war, und als die anderen meines Jahrgangs entlassen wurden, war ich sogar der einzige. Der Zugführer hatte Forstwissenschaften studiert und war daher abhängig von meinem Fachwissen, und das ließ ich ihn spüren. Ohne mich wurde nichts gemauert. Ich war gewissermaßen ein Glücksfall für den Leutnant – und er einer für mich. Er brauchte mich, ich ihn aber nicht.

Einmal, als wir eine Halle für die NVA bauten, gab er einen fachlich unhaltbaren Befehl. Vor versammelter Mannschaft erklärte ich ihm schmunzelnd, daß seine Anordnung blödsinnig sei. Natürlich bestand er darauf, daß ihr trotzdem Folge geleistet werde, denn zurücknehmen konnte er einen Befehl nicht, ohne das Gesicht zu verlieren. Seitdem fragte er mich aber meist vorher, was zu tun sei.

Der Zugführer hatte es schwerer als seine Kollegen, die den Rekruten das Schießen beibrachten. Bei uns ging es weitgehend so zu wie auf normalen Baustellen, nur daß wir Uniformen trugen statt Arbeitskleidung. Der Leutnant war, obwohl mit Befehlsgewalt ausgestattet, eher eine Art Polier. Auch er hatte ein Plansoll zu erfüllen. Um uns zu motivieren, wurden sogar in bescheidenem Maß »ökonomische Hebel« eingesetzt – das heißt, es gab Prämien, wenn man sein Pensum schaffte. Fünfzig Mark waren für uns, die wir nur unseren kargen Sold erhielten, eine Menge. Die Vorgesetzten hatten schnell eingesehen, daß es notwendig war, uns bei Laune zu halten.

Mit meinen Kameraden, die im Gegensatz zu mir schon acht Monate hinter sich gebracht hatten, war es anfangs nicht immer einfach. Die meisten von ihnen hatten ja ursprünglich auch das Gelöbnis verweigern wollen, aber dann dem Druck nachgegeben. Einige von ihnen sahen sich jetzt genötigt, ihr

Verhalten unaufgefordert zu rechtfertigen. Der Argumentationsnotstand zeigte ihr schlechtes Gewissen.
Den Kfz-Meister beschäftigte die Sache noch im Jahr 1990. Als er erfuhr, daß ich Minister geworden war, schrieb er mir zwei Briefe. Er machte sich Vorwürfe, daß er sich nicht so verhalten hatte wie Hans-Joachim und ich.
Hans-Joachim, der zwei Monate nach mir wieder zur Einheit stieß, habe ich nach dem Ende des Bausoldatendaseins nur noch selten gesehen. Er erreichte auf der Abendschule den Fachschulabschluß und absolvierte ein Fernstudium. Wenn ich mich recht entsinne, arbeitete er später in einem großen Werk für Fernsehelektronik als Ingenieur. Als ich 1982 von der Stasi verhaftet wurde, meldete er sich bei meiner Frau, um zu fragen, ob er helfen könne.

Später erfuhr ich, daß gleichzeitig mit uns an anderen Standorten Bausoldaten ebenfalls das Gelöbnis verweigert hatten. Außer in Saßnitz waren Kameraden in Prenzlau und in Oberbärenstein stationiert. Aber nur Hans-Joachim und ich wurden strafrechtlich belangt. Die anderen erhielten für das gleiche Vergehen eine Ausgangssperre oder ähnliches, und damit war für sie der Fall erledigt. Es ist nicht bekannt, daß die militärische Disziplin darunter gelitten hätte.
An diesem Beispiel wird deutlich, daß selbst in einer so starr hierarchisch gegliederten Armee einiges möglich war, wenn Vorgesetzte es wagten, hier und dort etwas Vernunft walten zu lassen. Unsere Vorgesetzten benutzten die Brechstange, andere ihren Verstand.
Solche auffallenden Diskrepanzen waren typisch für die DDR. Das SED-System konnte ungeheuer unmenschlich sein, aber auch weit weniger schlimm. Es hing meist davon ab,

welche Person an welcher Stelle saß und das Sagen hatte. Besaß sie etwas Zivilcourage und Anstand, dann konnte zum Beispiel auch einer studieren, der nicht Pionier gewesen war und auch das FDJ-Mitgliedsbuch verschmähte, aber ein gutes Abitur gemacht hatte. Kein Gesetz der DDR verbot das.
Eine Lehrerin mußte einem Kind, das nicht bei den Pionieren oder in der FDJ war, keine schlechteren Noten geben, auch wenn es ihrem Image schadete. Ein Rechtsanwalt mußte einen politisch heiklen Fall nicht ablehnen. Ein Angestellter mußte eine abweichende Meinungsäußerung eines Kollegen nicht nach oben melden. Ein Staatsfunktionär mußte einen Ausreiseantragsteller nicht beleidigen und schikanieren. Ein Polizist mußte einen Punker nicht wie den letzten Dreck behandeln. Immer wieder wurde menschliches Versagen deutlich. Zu viele machten aus einer Regel ein Gesetz, weil sie Angst hatten oder ihr Gehorsam vorauseilte.
So kam es nach meiner Kenntnis kein einziges Mal vor, daß ein Grenzsoldat verurteilt wurde, weil er einen Flüchtling nicht getroffen hatte. Es gab im Rahmen der Gesetze Räume. Jeder, Handwerksmeister, Grenzsoldat, Kellner, Schaffner, Lehrer, Verkäufer oder Polizist, entschied durch sein Verhalten mit, ob dieser Staat menschlicher oder unmenschlicher, sympathischer oder brutaler war.
Die Scharfmacher und Übereifrigen liefen natürlich das geringste Risiko. Ihnen konnte kaum vorgeworfen werden, sie seien zu lax mit dem Klassenfeind umgegangen. Des weiteren hofften sie begründet darauf, als treue Anhänger des Regimes gelobt und belohnt zu werden. So mancher wurde gequält und mancher erschossen, weil der Täter sich Vorteile ausrechnete. Aber meistens handelte es sich um menschliche Schwächen, die das SED-Regime überhaupt erst möglich gemacht

haben, um Gleichgültigkeit, Bequemlichkeit, Feigheit oder das Streben nach Karriere, Wohlstand und Privilegien.

Ich erinnere mich an einen Mann in der Jungen Gemeinde, die ich später als ehrenamtlicher Jugendmitarbeiter übernahm, der an der Grenze geschossen hatte. Er redete sich regelrecht in Rage; es seien ganz schlimme Menschen gewesen, die abzuhauen versucht hätten – »einer sogar bewaffnet!« Das war seine Art, sein Verhalten zu rechtfertigen. Dabei kannte er die, auf die er geschossen hatte, gar nicht, also auch nicht ihre Gründe, die DDR auf diesem lebensgefährlichen Weg verlassen zu wollen. Kein Grenzsoldat mußte töten und schon gar nicht Flüchtende mit Blei vollpumpen.

In den Mauerschützenprozessen wurde den Tätern bisher viel Verständnis entgegengebracht. Sie wurden nicht verurteilt, weil sie auf Menschen geschossen, sondern weil sie den Grundsatz der Verhältnismäßigkeit der Mittel verletzt haben. In der Tat kann man von einem Achtzehnjährigen nicht in jedem Fall verlangen, daß er in einer extremen Konfliktsituation angemessen reagiert. Auch kann man einen Mauerschützen nur zu einem Sechzehnmillionstel dafür verantwortlich machen, daß es diese grausame Grenze gab.

Schuld daran waren in erster Linie die alten Herren des Politbüros der SED, denen es nicht gelang, eine Gesellschaft aufzubauen, in der die Menschen gerne lebten. Sie gehörten alle und zuerst vor Gericht. Allerdings muß man auch von einem Grenzer verlangen, daß er in seinem Dienst nicht zum Killer wird. Aber leider haben Menschen Menschen getötet ohne Not und Grund.

In diesem Fall zum Beispiel: Ein Mann will mit seiner schwangeren Frau über die Grenze nach Westen. Aber sie erreichen die Befestigungen nicht, sondern werden vorher entdeckt.

Die Grenzer rufen: »Halt, oder wir schießen!« Die Frau bleibt stehen, der Mann rennt weiter. Die Grenzer eröffnen das Feuer, ein Schuß trifft den Flüchtling am Bein. Der Mann verkriecht sich in ein Gebüsch, weitab von Zaun und Todesstreifen. Der Führer der Grenzer befiehlt seinen Leuten daraufhin Dauerfeuer in den Busch. Aus der Leiche werden später rund achtzig Kugeln geholt.

Ein zweiter Fall: Ein Mann versucht über die Elbe zu fliehen. Er wird entdeckt und aufgefordert zurückzukommen. Als er dem Befehl nicht folgt, wird geschossen, immer wieder. Der Mann ist nicht mehr zu sehen. Ein Boot fährt an die Stelle, wo er zuletzt war. Die Grenzer wissen nicht, ob der Flüchtling tot ist. Also fahren sie ein paarmal hin und her in der Hoffnung, ihn mit der Schiffsschraube zu zerfleischen.

Solche Menschen sind Mörder, Henker. Aber ihr Verhalten war nicht typisch für die Männer in den Grenztruppen der DDR.

Gewiß, ich hätte mir gewünscht, daß sowjetische Soldaten das große Lager DDR hätten bewachen müssen, weil die Deutschen gesagt hätten, sie schössen nicht auf eigene Leute und würden auch nicht dabei helfen, sie zu bewachen. Aber das ist ein Traum. Wir sind nur Menschen. Deshalb mahne ich zur Bescheidenheit. Die Geschichte vom barmherzigen Samariter finden wir nicht deshalb in der Bibel, weil sie dem Alltag entspräche, sondern weil es schön wäre, wenn wir wenigstens ab und zu so sein könnten wie der Mann aus Samaria.

Die Samaritergemeinde

Als ich Ende Juli 1967, nach 26 Monaten, von den Bausoldaten nach Hause kam, war alles anders. Bei meiner Einberufung hatte ich meine Mutter und drei Geschwister verlassen. Als ich zurückkehrte, waren meine Mutter mit Dorit und Dietmar im Westen. Meine Schwester Regina wohnte noch in der Niehofer Straße in Hohenschönhausen, aber auch sie verließ Anfang der siebziger Jahre die DDR.

Meine Mutter hatte für uns alle einen Ausreiseantrag gestellt. Sie suchte Hilfe bei der evangelischen Kirche, die in all der Zeit versuchte, getrennte Familien zusammenzuführen. Zuerst hatte sie mit einem Pfarrer in Karlshorst zu tun, der offenkundig mit den Mächtigen kungelte. Von ihm ging in Berlin das Gerücht um, er könne einiges bewirken. Das einzige, was er im Fall meiner Mutter bewirkte, war, sie an Manfred Stolpe zu verweisen.

Sie hat den Oberkonsistorialrat als einen außerordentlich hilfsbereiten Menschen erlebt. Immer wenn meine Mutter von ihm zurückkam, hatte sie wieder Optimismus gewonnen und Kraft, um das nervenzerrende jahrelange Warten auf den Bescheid zu überstehen. Stolpe machte ihr stets aufs neue Mut. Und gab ihr gute Ratschläge.

Eines Tages erklärte er ihr, daß die Ausreise mit allen vier Kindern auf einmal nicht zu schaffen sei. Sie solle daher den Antrag auf sich und die beiden nicht volljährigen Kinder beschränken. Und wenn sie es dann geschafft hätten, wolle er sich für Regina und mich bemühen. Diese Taktik ging auf.

Im Gegensatz zu Regina entschied ich mich Ende der sechziger Jahre aber nach einigem Überlegen dafür, nicht wegzugehen, obwohl auch für mich ein Ausreiseantrag lief. Ich hatte mich nämlich in Eva-Maria verliebt, die ich schon länger aus der Jungen Gemeinde in Hohenschönhausen kannte. Während meiner Bausoldatenzeit hatten wir einen für mich sehr schönen und wichtigen Briefwechsel begonnen. Dazu war es gekommen, weil Evis Vater, ein Pfarrer in unserem Stadtbezirk, dafür sorgte, daß der Bausoldat Rainer Eppelmann ein Paket nach Saßnitz geschickt bekam. Als ich mich schriftlich dafür bedankte, bat er seine Tochter Eva-Maria, mir zu antworten. Sie tat es, ich schrieb zurück, und so setzte sich der Briefwechsel fort. Als ich zurück in Berlin war, sahen wir uns öfter. Wir lernten uns kennen, mochten uns und begannen uns zu lieben.

Als ich Manfred Stolpe fragte, ob es möglich sei, mit Evi zusammen in den Westen zu ziehen, erklärte er mir, daß dies aussichtslos sei. Sie könne nur, sobald mir die Ausreise gelungen sei, ebenfalls einen Antrag stellen, aber dann müßten wir mit einer Wartezeit von wenigstens drei bis vier Jahren rechnen.

In unserem Haus lebte ich nun zusammen mit meiner Schwester, die inzwischen die Räume im ersten Stock an Marlis, eine Kommilitonin, vermietet hatte. Evi und ich sind heute noch mit ihr befreundet. Ich fing wieder in der PGH »Bauhütte Berlin« an. Mir war endgültig klar, daß ich weder Architekt noch Bauingenieur werden würde. Maurer zu bleiben war aber nicht mein Lebensziel. Was sollte also aus mir werden?

Ich ging davon aus, daß die DDR mich überleben würde. Ich fragte mich: Was kannst du werden, um in diesem Land zufrieden zu sein, auch Glück zu empfinden? Als einzige Antwort fiel mir ein: Pfarrer. Das hatte viel zu tun mit den Erfahrungen, die ich damals mit der Kirche gemacht hatte. Meinen Schwiegervater in spe, einen Pfarrer, hatte ich als sympathischen Menschen erlebt, in der Jungen Gemeinde hatte ich mich wohl gefühlt, und mir war klar, daß nur ein Theologiestudium mir ein wenig geistigen Freiraum bieten konnte.

Ich sprach darüber mit meiner künftigen Schwiegermutter und der von mir verehrten Leiterin der Jungen Gemeinde, Christine Groß. Beide waren begeistert von der Vorstellung, daß ich Pfarrer werden wollte.

Im Verständnis des Ministeriums für Staatssicherheit begann nun, wie ich später erfahren sollte, meine Ausbildung zum Totengräber der DDR. Denn für Mielkes Leute wurde ich nur Pfarrer, um das SED-Regime eines Tages zu stürzen. Davon wußte ich damals leider nichts.

Das Jahr 1969 war für mich von großer Bedeutung: Zum einen entschied ich mich für die Frau, mit der ich zusammenleben und alt werden wollte, und zum anderen für meinen endgültigen Beruf – das dachte ich jedenfalls.

In das Jahr 1969 fiel noch eine weitere Weichenstellung, deren Tragweite ich damals nicht einmal ahnte: Die evangelischen Landeskirchen der DDR schlossen sich zusammen zum Bund der Evangelischen Kirchen in der DDR (BEK). Damit lösten sie sich gleichzeitig von der Evangelischen Kirche in Deutschland (EKD), nachdem seit dem Mauerbau und drastischen Reisebehinderungen auch von Kirchenvertretern die deutsch-deutsche Kirchengemeinschaft schon stark beeinträchtigt war. Insofern war die BEK-Gründung eine fast zwingende

Konsequenz der politischen Konstellation und bedeutete, die geschaffenen Realitäten anzuerkennen. Die besonderen Beziehungen zu den Kirchen in Westdeutschland brachen dadurch aber nicht ab, etwa fünfzig Prozent der BEK-Einnahmen kamen von der EKD. Seit die Kirchen in der DDR sich als »Kirche im Sozialismus« verstanden, erweiterte sich ihr Spielraum erheblich. Zwar war das Verhältnis zwischen Staat und Kirche immer mehr oder minder gespannt, aber grobe Übergriffe des Staats blieben selten. Auch weil die Kirchenleitungen allzu oft ihre Entscheidungen an der Maßgabe ausrichteten, die SED nicht zu provozieren.
Die Bildung des BEK war aber auch ein Erfolg der kirchenpolitischen Taktik der SED, die seit den fünfziger Jahren auf die Loslösung hingearbeitet hatte. Von außen trommelten Propaganda und staatliche Sanktionen gegen die Landeskirchen, im Inneren wirkten der 1958 unter Ulbrichts Regie gegründete prosozialistische Bund Evangelischer Pfarrer sowie die Block-CDU Gerald Göttings. Und noch andere Kräfte, deren Wirkung bis zur Wende weitgehend unterschätzt worden ist: die Inoffiziellen Mitarbeiter des Ministerium für Staatssicherheit, die die Kirchengremien und die Gemeinden durchsetzten und geschickt die ihnen von ihren Führungsoffizieren übermittelten Aufträge erfüllten, um die »loyalen« und »realistischen« Kräfte, wie es im Stasijargon hieß, tatkräftig zu unterstützen.

Ich profitierte bei meiner Entscheidung, Pfarrer werden zu wollen, von dem Umstand, daß die evangelische Kirche zwei theologische Fachschulen eingerichtet hatte, eine in Berlin – die Predigerschule Paulinum –, die andere in Erfurt. So sollte der Nachwuchsmangel behoben werden, der entstanden war, weil der Staat zu Abitur und Hochschulstudium fast ausnahmslos nur solche Jugendlichen zuließ, die genügend gesellschaftliche Betätigung zeigten und in der FDJ organisiert waren.

Für die theologischen Fachschulen reichte die Mittlere Reife aus. Außerdem mußte man ein Zeugnis der zuständigen Gemeinde vorlegen, das bestätigte, daß man Kirchenmitglied war, und schließlich mußte man eine abgeschlossene Berufsausbildung nachweisen, wenn möglich auch Berufserfahrung.

Am 1. September 1969 sollte das Studium beginnen, und da die Zeit bis dahin knapp war – es war schon Anfang August –, wendete ich mich an Manfred Stolpe. Er war gleich bereit, mir zu helfen. Er rief den Direktor des Paulinums, Dr. Reinhold Pietz, an und empfahl ihm, mich in das neue Semester aufzunehmen. Dr. Pietz bat mich zu sich und führte ein Gespräch mit mir. Diesem folgte eine zweite Unterredung, und schließlich lud er mich mit Evi zu sich nach Hause ein. Das Ehepaar Pietz wußte, daß wir Ende des Jahres heiraten würden, und verlangte, die künftige Frau des neuen Theologiestudenten kennenzulernen.

Offenkundig bestand ich alle »Prüfungen« und durfte am 1. September 1969 mein Studium an der Predigerschule Paulinum aufnehmen. In einem Punkt allerdings hatten Dr. Pietz und ich uns nicht verständigen können. Ich hatte ihm gesagt, daß ich als Berliner nicht nur gerne hier studieren, sondern auch in meiner Heimatstadt Pfarrer werden wolle. Das sei nicht möglich, erwiderte der Direktor. Ich müsse verstehen, daß ich es in Berliner Gemeinden auch mit Akademikern zu tun haben würde, und da reiche meine theologische Fachschulbildung nicht aus.

Das war ein Schock für mich. Aber bald dachte ich mir, daß ich schließlich nichts dafür könne, daß der Staat mir das Abitur verweigert hatte. Und dann setzte ich mich vom ersten Tag des Studiums an unter einen enormen Leistungsdruck. Ich würde diesen Vorurteilsträgern schon zeigen, zu was ich fähig war – das hatte ich mir fest vorgenommen.
Die ältesten Kommilitonen waren älter als vierzig, die jüngsten knapp über zwanzig. Ich mußte mit 115 Mark Stipendium auskommen – sehr wenig für jemanden, der schon richtig Geld verdient hatte. Abends und am Wochenende konnte ich mir zunächst etwas dazuverdienen. Aber das machte ich nur bis zur Hochzeit, seitdem besserte Evi die Haushaltskasse auf, ihr Einkommen war viel höher als meines. Wir lebten bescheiden, die gemeinsame Zeit für uns und unsere erste Tochter, Ulrike, war uns wichtiger als Geld.
Evi hatte auf der katholischen Theresien-Schule, der einzigen Einrichtung ihrer Art in der DDR, Abitur gemacht und dabei gleichzeitig eine Krankenschwesterausbildung absolviert. Sie arbeitete anschließend im Königin-Elisabeth-Hospital in Berlin auf einer Station für geistig behinderte Kinder und machte viele Monate fast nur Nachtschicht.
Im Juni 1970 ist unser erstes Kind, Ulrike, geboren worden. Wir haben die Pfennige umgedreht und nicht selten überlegt, ob wir zum Geburtstag eines Freundes gehen konnten, weil wir nicht wußten, ob unser Geld für einen Blumenstrauß oder eine Flasche Rotwein reichte. Manchmal mußten wir uns bei Freunden ein paar Mark leihen. Oft genug stand vor allem anderen der Gedanke, wie Geld aufzutreiben war, damit wir Reparaturen im elterlichen Haus durchführen oder einmal im Jahr verreisen konnten.
Wir waren bei weitem nicht die einzigen, für die Wohlstand

wie ein Fremdwort klang. Denn die Mauer hatte die wirtschaftliche und politische Lage in der DDR zwar stabilisiert, aber von einem mit der Bundesrepublik vergleichbaren Aufschwung konnte nicht die Rede sein. Die Wirtschaftsexperimente des SED-Chefs Walter Ulbricht, das »Neue Ökonomische System der Planung und Leitung«, brachte die Proportionen der Wirtschaft weiter durcheinander und sorgte für deftige materielle Verluste. Die ehrgeizigen Pläne des im Alter immer sturer werdenden ersten Mannes der DDR scheiterten. Dies und seine penetrante Besserwisserei sogar gegenüber dem großen Bruder in Moskau führten schließlich dazu, daß er von seinem Ziehsohn Erich Honecker gestürzt wurde. Der ehemalige Dachdeckerlehrling aus Neunkirchen/Saar wurde im Mai 1971 zum 1. Sekretär des ZK der SED ernannt, später beförderte er sich auch zum Vorsitzenden des Staatsrats und des Nationalen Verteidigungsrats.

Honecker versprach auf dem VIII. Parteitag der Einheitspartei, das »materielle und kulturelle Lebensniveau des Volkes« zügig zu erhöhen. Und tatsächlich verbesserte sich zunächst die Versorgung der Bevölkerung, das Warenangebot wurde größer und reicher, der Wohnungsbau, wichtigster Teil der neuen Politik, schritt voran, und die Sozialgesetzgebung brachte manche Erleichterung für die Bürger. An der Grenze zum »Klassenfeind« Bundesrepublik entsprachen diese Maßnahmen auch den Sicherheitsinteressen der Politbürokraten in der DDR und in der Sowjetunion.

Erich Honecker und sein Wirtschaftsexperte Günter Mittag allerdings vergaßen, der Bevölkerung mitzuteilen, daß ein großer Teil des deutschdemokratischen Wirtschaftswunders auf Pump geschah oder durch andere Finanzspritzen ermöglicht wurde – bis hin zu den Einnahmen aus dem Menschenhandel, dem Gefangenenfreikauf. In den achtziger Jahren richtete sich die Zahl der in DDR-Gefängnissen Sitzenden nicht zuletzt nach dem Finanzbedarf der Führung des Arbeiter-und-Bauern-Staats. Damals wurde der Grundstein des wirtschaftlichen und moralischen Ruins der DDR gelegt.

So bedrückend manchmal unsere soziale Lage war, das Studium empfand ich als Bereicherung. Es gab keinen Vorlesungsbetrieb wie an den Hochschulen, vielmehr waren wir in Klassen eingeteilt von höchstens fünfzehn Schülern. Der Unterricht begann um acht Uhr morgens und endete um zwei Uhr nachmittags. Danach hatten wir Zeit für Hausaufgaben oder anderes. Nie wieder konnte ich mir meinen Tagesablauf so frei einteilen. Ich nutzte die Nachmittage und Abende vor allem, um Literatur zu lesen, die nicht oder nur am Rande eine Rolle spielte am Paulinum. Dazu zählten Bücher von Dorothee Sölle, Dietrich Bonhoeffer, Jürgen Moltmann und Herbert Braun. Von ihnen vor allem lernte ich, was theologisches Denken ist. Vielleicht hätte ich ohne Dorothee Sölles Bücher nie Pfarrer werden können, weil ich womöglich in den theologischen Fächern gescheitert wäre, hätten sie mir nicht durch ihre Texte geholfen.

An ihnen faszinierte mich das ehrliche und konsequente Bemühen, in einer atheistischen Welt theologische Lehre und christlichen Glauben zu vermitteln. Sie standen damit in Paulus' Tradition. Dieser hatte sich zu seiner Zeit in Auseinandersetzungen mit Christen auf die Seite von taufwilligen Heiden gestellt. Diese dürften zu Christus kommen, ohne sich vorher beschneiden zu lassen, erklärte er. Umgesetzt auf unsere heutige Situation, heißt dies: Ein Nichtgläubiger kann Christ werden, ohne daß er vorher ins Weltbild der Antike einsteigen muß. Ist Christentum nur denkbar, wenn das Weltbild der Antike akzeptiert wird, dann wird der Glaube spätestens in dem Augenblick keine Lebenshilfe mehr sein und aussterben, da es keinen Menschen mehr gibt, der diese Form von Beschneidung über sich ergehen läßt. Ein Mensch des zwanzigsten Jahrhunderts muß auch dann Christ sein können, wenn er nicht an Jungfrauengeburt und Himmelfahrt glaubt. Er muß sich auch ohne solche intellektuellen Vorleistungen auf ein Leben mit Jesus Christus und seiner Gemeinde einlassen können.

Ein Buch von Dorothee Sölle heißt »Atheistisch an Gott glauben«. Es ist für mich Programm geworden. Ich konnte mein Studium nur unter dieser Prämisse zu Ende bringen und Pfarrer werden. Das war nicht immer einfach, denn ich gehörte damit zu einer kleinen Gruppe in der evangelischen Kirche. Für mich bedeutet das Gebet nicht das gleiche wie für die meisten anderen Christen. Ein Wort wie »Meditation« kommt meinem Glaubensverständnis viel näher.

Als ich später Pfarrer in der Samaritergemeinde war, erklärte während einer Visitation mein Kollege gegenüber dem uns besuchenden Ost-Berliner Generalsuperintendenten Hartmut Grünbaum: »Stellen Sie sich mal vor, der Bruder Eppelmann betet ja nicht mal.« Dies hatte ich dem Kollegen vorher erzählt, weil ich dachte, wenn ich mit einem Bruder möglichst gut zusammenarbeiten will, muß ich ihm ehrlich und vertrauensvoll begegnen. Und nun versuchte er, mir einen Strick daraus zu drehen.

Aber Bruder Grünbaum fragte ganz gelassen: »Betet der Bruder Eppelmann auch im Gottesdienst nicht?«

»Doch, da macht er das«, antwortete der Kollege.

»Na ja, dann spricht das doch eher für als gegen den Bruder Eppelmann, denn das macht doch deutlich, daß er seine Form von Frömmigkeit und seinen Glauben nicht zum Maßstab für die Gesamtgemeinde macht, sondern darum bemüht ist, den anderen, die in den Gottesdienst kommen – und ich sehe das als nichts Unehrliches an –, das zu geben, was sie von einem Pfarrer im Gottesdienst erwarten.«

In der Tat gab ich mir, da Routinebeten mir fremd ist, manchmal möglicherweise mehr Mühe, was die Formulierung eines Gebetes angeht, als einer, der davon ausging, das Gebet wirke schon durch sich selbst. Mir kam es auf die Worte an.

Aber für mich selbst brauche ich keine Gebete im klassischen Sinn. In unserer Familie etwa wird vor Tisch nicht gebetet. Wir beginnen aber gemeinsam zu essen, geben uns vorher die Hände und wünschen uns guten Appetit. Und wir sind dankbar, daß wir reichlich zu essen und zu trinken haben – das ist ja nicht selbstverständlich. Über Bedeutung und Form des Gebets haben meine Frau und ich in der Zeit meines Studiums intensiv gesprochen. Daher nahmen wir die gleiche Entwicklung.

Mit meiner Position mußte ich mich am Paulinum etwas zurückhalten. Auch weil es kaum eigene Literatur und kaum freie Forschung gab, war die theologische Lehre, so, wie sie uns vermittelt wurde, konservativer als in Westdeutschland. Den meisten von uns fehlte der internationale Meinungsaustausch. Viele Studenten hatten kaum Zugang zur neuesten theologischen Literatur. Besonders hinsichtlich der Praktischen Theologie – Jugend- und Konfirmandenarbeit, Seminare, neue Formen von Gottesdiensten – empfanden wir diesen Umstand als einengend und behindernd. In den theologisch-biblischen Grundlagenfächern allerdings ließen sich meines Erachtens viel zu viele Kommilitonen »beschneiden«. So kam

es, daß viele nach ihrem Studium in ihren Gemeinden nicht anders verfuhren als ihre Vorgänger auch schon.
Auf der Höhe der Diskussion waren wir dagegen hinsichtlich gesellschaftlicher Bezüge oder der Auseinandersetzung mit dem Marxismus. Diese Themen kannten wir aus eigener Anschauung.
Allerdings habe ich später als Pfarrer Gemeindemitglieder vor meinen wenig fundamentalistischen Anschauungen bewahrt. Besonders vorsichtig war ich dabei im Umgang mit älteren Menschen. So wichtig war ich mir mit meinem Denken nicht, daß ich mir das Recht zusprach, den seit Jahrzehnten festgefügten Glauben anderer Menschen zu erschüttern. Ich hätte ihnen vermutlich nichts Neues mehr geben können, das für sie genauso wichtig und lebenserhaltend gewesen wäre wie ihre bewährten Bilder. Bei Konfirmanden erschien es mir wichtig, ihnen mein Glaubensverständnis als ein Denkmodell mit auf den Weg zu geben. Meinen Konfirmanden berichtete ich unter anderem von der Forschung, zum Beispiel zur Entstehung der Bibel, die Konsequenzen haben müsse auch für die Theologie. Ich drängte ihnen meine Sichtweise aber nicht auf, sondern stellte sie als eine von mehreren möglichen Auffassungen dar. Jeder muß sich selbst entscheiden und seine Form des Glaubens finden. Nur dann wird er ihn auch leben wollen und können.
Nach sechs Semestern Studium stand das erste theologische Examen an, der Abschluß der theoretischen Ausbildung. Ihm folgten zwei Jahre Vikariat, eine Art Pfarrer-Referendariat: zuerst Christenlehre (Religionsunterricht), anschließend Hospitation in zwei Gemeinden, Premnitz und Rathenow, und zuletzt arbeitete ich ein halbes Jahr im Stadtjugendpfarramt in Berlin.

Die letzte Station des Praktikums absolvierte ich auf eigenen Wunsch. Ich hatte während meines Studiums weiter mitgemacht in der Jungen Gemeinde in Hohenschönhausen, die zum Kirchenkreis Berlin-Weißensee gehört. Der gerade neugewählte Kreisjugendpfarrer, Martin-Michael Passauer, wußte natürlich bald, wo meine speziellen Interessen lagen. Es überraschte ihn also nicht, als ich erklärte, daß ich gerne noch eine Ausbildung in Jugendarbeit machen würde. Michael brachte mich daraufhin mit dem damaligen Berliner Stadtjugendpfarrer, Joachim Rißmann, zusammen. Dieser war sofort bereit, mich bei ihm zu beschäftigen, um so lieber, als er gleichzeitig Pfarrer der Segensgemeinde in der Schönhauser Allee war und mehr als genug zu tun hatte. Sein Nachfolger als Stadtjugendpfarrer, Martin-Michael Passauer, konnte sich auf Rißmanns Anregung hin dann ganztägig der Jugendarbeit widmen und mußte nicht mehr zugleich als Gemeindepfarrer tätig sein.
Ich nahm Joachim Rißmann in der Gemeinde die eine oder andere Veranstaltung ab, führte Bibelstunden durch oder arbeitete mit dem Frauenkreis. Sonst besuchte ich mit ihm zusammen Kreisjugendkonvente, das waren Jugendvertretungen in den Berliner Kirchenkreisen, oder bereitete Kreisjugendsonntage mit vor, was unter anderem den Vorteil mit sich brachte, daß ich viel herumkam und zahlreiche Jugendmitarbeiter kennenlernte. Ein Höhepunkt dieser Zeit waren die Vorbereitung und Durchführung eines Stadtjugendsonntags, an dem mehr als 2500 Berliner Jugendliche teilnahmen.
In der Jugendarbeit wurde methodisch immer experimentiert. Wurde zum Beispiel eine Veranstaltung vorbereitet, dann setzten sich nicht drei Pfarrer zusammen und machten einen Plan, vielmehr wurden viele Jugendliche einbezogen. Dreißig bis fünfzig Jungen und Mädchen waren an den Vorbereitungs-

arbeiten beteiligt, und deren Interessen und Meinungen mußten unter einen Hut gebracht werden, was nicht immer einfach, aber reizvoll war.
Im Rahmen des Vikariats besuchte ich zusammen mit meinen Kommilitonen abschließend für ein paar Wochen das Predigerseminar in Templin, das unter Leitung von Pfarrer Kasner stand, dem Vater der heutigen Bundesministerin und stellvertretenden CDU-Vorsitzenden Angela Merkel. Dort bereiteten wir uns auf das zweite Examen vor.
Eines Abends saßen wir mit Pfarrer Kasner bei einem Glas Wein zusammen. Er erzählte uns, wie er aus dem Westen in die DDR gekommen war und daß er jetzt hart theologisch arbeite. Er gehe davon aus, daß noch zu seinen Lebzeiten die evangelische Kirche in der DDR so schrumpfen werde, daß die meisten Gemeinden sich keinen hauptamtlichen Pfarrer mehr leisten könnten. Nur wer theologisch besonders gebildet sei, bleibe festangestellt. Er wolle zu den wenigen Glücklichen gehören, wohingegen viele anderen Berufen nachgehen müßten, um sich dann nach der Arbeit in Nebenbeipfarrer zu verwandeln, in »Feierabendprediger« gewissermaßen. Glücklicherweise haben sich diese Ahnungen des Bruders Kasner nicht verwirklicht.
Mich beschäftigten damals andere Dinge. Vor allem die Tatsache, daß sich Evi nach der Geburt unseres dritten Kindes und kurz vor meiner zweiten theologischen Prüfung für sechs Wochen ins Krankenhaus legte. Wie sich herausstellte, war ihre Bauchspeicheldrüse entzündet, und außerdem wurden ihr Gallensteine entfernt. Die letzten eineinhalb Monate vor dem Examen mußte ich daher auf unseren neugeborenen Martin, die zweijährige Wiebke und die vierjährige Ulrike allein aufpassen. Damit war ich tagsüber ausreichend beschäf-

tigt. Wenn die drei Kinder schliefen, packte ich meine Bücher aus.
Trotzdem bestand ich das zweite Examen mit einer Zwei. Neben theoretischem Wissen wurde überprüft, was die Kandidaten an praktischen Erfahrungen gewonnen hatten. In meinem Fall ließen sich die Prüfer und die Kirchenleitung davon überzeugen, daß sie mich mit gutem Gewissen auf eine Berliner Gemeinde loslassen konnten – als der erste Pauliner seit langem. Ein Jahrgang nach mir schaffte es wieder einer, Heinz-Otto Seidenschnur, und kam dann in denselben Kirchenkreis wie ich.
Mir half die Tatsache, daß ich außer einem guten Examen ein Spezialpraktikum in Jugendarbeit gemacht hatte. Im Kirchenkreis Berlin-Friedrichshain fehlte ein Jugendpfarrer. So setzte mich der damalige Superintendent dieses Kirchenkreises, Bruder Ringler, auf die Kreishilfspredigerstelle und sandte mich zugleich zuerst in die Auferstehungs-, dann in die Offenbarungsgemeinde, damit ich dort den pfarramtlichen Dienst versah. Im Spätherbst 1975 wurde ich schließlich in die Samaritergemeinde versetzt.
In der Adventszeit 1975 wurde ich in die Gemeinde, in der ich nun bleiben sollte, eingeführt und gleichzeitig ordiniert. Bei der Ordination versprechen sich Pfarrer, Kirchengemeinde und Landeskirche, zueinander zu stehen. Der Pfarrer erklärt, daß er nach bestem Wissen und Vermögen seine Aufgabe erfüllen, und die Kirche, daß sie für seine soziale Sicherheit sorgen werde. Die Kreissynode – die Versammlung von Vertretern der Kirchengemeinden – wählte mich bald darauf zum Kreisjugendpfarrer. In dieser Funktion hatte ich die Pfarrer und die Jugendmitarbeiter in den Gemeinden bei der kirchlichen Jugendarbeit zu unterstützen und zu beraten. Ich be-

schaffte Material für sie und organisierte auf Wunsch zwischengemeindliche Veranstaltungen der Jungen Gemeinden, zum Beispiel Kreisjugendsonntage.

»Eppelmanns Biographie ist von einer frühzeitigen negativen bzw. feindlichen politischen Haltung zu den gesellschaftlichen Verhältnissen in der DDR gekennzeichnet. So war er bis zum 13. August 1961 Grenzgänger und wurde 1966 auf Grund der Verweigerung des Fahneneides der NVA zu einer achtmonatigen Haftstrafe verurteilt. Seit dem Abschluß seines Theologiestudiums 1973 ist Eppelmann in der kirchlichen Jugendarbeit, zunächst als Kreisjugendwart und ab 1974 als Kreisjugendpfarrer von Berlin-Friedrichshain eingesetzt. In dieser Funktion legt Eppelmann den Schwerpunkt seiner Tätigkeit auf die sogenannte ›offene‹ Jugendarbeit. Mit ihr sollen unabhängig von einer religiösen Bindung solche Jugendliche angesprochen werden, die in Konflikt mit der Gesellschaft leben und als sogenannte ›Randgruppen‹ bezeichnet werden.«
(Aus: Bezirksverwaltung für Staatssicherheit Berlin, Berlin, 8. 2. 1982, Aktivitäten des Kreisjugendpfarrers von Berlin-Friedrichshain, Rainer Eppelmann; Vermerk: »Das Material ist vom Gen. Schwanitz« [Schwanitz war zu diesem Zeitpunkt Leiter der Berliner MfS-Bezirksverwaltung; d. Verf.].
Offensichtliche Schreibfehler in diesem wie in den folgenden Dokumenten wurden stillschweigend korrigiert. In manchen Dokumenten konnte wegen fehlen-

der oder unvollständiger Köpfe nur über den Unterzeichner, das Aktenzeichen oder andere Vermerke auf die Herkunft geschlossen werden.)

Die Samaritergemeinde war meine erste und bisher einzige Gemeinde, sieht man von den vorausgegangenen Aushilfstätigkeiten ab. Ich habe mit ganzem Herzen an ihr gehangen, und als ich sie nach fünfzehn Jahren verließ, hatte ich Tränen in den Augen. Als ich das letzte Mal einen Gottesdienst hielt, fühlte ich mich so wie bei der Trennung von der ersten Geliebten. Ich glaube, daß ein Mann sein erstes Mädchen nicht vergißt, solange er lebt. Genausowenig vergißt ein Pfarrer seine erste Gemeinde.

Einmal im Monat lud der Stadtjugendpfarrer von Berlin zur sogenannten Mitarbeiterrunde ins Stadtjugendpfarramt. Dort trafen sich die Kreisjugendpfarrer und die Kreisjugendwarte mit ihm. Letztere waren Diakone oder Jugendmitarbeiter, die in Gemeinden oder Kirchenkreisen eigenständig Jugendarbeit durchführten. Sie waren in der Regel ganz- oder halbtags angestellt und darum wichtige Helfer der Kreisjugendpfarrer, die sich dieser Aufgabe nur nebenamtlich widmen konnten.

In der Mitarbeiterrunde tauschten wir Erfahrungen aus. Dort lernte ich Menschen kennen, die mir für meine Gemeindearbeit viel mit auf den Weg gaben. Zu ihnen zählte etwa Rudi Pahnke, mit dem ich inzwischen verwandt bin. Wiebke, unsere zweitälteste Tochter, und Mark, sein ältester Sohn, sind heute die Eltern von Leopold Eppelmann. Ich bin 1991 schon zum zweitenmal Großvater geworden.

In der Mitarbeiterrunde erlebte ich auch Martin-Michael Passauer wieder, den Kreisjugendpfarrer in Berlin-Weißensee, mit dem ich mich bereits angefreundet hatte. Unsere Freundschaft hält bis heute an. Michael Passauer ist 1992 Superintendent in einem Berliner Innenstadtkirchenkreis geworden und blieb halbtags Pfarrer in der Sophiengemeinde, nahe dem Marx-Engels-Platz. In den letzten Jahren der DDR war er daneben Referent des berlin-brandenburgischen Bischofs Gottfried Forck. Als dieser trotz seines fortgeschrittenen Alters zum zweitenmal zum Bischof gewählt werden sollte, hatte er zur Bedingung gemacht, daß ihm jemand zur Entlastung zur Seite gestellt wurde. Passauer wurde 1992 auf meinen Vorschlag hin auf das Kontingent der CDU/CSU-Fraktion Mitglied der Enquetekommission des Bundestags zur Aufarbeitung der Geschichte und der Folgen der SED-Diktatur in Deutschland.
Aus der Mitarbeiterrunde erinnere ich mich noch gut an Eike Hirt und Peter Utasch, beide Kreisjugendpfarrer in Berlin. Sie gehörten zu den wenigen Pfarrern, die zu DDR-Zeiten Ausreiseanträge stellten und in den Westen gingen. Das erzeugte starken Unmut in der Landeskirche, die ihnen vorwarf, ihre Gemeinden im Stich zu lassen. Die Kirchenleitungen waren gar nicht beglückt, wenn Pfarrer die DDR verlassen wollten, der Staat um so mehr. Jedenfalls mußten Geistliche bei weitem nicht so lange auf ihre Ausreisegenehmigung warten wie andere Bürger. Das rief immer wieder Zorn hervor in der Bevölkerung, was die SED gewiß nicht ungern sah, wenn sie es nicht gar förderte.
In der Kirche herrschte eine Art Kapitänsethos vor: Ein Pfarrer verließ seine Gemeinde nicht. Von dieser Regel wurden nur wenige Ausnahmen geduldet. Ich wäre später zum Bei-

spiel von dieser Auflage befreit gewesen, als mich 1984 der Generalstaatsanwalt der DDR durch den Staatssekretär für Kirchenfragen, Klaus Gysi, vor die Wahl stellen ließ, entweder auszureisen oder ein Ermittlungsverfahren über mich ergehen zu lassen und womöglich für viele Jahre im Gefängnis zu verschwinden.

Der BEK hatte mit der EKD vereinbart, daß Pfarrer aus der DDR zwei Jahre keine Stelle in der Bundesrepublik erhalten durften und auch danach erst, wenn ihre ehemalige Landeskirche darauf verzichtete, ein Veto einzulegen. Der Grund für diese Regelung lag darin, daß die Kirche im Osten verhindern wollte, daß sich der sie ohnehin plagende Pfarrermangel noch verstärkte.

Unsere innerkirchliche »Losung« lautete: Bleibe im Lande! Sie entsprach der theologischen Überzeugung, daß Pfarrer dort ihr Werk tun sollten, wo Gott sie hingestellt hatte. Aber bei allem Verständnis dafür, Ausreisende nicht zu unterstützen, bleibt ein fader Beigeschmack. Denn die Kirche beteiligte sich damit an der Einschränkung eines Menschenrechts. Als besonders bedrückend empfand ich die Praxis, über ausgereiste Pfarrer einen zweijährigen »Bann« zu verhängen.

Auf dem Land war der Personalnotstand am bedrückendsten. Viele Pfarrer hatten vier, fünf, sechs oder sieben Predigtstätten zu betreuen, einige sogar noch mehr. An einem Sonntag hielt ein Stadtpfarrer einen Gottesdienst, ein Pastor auf dem Land in der Regel zwei bis vier. Zwischen Heiligabend und Silvester kam er auf dreißig, während wir in Berlin etwa vier oder fünf zu absolvieren hatten. Wenig motivierend war dazu die Tatsache, daß ein Landpfarrer oft genug vor zwei oder drei Kirchenbesuchern predigte, wohingegen Stadtkirchen besser gefüllt waren, wenn auch außerhalb der Weihnachtsfeiertage meist nicht so, wie wir es uns gewünscht hätten.

Der Pfarrermangel war schon vor dem Mauerbau dramatisch gewesen, und danach ist kein Geistlicher mehr aus dem Westen gekommen. Vorher war in den westlichen Landeskirchen immer wieder einmal an die Pfarrer appelliert worden, für vier oder fünf Jahre in den Osten zu gehen. Allein in meinem Kirchenkreis stammten beispielsweise die Pfarrer Siegfried Mueller-Schlomka und Gerhard von Essen aus dem Westen. Für die Pastoren aus der Bundesrepublik war der Mauerbau natürlich ein besonderer Schock, denn ihnen war urplötzlich die Rückkehr in ihre Heimat verwehrt. Sie wurden schlagartig getrennt von Eltern und Geschwistern und sahen sie für viele Jahre nicht wieder. Aus einem befristeten Aufenthalt war ein endgültiger geworden, so zumindest sah es von den sechziger Jahren bis zum Ende der DDR aus.

Auch mein Kollege in der Samaritergemeinde, Siegfried Mueller-Schlomka, war in der Bundesrepublik geboren und aufgewachsen. Er litt furchtbar unter dem Schicksal, ungefragt zum DDR-Bürger gemacht worden zu sein. Er hatte in der Schweiz studiert, und das war für ihn die schönste Zeit gewesen. Er liebte die Alpen, aber sie waren jetzt unendlich weit weg.

Nicht zuletzt wollte die Kirche in der DDR verhindern, daß sich Pfarrer anlocken ließen durch die materiellen Vorteile, die Geistliche in der Bundesrepublik genossen. Sie verdienten gutes Geld und waren sozial abgesichert. Ihre Stellung in der Gesellschaft war unumstritten. Bei uns lagen die Dinge ganz anders. Wir kamen uns oft genug vor wie in der Diaspora. Von Westeinkommen konnten wir nur träumen.

Am Anfang betrug mein Pfarrersgehalt 450 Mark, wobei eine Rolle spielte, daß ich aufgrund meiner Fachschulausbildung nicht zu den »Volltheologen« gezählt wurde. Später verdiente ich 890 Mark. Am Schluß wurden mir mitsamt dem Kindergeld für vier Kinder 1050 Mark im Monat ausgezahlt. Davon mußten sechs Personen leben, denn Evi hatte längst ihren Beruf aufgegeben, weil sonst die Kinder zu kurz gekommen wären und ich meinen Rund-um-die-Uhr-Dienst als Pfarrer nicht hätte bewältigen können. Unter dieser geradezu klassischen Pfarrhausarbeitsteilung litten das Familienleben und Evi, aber es gab keine Alternative – wir sahen jedenfalls keine.

Ich habe mich nach dem Studium verschiedentlich darüber aufgeregt, daß Kollegen, die die Universität absolviert hatten, sich als »Volltheologen« bezeichneten. Sie konnten sich nicht vorstellen, daß dies für unsereins herabsetzend klingen mußte, denn als Halbtheologen betrachtete ich mich nicht. An diesem Beispiel wurde mir zum erstenmal schmerzhaft deutlich, daß Sprache Ausdruck von Denken ist. Es ist keineswegs gleichgültig, wie man was wo sagt. Man sollte sich vielmehr genau überlegen, mit welchen Begriffen man etwas beschreibt. So finde ich es etwa unerträglich, wenn jemand von Bombenstimmung oder Bombenwetter redet.

Meine Arbeit als Kreisjugendpfarrer machte ich »nebenbei«, das heißt zusätzlich. Zunächst mußte ich meinen Pflichten als Gemeindepfarrer ohne Einschränkung nachkommen. Zu meinem Glück arbeiteten in meiner Gemeinde mit Siegfried Mueller-Schlomka ein weiterer Pfarrer ganz- und die Superintendentin, Ingrid Laudien, halbtags. Wenn kirchliche Großveranstaltungen in der Jugendarbeit bevorstanden, entlasteten sie mich in der Gemeinde, indem sie mir Gottesdienste oder Beerdigungen abnahmen. Auch brauchte ich nicht so viele Hausbesuche zu machen wie mein Kollege. Als im Kirchenkreis registriert wurde, daß ich mich in der Jugendarbeit stark engagierte, wurde mir zugestanden, zwanzig Prozent meiner Zeit für diese Arbeit zu verwenden. Fortan arbeitete ich nur noch als »Vier-Fünftel-Gemeindepfarrer«.

Ich hätte nie gedacht, daß meine Interessen und meine Ausbildung zum Jugendpfarrer meinen weiteren Weg in so starker Weise bestimmen würden, wie sie es dann taten. Wenn ich nicht gelernt hätte, wie man eine Großveranstaltung organisiert, was inhaltlich und methodisch dabei bedacht werden muß, dann wäre ich möglicherweise nie auf den Gedanken gekommen, Bluesmessen ins Leben zu rufen. Ich hätte mich vielleicht nicht getraut.

Ich habe immer wieder erfahren, daß in meinem Leben alles seinen Sinn hatte. Oft gelang es mir mit Hilfe von anderen, aus Dingen, die sich anboten, etwas Vernünftiges zu machen. Das gilt bis zum heutigen Tag. Ich bin glücklich, daß ich keinen normalen akademischen Weg gegangen bin, was wohl geschehen wäre, wenn es den 13. August 1961 nicht gegeben hätte. Davon profitierte ich als Pfarrer genauso, wie es mir heute als Politiker nutzt. Mein Leben wäre sicher ganz anders verlaufen.

Ich hatte in der Gemeinde selten Schwierigkeiten mit einfachen Menschen, und das lag auch daran, daß ich acht Jahre als Maurer gearbeitet hatte. Ich muß mich nicht volksnah geben, wie es viele Politiker bis zur Verkrampfung tun, ich muß nur so auftreten, wie ich bin. Mir bereitet der Kontakt mit Menschen aus allen Schichten der Bevölkerung Spaß. Und manchen von ihnen offenkundig ebenso, denn oft werde ich rasch ins Vertrauen gezogen. Die Menschen merken schnell, ob jemand offen mit ihnen umgeht. Ich kann mit Armen über soziale Not sprechen, denn ich habe selbst oft genug jeden Pfennig zweimal umgedreht. Und ich kann mit Malochern über schwere körperliche Arbeit sprechen, denn ich habe mir von 1961 bis 1970 meinen Lebensunterhalt dadurch verdient.

Über Pfarrer kursiert ein Vorurteil: Einmal in der Woche, am Sonntag, müssen sie arbeiten, und den Rest der Woche liegen sie auf der faulen Haut. Gewiß gibt es Pfarrer, die ihren Pflichten nicht nachkommen. Das geschieht in anderen Berufen gewiß nicht seltener. Aber man kann sich auch halbtot arbeiten. Ich gehörte zur zweiten Kategorie. Ein Grund war, daß ich den sogenannten »Volltheologen« zeigen wollte, daß ich ein genauso guter Pfarrer sein konnte wie sie. Ehrgeiz und Fleiß verschafften mir die kleinen Erfolgserlebnisse, die jeder braucht, um motiviert zu arbeiten.
Der Preis war hoch. Am Anfang merkte ich es kaum, aber dann wurde unübersehbar, daß ich nicht nur das Familienleben sträflich vernachlässigte, sondern auch so sehr in der Arbeit aufging, daß ich keine Zeit mehr für Hobbys fand. Daran hat sich bis heute eigentlich nichts geändert. Noch immer habe ich ein schlechtes Gewissen, wenn ich ohne bestimmten Zweck ein Buch lese. Früher, als Schuljunge, hatte ich nächtelang geschmökert. Oder ich war mit dem Fotoapparat durch die Landschaft gezogen, um schöne Bilder zu knipsen. Aber nach fünfzig bis siebzig Wochenstunden Jugend- und Gemeindearbeit glaubte ich, den Rest meiner Zeit der Familie widmen zu müssen. Meine Interessen kamen überhaupt nicht mehr vor. Ich tröstete mich immer wieder damit, daß ich mir sagte, schließlich mache mir die Arbeit Spaß.
Bevor ich mich für den Pfarrerberuf entschied, hatte ich mir vorgerechnet: Von den 75 Jahren, die ich vielleicht zu leben habe, verschlafe ich 25. Von den verbleibenden 50 Jahren arbei-

te ich die Hälfte. Das bedeutet, daß für mich selbst gerade mal 25 Jahre zur Verfügung stehen. Ich habe aber die Chance, sie zu verdoppeln, und zwar nicht, indem ich nicht schlafe, sondern wenn ich eine Arbeit finde, die mir Spaß macht. Dann würde ich gewissermaßen statt einem Vierteljahrhundert ein halbes leben. Ich hatte in die Rechnung indessen nicht einbezogen, daß mein Wunschberuf ein Leben, wie ich es mir anfänglich erträumt hatte, ausschloß. Nicht persönliche Interessen ergänzten nun berufliche Erfordernisse aufs vortrefflichste. Nein, der Beruf bestimmte nun allein mein Dasein. Und doch führte ich ein ausgefülltes Leben und möchte nichts missen.

Je länger ich in der Gemeinde tätig war, desto mehr Menschen lernte ich kennen und um so mehr Verpflichtungen halste ich mir auf. Am Anfang glaubte ich tatsächlich, meine Zeit frei einteilen zu können, abgesehen einmal vom Konfirmandenunterricht am Dienstagnachmittag, dem Treffen der Jungen Gemeinde am Donnerstagabend, dem Gemeindekirchenrat, der einmal im Monat zusammenkam, und den sonntäglichen Gottesdiensten. Aber bald merkte ich, wie der Kalender sich mit Terminen füllte und die normale Arbeitszeit nicht mehr ausreichte, um mein Pensum zu schaffen.

Hinzu kam, daß ich während meiner Zeit in der Samaritergemeinde fast durchgehend geschäftsführender Pfarrer war. Die Superintendentin sollte nicht auch noch diese Funktion übernehmen neben der Leitungstätigkeit im Kirchenkreis und dem pastoralen Dienst in der Gemeinde.

Wir waren in unserem Kirchenkreis die einzige Gemeinde, in der es drei Pfarrer gab, dies aber nur deswegen, weil Schwester Laudien als Superintendentin nur eine halbe Stelle besetzte. Die Samaritergemeinde ist heute noch die Gemeinde des

Superintendenten. In anderen Gemeinden arbeiteten, abhängig von der Zahl der Kirchenmitglieder, höchstens zwei, meist aber nur ein Pfarrer.

Meine Arbeitswoche begann am Montagmorgen um neun Uhr mit der Mitarbeiterbesprechung, auch dies eine Rarität in unserem Kirchenkreis. Dort tauschten wir uns über Aufgaben und Erfahrungen aus. Wir nahmen uns dafür in der Regel viel Zeit. Zu den Teilnehmern zählten neben den drei Theologen die Leiterin des Kindergartens, die Kirchenmusikerin, der Hausmeister, die Reinemachefrau, der Jugendmitarbeiter, der Katechet, der die Kinder unterrichtete, und die Küsterin.

Wir mußten uns neben theologischen Fragen um einen Kindergarten mit 40 Kindern kümmern, um eine riesige Kirche, in die 2000 Besucher hineinpaßten, und um ein großes Gemeindehaus mit 24 vermieteten Wohnungen. Immer wieder standen wir, und besonders ich als geschäftsführender Pfarrer, vor den DDR-typischen Schwierigkeiten, Handwerker, Ersatzteile und Baumaterialien zu beschaffen. Das kostete Nerven und Zeit.

Das Gemeindehaus sollte ursprünglich vollständig rekonstruiert werden, und deshalb hatten meine Vorgänger jahrelang nur Notreparaturen ausführen lassen. Aber dann wurde nichts aus der Sanierung, und nun beschäftigten wir praktisch ununterbrochen Handwerker, auch im Kirchengebäude, das ebenfalls in einem traurigen Zustand war.

Wir entdeckten immer wieder neue Kriegsschäden, so etwa kleine Löcher von Bombensplittern im Verblendermauerwerk. Ich mußte eine Firma auftreiben, die bereit war, 45 verschiedene Formsteine herzustellen, damit wir die beschädigten Mauerstücke auswechseln konnten. Zum Glück hatte ich Maurer gelernt. So wußte ich, wovon die Rede war, wenn ich mit Handwerkern oder Behörden verhandelte. Einige Arbeiten übernahm ich, des Wartens überdrüssig, schließlich selbst.

Nachdem ich im Frühjahr 1982 gemeinsam mit Robert Havemann den »Berliner Appell« veröffentlicht hatte und die SED uns deshalb schikanierte, zeigte sich die Solidarität mit uns auch darin, daß mancher Handwerker und mancher Angestellter in Volkseigenen Betrieben unsere Gemeinde bei Arbeiten und Materiallieferungen bevorzugten. »Ist das nicht der Pfarrer Eppelmann vom ›Berliner Appell‹?« So oder ähnlich fragten einige, wenn wir Baustoffe besorgen oder Handwerker mit Reparaturarbeiten beauftragen wollten. Und dann bekamen wir das letzte vorrätige Baugerüst, und der Maler übernahm einen Job, obwohl er eigentlich gar keine Zeit dafür hatte.

Für die Verwaltung war nach dem Geschäftsführer die Küsterin zuständig. Sie führte die Bücher der Gemeinde, registrierte und bereitete technisch Beerdigungen, Trauungen oder Taufen vor. Sie nahm die Kirchensteuern entgegen, die in der DDR im Gegensatz zur Bundesrepublik ja nicht vom Staat eingezogen wurden, und regelte auch sonst alle Finanzfragen. Sie hatte laufend mit den 24 Mietern des Gemeindehauses zu tun, in deren Wohnungen immer mal wieder etwas kaputt war. Außerdem erledigte sie die Post der Gemeinde. Edeltraut Pohl, unsere langjährige verdienstvolle Küsterin, war jederzeit engagiert und hatte eine Menge zu tun.

Zu den alltäglichen Aufgaben und Sorgen kamen Projekte einer aktiven Kirchengemeinde. Wir organisierten viele Veranstaltungen, vor allem während der jährlichen Friedensdekade im November. Wir waren eine der ganz wenigen Gemeinden in der DDR, die an jedem Tag einer Friedensdekade eine Veranstaltung organisierten.

Die Friedensdekade wurde im Jahr 1980 zum erstenmal durchgeführt. Die Idee war auf einer Konferenz der Landesjugendpfarrer in der DDR geboren worden. Dahinter stand die Überlegung, angesichts der durch die Stationierung von Mittelstreckenraketen in Ost und West ausgelösten neuen Spirale im Wettrüsten die christliche Friedensbotschaft verstärkt in die Kirchengemeinden zu tragen. Uns ermutigte dabei die Friedensbewegung im Westen. Wir erkannten, daß nicht nur die Menschen in Westeuropa Grund zu Sorge und Angst hatten, sondern ebenso wir, die wir nicht weniger bedroht waren. Wir lehnten die offizielle Terminologie der SED ab, daß Raketen des sozialistischen Lagers Friedenstauben, Raketen der NATO aber Kriegswaffen seien.
Der sächsische Landesjugendpfarrer Harald Brettschneider schlug in diesem Zusammenhang vor, das biblische Motiv »Schwerter zu Pflugscharen« auf einem Aufnäher abzubilden. Die Idee wurde aufgegriffen und die Aufnäher in Herrnhut, dem Stammsitz der dortigen Brudergemeinde im Kreis Löbau nahe der Spreequelle, hergestellt. Sie gingen weg wie warme Semmeln.
Für die DDR waren sie ein Novum. Bis dahin hatte sich das selbständige politische Denken des DDR-Bürgers, sofern es nicht mit der Propaganda übereinstimmte, nur im Freundes- und Verwandtenkreis bewegt und geäußert. Mit dem Aufnäher »Schwerter zu Pflugscharen« zeigten erstmals Tausende von Menschen für jeden sichtbar, daß sie in einem bestimmten Punkt nicht einverstanden waren mit der Politik der Partei- und Staatsführung. Nur wer diesen Hintergrund erkennt, kann begreifen, warum die Staatsorgane so hektisch wie brutal Jagd auf die Stoffetzen und ihre Träger machten.
Bei uns in der Gemeinde machte sich »Detti« Kucharzewski

einen Sport daraus, die Polizisten zu foppen. Wurde er angehalten und aufgefordert, den Aufnäher zu entfernen und abzugeben, nähte er sich sofort einen neuen an die Jacke. Als seine Reserven aufgebraucht waren, stellte er sie aus Holz selbst her. Er trug immer einen Aufnäher an der Kleidung und wenigstens einen zweiten als Reserve in der Tasche. Wurde ihm der erste abgerissen oder mußte er ihn auf Befehl eines Volkspolizisten auf der Wache entfernen, steckte er sich den zweiten an, kaum daß er um die nächste Ecke war, und ging stolz weiter.

Wir betrieben eine rege Jugendarbeit, zeitweise sogar in zwei Jungen Gemeinden. Das bedeutete mindestens zwei Veranstaltungen pro Woche. Hinzu kam der Konfirmandenunterricht, in dem wir uns stark engagierten. Siegfried Mueller-Schlomka hatte die Idee, ihn teilweise auf Rüstzeiten zu verlagern. Vier- bis sechsmal im Jahr fuhren wir mit den Konfirmanden für drei bis zwölf Tage am Wochenende oder während der Ferien in ein kirchliches Haus. Es wurde nicht bloß Wissen vermittelt, sondern wir lebten auch miteinander. So kamen wir uns näher und lernten uns besser kennen. Zwei- oder dreimal jährlich luden wir auch Mitglieder der Jungen Gemeinde zu Rüstzeiten ein.

Wir boten bis zu einer bestimmten Zeit, etwa neun Uhr abends, Unterricht oder Spiele an, und danach konnte jeder tun, was er wollte. Die Vierzehn- bis Fünfzehnjährigen konnten schlafen gehen, wann sie es wünschten. Wir waren nicht alle zusammen in einem großen Raum untergebracht, so, wie ich es als Jugendlicher und während meines Vikariats kennengelernt hatte, sondern die Erwachsenen hatten eigene Zimmer. Niemand kontrollierte, ob und wann die Konfirmanden das Licht ausmachten. Das führte naturgemäß dazu, daß die

Jungen und Mädchen die ganze Nacht kaum zur Ruhe kamen, sondern redeten oder Quatsch machten.
Wenn eine Rüstzeit beendet war, litten sie unter heftigem Schlafmangel, was ab und zu erzürnte Eltern auf den Plan rief. Wir erklärten ihnen, daß wir ihren Kindern Freiheiten anboten, damit sie lernten, mit ihnen umzugehen. Meistens haben die Eltern schließlich unsere Argumente akzeptiert. Die Kinder, die zu Hause am strengsten erzogen wurden, hatten übrigens die meisten Schwierigkeiten, mit den sich plötzlich eröffnenden Spielräumen zurechtzukommen. Sie schlugen erst einmal über die Stränge und verkürzten mir so manche Nachtruhe.
Früher hatte es Konfirmandengruppen mit achtzig Teilnehmern und mehr gegeben. In den siebziger Jahren waren es, wie überall in der DDR, viel weniger. Bei uns schwankten die Zahlen zwischen einem Dutzend und zwanzig. Wir organisierten ihren zweijährigen Unterricht in Themenkursen und ließen ihnen viele Wahlmöglichkeiten. Wir vermieden es, Anfänger- und Fortgeschrittenengruppen zu bilden, sondern ließen alle an den Kursen teilnehmen, die sie sich aussuchten. Zu den Rüstzeiten allerdings boten wir bestimmte Stoffe an. Da fast immer alle daran teilnehmen wollten, ergab sich zwangsläufig doch eine feste Themenabfolge.

Im Gemeindekirchenrat wurden alle die Gemeinde betreffenden Fragen diskutiert und beschlossen. Der Gemeindekirchenrat war für mich eine wichtige Instanz, denn er hatte in der dezentral strukturierten Landeskirche große Entscheidungsbefugnisse. Er bestimmte letztlich, welche Veranstaltungen und anderen Projekte wir in der Gemeinde durchführen konnten und sollten.

Zu den ständigen Verpflichtungen zählten der Gottesdienst und seine Vorbereitung. Sechs bis zwölf Stunden waren jede Woche dafür zu veranschlagen. Allein an der Predigt saß ich oft bis zu acht Stunden, nicht selten nach einer hektischen und kraftraubenden Woche in der Nacht vom Samstag auf den Sonntag, bis ich den Eindruck hatte, am Morgen zwar todmüde, aber mit halbwegs gutem Gewissen vor die Gemeinde treten zu können. Manche Kollegen machten es sich einfacher. Sie schlugen ein Buch auf und entnahmen daraus, was ihnen sinnvoll erschien.

Einige Jahre war ich Mitglied des Kreiskirchenrats, des Leitungsgremiums im Kirchenkreis Berlin-Friedrichshain. Das kostete einen Abend pro Monat. Einmal im Monat kam der Kreisjugendkonvent (KJK) dazu; das war praktisch das Parlament der Jungen Gemeinden im Kirchenkreis. Je nach Größe konnten die einzelnen Gruppen einen oder zwei Vertreter in den KJK entsenden. Daneben besuchte ich zusammen mit den Jugendmitarbeitern mehr oder weniger regelmäßig die Jungen Gemeinden in meinem Kirchenkreis.

1979 steigerte sich meine Arbeitsbelastung schlagartig, als die Bluesmessen begannen. Ab März 1982 kam die Arbeit mit dem Friedenskreis dazu. Die Veranstaltungen der verschiedenen Gruppen und das Gesamtplenum gab es bis zum Ende der DDR. Der Friedenskreis arbeitet heute noch, wenn auch weniger Menschen daran teilnehmen.

Vor der Wende war die Zahl der Gruppen ständig gewachsen. Es bildeten sich unter anderem eine Ökologie-, eine Wehrdienst-, eine Friedenskreisplenumsvorbereitungs- und eine Zweidrittelweltgruppe. Eine weitere übernahm die Organisation der Friedensdekade, eine andere befaßte sich mit dem Thema »Christen und Sozialismus« – in ihr wurde die Idee ge-

boren, im Mai 1987 die Auszählung der Stimmen bei Volkskammer- und zwei Jahre später bei der Kommunalwahl zu kontrollieren.
Vor allem an der Arbeit der Gruppe »Friedensdekade« mußte ich mich aktiv beteiligen, da es hier meist um Großveranstaltungen ging. Zweimal gelang es uns, Stefan Heym aufs Podium zu bringen. Auch Bruno Winzer, der das Buch »Soldat in drei Armeen« geschrieben hatte, las bei uns. Er hatte in der Reichswehr, der Wehrmacht und in der Bundeswehr gedient. Er habe sich als Offizier mit BRD-Verteidigungsminister Franz Josef Strauß überworfen, erzählte er uns. Er ging in den Osten und wurde als Vorzeigedissident herumgereicht, bis der Ehrenoberst der NVA begriffen hatte, mit wem er gemeinsame Sache machte.
Rolf Schneider war oft in der Samaritergemeinde, die Liedermacherin Barbara Thalheim sang, Stephan Krawczyk und Freya Klier hatten praktisch überall Berufs- und Auftrittsverbot, nur bei uns in der Kirche nicht. Mehr als zwei Monate lang organisierten wir in der Samaritergemeinde jede Woche ein oder zwei Veranstaltungen mit den beiden, damit sie nicht von der Bildfläche verschwanden und ihren Lebensunterhalt verdienen konnten. Am Anfang wußte kaum einer, wer Krawczyk war, und er wurde mit einiger Skepsis begrüßt, als er bei seiner ersten Veranstaltung als Ersatzmann einsprang für Gerhard Schöne, einen anderen DDR-Liedermacher. Aber er überzeugte sein Publikum bald von seinen Qualitäten. Er stammte aus den FDJ-Clubs und war zunächst ein überzeugter Anhänger der DDR gewesen wie auch Freya Klier. Ihnen erging es wie vielen anderen jungen Menschen, die Brüche in der DDR-Gesellschaft entdeckt hatten. Aber sie münzten ihre Enttäuschung nicht in Resignation um, sondern setzten sich

für ihre neugewonnenen Einsichten und Überzeugungen ein.
Vor jeder dieser zahlreichen Veranstaltungen mußten wir nervenaufreibende und kräftezehrende Streitereien mit staatlichen Stellen über uns ergehen lassen. Bei jeder sich bietenden Gelegenheit mischten sich die Aufpasser des Stadtbezirks oder der Stadtverwaltung in unsere Arbeit ein.

»Nach der Vermittlung eines umfassenden Überblickes über die Zahl der Veranstaltungen und über die aufgetretenen Schriftsteller wurden inhaltliche Probleme dieser Zusammenkünfte erörtert. Dabei wurde klar herausgearbeitet, daß der Kreis der in Erscheinung getretenen Schriftsteller aus Personen besteht, die im Konflikt mit Staat und Gesellschaft in der DDR stehen und dementsprechend die Zusammensetzung des Publikums ist, d. h., es versammeln sich überwiegend nichtkirchliche und offensichtlich politisch-ideologisch relevante Personengruppen.
Unter Hinweis auf die Gespräche des Staatssekretärs für Kirchenfragen mit Bischof Schönherr zum Auftreten von Stefan Heym u. a. in evangelischen Kirchengemeinden wurde ebenfalls die Frage aufgeworfen, ob die Kirche dem Geist des Gesprächs vom 6. 3. 78 (zwischen dem Staatsratsvorsitzenden Erich Honecker und der Führung des BEK; d. Verf.) abschwören wolle und welchen Weg die Kirche weiterhin wählen will.
Der IM brachte zum Ausdruck, daß er die Gefahr klar sehe, nämlich die Vereinigung einer kulturpolitisch ge-

färbten Opposition mit kirchenpolitisch negativ eingestellten Christen. Des weiteren sieht der IM die Gefahr des Mißbrauchs der Kirche durch außerkirchliche Kräfte.
Er kam zu folgendem Entschluß: Dem Konvent der Bischöfe wird der Vorschlag unterbreitet, zu dieser gesamten Problematik eine Zusammenkunft durchzuführen, um einheitliche Festlegungen zu treffen, einem Mißbrauch der Kirche vorzubeugen und öffentlichkeitswirksamen negativen kulturpolitischen Orientierungen von kirchlichen Amtsträgern entgegenzuwirken.«
(Aus: Ministerium für Staatssicherheit, Hauptabteilung XX/4, Berlin, 27. 7. 1979, Treffbericht, Quelle: IM »Sekretär«)

Steten Ärger mit den Staatsorganen brachte uns und der Kirchenleitung das Informationsblatt ein, das der Arbeitskreis »Kontakt und Information« unter der Leitung und mit dem enormen Einsatz von Thomas Welz seit Mai 1984 in Eigenregie herstellte, die Nullnummer bezogen republikweit 94 Abonnenten. Es hieß zunächst »Schwerter zu Pflugscharen«, später »Denkzettel«. Die Gruppe, die dafür verantwortlich war, wollte mit seiner Hilfe vor allem die Gemeinde besser unterrichten über Diskussionen und Standpunkte. Dazu kamen Hinweise auf Veranstaltungen, auch von anderen Friedenskreisen, die inzwischen entstanden waren. Allmählich wuchs unser Verteiler auf 500 Bezieher in vielen Gemeinden in der gesamten DDR. Wir druckten die Zeitung, die keine sein durfte, am Anfang auf Matrizen. Das kostete eine Menge Geld. Wir mußten Papier auftreiben, in der DDR die Mangelware Nr. 1, und baten Journalisten und Politiker, die uns besuchten, Matrizen mitzubringen. Es war jedesmal ein enormer Kraftakt, eine Ausgabe fertigzustellen.

Aber wir schafften es, die Zeitung regelmäßig erscheinen zu lassen. Wir numerierten die einzelnen Ausgaben, bis sich im Konsistorium Nervosität verbreitete. Eine Zeitung durfte in der DDR nämlich ohne behördliche Genehmigung nicht erscheinen. War unser Blatt eine Zeitung oder ein Gemeindebrief? Letzteres, erklärten wir, weil wir wußten, daß wir eine Druckerlaubnis nie bekommen würden. So durften wir den Blättern bald keine Nummern mehr geben, und Artikelserien, die über mehrere Ausgaben fortgesetzt wurden, waren untersagt.

Kirchenanwalt Wolfgang Schnur alias IM »Torsten« alias IM »Dr. Schirmer« erstellte ein Rechtsgutachten, um zu klären, was das Pressegesetz der DDR zuließ und was nicht. Als ich die Expertise im Konsistorium vorlegte, wurde mir erklärt, daß die Kirchenleitung die Sachlage kenne und einverstanden sei, wenn wir uns an Schnurs Gutachten orientierten. Ich ärgerte mich über diese Auskunft, denn das hätten die Herren im Konsistorium uns schon früher sagen können.

Dankenswerterweise verhalf uns Manfred Stolpe auf meine Bitte hin zu einer modernen Druckmaschine, die er auf irgendwelchen geheimen Wegen aus dem Westen nach Ost-Berlin schleuste. Ich weiß nur, daß ich eines Tages darüber informiert wurde, daß eine große Druckmaschine in einer Gemeinde in der Innenstadt stehe, die wir geschenkt bekommen sollten. Ganz konspirativ fuhren wir los, parkten im durch Mauern vor fremden Blicken geschützten Hof der Gemeinde, schauten uns prüfend um, packten die Maschine rasch ein, traten den Heimweg an und stellten sie im Keller unseres Gemeindehauses auf. Nur drei oder vier Leute wußten von der Maschine, und nur zwei besaßen Schlüssel für den Druckraum. Ich weiß bis heute nicht, ob die Stasi über unsere Druckmaschine im Keller, später in meiner Pfarrdienstwohnung informiert war.

Zu meinen Pflichten als Gemeindepfarrer gehörten auch Hausbesuche. Aus Zeitmangel habe ich diese allerdings im Gegensatz zu Kollegen nicht spontan unternommen, sondern nur dann, wenn konkrete Anlässe es verlangten. Vor einer Beerdigung sprach ich mit den Hinterbliebenen in deren Wohnung und nicht in der Küsterei. Genauso besuchte ich die Menschen vor Trauungen und Taufen bei sich zu Hause, und nahm mir in allen Fällen viel Zeit.

Allmählich wurde unsere Gemeinde bekannter, und wir bekamen Zulauf. Viele von denen, die bei uns auftauchten, hatten zuvor nie etwas mit Kirche zu tun gehabt oder haben wollen. Das hatte auch zur Folge, daß ich in stark wachsendem Maß Taufunterricht für Erwachsene abhalten mußte. Ich machte mit den Menschen, die nicht selten aus anderen Stadtbezirken kamen, eine Art Religions-Crashkurs. Das waren je nach Vorbildung zwölf bis zwanzig Gespräche über ebenso viele Themen, bevor ich taufte oder konfirmierte. Wir fingen an mit der Entstehung der Bibel und hörten auf bei den Strukturen der evangelischen Kirche.

Diese Arbeit war außerordentlich zeitintensiv, aber sie war mir ungemein wichtig. Außerdem nahm ihr Ergebnis manchem, der mich wegen meines gesellschaftspolitischen Engagements kritisierte, den Wind aus den Segeln. Bei uns wurden über Jahre genauso viele Menschen getauft und konfirmiert wie starben. So galt bei vielen in der Gemeinde: Der Eppelmann bringt zwar Unruhe und Ärger ins Haus, aber die Kirche wird voller. Und darüber freute sich natürlich auch der Gemeindekirchenrat.

Wer heute die Samariterstraße entlangläuft, sieht viele junge Ebereschen stehen. Ich hatte drei Jahre lang mit staatlichen Stellen gekämpft, bis uns erlaubt worden war, sie zu pflanzen und zu diesem Zweck die Bürgersteige aufzureißen. Heute weiß ich, daß die Behörden diese Initiative als Profilierungsversuch eines Regimekritikers und seiner Kirchengemeinde verhindern wollten. Als wir es zeitlich nicht schafften, beide Straßenseiten auf einmal zu bepflanzen, rückten plötzlich die Ost-CDU und die Nationale Front an, um die letzten zwölf Bäume zu setzen. Darüber berichtete dann die Presse, so als ob die SED-Freunde alle hundert gepflanzt hätten. Über uns und unser jahrelanges Bemühen fanden wir kein Wort.
In meinem Wohnzimmer hängt ein Foto an der Wand. Es wurde anläßlich des neunzigsten Jahrestags der Samaritergemeinde aufgenommen. Das Bild zeigt Menschen von Kirchengemeinden aus NATO-Ländern, mit denen wir Friedenspartnerschaften pflegten. 1983 waren Mient Jan Faber vom IKV, einem überkonfessionellen niederländischen Friedensrat, und ich auf die Idee gekommen, als Angehörige der gegnerischen Paktsysteme einen persönlichen Friedensvertrag zu unterzeichnen. Andere schlossen daraufhin ebenfalls solche blockübergreifenden individuellen Vereinbarungen ab.
Bei einem gemeinsamen Pfarrkonvent des Friedrichshainer und des Spandauer Kirchenkreises lernte ich Pfarrer Christian Moest von der Zufluchtsgemeinde kennen. Mit ihm gemeinsam entwickelte ich die Idee weiter, und wir initiierten einen

entsprechenden Vertrag zwischen unseren Kirchengemeinden.
Wir suchten nach weiteren Vertragspartnern im Westen, obwohl in unserem Gemeindekirchenrat auch kritische Stimmen zu hören waren und zunächst manche nicht verstanden, was für einen Sinn es haben könnte, in fremden Ländern jenseits der Mauer nach Ansprechpartnern Ausschau zu halten. Aber sie duldeten es als eine der Eppelmann-Friedensmarotten, an die sie sich schon fast gewöhnt hatten.
Im Lauf der Zeit schlossen wir Verträge mit der St.-Salvatoris-Gemeinde in Geesthacht, der Friedenskirchengemeinde in Ludwigsburg und mit dem westfälischen Kirchenkreis Steinfurt–Großfeld–Borken. Dazu kamen später Freunde aus der Dominicusgemeinde in Amsterdam, aus New Jersey in den USA, aus Rena in Norwegen sowie aus Täby in Schweden.
Sie alle besuchten uns, als die Samaritergemeinde ihren neunzigsten Geburtstag feierte. Sie machten mit beim Festgottesdienst, und nun merkte selbst der größte Skeptiker, daß diese neugewonnenen Kontakte unser Gemeindeleben enorm bereicherten.
Der Ludwigsburger Pfarrer Franz-Gerhard von Aichberger kam jedes Jahr zu Pfingsten mit einer Abiturientenklasse für drei oder vier Tage zu uns. Er ließ sich davon auch nicht abhalten, als ihn die DDR-Staatsorgane fast schon mit Gewalt abschrecken wollten. Um ihn zu demütigen, unterzogen ihn die Grenzer an zwei aufeinanderfolgenden Tagen jeweils einer Leibesvisitation, bei der er sich ihnen splitternackt zu präsentieren hatte. Natürlich fanden sie nichts.
Wir haben es auch Menschen wie Franz-Gerhard zu verdanken, daß über all die Jahre seit dem Mauerbau das Zusammengehörigkeitsgefühl zwischen Ost- und Westdeutschen erhalten blieb.

Bald entdeckten wir Samaritaner, daß wir etwas vergessen hatten bei unserer Suche nach Partnern: Wir waren immer die Gastgeber, weil wir unser Land nicht verlassen durften. Wir hatten es einmal mit gedämpftem Optimismus vergeblich versucht. Solange die DDR existierte, waren wir davon abhängig, daß andere zu uns reisten. Das war eine bedrückende Erfahrung. Unsere Freunde aus Amerika konnten nur alle paar Jahre kommen, und jene aus Geesthacht oder Ludwigsburg reisten auch nicht zweimal im Jahr an. Die Spandauer tauchten natürlich öfter auf. Damit wir ebenfalls einmal Gäste sein konnten, brauchten wir eine Partnergemeinde in der DDR. Wir fanden sie in Halle-Neustadt.
In unseren Verträgen hielten wir Verpflichtungen fest. So etwa, daß die Partnergemeinden einmal im Jahr eine Veranstaltung gemeinsam vorbereiten bei uns oder in Halle-Neustadt; daß wir unsere Gemeindeblätter und -informationen austauschen; daß wir uns gegenseitig informieren über unsere Friedens- und Umweltarbeit. Manche schickten Zeitungsausschnitte an die Partner, damit diese einen Eindruck bekamen, wie es in den jeweiligen Ländern aussah. Andere bemühten sich um intensive Briefkontakte.
Aber am wichtigsten waren die persönlichen Beziehungen. Jedes Jahr fuhren die Amsterdamer mit drei Autos nach Friedrichshain. Sie ließen sich dadurch nicht abschrecken, daß auch sie einmal an der Grenze einer demütigenden Überprüfungsprozedur inklusive Leibesvisitation unterzogen wurden. Aus Geesthacht besuchten uns Gemeindegruppen von Jugendlichen und Erwachsenen. In den letzten Jahren trafen sich Vertreter der Leitungen der Partnergemeinden jeweils im Januar oder Februar in Berlin oder Halle-Neustadt. So lernten sich die Partnergemeinden immer besser kennen.

Die Mitbringsel unserer Freunde waren außerordentlich nützlich. Ein solches Geschenk etwa waren Scheinwerfer für die Kirche, die wir in der DDR nirgendwo hätten kaufen können. Außerdem erhielten wir theologische Literatur für die Konfirmanden- und Kinderarbeit zu verschiedenen Themen, eine Haustelefonanlage – die an anderer Stelle noch eine prominente Rolle spielen wird –, Schreibpapier, Thermoskannen, Kaffee und vieles andere.

Aber das wichtigste war etwas anderes: Wir demonstrierten weithin sichtbar, daß wir uns nicht aufeinanderhetzen ließen. Je besser Menschen aus unterschiedlichen Ländern und Gesellschaftssystemen sich kennenlernen, um so geringer ist ihre Bereitschaft, sich gegenseitig Leid anzutun. Statt uns zu bekämpfen, halfen wir uns gegenseitig.

Für uns DDR-Bürger war es eine bedeutende Erkenntnis, festzustellen, daß wir unsere Westpartner unterstützen konnten und daß wir nicht schlechter waren als sie. Unsere Predigten waren so gut wie die unserer Amsterdamer Freunde. Wir konnten die Lage in unserem Land so präzise analysieren wie die Norweger die ihrige. Bei uns war es nicht so, daß der reiche Onkel aus dem Westen kam und uns etwas schenkte. Die Gaben unserer Freunde waren angenehme Begleiterscheinungen, aber kein Grund für Minderwertigkeitskomplexe. In der Folge wuchs bei uns das Selbstvertrauen. Gestützt darauf wie auch auf unsere Erfahrungen im Dauerstreit mit dem SED-Staat, entwickelten wir im Lauf der Jahre eine neue Identität.

Andere ehemalige DDR-Bürger verfallen heute Depressionen. Sie hatten fleißig gearbeitet, um dann zu erleben, daß das System, das sie mitgestaltet und in dem sie sich eingerichtet hatten, von einem Tag auf den anderen zusammenbrach. Sie fragen sich, was für einen Sinn ihr Dasein gehabt hat, da all das, wofür sie sich eingesetzt hatten, inzwischen entwertet ist. Nur wenige können für sich beanspruchen, die Wende mit vorbereitet zu haben. Und bloß ein paar tausend hatten dem Regime widerstanden, als sich noch keiner traute, von seinem Sturz zu träumen.

Für die anderen sechzehn Millionen steht etwas anderes unter dem Strich: Mein Volkseigener Betrieb, in dem ich gearbeitet habe, ist pleite, weil auf dem Weltmarkt nicht wettbewerbsfähig, und ich habe nur ein Drittel so schnell gearbeitet wie ein Kollege in Hongkong oder Düsseldorf. Was bleibt da an Selbstbewußtsein übrig? Nur wenige haben einen Baum gepflanzt oder ein Haus gebaut. Nicht jeder hat wohlgeratene Kinder in die Welt entlassen.

Die Bitterkeit, die in den neuen Bundesländern vielerorts herrscht, findet hier eine ihrer Wurzeln. Wie auch die Versuche, die Vergangenheit zu verklären oder mindestens zu verharmlosen. Viele Menschen wollen schon heute nichts mehr hören über die DDR, nur wenige Jahre nach dem Sturz eines verbrecherischen Regimes, das unzählige Opfer hinterließ. Denn sie ahnen, daß diese Vergangenheit nicht allein, wenn auch hauptsächlich, zu tun hat mit den Regierenden, sondern gleichfalls mit der Arbeits- und Lebensleistung der Regierten. Wo sollen sie in ihrer Biographie Zapfsäulen finden, an denen sie Selbstbewußtsein tanken können?

Zu unseren Tätigkeiten in der Samaritergemeinde zählte nicht zuletzt die Kulturarbeit. Mitte der achtziger Jahre begannen wir auf meine Anregung hin, Ausstellungen in der sogenannten Winterkirche durchzuführen, wenn nicht geheizt werden brauchte. Die Winterkirche war ein im Kirchengebäu-

de durch Holz und Glas abgetrennter Raum. In den letzten zwanzig Jahren hatte sie meist leergestanden.
Wir füllten sie nun mit Bildern und Skulpturen. Die Ausstellungsperiode begann im Mai und endete mit der Friedensdekade im November. Auf diese Weise halfen wir Künstlern, die dem sozialistischen Realismus, der verordneten staatstreuen Kunstrichtung, nicht huldigten, ein Publikum zu finden und öffentliche Wirkung zu erzielen. Und für das Gemeindeleben war es ein enormer Gewinn. Meist waren es junge Talente, denen wir die Gelegenheit boten, ihre Arbeiten einem Publikum zu zeigen: Maler, Fotografen, Bildhauer oder Grafiker.

»Am 3. 9. fand die offizielle Eröffnung der Ausstellung im Zeitraum von 22.00-22.30 Uhr in der Samariterkirche unter Beteiligung von ca. 50 bis 70 Personen statt. Es kann eingeschätzt werden, daß das Durchschnittsalter der Besucher über 25 Jahre lag und daß neben den unmittelbar um Eppelmann gruppierten feindlich-negativen Kräften Homosexuelle sowie solche ›Kunstschaffende‹ vertreten waren, die ein distanziertes Verhältnis zur gesellschaftlichen Entwicklung in der DDR beziehen. (...)
Das Programm zur Eröffnung war in 4 Teile untergliedert. Die Einleitung wurde von Pfarrer Eppelmann unter Verwendung von Gedichten und Bibelzitaten gestaltet. Da er ständig von einem Betrunkenen unterbrochen wurde, blieben seine Aussagen für die Anwesenden unverständlich. (...)
Im wesentlichen wird in dieser Ausstellung eine pazifi-

stische Grundhaltung vermittelt. Ohne zwischen Sozialismus und Imperialismus zu unterscheiden, wird die angebliche Militarisierung der Gesellschaft dargestellt. Außerdem werden Probleme der Umweltverschmutzung aus pessimistischem Blickwinkel betrachtet. (...)

Es ist einzuschätzen, daß Eppelmann in der Organisierung dieser Ausstellung eine weitere Möglichkeit sieht, um sich und die Samaritergemeinde weiter als zentrale Anlaufstelle für potentielle feindlich-negative Kräfte der Hauptstadt zu profilieren. Ferner ist sie als Versuch zu werten, in Distanz zur sozialistischen Gesellschaft oder bereits auf festen feindlichen Positionen stehende Kunstschaffende in die als sogenannte ›unabhängige Friedensbewegung‹ getarnte innere Opposition in der DDR zu integrieren.

Vom Verlauf der Eröffnung der Ausstellung wurde eine konspirative Tondokumentation gefertigt.«

(Aus: Bezirksverwaltung für Staatssicherheit Berlin, Abteilung XX/4, Berlin, 5. 9. 1983, Information über die Eröffnung der Ausstellung »Gewalt ohne Risiko«)

Seit der Friedensdekade 1983 stellten wir jedes Jahr ein Antikriegsmuseum zusammen, eine Ausstellung mit Fotos gegen den Krieg. Die Idee, die ursprünglich aus West-Berlin stammte, hatten wir von dem Physiker Bernd Kanter übernommen. Der Grundgedanke dabei war, daß Statistiken, Grafiken und andere trockene Daten allein nicht in der Lage sind, den Schrecken des Kriegs wirkungsvoll zu zeigen. Als viel beeindruckender erwiesen sich Momentaufnahmen des Grauens. Wir zeigten fürchterliche Bilder vom Ersten und Zweiten Weltkrieg, unter anderem von den Folgen der Atombombenabwürfe auf die japanischen Städte Hiroshima und Nagasaki. Im Ergebnis dieser Dokumentationsarbeit entstand unter großem Einsatz von Bernd Kanter ein ständiges Antikriegsmuseum, das heute in der Ost-Berliner Bartholomäuskirche zu besichtigen ist.

»Die ca. 50 ausgestellten Werke sind überwiegend Malereien konstruktivistischer Art. Sie sind kaum gegenständlich. Einige Radierungen und Holzdrucke sind Arbeiten aus früheren Jahren (überwiegend Porträts), ein Radierzyklus ist Hiroshima gewidmet.« (Bezirksverwaltung für Staatssicherheit Berlin, Abteilung XX/4, Berlin, 25. 9. 1985, Information Ausstellungseröffnung in der Samariterkirche am 20. 9. 85)

Zu den bekannteren Künstlern, deren Werke wir ausstellten, gehörte unter anderem die Bürgerrechtlerin Bärbel Bohley, die sich an unserer Friedensarbeit beteiligte. Sie durfte ihre Bilder in diesen Jahren nirgendwo sonst öffentlich zeigen. Dem Maler Manfred Martin, Mitte der achtziger Jahre schon fast an der Schwelle zum siebenten Lebensjahrzehnt, verhalfen wir zur zweiten Ausstellung seines Lebens. Seine erste hatte er ein oder zwei Jahre vor dem Mauerbau in West-Berlin erlebt. Damals war er als vielversprechendes Talent gefeiert worden, aber mit dem 13. August 1961 kam auch für ihn das Aus. Obwohl er versuchte, sich bei der Gesellschaft für Sport und Technik (GST), einer der SED-geführten Massenorgani-

sationen, zu engagieren, gab man ihm in der DDR keine Chance. Hinzu kam, daß er jüdische Verwandtschaft besaß, was in dem Staat, der sich dem proletarischen Internationalismus verschworen hatte, nicht immer zum Vorteil gereichte.
Über die Kulturarbeit lernten wir auch das Ehepaar Joachim und Carola Buhlmann kennen. Er war Maler und einst SED-Mitglied gewesen. Joachim war in Gegensatz zur einheitssozialistischen Kulturpolitik geraten und aus der Partei halb hinausgeekelt worden, halb hatte er sie freiwillig verlassen. Danach hatte er die meisten seiner Freunde und Bekannten, fast alle Künstler, verloren – sie gingen auf Distanz zu ihm, denn der Kontakt zu ihm hätte ihnen ja schaden können. Carola Buhlmann stellte Keramiken her, die sich in der DDR als Mangelware gut verkaufen ließen. Davon konnten die beiden einigermaßen leben auf ihrem herrlichen Grundstück am Fahrlander See bei Potsdam.
Menschen aus unserer Gemeinde waren schon einige Male bei Buhlmanns zu Besuch gewesen und hatten mir vorgeschlagen, sie in die Winterkirche einzuladen. Wir machten zwei große Ausstellungen mit Bildern von ihm, und während einer Friedensdekade zeigten wir Keramikarbeiten von ihr.
Besonders seit 1985, nachdem Michael Gorbatschow Generalsekretär der KPdSU geworden war, suchte Joachim Buhlmann den Kontakt zur sowjetischen Armee. Er wollte aus authentischer Quelle mehr über die Umwälzungen in der Sowjetunion hören, die ja auch in der DDR die Hoffnung keimen ließen, daß der Spätstalinismus ein Ende finden könnte. Und außerdem interessierte ihn, wie Glasnost und Perestrojka in der Sowjetarmee aufgenommen wurden. Joachim lernte den Kommandeur der Fahrlander Kaserne kennen und bot ihm an, dort eine Ausstellung von Bildern pazifistischen Inhalts

zu veranstalten. Der Offizier fand die Idee gut. Es wurden Einladungen in russischer Sprache gedruckt und Plakate hergestellt. Unsere Gastgeber wollten sogar ein großes Büfett vorbereiten.

Aber zwei Tage vor dem Ereignis bliesen die Russen alles ab. Wir fuhren trotzdem demonstrativ zur Kaserne, wurden aber nicht hineingelassen. Inzwischen weiß ich, wer die Verantwortung für diese große Enttäuschung trug: die Stasi. Sie übte massiven Druck auf die Russen aus. Sie denunzierte Buhlmann als Verräter, der mit den »feindlich-negativen Kräften« um Rainer Eppelmann zusammenarbeite. Die geplante Ausstellung würde die deutsch-sowjetische Freundschaft belasten.

Wir führten auch Lesungen durch und verschafften Vertretern der nichtoffiziellen Literaturszene in der DDR ein Forum. Die meist jungen Leute hatten begonnen, eigene Publikationsorgane herzustellen und in geringer Auflage zu verbreiten.

»Diese ›Zeitschriften‹ beinhalten literarische Versuche, verbunden mit grafischen Arbeiten und Fotografien mit überwiegend sozialismusfremder, pessimistischer Aussage. Der an der Herstellung der ›Zeitschriften‹ beteiligte Personenkreis umfaßt ca. 100 Personen, die ausnahmslos dem MfS operativ bekannt sind (. . .).«
(Aus: Ministerium für Staatssicherheit, Hauptabteilung XX, Berlin, 5. 8. 1986, Information über die in der Zeit vom 1. 6. bis 30. 6. 1986 in der Samariterkirche Berlin-Friedrichshain durchgeführte Ausstellung ›Wort und Werk‹ – Grafik und Lyrik junger DDR-Künstler)

Ich weiß heute nicht mehr, wie wir das alles geschafft haben. Sicher ist nur, es ging auf Kosten meiner Frau. Sie hielt es so lange aus, wie sie eine eigene Aufgabe hatte. Je selbständiger die Kinder wurden, desto mehr gewann sie den Eindruck, daß sie in meinem Leben nicht mehr vorkam. Ich hatte immer Zeit für andere, aber kaum einmal für die eigene Familie. Dabei hatte ich längst gelernt, daß die Gemeinde eigentlich in der Familie anfängt.

OV »Blues«

Die Jahre zwischen der Entlassung aus der Armee und dem Antritt als Gemeindepfarrer waren meine »regierungsfreundlichste« Zeit. Es gab, sieht man von meinem Protest gegen die Invasion des Warschauer Pakts in der CSSR 1968 ab, relativ wenig Konfliktpunkte. Die PGH und das Paulinum waren fast so etwas wie Inseln der Unschuld, fernab von Widerstand oder Vergewaltigung.
Als ich in die Samaritergemeinde kam, lernte ich die DDR-Wirklichkeit von einer weiteren Seite kennen. Als Vater von Kindern erlebte ich selbst Schwierigkeiten, wie sie fast alle Familien in der DDR plagten.
Aber das waren nur kleine Ausschnitte der Realität. Als Gemeindepfarrer erfuhr ich, daß meine Sorgen gering waren im Vergleich zu dem, was die Menschen, die Hilfe bei mir suchten, mir erzählten. Jeden Tag wuchs meine Empörung über die Selbstherrlichkeit der kleinen und der großen Honeckers und ihrer Satrapen in den Blockparteien und Massenorganisationen. Jeden Tag vergrößerte sich meine Distanz zu den Verantwortlichen für Leid, Frustration, Angst, Wut und Unterdrükkung. Die Menschen in meiner Gemeinde schütteten all das persönlich erlebbare Elend des realen Sozialismus in mich hinein, weil sie zu Recht meinten, daß ich dafür bezahlt würde.

Da kamen Eltern, die ihr Kind eigentlich zum Konfirmandenunterricht schicken wollten. Aber sie trauten sich nicht, da die schulischen Leistungen des Jungen oder Mädchens nicht überragend waren. Weil sie wollten, daß ihr Kind eine Lehrstelle bekam, schickten sie es zur Jugendweihe, dem staatlichen Konfirmationsersatz. Bei mir weinten sie sich darüber und über ihr schlechtes Gewissen aus. Vor allem wollten sie mir sagen, daß ihre Entscheidung nicht bedeute, daß sie nichts mehr mit der Kirche und mir zu tun haben wollten. Und: Sollten ihre Kinder den Wehrkundeunterricht besuchen oder nicht? Manche Eltern kamen und schilderten ihre Gewissensnot, weil sie ihre Tochter oder ihren Sohn am Wehrkundeunterricht teilnehmen ließen und nicht den Mut fanden, Sturm dagegen zu laufen.

Andere Menschen wagten es nicht, sich in der Gemeinde trauen zu lassen. Sie holten es dann im Urlaub woanders, wo sie niemand kannte, nach, weil sie die Sorge hatten, es könnte ihnen in ihrer beruflichen Entwicklung schaden, wenn die Nachbarn oder Kollegen wüßten, daß sie etwas mit Kirche zu tun hatten.

Ein Malermeister verzweifelte daran, daß der Ersatzteilmangel ihn daran hinderte, seine Lehrlinge vernünftig auszubilden, und er daher seiner Verantwortung nicht nachkommen konnte.

Jugendliche waren verbittert, weil sie noch Jahrzehnte warten sollten, bis sie einmal ein westliches Land besuchen durften. Andere wollten studieren und hatten alle dazu erforderlichen Leistungsnachweise erbracht, durften es aber nicht, weil ihre Linientreue zu wünschen übrigließ. Wieder andere waren von der Schule geflogen, weil sie den Aufnäher »Schwerter zu Pflugscharen« getragen hatten.

Leute tauchten bei mir auf, um zu erzählen, wie sie sich in der ersten Elternversammlung an der Schule vor dem Direktor und den Lehrern geduckt und dann gefragt hatten, ob die Kinder schon am ersten Schultag das Pioniertuch tragen sollten, das Abzeichen der SED-Kinderorganisation.

Manche Menschen waren auch ohnmächtig wütend angesichts der Verlogenheit der Medien und suchten Rat, wie sie damit umgehen sollten.

Es gab fast nichts, womit ich nicht konfrontiert wurde. Aber ob es sich um politische, berufliche oder Eheprobleme handelte, immer fand ich einen vorzüglichen Gesprächspartner in meiner Frau. Allein wäre ich mit all den Sorgen kaum fertig geworden. Später, als unsere Ehe in eine Krise geriet und meine Frau ihre Kraft für sich selbst brauchte, traf mich der Verlust auch in dieser Hinsicht hart. Zu meinem Glück hatte ich zu diesem Zeitpunkt schon ein Jahrzehnt Erfahrung als Pfarrer hinter mir und lernte es allmählich, auf mich selbst gestellt zu sein.

Je mehr die Sorgen und Nöte vieler anderer mich belasteten, desto zorniger wurde ich. So wichtig es war, den Betroffenen therapeutisch zu helfen, so unbefriedigend war es. Denn dadurch änderten sich die Bedingungen nicht, die das Leid verursachten.

Hinzu kam eine zweite Einsicht: Den Wehrdienst hatte ich für mich verweigert. Aber nun stellte sich mir – auch als Vater – die Frage, ob man es sehenden Auges dulden konnte, daß wir auf Kosten unserer Enkel lebten. Wir verpulverten (und verpulvern nach wie vor) nichterneuerbare Rohstoffe dieser Erde, als gäbe es sie ewig. Auf beiden Seiten des die Militärblöcke trennenden Stacheldrahtverhaus türmten sich die Massenvernichtungsmittel zu mehrfachen Overkillkapazitäten. Und fast alle Menschen taten so, als wäre es das natürlichste der Welt, sich gegenseitig mit der Ausrottung zu bedrohen. Das Leben, daß ich mit in die Welt gesetzt hatte, sollte wenigstens die gleichen Chancen haben wie ich. Deshalb mußte der Raubbau ein Ende haben. Mit meiner Frau und meinen Freunden diskutierte ich über Verzicht und die Frage, was der Mensch wirklich zum Leben brauche. Was macht unser Glück aus? Waren die Menschen, die weniger als wir besaßen, unglücklicher? Ich versuchte, ehrlich mit mir umzugehen. Ich begriff, daß ich verantwortlich war für das Schicksal meiner Kinder. Mit den Möglichkeiten, die ich hatte, mußte ich zusammen mit anderen dazu beitragen, den politischen und ökologischen Wahnsinn zu beenden.

Wir mußten, um die Blockkonfrontation zu überwinden, Weltbürger werden. Aber wie sollte ein Bewohner der Deutschen Demokratischen Republik jemals die Provinz verlassen, in die die Obrigkeit ihn verbannt hatte? Mir wurde die Kluft zwischen DDR-Mief und dem Rest der Welt vollends klar, als ich ab 1975 Journalisten aus dem Westen kennenlernte, die entsprechend der Schlußakte der Konferenz über Sicherheit und Zusammenarbeit in Europa (KSZE) in Helsinki nun aus der DDR berichten konnten. Das war zwar ein Fortschritt, aber wir durften immer noch nicht frei reisen.

In diese entscheidende Phase meiner Überlegungen fiel ein so profanes wie gefährliches Ereignis: ein Autounfall. Auf dem Weg von Hohenschönhausen zur Samaritergemeinde nahm mir am 14. November 1978 ein Skoda die Vorfahrt und rammte meinen Trabant von der Seite. Als ich wieder aufwachte, war mein Körper unterhalb des Halses gefühllos. Aber ich hatte Glück. Ein Krankenwagen hatte mich zum Krankenhaus Friedrichshain befördert, in dessen neurotraumatologischer Station Hals-

wirbelbrüche nach einer neuen, in den Niederlanden entwickelten Methode operiert wurden. Ich war der 27. oder 28. Patient, dem dadurch eine Querschnittslähmung erspart blieb.
Allerdings mußten die Chirurgen mich zweimal operieren, weil sich eine der Schrauben, mit denen die Halswirbel versteift worden waren, gelöst hatte. Die ersten Operationen mit der neuen Technik hatten die Ärzte mit niederländischem Material vorgenommen. Aber dann mußten sie auf Schrauben und Werkzeuge aus DDR-Produktion zurückgreifen, weil die Importe nach Meinung der Mächtigen zu viele Devisen aufzehrten. Seitdem befürchteten sie bei jeder Operation eine Katastrophe.
Diese Erfahrung, einer Lähmung oder gar dem Tod in letzter Not entgangen zu sein, spornte mich an. Der liebe Gott mußte noch etwas mit mir vorhaben. Es galt also für mich, aus meinem neu geschenkten Leben mehr zu machen.
Die Jugendgottesdienste, die ich alle zwei Monate zu verschiedenen Themen durchführte, hatten mir bereits die Aufmerksamkeit der Sicherheitsorgane verschafft, wie eine Kriminalakte unter dem trefflichen Decknamen »Kreuz« dokumentiert. Aber die entscheidende Etappe zum Staatsfeind Nr. 1 leitete ich mit den Bluesmessen ein. Vor allem wegen ihnen eröffnete die Staatssicherheit einen Operativen Vorgang (OV), dem sie in der ihr eigenen Phantasie den Decknamen »Blues« gab.

»Im Januar 1981 wurde gegen den Kreisjugendpfarrer Rainer Eppelmann der OV ›Blues‹ eröffnet, um den feindlichen Mißbrauch kirchlicher Jugendveranstaltungen, insbesondere im Zusammenhang mit den Bluesmessen, durch ihn zurückzudrängen und ihre Durchfüh-

rung während der Zeit des X. Parteitags der SED und der Volkswahlen 1981 zu verhindern. (...)
Vorrangig sucht Eppelmann in seinen Veranstaltungen solche Personenkreise bzw. Zielgruppen anzusprechen, die in Konflikt mit der Gesellschaft leben, die kriminell oder sozial gefährdet sind und von der Kirche als sogenannte ›Randgruppen‹ bezeichnet werden.«
(Aus: Bezirksverwaltung für Staatssicherheit Berlin, Abteilung XX/4, Berlin, 16. 10. 81, Sachstandsbericht zum OV »Blues«)

Es fing an im Frühsommer 1979. Eines Tages stand ein junger Mann vor mir mit langen blonden zotteligen Haaren, in Kutte und Niethosen. Er stellte sich als Günter Hollwas alias Holli vor und erzählte mir, daß er Bausoldat gewesen sei und gehört habe, daß die Kirche für karitative Zwecke Konzerte veranstalte. So etwas wolle er zusammen mit einem Kumpel auch machen. Sie könnten richtig guten alten schwarzen Blues in der Kirche spielen. Geld wollten sie nicht, die Einnahmen sollten einem guten Zweck dienen. »Ich mach' dir deine Kirche voll«, versprach Holli mir.
So anfällig ein Pfarrer für solche Versuchung ist, das, was Holli da behauptete, erschien mir ein wenig vollmundig. In der Samariterkirche fanden fast 1000 Leute Sitzplätze, und zu gewöhnlichen Gottesdiensten erschienen zwischen 30 und 50 Besucher, bei einer Konfirmation mochten es 250 werden. Nur Heiligabend übertrafen wir die 600er Marke.
Ich erklärte Holli, daß er und sein Freund zur Urania oder zur Gastspieldirektion gehen sollten, wenn sie bloß Musik ma-

chen wollten, dafür seien wir nicht die Richtigen. Wenn sie sich aber vorstellen könnten, daß wir mit ihrem Blues einen Gottesdienst gestalteten, dann sei ich sofort bereit. Holli hatte gegen diesen Vorschlag nichts einzuwenden.

Vier Wochen nach unserem Treffen sollte der Gottesdienst stattfinden. Dafür wollten wir kräftig Mundpropaganda machen. Ich tat mich zur Vorbereitung zusammen mit meinem Kollegen Heinz-Otto Seidenschnur, der in der angrenzenden Auferstehungsgemeinde arbeitete. Wir dachten uns ein einfaches Konzept aus: zuerst eine kurze Begrüßung, dann eine Viertelstunde Musik und schließlich ein paar Texte aus der Bibel zum Thema Liebe. Wir entschieden uns für eine moderne Übertragung. Das Ganze sollte eingerahmt werden durch einen Psalm am Anfang und ein Segenswort am Ende. Die Planung kostete nicht mehr als eine halbe Stunde Zeit.

Wir waren ungeheuer gespannt, was passieren würde. Am 1. Juni 1979 veranstalteten wir unsere erste Bluesmesse. In der Kirche standen und saßen so viele Menschen, wie ich sie sonst nur Weihnachten erlebte – 230 Leute, die alle so aussahen wie Holli. Sie rauchten, und aus vielen Jackentaschen ragten Rotweinflaschen heraus. Ich erschrak. Um Himmels willen, auf was hatte ich mich eingelassen? Aber dann begriff ich, daß die jungen Leute nicht rauchten und tranken, weil sie mich ärgern wollten. Sie waren noch nie in einer Kirche gewesen und wußten einfach nicht, wie man sich darin zu benehmen hatte. Ich mußte ihnen erklären, daß man im Gotteshaus nicht rauchte und Rotwein für das Abendmahl reserviert war.

Vorne beim Altar hatten sich Holli mit Gitarre und sein Kumpel Plent mit Mundharmonika aufgebaut. Sie spielten vorzüglich, zum erstenmal in meinem Leben hörte ich bewußt Bluesmusik. Die Leute bewegten sich im Takt der Musik und schenkten uns dann auch ihre Aufmerksamkeit, als wir ab und an aus der Bibel lasen. Die Sache war ein voller Erfolg. Hinterher erkannten Heinz-Otto Seidenschnur und ich, daß sich uns eine einmalige Chance eröffnet hatte, Menschen zu erreichen, die mit Kirche sonst nichts zu tun haben wollten. Wir nahmen uns vor, weitere Gottesdienste dieser Art zu veranstalten, allerdings mußten wir uns viel besser vorbereiten. Wenn so viele Menschen kamen, reichte es nicht, schnell ein paar Texte herauszusuchen, die man dann vortrug. Wir mußten Wege finden, unser neues Publikum besser anzusprechen. Das fing damit an, daß ich mich mit Holli darauf verständigte, künftige Veranstaltungen »Bluesmessen« zu nennen. Bei der zweiten konnten wir schon mit einer richtigen Predigt aufwarten.

»Nachdem im Rahmen des Nationalen Jugendfestivals zu Pfingsten 1979 am 1. 6. 1979 die erste Bluesmesse in der Samariterkirche durchgeführt wurde, ohne daß es zu politischen Aussagen kam, veranstaltete Eppelmann mit dem Kreisjugendkonvent von Friedrichshain am 13. 7. 1979 vor ca. 600 Teilnehmern die 2. Bluesmesse. Sie stand unter dem Thema ›Zwischen Haß und Hoffnung‹ und enthielt negative und provokative politische Aussagen.
Am 14. 9. 1979 wurde diese Veranstaltungsreihe unter Teilnahme von ca. 700 bis 750 Jugendlichen unter dem Leitmotiv ›Hoffnung‹ fortgesetzt. Hier wurde lediglich Bezug auf die Unterdrückung der Neger in den USA genommen. Aussagen zu gesellschaftlichen Bereichen der DDR wurden nicht getroffen. (...)

1980 konzentrierte sich Kreisjugendpfarrer Eppelmann in seiner Tätigkeit zunehmend auf die Vorbereitung und Durchführung der Veranstaltungsreihe der sogenannten Bluesmessen. Zu diesem Zweck formierte er einen entsprechenden Vorbereitungskreis.«
(Aus: Bezirksverwaltung für Staatssicherheit Berlin, Abteilung XX/4, Berlin, 16. 10. 81, Sachstandsbericht zum OV »Blues«)

Im Gemeindekirchenrat herrschte nicht nur Freude über die neuen Gottesdienste. Wir gingen bis an die Grenze dessen, was wir unseren Gemeindemitgliedern zumuten konnten und durften, und manchmal darüber hinaus. Die meisten Kirchgänger waren älter als fünfzig Jahre, liebe Menschen, die mit dazu beitrugen, daß es Gemeindehaus und Kirche noch gab. Sie bezahlten pünktlich ihre Kirchensteuer. Und nun mußten sie auf einmal erleben, daß in ihre heilige Kirche massenhaft Jugendliche kamen, vor denen sie auf der Straße Angst hatten. Und die im Gotteshaus rauchten und tranken, bis wir uns mit unserer Bitte, das nicht zu tun, endlich durchgesetzt hatten. Wir richteten, nachdem wir wegen Überfüllung in die Berlin-Lichtenberger Erlöserkirche umgezogen waren, schließlich »Schnapsgarderoben« ein, wo Flaschen, mit Namensschildern versehen, abgegeben werden konnten. Und davon gab es immer Hunderte, zumal in der Nähe der Erlöserkirche eine Imbißstube stand, deren Inhaber zu Bluesmessezeiten ein riesiges Geschäft mit alkoholischen Getränken machte.
Fast jedesmal gingen Scheiben zu Bruch. In ihrer Begeisterung stiegen unsere Gäste mit Schuhen auf die Bänke, und

wenn dann normaler Sonntagsgottesdienst war, sahen die Gemeindemitglieder Kratzer zu Hauf. Während der letzten Bluesmesse in der Samariterkirche wurde das Haus quasi gestürmt und ein Eisenzaun mitsamt Betoneinfassung umgelegt. Dies geschah nicht aus böser Absicht. Aber Tausende, die aus allen Teilen der DDR angereist waren, nicht selten Urlaub genommen hatten und stundenlang unterwegs gewesen waren, wollten nicht umsonst gekommen sein.

Eine Woche später stand der Zaun wieder, weil am Wochenende nach der Messe zwanzig Jugendliche anrückten, um den Schaden zu beheben. Solche positiven Erlebnisse haben die Gemeindemitglieder wiederum beeindruckt. Schließlich organisierten wir einen Ordnerdienst, die sogenannte Infogruppe, um Ausuferungen in den Griff zu bekommen. Ihr Leiter war Ralf Hirsch, bis zu seiner Ausbürgerung 1988 einer meiner engsten Mitarbeiter bei den Bluesmessen. Drei Jahre nach der Wende gestand er mir, daß sogar die Ordner vom Wein nicht lassen wollten und ihre Flaschen versteckten, aus denen sie heimlich tranken.

Einmal rannte die Superintendentin zusammen mit dem Bezirksratsmitglied für Inneres, Kunth, zur Samariterkirche. Der hatte sie aufgefordert, das Gebäude endlich aufzuschließen, da zwei- oder dreitausend Leute vor der Tür stünden und drängelten. Er sah die öffentliche Ordnung zusammenbrechen bei all den Jugendlichen, die die Straße blockierten und mangels Alternative an die Hauswände pinkelten. Als Superintendentin und Bezirksrat die Tür öffneten, stellten sie erstaunt fest, daß die Kirche schon voll war.

Wir wurden vom Andrang überrollt. Nach einer Bluesmesse im Spätherbst mußten wir in der ungeheizten Samariterkirche einmal eimerweise Wasser mit Lappen aufwischen – kondensierter Atem, der von Fenstern und Wänden heruntergetropft war.

Nun bezogen wir die Auferstehungskirche mit ein. Zunächst machten wir die Samariterkirche voll, und dann schickten wir die, die nicht mehr hineingepaßt hatten, drei Kilometer weit zum Nachbargotteshaus. Dort lief ein Vorprogramm mit einer Band, die allerdings nicht so gut war wie Holli und Plent, während wir die erste Bluesmesse durchführten. Sobald wir fertig waren, sprangen wir in Autos und fuhren zur Nachbarkirche, und dort ging alles wieder von vorne los.

Aber der Schichtdienst taugte nur als Zwischenlösung. Denn bald waren alle beiden Gotteshäuser überfüllt, und wir mußten uns etwas Neues einfallen lassen. Wir beschlossen, die Messen künftig in der Erlöserkirche in Berlin-Lichtenberg abzuhalten. Sie war zwar nicht größer als die Samariterkirche, aber sie steht inmitten eines großen kircheneigenen Geländes. Dort konnten ein paar tausend Leute außerhalb des Gebäudes warten. Wir bauten Stände auf, wo Informationsmaterialien auslagen und die Besucher diskutieren konnten. Daneben gab es Würstchenbuden, kleine Ausstellungen, ein Musik- und Kulturprogramm. Etliche Toilettenwagen waren aufgestellt.

Wir gruben Löcher in die Erde, füllten sie mit Beton und befestigten darin Rohrhülsen, in die wir nach Bedarf Metallrohre hineinsetzten, um Geländer zu bauen, die den Menschenandrang kanalisierten. Vierzig Helfer fingen am Tag vor einer Bluesmesse mit den Aufbauarbeiten an. Wir mußten den Altarraum erhöhen und eine große Bühne errichten, damit auch die Besucher in den letzten Reihen etwas sehen konnten.

Bis zu viermal hintereinander an einem Tag führten wir eine Bluesmesse durch. Manchmal waren wir allein damit acht

Stunden beschäftigt und am Abend vollkommen ausgelaugt. Um so mehr wir von unseren Gästen vernahmen über Leid und Unterdrückung in der DDR, die sie erdulden mußten, desto aufmüpfiger und offener wurden unsere Texte. Uns brachten diese Erfahrungen noch mehr auf gegen jene, die die unmenschlichen Verhältnisse zu verantworten hatten.
Allmählich verbesserten wir unsere Konzepte. Zwischen Hollis und Plents Auftritten informierten wir die Besucher über das jeweilige Thema. Wir lockerten die Veranstaltung durch Sketche auf, in denen wir versuchten, Szenen des Alltags auf den Punkt zu bringen. Wir unterbreiteten Vorschläge für Aktionen oder für das Alltagsverhalten und dachten laut darüber nach, wie christlicher Glaube in unterschiedlichen Lebenssituationen helfen konnte. Am Schluß bemühten wir uns, Hoffnung und Mut zuzusprechen. Letzteres fiel uns am schwersten. Es war viel leichter, die miese Lage in der DDR zu analysieren, als Alternativen aufzuzeigen.

»Hauptthema war diesmal: ›Angst überwinden‹. In diesem Zusammenhang trug man erstaunlicherweise eine Geschichte aus dem Markus-Evangelium, Kapitel 7, vor, wo es auch um Angst ging. Man hatte diese Geschichte natürlich für die heutige Jugend etwas umformuliert. Jedoch verabsäumte man natürlich nicht im Anschluß hieran, insbesondere diesen Teil der Jugendlichen anzusprechen, die unter der Machtstruktur leiden müssen und deshalb Angst haben (so sagte man wörtlich). Nun folgten Wortbeiträge (2 Jugenddiakone wechselten sich ab). Man ging erst sehr behutsam, vorsichtig

und ziemlich allgemein, jedoch sehr raffiniert in diesen Wortbeiträgen an diese Thematik ›Angst‹ heran und trug vor, wann kann eigentlich ein Jugendlicher Angst haben, d. h. Probleme haben, mit denen er nicht fertig wird:
Der Jugendliche kann davor
Angst haben, daß er von der Umwelt, von seinen Kollegen bzw. Freunden nicht akzeptiert wird.
Angst haben, daß man im Leben einmal ganz kurzfristig einen nächsten Angehörigen verlieren kann.
Angst haben, daß er es im Leben nie zu etwas bringen wird, weil er in unserem Staat nicht die Möglichkeit bekommt, den richtigen Beruf zu wählen.
Angst haben, daß er oder sie schon 15 oder 16 Jahre ist und noch nie geküßt hat oder eventuell sogar noch Jungfrau oder Jungmann ist.
Also Angst zu haben, etwas versäumt oder verpaßt zu haben. (...)
Allerdings schreckte man nicht davor zurück, gleich im Anschluß an diese doch recht simplen Beispiele ziemlich konkret und politisch zu werden, indem man nun die Katze aus dem Sack ließ und sagte:
Viel schwieriger und gefährlicher ist es, ständig Angst zu haben vor den eventuellen Folgen, wenn man in unserem Lande seine wirkliche, tatsächliche Meinung sagt – sei es in der Öffentlichkeit, im Betrieb oder sogar im familiären Bereich.
Man trug dies dann sehr ›verständlich‹ und sehr offen mittels Laienspielen vor (Mitwirkende 5 junge Männer – wahrscheinlich Jugenddiakone – 25-26 Jahre).

Laienspiel
1. Szene (Inhaltswiedergabe)
Ein Bürger, der ständig in der Angst lebte, beim Einkauf seiner Lebensmittel wieder nicht alles zu bekommen, was er gerne wollte, stellte sich eines Tages schon rechtzeitig an, um ausnahmsweise neue Möhren und frischen Salat zu bekommen, doch leider bekam er, als er an der Reihe war, nichts mehr ab von diesen Waren. Am nächsten Tag erfuhr er dann zufällig auf einer Gewerkschaftsversammlung im Betrieb, daß der Plan in diesen Gemüsesorten mit 102% erfüllt wäre. Auf die Frage des Versammlungsleiters, ob jemand hierzu etwas zu sagen hätte, herrschte völliges Schweigen, weil jeder Angst hatte, seine wahre Meinung zu sagen.
Es wurde dann klargestellt, was jeden Versammlungsteilnehmer im tiefsten Inneren bewegte.
Der eine dachte: ›Wie ist denn das nur möglich, daß trotzdem der Plan so gut erfüllt ist?‹
Ein anderer wiederum: ›Was haben die nur von dem ständigen Frisieren des Planes und der Schönfärberei.‹
Und der dritte dachte: ›Ich bin eigentlich zufrieden, daß die das immer wieder so hinkriegen mit dem Plan, dann stimmt wenigstens unser Geld.‹
Jeder von den dreien hatte Angst, seine Gedanken laut werden zu lassen.

2. Szene (Inhaltswiedergabe)
Eine Schulunterrichtsstunde ›Sozialistische Wehrerziehung‹

Hier wurde von dem Unterrichtenden einleitend recht zynisch vorgetragen, daß die soz. Wehrerziehung dem Frieden dient und notwendig ist zur Stärkung der Verteidigungsbereitschaft unseres Landes. Hierzu ist es selbstverständlich erforderlich, daß schon jeder Jugendliche rechtzeitig geschult werden muß, bestens mit den Waffen umzugehen.
Auch in dieser Szene des Laienspiels wieder die Frage: ›Hat hierzu jemand etwas zu sagen?‹
Völliges Schweigen – jeder hatte Angst, etwas zu sagen. Dann wieder die Darstellung, was die Teilnehmer bewegte.
Der eine dachte: ›Warum eigentlich Ausbildung an Waffen, wo wir doch angeblich für den Frieden sind?‹
Der andere wiederum: ›Mensch, Bausoldat müßte man werden – ohne Waffe –, das wär' 'ne Sache.‹ (so wörtlich)
Und der dritte dachte: ›Nee, Wehrerziehung muß einfach sein, denn sie ist doch zwingend notwendig, um die wirklich nicht leicht zu lösenden und wirklich schwierigen Probleme in der DDR mit Gewalt durchzusetzen.‹ (tosender Beifall)
Im Anschluß daran wurde von den Programmgestaltern festgestellt und in den Raum gestellt, daß nicht nur tausend Jugendliche in unserem Lande Angst haben, sondern sogar unsere staatlichen Organe von einer bestimmten Angst befallen sind, weil der Strom der Jugendlichen zur Kirche ständig zunimmt. (...)
Die nächste Blues-Messe findet am 12. 9. 1980 statt.
Konni«

(Aus dem Spitzelbericht eines Jugendlichen, Rat des Stadtbezirks Berlin-Friedrichshain, Stellvertreter für Inneres, ohne Datum, Hervorhebungen im Original)

Ich hatte in der Jugendarbeit früh gelernt, daß es wenig sinnvoll war, Jugendlichen, die zu uns kamen, die Bibel um die Ohren zu hauen. Die meisten interessierten sich nicht dafür, sondern suchten Möglichkeiten, von der Straße wegzukommen. Wir öffneten ihnen unsere Gemeinderäume, ohne sie vorher zu Bekenntnissen oder zum Beten aufzufordern. Wir erreichten sie nicht durch übereifriges Missionieren, sondern indem wir ihre Fragen und Nöte begriffen. Irgendwann wollten sie von allein wissen, warum wir uns mehr um sie kümmerten als ihre Lehrer, Ausbilder oder Eltern. Und dann war es an uns, zu erzählen, wie wir versuchten, unserem Leben einen Sinn zu geben. Wir machten gewiß nicht alle zu Christen, aber wir konnten die Jungen und Mädchen ein Stück ihres Lebens begleiten, ihnen mit Trost oder Ratschlägen helfen. Sie werden die evangelische Kirche in freundlicher Erinnerung behalten haben und künftig vielleicht aufgeschlossene Partner sein.
Hatten die staatlichen Stellen unsere Jugendarbeit schon argwöhnisch beobachtet, so verwandelte sich ihr Mißtrauen in Ablehnung, als die Bluesmessen hinsichtlich ihrer Teilnehmerzahlen und ihrer Aussagen an Gewicht gewannen. Kritische Bemerkungen und Ermahnungen hatte es bereits hin und wieder bei den sogenannten »Rathausgesprächen« gesetzt. Ein- oder zweimal im Jahr lud der Stadtbezirksbürgermeister von Friedrichshain, Herr Pagel, die Pfarrer des Kir-

chenkreises dazu ein. Einige gingen hin, um ihre Loyalität zu versichern, bei einigen wußte man nicht, wie sie einzuschätzen waren, weil sie nichts sagten, andere aber nutzten die Gelegenheit, dem Vorsitzenden all das ungeschminkt einzuschenken, was sie vorher zu hören bekommen hatten. Je näher die DDR ihrem nicht erahnten Ende kam, um so deutlicher und stärker wurde die Gruppe der Kritiker.

Wir von der Samaritergemeinde und einige andere Pfarrer bemühten uns bei den Rathausgesprächen, den Gastgeber von seinem sozialistischen Himmel herunterzuholen in die Wirklichkeit. Das war, besonders am Anfang, mit einigem Streit verbunden, denn Vertreter des Staats waren nicht daran gewöhnt, daß ihnen offen die Meinung gesagt wurde. Der Stadtbezirksbürgermeister war ein ehemaliger Eisenbahner. Er liebte Redewendungen wie »mein Generalsekretär« und »meine Partei« und bemühte sich, den Eindruck zu erwecken, daß er alles ganz genau wußte und alles unter Kontrolle hatte. Wenn er Kritik nicht einfach übergehen oder von sich weisen konnte, miniaturisierte er sie, indem er von Einzelerscheinungen sprach. Manchmal war er bereit, etwas zu ändern, etwa eine Baustelle abräumen oder einen Bürgersteig reparieren zu lassen.

Bei den Rathausgesprächen wurde das politische und gesellschaftliche System der DDR von uns nicht grundsätzlich in Frage gestellt. Wir hatten sicher Angst und konnten uns auch damals angesichts der weltpolitischen Konstellation nicht vorstellen, daß so etwas geschehen könnte wie am 9. November 1989, als die Mauer fiel. Wir versuchten darum vielmehr, Friedrichshain ein bißchen menschlicher, bunter und freier zu machen.

Als mich ein Staatsfunktionär wieder einmal wegen der Bluesmessen angriff, habe ich zu seinem Erstaunen erwidert, daß ich mich keineswegs als Konterrevolutionär verstände. Eigentlich müsse der Staat mich auszeichnen, würde er richtig einschätzen, was ich täte. Ich würde nämlich die Gesellschaft stabilisieren. Da kämen Leute aus der ganzen DDR, die einen ungeheuren Frust mit sich herumtrügen und denen ich die Möglichkeit böte, ein bißchen davon loszuwerden. Und wenn wir versuchten, verzweifelten Menschen zu helfen, aus ihrer Misere herauszukommen, sollte sich der Staat freuen. Schließlich riefen wir ja nicht dazu auf, die Regierung zu stürzen. Der Vertreter der Arbeiter-und-Bauern-Macht sah mich fassungslos an und war wohl fest davon überzeugt, daß ich ihn auf den Arm nehmen wollte.

Und doch traf es zu, daß wir eine Art Therapie für die Gesellschaft anboten. Wir eröffneten Jugendlichen die Möglichkeit, sich bei uns auszutoben und ihre Aggressionen abzubauen. Eigentlich wäre dies die Aufgabe sozialer Einrichtungen gewesen, die doch auch ein Interesse daran hätten haben müssen, die Jugendkriminalität einzudämmen. Aber der Staat konzentrierte sich auf die Kontrolle durch sogenannte Massenorganisationen wie FDJ und FDGB und auf polizeiliche Maßnahmen.

Die Vorwarnung der SED erfolgte frühzeitig. Schon bei meinen Abendgottesdiensten für Jugendliche war Frau Nehrlich erschienen, die Referentin für Kirchenfragen des Stadtbezirksrats, eine altgediente SED-Genossin. Sie hatte freundlich gegrüßt und sich in die Kirche gesetzt, um später ihren Bericht zu schreiben. Als dann die Bluesmessen begannen, zu einer landesweiten Veranstaltung mit politischen Aussagen zu werden, ging der Ärger los. Nun erklärten die einschlägigen Behörden, es handele sich nicht um einen Gottesdienst, sondern

um einen Verstoß gegen die Veranstaltungsverordnung der DDR. Gottesdienste waren die einzigen öffentlichen Veranstaltungen, die nicht angemeldet werden mußten.
Mit dieser Argumentation rückten das Staatssekretariat für Kirchenfragen unter Klaus Gysi und der Ost-Berliner Magistrat der Leitung der berlin-brandenburgischen Kirche unter Bischof Albrecht Schönherr, gleichzeitig Vorsitzender der Konferenz der Evangelischen Kirchenleitungen in der DDR, zu Leibe. Und nachdem dieser 1981 in den Ruhestand getreten war, mußte sein Nachfolger als Landesbischof, Gottfried Forck, den Bluesmessen-Dauerstreit mit der SED ertragen.
Die Kirchenleitung wurde aufgefordert, genau zu definieren, was ein Gottesdienst sei. Hinter dieser unverfänglich wirkenden Anfrage stand der Gedanke, den Verantwortlichen der Bluesmessen sagen zu können, daß ihre Veranstaltungen in diesem oder jenem Punkt keinen Gottesdienst darstellten, also selbst im Verständnis von Bischof und Kirchenleitung der Veranstaltungsverordnung widersprächen. Hätte die Kirchenleitung sich auf dieses Projekt eingelassen, so wäre für alle DDR-Zeiten unwiderruflich geregelt gewesen, was ein Gottesdienst zu sein hatte. Trotzdem wollte sie zunächst darauf eingehen und sich freiwillig in ihrer Bewegungsfreiheit beschränken. Der Vorstoß der SED scheiterte schließlich am Widerstand der Berliner Jugendmitarbeiter, denen es gelang, ihren Oberen das Nachgeben auszureden.
Später wurde uns immer wieder angedroht, die Veranstaltungsverordnung zu verschärfen zum Schaden der gesamten Kirche, wenn wir uns mit den Bluesmessen nicht endlich an die Vorschriften hielten. Die Bluesmessen seien politische Veranstaltungen und keine Gottesdienste. Aber glücklicherweise konnte die SED sich nicht dazu durchringen, die Bluesmes-

sen zu verbieten, weil das Verhältnis zwischen Staat und Kirche sich dadurch schlagartig verschlechtert hätte.
Innerhalb der Landeskirche kamen leidenschaftliche Auseinandersetzungen auf. Klaus Gysi setzte im Auftrag des Politbüros unsere Leitung unter andauernden Druck. Mit den Bluesmessen überschreite die Kirche ihre Kompetenzen und biete negativen, oppositionellen Elementen ein Dach, lautete ihr Vorwurf. Schließlich wich Schönherr dem Druck, und er versprach offensichtlich, daß die Bluesmessen eingestellt würden.

»Das Gespräch vom 13. 2. 1981 zwischen Genossen Gysi und Bischof Schönherr führte zu dem Ergebnis, daß der Bischof Schönherr versicherte, Bluesmessen bis zu den Wahlen der Volkskammer und den Bezirkstagen auszusetzen, bis zum Herbst aufzuschieben und nach Beratung mit der Kirchenleitung abzuschaffen.
Der Stellvertreter des Oberbürgermeisters und Stadtrat für Inneres der Hauptstadt, Genosse Hoffmann, führte eine Aussprache mit dem Mitglied der Kirchenleitung Generalsuperintendent Grünbaum durch. Genosse Hoffmann erläuterte in seiner Grundsatzerklärung die prinzipielle Haltung staatlicher Organe zu den Bluesmessen und deren Inhalt und die Erwartungen, die an die kirchenleitenden Kräfte im Zusammenhang mit der Versicherung Bischof Schönherrs gestellt werden.
Generalsuperintendent Grünbaum bezichtigte den Bischof Schönherr der Kompetenzüberschreitung und verwies auf eine letztendliche Aussage, ob und wann

Bluesmessen stattfinden, auf herbeizuführende Beschlüsse der Kirchenleitung.
Grünbaum traf keine persönliche Entscheidung, distanzierte sich gegenüber den Argumenten des Genossen Hoffmann und vertrat die Meinung, daß die Bluesmessen als Form kirchlicher Tätigkeit eine Berechtigung haben. Er erklärte sich bereit, die Kirchenleitung zu informieren.«
(Aus: Ministerium für Staatssicherheit, Hauptabteilung XX/4, Berlin, 24. 3. 1981, Ergebnisse der eingeleiteten politisch-operativen Maßnahmen zur Bekämpfung des politischen Mißbrauchs der sogenannten Bluesmessen von Kreisjugendpfarrer Eppelmann [Berlin])

Uns gegenüber bemühte Bischof Schönherr, den Gysi mit politischen Argumenten bearbeitet hatte, Ordnungsgründe. Er könne keinen Gottesdienst decken, in dem womöglich Leute totgetrampelt würden, erklärte er. Allein die Gefahr, daß dies passieren könne, reiche aus, diese Veranstaltungen abzuschaffen.
Wieder bedurfte es der Solidarität, vor allem der Berliner kirchlichen Jugendmitarbeiter, um die Bluesmessen zu retten. Ob in der Kirchenleitung, ob in der Mitarbeiterrunde des Stadtjugendpfarramts, Heinz-Otto Seidenschnur und ich waren nie allein auf uns gestellt, weil immer wieder einzelne sich zu Wort meldeten, um die Bluesmessen zu verteidigen. Bischof Schönherr und die Kirchenleitung wollten es schließlich nicht darauf ankommen lassen, daß sie in Streit gerieten mit den eigenen Jugendpfarrern, und wichen zurück. Sie wuß-

ten, daß wir jederzeit in der Lage gewesen wären, Bluesmessen als alleinige Veranstaltungen der Samaritergemeinde durchzuführen. Daran hätte uns auch ein Bischof nicht hindern können.

Währenddessen führten wir weitere Bluesmessen durch. Sie waren inzwischen zu Großveranstaltungen ausgewachsen, sechs- bis achttausend Jugendliche aus der ganzen DDR zog es jedesmal nach Berlin. Entsprechend mühsam waren die inhaltlichen und organisatorischen Vorbereitungen.

Der Aufwand überstieg schließlich die Kräfte der wenigen hauptamtlichen Kirchenmitarbeiter und ihrer etwa vierzig jugendlichen Helfer. Auf Vorschlag meiner Frau bat ich die Kirchenleitung von Berlin-Brandenburg um Unterstützung. Sie war ohnehin längst dauernd mit den Bluesmessen befaßt und sagte Hilfe zu. Sie tat dies allerdings unter der Bedingung, handfest über die Inhalte mitsprechen zu dürfen. Das erwies sich als Pferdefuß, denn nun griff die Kirchenleitung in die Themen- und Terminplanung ein, wenn diese ihrer Auffassung nach Sprengstoff enthielt.

»Im ungefähren Zeitraum von Januar bis April 1981 trägt Eppelmann demonstrativ ein ›Solidarnosc‹-Abzeichen an seiner Kleidung. Im September 1981 ruft er in einem Ormig-Abzug zu Paket-Aktionen für polnische Bürger auf und gibt zur Verwirklichung praktische Ratschläge.«
(Aus: Bezirksverwaltung für Staatssicherheit Berlin, Abteilung XX/4, Berlin, 16. 10. 81, Sachstandsbericht zum OV »Blues«)

Als wir im Frühjahr 1981 eine Bluesmesse über Polen veranstalten wollten, wurde uns dies ausgeredet: Solidarität mit den Polen – ja, aber nicht so deutlich und nicht so öffentlich. Eine Parteinahme für die Gewerkschaft »Solidarnosc« sei politisch unklug und würde die Regierenden provozieren. Außerdem sei doch noch gar nicht klar, was in Polen weiter geschehe. Die dortigen Unruhen gefährdeten womöglich den Frieden in Europa – gemeint war wohl eher der Status quo –, und diesen zu bewahren sei doch das wichtigste.
»Polen« hatte sich zum Reizthema gemausert, seitdem dort ein Tauwetter ausgebrochen war und die Gewerkschaft »Solidarität« das Streikrecht sowie weitere demokratische und soziale Errungenschaften erkämpft hatte. Die DDR-Regierung erschwerte den Reiseverkehr von und nach Polen, um die Gefahr der Demokratie-Infektion zu vermindern. Erst im Dezember 1981, als General Jaruzelski das Kriegsrecht verhängte, erfreute sich das Regime in Warschau wieder größerer Beliebtheit in Ost-Berlins Führung.

»Auch bei der Tagung der Konferenz der Evangelischen Kirchenleitungen vom 12.-13. 9. 1980 in der Hauptstadt spielte das Thema Polen keine Rolle.
Bischof Leich (Eisenach), Bischof Schönherr (Berlin), Oberkonsistorialrat Stolpe und Oberkonsistorialrat Plath (Greifswald) sind der Auffassung, daß man sich den derzeitigen Stand der Beziehungen zwischen Staat und Kirche in der DDR – ein Ergebnis langjähriger Bemühungen auf beiden Seiten – nicht kaputtmachen lassen will.

Oberkonsistorialrat Stolpe warnte die Bischöfe in individuellen Gesprächen vor Leuten aus dem kirchlichen Raum, die als ständige Nörgler bekannt sind und keine Gelegenheit auslassen, ihre Antihaltung zu politischen und gesellschaftlichen Fragen zu artikulieren.
Er charakterisierte sie als wirklichkeitsfremd und Phantasten, die wegen ihren politischen Aktivitäten jedoch den Ruf der Kirche gefährden.
Durch Informationen seiner Ehefrau, die als Ärztin in Potsdam tätig ist und während der Sprechstunden viele individuelle Gespräche führt, könne er ziemlich überzeugend behaupten, daß bei der Bevölkerung die Ereignisse in Polen kaum eine Rolle spielen. Die Mehrheit der DDR-Bürger würde sich in erster Linie für die eigenen Probleme, wie Verbesserung der Versorgung, Wohnungsprobleme, Freizeitgestaltung usw., interessieren.
Die verantwortlichen Leiter kirchlicher Gremien des Bundes haben sich darüber verständigt, bei der bevorstehenden Synode des Bundes in Leipzig politisch relevante Aktivitäten soweit wie möglich zu unterbinden.«
(Aus: Ministerium für Staatssicherheit, Hauptabteilung XX/4, Berlin, 16. 9. 1980, Meinungen leitender Amtsträger der evangelischen Kirche in der DDR zu den Ereignissen in der VR Polen, Quelle: IMB »Sekretär« [IMB: IM zur Abwehr mit Feindverbindungen bzw. zur unmittelbaren Bearbeitung im Verdacht der Feindtätigkeit stehender Personen; d. Verf.])
»Stolpe informierte, daß sich der Bischofskonvent mit

der Lage in Polen beschäftigt habe. Es sei ein ruhiges und sachliches Gespräch gewesen. Die Haltung der Staaten des Warschauer Vertrages, besonders der DDR (13. Plenum [gemeint ist das 13. Plenum des Zentralkomitees der SED; d. Verf.]), würden sich angenehm abheben von der Einmischung und dem Anheizen der NATO.

Die Position, die sich die Bischöfe erarbeitet haben, bestünde in folgendem:

- Man wolle sich nicht infizieren lassen von der Nervosität des Westens und davon ausgehen, daß die beste Hilfe für Polen darin bestehe, daß die DDR ihren klaren Kurs fortsetze.
- In den Gemeinden gebe es, abgesehen von einigen wenigen Ausnahmen, keinerlei Unruhe. Die Meinung, man müsse ›polnisch lernen‹, bestehe nicht.
- Beunruhigt sei man kirchlicherseits lediglich durch bestimmte Mißtöne und Vorurteile, die jetzt in der Bevölkerung zu hören sind (Pollacken, polnische Wirtschaft etc.). Man wolle als Kirche mithelfen, daß nichts, was in Jahren an guten Beziehungen gewachsen sei, kaputt gehe.
- Es könne aber nicht ausgeschlossen werden, daß die DDR und die anderen sozialistischen Staaten vor gewisse Handlungszwänge gestellt werden. Probleme in der Kirche wären unvermeidbar, wenn die NVA militärisch eingreifen müsse. Es sei ein Unterschied, wenn so etwas von Seiten der Sowjetunion geschehe oder von der DDR.«

(Aus: Arbeitsgruppe Kirchenfragen [beim ZK der SED; d. Verf.], Berlin, 16. 12. 1980, Information über ein Gespräch mit dem Leiter des Sekretariats des Bundes der Evangelischen Kirchen in der DDR [BEK], Oberkonsistorialrat Stolpe)

Ich werde später zeigen, daß die Kirchenleitung uns nicht nur daran hinderte, Solidarität mit den polnischen Demokraten zu üben, sondern auch mitspielte im internationalen Spiel der Mächte, um Ruhe und Ordnung auf dem alten Kontinent zu erhalten. Hier geht es mir zunächst darum, weiter von unseren Bluesmessen und dem Streit über sie zu berichten.

Als einziger in der Kirchenleitung stand mein ehemaliger Vikariatsvater, Hartmut Grünbaum, der inzwischen zum Generalsuperintendenten in Ost-Berlin ernannt worden war, unbeirrbar auf unserer Seite. Er war der erste Superintendent in Deutschland, der statt einer Einzel- eine bruderschaftliche Leitung in seinem vormaligen Kirchenkreis Rathenow eingerichtet hatte, in der drei Pfarrer die Verantwortung unter sich aufteilten. Grünbaum ließ sich im Gegensatz zu anderen nicht einschüchtern. Als Vertreter der Staatsorgane ihm androhten, daß sie in eine Bluesmesse »einmarschieren« würden, erwiderte er, daß sie das dann eben tun müßten, denn er werde einen Gottesdienst nicht verbieten.

Die Stasi ließ kaum etwas unversucht, um die Messen zu behindern. Demonstrativ bauten sich leicht als solche erkennbare MfS-Mitarbeiter mit Fotoapparaten auf, um festzuhalten, wer es wagte, einen solchen Jugendgottesdienst zu besuchen.

Einmal setzten sie sogar Stinkbomben ein, um uns die Messe zu vermasseln.
Versuche, den Gemeindekirchenrat gegen mich aufzubringen, scheiterten. Das lag auch an meiner »Personalpolitik«. Ich hatte, als ich in der Samaritergemeinde anfing, einen Kreis von jungen Erwachsenen gesammelt, der sich »Treffpunkt« nannte und sich zunächst bei mir zu Hause in Hohenschönhausen zu »Kamingesprächen« traf und dann später im Gemeindehaus. Diese zwanzig bis dreißig jungen Frauen und Männer fanden unsere Gemeindearbeit einschließlich der Bluesmessen richtig und unterstützten sie nach Kräften. Es war nur eine Frage der Zeit, bis drei von ihnen in den siebenköpfigen Gemeindekirchenrat gewählt wurden, dem wir Pfarrer durch unser Amt angehörten.

»Am 14. 10. 81 fand in der Wohnung Eppelmanns ein Treffen zwischen ihm und dem IM-Vorlauf ›Cerni‹ statt. Während dieses Gesprächs konnte der IM-Kandidat folgende operativ-bedeutsame Information zur derzeitigen Situation um Pf. Eppelmann erarbeiten: (...) Nach Einschätzung der Quelle ist Eppelmann durch ein ›kleinbürgerliches Geltungsstreben‹ geprägt. Ihm fehlt der Blick, größere Zusammenhänge theoretisch verarbeiten zu können. Andrerseits zeichnet er sich durch eine ausgesprochen praktisch-organisatorische Intelligenz aus. Eppelmann erweckt den Eindruck, von utopischen und nicht auf die Realität bezogenen politischen Auffassungen beeinflußt zu sein. In vertrauter Umgebung ist Eppelmann relativ redselig. Eppelmann

versteht es, Jugendliche durch ein geschicktes Vorgehen zu beeinflussen bzw. zu manipulieren. Er gibt ihnen das Gefühl, ihre Vorstellungen bzw. praktischen Vorschläge zu berücksichtigen, obwohl er letztendlich seine Konzeption durchsetzt.
Zur Sicherung der Konspiration der Quelle ist diese Information offiziell nicht auswertbar!«
(Aus: Bezirksverwaltung für Staatssicherheit Berlin, Berlin, 19. 10. 81, Information bezüglich Pfarrer Rainer Eppelmann)

Meine »Personalpolitik« hatte allerdings nicht dazu geführt, daß ich nun im Gemeindekirchenrat immer meine Meinung durchsetzen konnte. Es gab bei verschiedenen Gelegenheiten Widerspruch und auch Mehrheiten gegen mich. Zu Diskussionen kam es häufig über die Frage, ob wir Westmedien Einblick in unsere Arbeit geben sollten. Viele in unserer Gemeinde – ebenso wie in der gesamten Kirche und besonders in ihrer Leitung – vertraten die Position, wir sollten unsere Dinge in der DDR allein lösen. Kontakte zu bundesdeutschen Presseleuten bringe uns bloß in Schwierigkeiten und verschaffe dem Staat einen Vorwand, uns zu schikanieren.
Ich war ganz anderer Meinung: Da die Medien in der DDR zensiert wurden und wir keine Chance hatten, über sie an die Öffentlichkeit zu treten, mußten wir zwangsläufig den Umweg über den Westen wählen. Zwar wurden die Rundfunk- und Fernsehsendungen dort vor allem für Bundesdeutsche ausgestrahlt, aber da fast alle DDR-Bürger ARD und ZDF sahen und SFB oder RIAS hörten, ergaben sich für uns gute

Möglichkeiten, unsere Meinungen bekanntzumachen. Außerdem hatte es der auf internationale Anerkennung erpichte Staat schwerer, uns zu verfolgen, wenn wir im In- und Ausland keine unbekannten Größen waren. Schließlich konnten wir dazu beitragen, daß die internationale Öffentlichkeit nicht nur durch die offiziellen DDR-Medien unterrichtet wurde, wenn wir Westjournalisten Informationen gaben. Es durfte doch nicht sein, daß das DDR-Bild der Menschen im Westen in erster Linie durch Erich Honecker und das »Neue Deutschland« geprägt wurde.

Robert Havemann

Den richtigen Umgang mit den Westmedien hatte mir Robert Havemann beigebracht. 1932 war er der KPD beigetreten. Als die Nazis ein Jahr später an die Macht kamen, verlor er seine Stelle als Mitarbeiter am Kaiser-Wilhelm-Institut für Physikalische Chemie und Elektrochemie in Berlin. 1943 verurteilte ihn der Volksgerichtshof als Mitbegründer einer Widerstandsgruppe zum Tod, wegen kriegswichtiger Forschungen wurde die Vollstreckung aber aufgeschoben. Freunde hatten an entscheidender Stelle deutlich gemacht, daß die Nazis Wissenschaftler wie Havemann für den Endsieg brauchten. 1945 bis 1950 war er Direktor der Berliner Institute der Kaiser-Wilhelm-Gesellschaft – der Vorläuferin der Max-Planck-Gesellschaft – und leitete gleichzeitig das Kaiser-Wilhelm-Institut für Physikalische Chemie und Elektrochemie in West-Berlin, aus dem er 1933 entlassen worden war. Seit 1946 hatte er außerdem einen Lehrauftrag an der Ost-Berliner Humboldt-Universität, dem 1952 der Ruf als Professor für Physikalische Chemie folgte. 1950 wurde er in West-Berlin zeitweilig inhaftiert, weil er gegen die amerikanische Wasserstoffbombe öffentlich protestiert hatte, und er büßte daraufhin alle Ämter in der Kaiser-Wilhelm-Gesellschaft ein. Nachdem die Kommunistische Partei der Sowjetunion 1956 auf ihrem 20. Parteitag offiziell mit dem Stalinismus gebrochen hatte, kritisierte Havemann zusammen mit anderen Reformern die bürokratische Diktatur der SED. 1964 wurde er von der Universität gefeuert und aus der SED ausgeschlossen.

Robert blieb Marxist und war auch deshalb den Politbürokraten zeit seines ihm verbleibenden Lebens ein Dorn im Auge. 1977 bis 1979 verhängten sie Hausarrest gegen ihn, kappten seine Telefonleitung, erließen ein Gesetz – das bald als »Lex Havemann« für Furore sorgte –, mit dem sie die Weitergabe nichtgeheimer Nachrichten an Vertreter westlicher Medien unter Strafe stellten.

Robert ließ sich aber zu keiner Zeit einschüchtern und abbringen von seinem Ziel, den DDR-Sozialismus grundlegend zu demokratisieren. Ihm, einem alten Mann, gegenüber erwies sich das gigantische Ministerium für Staatssicherheit als ohnmächtig. Es war neben seiner eindeutigen antifaschistischen Biographie vor allem seine Bekanntheit, die ihn vor weitergehenden Maßnahmen des Staats schützte.

Es war ein reiner Zufall, daß ich Robert kennenlernte. Im Jahr 1980 lud Stadtjugendpfarrer Martin-Michael Passauer die Mitarbeiterrunde zu einem Weiterbildungsseminar. Solche längeren Tagungen gab es jedes Jahr, regelmäßig gingen wir eine Woche nach Rathewalde in der sächsischen Schweiz zu einer Jahrestagung, manchmal zusätzlich ein Wochenende.

Diesmal fand ein Kurzseminar in Grünheide am Rande Berlins statt. Dort diskutierten wir über Außenseiter. Wir hatten feststellen müssen, daß viele Jugendliche sich als solche erlebten. Sie wurden zu Außenseitern gemacht, wenn sie in Denken und Handeln von der herrschenden Norm abwichen, oft reichte es schon, daß sie anders aussahen als der DDR-Durch-

schnittsbürger. Einige Jugendliche wollten aber auch aus eigenem Antrieb mit der Gesellschaft der Erwachsenen nichts mehr zu tun haben.
Auch hierin zeigte sich die eigentlich stabilisierende Wirkung unserer Jugendarbeit, die der SED nie geheuer war und die sie nie begriff. Statt dessen traktierten uns die Funktionäre mit dümmlichen Fragen und Vorhaltungen. Was würden wir zum Beispiel tun, wenn die »Asozialen«, die wir sammelten, plötzlich beschlössen, zur Mauer zu rennen?
Wir wollten den Jugendlichen helfen, kritische und engagierte Staatsbürger der DDR zu werden. Dazu hörten wir uns zuerst an, wie sie ihr Leben beschrieben, was sie bedrückte, traurig und wütend machte. Dann versuchten wir ihnen eine Orientierung anzubieten, bevor sie in Alkohol, Drogen und Kriminalität versanken. Wir bemühten uns, ihnen einen Platz zu zeigen in unserer Gesellschaft, die sie nicht verlassen konnten, weil die Regierenden das Land eingezäunt hatten und jeden mit dem Tod bedrohten, der weggehen wollte. Wir waren dennoch davon überzeugt, daß man auch in der DDR leben konnte, ohne zu verzweifeln. Man konnte in Honeckers vermeintlichem Arbeiterparadies Glück und Zufriedenheit empfinden, wenn man die Angst besiegte und den aufrechten Gang lernte. Die jungen Frauen und Männer mußten eine neue Identität finden. Ihnen dabei zu helfen war unsere Aufgabe. Dabei sind auch wir andere Menschen geworden.
Während wir über diese und andere Fragen auf unserem Wochenendseminar in Grünheide diskutierten, schlug einer der Teilnehmer vor, wir sollten nicht nur über Außenseiter reden, sondern einmal mit einem sprechen. Und da gebe es doch ein paar Häuser weiter den bekanntesten Außenseiter der Repu-

blik, Robert Havemann. Alle waren einverstanden. Wir hatten natürlich mitbekommen, daß er unter Hausarrest gestanden hatte und wie die Sicherheitsorgane ihn vor einem Prozeß in Fürstenwalde daran hindern wollten, Interviews zu geben, indem sie eine Baumaschine auf dem Gerichtsvorplatz lärmen ließen.
Zusammen mit zwei Kollegen ging ich am späten Vormittag zu dem direkt am Seeufer gelegenen Flachbau, in dem Havemann wohnte. Als wir klingelten, ging neben der Tür ein kleines Fenster auf, und er schaute heraus. Er trug einen Bademantel und mußte gerade aufgestanden sein. Wir stellten uns vor und fragten, ob er Interesse habe, mit uns zu reden. Er war gleich bereit, sich mit uns zu treffen, und lud uns für den Nachmittag in sein Haus ein.
Zum vereinbarten Zeitpunkt marschierten ein gutes Dutzend Pfarrer und Kreisjugendwarte beim atheistischen Sozialisten Havemann an. Wir verbrachten anregende zwei Stunden auf der Terrasse. Als das Gespräch beendet war und meine Kollegen aufbrachen, blieb ich sitzen. Ich sagte Havemann, so interessant das Treffen gewesen sei, mir habe es nicht gereicht. Ich würde ihn zwar über das Westfernsehen kennen, aber gelesen hätte ich noch nichts von ihm. Ich würde den Kontakt gerne weiterführen. Ich fragte ihn, ob ich ihn zusammen mit meiner Frau besuchen dürfe – Robert Havemann hatte so mutmachend und optimistisch gesprochen, daß ich Evi diese Erfahrung nicht vorenthalten durfte. Havemann willigte sofort ein.
Es hatte mich in der Tat ungemein beeindruckt, wie dieser alte Mann sagte, es sei nur eine Frage der Zeit, dann werde dieses Politbüro hinweggefegt. Und dann gebe es eine ganz andere DDR. 1980 klang das wie ein Signal von einem anderen Stern.

Es war wie eine Predigt für mich. Der Siebzigjährige sprühte vor Energie, und er wollte noch selbst erleben, wie sich seine Prophezeiung erfüllte. Auch deshalb drängte er mich später immer wieder zu Aktionen. Sein Optimismus hatte allen Verfolgungen widerstanden und steckte seine Umgebung an.

Beim zweiten Gespräch war es nicht anders. Meine Frau war nicht weniger beeindruckt als ich von dem Mutmacher in Grünheide. Wir luden ihn und seine Frau Katja ein, uns in der Samaritergemeinde zu besuchen, und beide sagten zu.

Als ich diese freudige Botschaft in der Gemeinde verbreitete, war der Schrecken groß. Müsse es denn sein, daß Eppelmann einen erklärten Atheisten und Staatsfeind einlade nach all dem Stunk, den wir wegen seiner Eskapaden nun schon gehabt hätten?

Solchen Ärger hatte ich schon einmal bekommen, und zwar als ich die Liedermacherin Bettina Wegener in der Kirche auftreten ließ. Sie hatte nach eigenem Bekunden mit Gott nichts im Sinn, und es gab theologischen Streit im Gemeindekirchenrat sowie mit der Kirchenleitung. Ich hatte gleich den Verdacht, daß es in den Diskussionen keineswegs vorrangig um Theologie ging, sondern darum, den Wunsch zu bemänteln, den lieben Frieden mit den Regierenden nicht zu stören.

Später hat sich die Einsicht durchgesetzt, daß Christen sich auch Atheisten zuwenden und das Gespräch mit ihnen suchen müßten, schließlich lebten wir in einem atheistischen Staat. Nur wer Haß predige oder auf andere Weise gegen Prinzipien der Kirche verstoße, hatte nach unserem Verständnis in unseren öffentlichen Veranstaltungen nichts zu suchen.

Der Gemeindekirchenrat war nicht davon zu überzeugen, Havemann auf einer Veranstaltung im Samariter auftreten zu lassen. Seine Mitglieder begründeten ihre Haltung ehrlich mit dem Eingeständnis, daß sie Angst hätten. Wenn wir uns mit diesem allseits bekannten marxistischen Regimegegner einließen, würden wir eine neue Konfrontation mit dem Staat heraufbeschwören. Wir standen ohnehin schon in dem Verdacht, unter dem Deckmantel der Kirche politische Opposition zu betreiben.

Daraufhin bat ich Robert und Katja Havemann in unser Haus nach Hohenschönhausen und lud dazu alle Interessenten ein, vor allem aus dem Treffpunktkreis. Und dort hat Robert Havemann dann erzählt. Unter anderem von seiner Nazihaft in Brandenburg, wo auch Erich Honecker eingesessen hatte. Havemann wußte natürlich, daß der Generalsekretär des Zentralkomitees der Sozialistischen Einheitspartei Deutschlands und Vorsitzende des Staatsrats der Deutschen Demokratischen Republik sowie des Nationalen Verteidigungsrats der DDR, wie der Mann sich in kommunistischer Bescheidenheit gerne nennen ließ, geschwindelt hatte in seiner Autobiographie. Er hatte keineswegs heldenhaft bis zur Ankunft der Roten Armee im Zuchthaus ausgeharrt, sondern war vorher abgehauen – ohne Zustimmung seiner Genossen. Kommunisten durften selbst, wenn sie eine Gelegenheit dazu hatten, nur fliehen im Einverständnis mit ihrer Parteileitung. Das war eine sinnvolle Maßnahme, weil die Nazis sich an den in Haft gebliebenen KP-Mitgliedern zu rächen pflegten. Nur wenn die Führung der Meinung war, daß ein Mitglied draußen besonders gebraucht wurde, ging sie das Risiko ein, daß im schlimmsten Fall Genossen an die Wand gestellt und erschossen wurden.

Als weniger gefährlicher politischer Gefangener war Honecker in Brandenburg in ein Außenkommando gesteckt worden, das Dächer in der Stadt reparierte und nur von einem Wärter namens Seraphim bewacht wurde. Es war kinderleicht, zu fliehen. Honecker erlag der Versuchung und bemühte sich, irgendwo unterzukommen. Zwei Tage hielt er es ohne warmes Essen aus. Dann kam er auf den genialen Einfall, bei dem Wärter zu Hause aufzutauchen, dem er ausgekniffen war. Die Sowjetarmee rückte näher, und Seraphim ahnte, daß die Naziherrlichkeit ein baldiges Ende finden würde. Also, sagte sich der kluge Mann, verstecke ich für ein paar Tage einen Kommunisten – eine Option auf die Zukunft.

Eines Tages begegnete ich einem Enkel des schlauen Wärters. Er erzählte mir, sein Großvater sei später furchtbar enttäuscht gewesen von Honecker, der rasch Karriere in der SED machte. Der habe sich an den Wärter, der ihn verborgen hatte, nicht mehr erinnern wollen. Auch nicht, als dieser ihn in einer Notlage um Hilfe bat. Honecker antwortete nicht. Wahrscheinlich, so vermute ich, war es diesem Helden des antifaschistischen Widerstands peinlich, daß er sich seinem Bewacher auf gut Glück ausgeliefert hatte, weil ihm der Magen knurrte. Außerdem wollte er wohl nichts mehr hören von seiner ohne Parteisegen unternommenen Flucht.

Robert Havemann schilderte, wie er sich aus Überzeugung in die Volkskammer wählen ließ. Er war Abgeordneter des Kulturbunds. Die SED-Fraktion hatte aus kosmetischen Gründen keine offene Mehrheit, diese sicherte sich die Partei über die Mitglieder, die sie mit Hilfe der Massenorganisationen ins Parlament schickte. Es sollte alles ganz demokratisch aussehen, lautete Walter Ulbrichts Devise, wie sie uns Wolfgang Leonhard überliefert hat.

Robert Havemanns Vorlesungen an der Universität waren landesweit berühmt und stets überfüllt, wie die seines Kollegen Ernst Bloch, der es sich später ebenfalls mit den Herrschenden in der DDR verdarb. Die Chruschtschow-Rede auf dem 20. KPdSU-Parteitag war für Robert die Zäsur, und er gestand sich ein, daß seine Illusionen über den DDR-Sozialismus nicht viel zu tun hatten mit der DDR-Wirklichkeit. Das dürfte vielen anderen ähnlich ergangen sein, aber kaum einer fand den Mut, daraus die Konsequenzen zu ziehen. Die meisten Funktionsträger waren längst korrumpiert durch Privilegien, Angst und ihr Eingebundensein in das SED-System.

Als die SED Robert mit Hausarrest belegte und versuchte, ihn von der Umwelt abzuschneiden, konnte sie doch nicht verhindern, daß er hin und wieder kleine Zeichen der Solidarität erfuhr. Wenn er etwa einkaufen ging und mit den zwei obligaten Aufpassern die Metzgerei betrat, dann begrüßte ihn die Verkäuferin nicht nur freundlich, sondern gab ihm extra zarte Rouladen, die sie für ihn reserviert hatte.

Hausarrest und Abschottung waren die letzten hilflosen Versuche, einen Greis mundtot zu machen. Er hatte die Politbürokraten zur Weißglut gebracht, weil er den Kontakt mit westlichen Presseleuten pflegte und seine Bücher in der Bundesrepublik veröffentlichte, von wo aus sie auf Schleichwegen manchen Leser auch in der DDR erreichten. An seinem persönlichen Vorbild wurde mir die Bedeutung von Öffentlichkeit in der Diktatur klar. Ich hätte eine Chance, sagte er mir, wenn ich mit meinen Forderungen in die Medien käme.

Wir hatten es viel leichter als Oppositionelle in anderen sozialistischen Staaten, denn der Westen lag vor unserer Haustür und sprach dieselbe Sprache. Wenn wir uns darauf beschränkten, unsere Ideen innerhalb der DDR verbreiten zu wollen, dann dauerte es Monate, bis wir Interessenten in Eisenach oder Rostock erreicht hatten. Nur die Spitzel der Stasi seien meist sofort informiert. Via Fernsehen und Radio erreichten

wir unser Publikum aber binnen weniger Minuten, und dies flächendeckend.
Evi und ich trafen uns regelmäßig mit Robert und Katja. Eines Tages erklärte Robert, wir müßten etwas unternehmen, weil der Frieden gefährdet sei. In der Tat, die beiden Militärblöcke hatten eine neue Runde des Wettrüstens eingeleitet. Die Sowjetunion stationierte Mittelstreckenraketen des Typs SS-20, und auf Betreiben des bundesdeutschen SPD-Kanzlers Helmut Schmidt drohte die NATO Moskau mit einer »Nachrüstung«, falls die Stationierung nicht eingestellt würde. Die Sowjetunion ließ sich davon leider nicht beeindrucken, sondern vermehrte die Zahl ihrer Raketenstellungen. Die westliche Allianz wollte nun ihrerseits neue Raketen – Pershing 2 und Cruise Missiles – nach Europa bringen. Beide Bündnisse verfolgten einen Kurs, der in eine neue gefährliche Konfrontation führen konnte. Was für einen Sinn sollte es haben, den bereits vorhandenen Zehntausenden von Atomsprengköpfen weitere hinzuzufügen?
Gegen den Wahn des Wettrüstens hatte sich in Westeuropa und den USA eine starke Friedensbewegung formiert. Sie machte durch Massendemonstrationen und andere spektakuläre Aktionen auf sich aufmerksam. Die SED bemühte sich, die Friedensbewegung im Westen für sich zu vereinnahmen, unterdrückte aber gleichzeitig jede selbständige Regung im eigenen Herrschaftsbereich.
Wir wollten dazu beitragen, daß auch in der DDR eine unabhängige Friedensbewegung zu Wort kam. Die Gefahren, auf die die westeuropäischen Friedensbewegungen aufmerksam machten, hörten nicht an der Elbe auf. Unser Ziel war darum, über die Blockgrenzen hinweg zu zeigen, daß es auch im Osten Menschen gab, die eine andere Vorstellung von Frie-

denspolitik hatten als die Regierungen. Auf beiden Seiten müsse abgerüstet werden, das war unser Ziel.

Die Väter des Potsdamer Abkommens wollten verhindern, daß jemals wieder von Deutschland aus ein Krieg beginnen konnte, aber nun wuchs die Gefahr, daß mitten in Europa die beiden Militärbündnisse aufeinander losgingen. Sowjetische Atomraketen bedrohten Menschen und Städte im Westen, amerikanische Atomraketen in der Bundesrepublik uns im Osten.

Zu dieser bedrohlichen Entwicklung müßten wir etwas sagen, forderte Robert Havemann im Sommer 1981, er als Kommunist und ich als Pfarrer der evangelischen Kirche. Er hatte recht. Wir beschlossen, daß ich einen Brief an Erich Honekker schrieb und er an den KPdSU-Generalsekretär Leonid Breschnew mit konkreten Vorschlägen zur Abrüstung. In meinem Brief vom 7. Juli 1981 verband ich unter der Überschrift »Es ist fünf Minuten vor zwölf« grundsätzliche Äußerungen zur Sicherheitspolitik, die größtenteils von Robert stammten, mit siebzehn praktischen Forderungen, die wiederum mich am meisten interessierten. Das Schreiben sollte nach meiner Vorstellung nicht abstrakt sein, sondern Gedanken enthalten, mit denen die Bevölkerung etwas anfangen konnte. So verlangte ich unter anderem, daß die Wehrerziehung abgeschafft und Kriegsspielzeug verboten wird, daß keine Militärparaden mehr stattfinden, daß bei Staatsempfängen darauf verzichtet wird, Salut zu schießen, daß der Wehrersatzdienst in einen von der NVA unabhängigen Sozialdienst verwandelt und daß eine atomwaffenfreie Zone in Mitteleuropa eingerichtet wird. »Es ist 5 Minuten vor 12! Darum müssen wir etwas riskieren! Darum müssen wir Vertrauen schaffen! Darum müssen wir Menschen aufrichten! Darum müssen wir dauerhaften Frieden stiften! Sollten Sie dazu beitragen können – Danke!«

Erich Honecker hat meinen Brief nicht beantwortet, obwohl er nach dem »Gesetz über die Bearbeitung von Eingaben der Bürger (Eingabengesetz) vom 19. Juni 1975« dazu verpflichtet gewesen wäre. Denn dieses Gesetz verlangte, daß staatliche Organe auf Eingaben aus der Bevölkerung fristgerecht reagierten. Natürlich publizierten auch die DDR-Medien, denen ich meinen Brief zugeleitet hatte, kein Wort. Lediglich die Redaktion der »Berliner Zeitung« ließ sich dazu herab, mir mitzuteilen, daß sie mein Schreiben nicht interessant genug finde, es zu veröffentlichen. Also kopierte ich das Schreiben, verbreitete es in meinem Bekanntenkreis, damit die Stasi später nicht nachweisen konnte, daß ich dafür verantwortlich war, daß der Brief schließlich im »stern« veröffentlicht wurde. Es war das erste Mal, daß ich gezielt über ein westliches Medium in die Öffentlichkeit ging. Ich war mir des Risikos bewußt, daß ich nun wegen »ungesetzlicher Verbindungsaufnahme« verhaftet werden konnte, wie es anderen bereits widerfahren war.

Ich hoffte aber darauf, daß dieser Kelch an mir vorbeigehen würde, da ich durch die Bluesmessen inzwischen auch über die Grenzen der DDR hinaus bekannt geworden war. Außerdem spekulierte ich darauf, daß die Behörden nicht ohne weiteres einen Pfarrer einsperren würden, weil dies zu einem Konflikt mit meiner Kirche führen müßte, die in einem solchen Fall zur Solidarität gezwungen war. Eher rechnete ich damit, daß die Staatsorgane versuchen würden, mich in einen Verkehrsunfall zu verwickeln oder mich auf andere Weise zu »zersetzen«.

Im Lauf der Jahre durften einige Kollegen und ich erfahren, zu welch perverser »Kreativität« das Ministerium für Staatssicherheit auf diesem Gebiet fähig war. Heute stellen sich Offiziere des Unterdrückungsapparats vor Kameras und behaupten frech, sie hätten streng nach Recht und Gesetz gehandelt. In Wahrheit war ihnen kein Mittel zu schade, um ihre Gegner zu bekämpfen.

»Mit dem Ziel, die Eheverhältnisse von Familie S. weitestgehend zu zerrütten und das Ansehen der Pastorin in der Gemeinde zu minimieren, wurde ein Bild des gehörnten Ehemannes mit einem entsprechenden Text in der Gemeinde in Umlauf gebracht. (...)
Mit der Zielstellung, das zu diesem Zeitpunkt in der Gemeinde stark angekratzte Image der Pastorin völlig zu ruinieren, wurde geplant, ihr einen Diebstahl anzuhängen. Während eines Einkaufes in der von ihr ständig genutzten Einkaufsstätte sollte ihr unbemerkt eine Tüte Kaffee o. ä. in die Tasche geschmuggelt werden. Bei der Bezahlung an der Kasse sollte ein ›Kunde‹ der Kassiererin einen Tip geben, daß er bemerkt habe, wie die Frau eine Tüte Kaffee heimlich in ihre Tasche gesteckt habe und nicht in den Einkaufskorb gelegt hat. Dieser Vorfall sollte dann durch geeignete Maßnahmen in der Gemeinde verbreitet werden. (...) Die Maßnahme wurde nicht durchgeführt. Abgelehnt durch Abteilungsleitung. (...)
Operativ war herausgearbeitet worden, daß S. mit dem M. ein Verhältnis hatte. Mit dem Ziel, der Ehefrau von M. dies kundzutun und sie zu bewegen, Schritte gegen S. einzuleiten, wurde ein Brief verfaßt, aus dem S. als

Absender hervorging. In dem Brief forderte S. die Ehefrau von M. auf, doch den Mann freizugeben, sich scheiden zu lassen, da er sie liebt. (...)
1981 oder 1982 wurde der Pastorin S., ausgehend von einer mir jetzt nicht mehr erinnerlichen operativen Situation, ein Vibrator, versehen mit einem Begleittext, in dem auf das bekannte Unvermögen ihres Mannes verwiesen wurde, seine Frau zu befriedigen, zugeschickt. Der Zeitpunkt war so gewählt, daß er in seinem engsten Freundeskreis den Absender vermuten mußte. Ziel dieser – durch die Gen. Bronder/Häbler genehmigten – Maßnahme war es, Mißtrauen und Zwistigkeiten zu säen.«
(Aus: Bezirksverwaltung für Staatssicherheit Berlin, ohne Datum, Maßnahmen der spezifischen Zersetzung und der »normalen« operativen Arbeit, an denen der IM »Hoffmann« mitgewirkt hat [in zeitlich ungeordneter Reihenfolge])

Im Zusammenhang mit meinem Brief an Honecker lernte ich den ersten westdeutschen Journalisten näher kennen. Es war Dieter Bub, der als akkreditierter Korrespondent des »stern« in Ost-Berlin arbeitete. Robert Havemann hatte ihm von meinem Brief erzählt und ihn zu mir nach Hohenschönhausen geschickt. In Dieter Bub lernte ich einen aufrichtigen Berichterstatter kennen, dem ich auch deswegen Hochachtung entgegenbrachte, weil er nicht wenig riskierte, wenn er für uns Briefe, Zeitungen oder Bücher von Ost nach West und andersherum beförderte.

Nachdem mein Brief an den Staatsratsvorsitzenden publik geworden war, wurde ich innerhalb der Kirche kritisiert. Eppelmann sei profilsüchtig, er mache zuviel Aufhebens um seine Person, er solle besser die Westmedien heraushalten – so und ähnlich klangen die Vorwürfe. Aber das focht mich nicht an, denn Robert hatte mich davon überzeugt, daß wir das einzig richtige auf die einzig richtige Art und Weise taten.
Unsere nächste Aktion war ein Gespräch zwischen Robert und mir vor einer laufenden Videokamera, hinter der Katja stand. Evi stellte, nicht erkennbar, da mit dem Rücken zum Objektiv, Fragen, die Robert und ich beantworteten. Wieder ging es um sicherheitspolitische Themen, hier vor allem auch um unsere Forderung nach einem Abzug der Alliierten aus Deutschland. Was würde danach kommen? Würde Deutschland gespalten bleiben, wenn die sowjetischen Panzer abgezogen würden? Robert vertrat die Ansicht, daß in einem solchen Fall ganz Deutschland sozialistisch würde. Ich war mir nicht sicher, wie ich mir ein solches Zukunftsgemälde vorzustellen hatte. An eine deutsche Vereinigung als praktische Aufgabe haben wir damals aber nicht zu denken gewagt.
Havemann gab die Videokassette Dieter Bub, der sie über die Grenze brachte. Der West-Berliner Politologieprofessor Manfred Wilke leitete sie dann weiter an ARD und ZDF. Die Stasi kannte den Text, bevor das Interview gesendet wurde, weil es ihr gelungen war, in Wilkes Umgebung einen Spitzel zu plazieren.
Große Teile unseres Gesprächs wurden von ARD und ZDF ausgestrahlt. In den Nachrichtensendungen wurde ausführlich darüber berichtet. Millionen von Ost- und Westdeutschen hörten uns zu.
Die Aktion schlug ein wie eine Bombe. Zum erstenmal hatten

ein Kommunist, der die DDR nach wie vor für das bessere Deutschland hielt, und ein Pfarrer gemeinsam Kritik an der DDR-Regierung geübt.

Manfred Stolpe erklärte mir später, daß die staatlichen Stellen deshalb so nervös auf das Havemann-Eppelmann-Tandem reagierten, weil sie darin die »Zange der Konterrevolution« witterten. Die große Sorge der SED bestand darin, daß sich der vereinzelte marxistisch motivierte Widerstand gegen das Regime verbündete mit der einzigen Organisation, die der Staat nicht vollständig unter Kontrolle hatte. So sehr die Herrschenden Havemann fürchteten, noch mehr beängstigte sie die Vorstellung, Einzelgänger wie er könnten eine Anbindung an eine oppositionelle Basis finden.

Es war wiederum Robert, der darauf drängte, eine weitere Aktion einzuleiten. Diesmal wollten wir uns nicht nur an Spitzenpolitiker und an die Öffentlichkeit wenden, sondern auch versuchen, Menschen zum Mitmachen zu bewegen. Wir sahen, welche Zustimmung der »Krefelder Appell« gegen die Mittelstreckenraketen in Westdeutschland erhielt, und wollten etwas inhaltlich Vergleichbares initiieren. Nächtelang diskutierten wir, wie wir unser Projekt organisieren sollten. Es war stockfinster, wenn Evi und ich nach einem Treffen wieder nach Hause fuhren.

Unmittelbar vor der Autobahnauffahrt Erkner steht ein sowjetisches Ehrenmal, und dort wartete jedesmal ein Auto auf uns. Sobald wir vorbeikamen, gingen dessen Lichter an, und es folgte uns bis zur Rüdersdorfer Brücke, die sehr lang und hoch ist. Dort überholte uns der Wagen, voll besetzt mit jungen Männern, die zu uns herüberschauten. Sie fuhren dann in Vogelsdorf von der Autobahn ab und, wie ich inzwischen weiß, von dort über die Fernstraße 1 nach Berlin-Lichtenberg, in die

Zentrale des MfS. Sie wollten uns signalisieren, daß wir Robert Havemann nicht unbemerkt besuchen konnten. Am Schluß haben wir ihnen zugewinkt. Hätten wir gewußt, zu was die Staatssicherheit fähig war, hätten wir das wahrscheinlich nicht getan.

»Mit dem Ziel, die Mobilität von Pfarrer Eppelmann in seinem Erholungsort einzuschränken, wurde Anfang der 80er Jahre durch Gen. Hasse und mich im Rahmen einer bestätigten Aktion (Abteilungsleitung) Zucker in den Tank von Eppelmanns Trabant gekippt und erfolglos der Versuch unternommen, 2 Reifen zu zerstechen. (...)
Kurz nach dem Tode von Havemann sollte der Umstand genutzt werden, daß Eppelmann häufig mit hoher Geschwindigkeit spät abends von Grünheide nach Berlin zurückfuhr. Ziel der geplanten Maßnahme war es, einen Unfall herbeizuführen, Verletzungen bzw. physische Vernichtung von Eppelmann wurden einkalkuliert. Hierzu wurden mehrere Varianten geprüft (Radmuttern lockern, in der Kurve Scheibe zerstören, vor der Kurve Spiegel aufstellen). Die Aktion wurde durch die Abteilungsleitung abgelehnt, da das Zuschadenkommen von unbeteiligten Personen nicht ausgeschlossen werden konnte.«
(Aus: Bezirksverwaltung für Staatssicherheit Berlin, ohne Datum, Maßnahmen der spezifischen Zersetzung und der »normalen« operativen Arbeit, an denen der IM »Hoffmann« mitgewirkt hat [in zeitlich ungeordneter Reihenfolge])

Mit »unbeteiligten Personen« konnte die Stasi nur Evi meinen. Außer mir saß sonst niemand in unserem Trabant. Wäre sie nicht mitgefahren, hätte die Stasi meine Ermordung durch einen geplanten Verkehrsunfall mindestens in Kauf genommen. So verdanke ich Evi wohl auch mein Leben.

Doch zurück zum wichtigsten gemeinsamen Projekt von Robert Havemann und mir. Am Ende unserer Überlegungen stand der »Berliner Appell«, der Höhepunkt unserer kurzen Zusammenarbeit, die mit Roberts Tod im April 1982 ein abruptes Ende fand. Gemeinsam legten wir die Grundideen des Appells fest. Der große strategisch-politische Entwurf stammte wieder von Robert, und all das, was »zum Anfassen« war, von mir. Wir ergänzten uns hervorragend. Auch diesmal hatten wir uns vorgenommen, das Projekt rasch und breit in der DDR bekanntzumachen.

Aber die Kritik, der ich wegen meiner »stern«-Veröffentlichung ausgesetzt war, hatte Spuren hinterlassen. Ich wollte mir künftig keinesfalls vorwerfen lassen, ich hätte die Möglichkeiten, die sich innerhalb der DDR boten, nicht ausgeschöpft. Deshalb ging ich mit unserem Entwurf des »Berliner Appells« zu Manfred Stolpe. Ich zeigte ihm unseren Text, erläuterte unsere Motive und fragte ihn, ob wir den Appell über kirchliche Kanäle innerhalb der DDR verbreiten dürften.

Es machte mir Mut, daß er sofort auf unsere Idee einging: »Das ist jetzt dran, Bruder Eppelmann!« Auch er sorgte sich um den Frieden in Europa und trat dafür ein, sich für seine Erhaltung zu engagieren. Er schlug dies und jenes vor, um unseren Text noch zu verbessern, was wir dann auch einarbeiteten. Eine Verbreitung durch kirchliche Instanzen aber lehnte er ab. Es handele sich um ein privates Anliegen von Havemann und mir, erklärte er mir in einem der Gespräche über dieses Thema.

Später, als die Auseinandersetzung mit den Staatsorganen überstanden war, gestand mir Manfred Stolpe, er hätte mir den »Berliner Appell« ausgeredet, wenn er gewußt hätte, wie die SED reagieren würde.
Stolpe vermittelte mich in Sachen »Berliner Appell« an Christoph Demke, damals Leiter des Sekretariats des DDR-Kirchenbundes und heute Bischof von Magdeburg, den er bereits informiert hatte. Demke riet mir, die Hauptinhalte des Appells in Frageform darzustellen. Sonst, begründete er seinen Vorschlag, gerieten Havemann und ich gleich in den Ruch der Besserwisserei. Wir folgten dieser sinnvollen Anregung.

»1. Es kann in Europa nur noch einen Krieg geben, den Atomkrieg. Die in Ost und West angehäuften Waffen werden uns nicht schützen, sondern vernichten. Wir werden alle längst gestorben sein, wenn die Soldaten in den Panzern und Raketenbasen und die Generäle und Politiker in den Schutzbunkern, auf deren Schutz sie vertrauen, noch leben und fortfahren zu vernichten, was noch übriggeblieben ist.
2. Darum: Wenn wir leben wollen, fort mit den Waffen! Und als erstes: Fort mit den Atomwaffen! Ganz Europa muß atomwaffenfreie Zone werden. Wir schlagen vor: Verhandlungen zwischen den Regierungen der beiden deutschen Staaten über die Entfernung aller Atomwaffen aus Deutschland.
3. Das geteilte Deutschland ist zur Aufmarschbasis der beiden großen Atommächte geworden. Wir schlagen

vor, diese lebensgefährliche Konfrontation zu beenden. Die Siegermächte des 2. Weltkrieges müssen endlich die Friedensverträge mit den beiden deutschen Staaten schließen, wie es im Potsdamer Abkommen von 1945 beschlossen worden ist. Danach sollen die ehemaligen Alliierten ihre Besatzungstruppen aus Deutschland abziehen und Garantien über die Nichteinmischung in die inneren Angelegenheiten der beiden deutschen Staaten vereinbaren.

4. Wir schlagen vor, in einer Atmosphäre der Toleranz und der Anerkennung des Rechts auf freie Meinungsäußerung die große Aussprache über die Fragen des Friedens zu führen und jede spontane Bekundung des Friedenswillens in der Öffentlichkeit zu billigen und zu fördern.

Wir wenden uns an die Öffentlichkeit und an unsere Regierung, über die folgenden Fragen zu beraten und zu entscheiden:

a) Sollten wir nicht auf Produktion, Verkauf und Einfuhr von sogenanntem Kriegsspielzeug verzichten?

b) Sollten wir nicht anstelle des Wehrkundeunterrichts an unseren Schulen einen Unterricht über Fragen des Friedens einführen?

c) Sollten wir nicht anstelle des jetzigen Wehrersatzdienstes für Kriegsdienstverweigerer auch sozialen Friedensdienst zulassen?

d) Sollten wir nicht auf alle Demonstrationen militärischer Machtmittel in der Öffentlichkeit verzichten und

unsere staatlichen Feiern statt dessen dazu benutzen, den Friedenswillen des Volkes kundzutun?
e) Sollten wir nicht auf die Übungen zur sogenannten Zivilverteidigung verzichten? Da es im Atomkrieg keine Möglichkeit einer sinnvollen Zivilverteidigung gibt, wird durch diese Übungen nur der Atomkrieg verharmlost. Ist das nicht womöglich eine Art psychologischer Kriegsvorbereitung?

5. Frieden schaffen ohne Waffen – das bedeutet nicht nur: Sicherheit zu schaffen für unser eigenes Überleben. Es bedeutet auch das Ende der sinnlosen Verschwendung von Arbeitskraft und Reichtum unseres Volkes für die Produktion von Kriegswerkzeug und die Ausrüstung riesiger Armeen junger Menschen, die dadurch der produktiven Arbeit entzogen werden. Sollten wir nicht lieber den Hungernden in aller Welt helfen, statt fortzufahren, unseren Tod vorzubereiten?«
(Der »Berliner Appell«)

Robert Havemanns Wohnung wurde rund um die Uhr abgehört, und daher war die Staatssicherheit jederzeit auf dem laufenden. Das Politbüro kannte den »Berliner Appell« schon vor seiner Publikation. Die KSZE-Folgekonferenz in Madrid stand unmittelbar bevor, und für die Regierung der DDR stellte sich die Frage, wie sie sich verhalten sollte, ohne vor der Weltöffentlichkeit an den Pranger gestellt zu werden. Außerdem war die SED bemüht, den Schulterschluß mit der Friedensbewegung im Westen zu tätigen, und in dieser Hinsicht war der »Berliner Appell« ein dicker Stolperstein. Eine unabhängige Friedensbewegung in der DDR, die nicht nur die NATO-Waffen abschaffen wollte, sondern auch die eigenen, paßte den Herren gar nicht ins Konzept. Sie hatten den »Friedenskampf« für sich selbst reserviert.

»Lieber Genosse Honecker,
wie wir vom Ministerium für Staatssicherheit erfahren haben, beabsichtigt Pfarrer Eppelmann zusammen mit Robert Havemann, beigefügten ›Berliner Appell – Frieden schaffen ohne Waffen‹ herauszugeben und dafür Unterschriften in der Hauptstadt Berlin und in anderen Bezirken der Republik zu sammeln. Die Aktion soll in westlichen Medien veröffentlicht werden.
In Absprache mit Genossen Mielke schlagen wir vor, daß der Stellvertreter des Oberbürgermeisters für Inneres beim Magistrat der Hauptstadt, Genosse Hoffmann, mit dem Generalsuperintendenten der Evangelischen Kirche in der Hauptstadt Berlin, Grünbaum, eine Aussprache führt, in der er über die gegen unseren Staat gerichteten politischen Aktivitäten Pfarrer Eppelmanns informiert, die dieser gemeinsam mit Robert Havemann durchführt. Genosse Hoffmann soll Grünbaum auffordern, daß die kirchenleitenden Organe ihre Einflußnahme auf Eppelmann zur Geltung bringen und darauf hinwirken, daß dieser ausschließlich seine seelsorgerischen und kirchlichen Obliegenheiten wahrnimmt. (. . .)
Ein gleiches Gespräch soll ein Vertreter der Dienststelle

des Staatssekretärs für Kirchenfragen (...) mit Oberkirchenrat Dr. Demke, Leiter des Sekretariats des Bundes der Evangelischen Kirche in der DDR, sowie mit dem Konsistorialpräsidenten der berlin-brandenburgischen Kirche, Stolpe, führen.«
(Aus: Hausmitteilung des Mitglieds des Politbüros Paul Verner an Generalsekretär Genossen Erich Honecker, Berlin, 5. 2. 1982)

Die Gespräche mit kirchenleitenden Persönlichkeiten hatten uns bei unserem Vorhaben bestärkt. Wir hatten den Eindruck gewonnen, daß es in der Kirche Sympathien für unseren Plan gab, und akzeptierten, daß sich ihre Repräsentanten nicht wegen unserer Initiative mit der SED anlegen wollten. Es hat uns später beim Unterschriftensammeln geholfen, daß wir darauf verweisen konnten, daß wir in der Kirche mit unseren Ideen nicht allein standen. Um so erstaunter war ich, als ich später Akten des Staatssekretariats für Kirchenfragen und des MfS entnehmen mußte, daß Stolpe sich gegenüber staatlichen Stellen vom »Berliner Appell« distanziert hat. Er folgte damit der Linie der Kirchenleitung.
Obwohl die DDR-Medien uns totzuschweigen versuchten und die Kirche sich nicht engagieren wollte, sollte diesmal das erste Signal aus dem Osten kommen. Havemann hatte in seinem Kreis schon Unterschriften gesammelt. Ich begann damit Anfang Februar 1982 nach einem Gottesdienst. In diesem hatte ich an der Stelle, an der Informationen an die Gemeinde gegeben wurden, unter anderem mitgeteilt, daß ich einen Appell dabeihätte, den ich im Anschluß im Gemeindesaal Inter-

essenten vorstellen würde. Wer mit dem Text einverstanden sei, könne ihn dann unterschreiben. Als es soweit war, kamen mehr Menschen in den Gemeindesaal als sonst. Unter ihnen befand sich Lutz Rathenow, den ich vorher nicht gekannt hatte. Havemann hatte ihm geraten, an diesem Tag vorbeizuschauen. Mehr als zwanzig Unterschriften füllten bald die Liste.

In den folgenden Tagen sprach ich alle möglichen Leute an, Mitarbeiter wie Besucher, und bat sie um ihre Unterschrift. Ich stellte unseren Appell außerdem auf einem Kreisjugendkonvent vor, auf dem sich Vertreter aus den Jungen Gemeinden unseres Kirchenkreises versammelten. Ich achtete darauf, daß nur Volljährige sich dem offenkundigen Risiko aussetzten, das mit ihrer Zustimmung einherging.

Sobald wir eine ordentliche Zahl von Unterstützern gewonnen hatten, wollten wir die Unterzeichnerlisten bei einem Rechtsanwalt in West-Berlin hinterlegen. Aber dazu kam es nicht, weil die Stasi dieses Mal schnell und hart zuschlug.

Am 9. Februar 1982 war ich mit etwa zwanzig Konfirmanden und zwei Mitarbeitern in Hirschluch, einem Jugendrüstzeitenheim der Evangelischen Kirche in Berlin-Brandenburg in der Nähe von Storkow. Es besteht aus mehreren Einzelhäusern in einem wunderschönen Waldgelände. Am Tag zuvor waren wir dorthin gefahren und wollten eine Woche bleiben.

Es war Zeit, zum Mittagessen zu gehen, das im Verwaltungsgebäude ausgegeben wurde. Darin wohnte auch der Heimleiter. Dieser stand an der Tür zu seinem Büro und lächelte mich freundlich an, als ich zum Speisesaal ging. Er winkte mit dem Finger und sagte: »Komm doch mal!« Als er sah, daß ich auf ihn zusteuerte, drehte er sich um und ging durch das Vorzimmer, in dem eine Sekretärin saß, in seinen Büroraum. Ich lief ahnungslos hinterher und traf auf einen Haufen von Stasimitarbeitern, die mich sofort verhafteten.

Ich fragte, ob ich meine Tasche mit Waschzeug und Zahnbürste holen dürfe, und sie machten den Fehler, mir das zu erlauben. Dies gab mir die Gelegenheit, das Exemplar des »Berliner Appells«, das ich hierher mitgebracht hatte, einem Kollegen in die Hand zu drücken. Außerdem bat ich, meine Frau zu informieren, die sofort Hartmut Grünbaum und Manfred Stolpe Bescheid sagen solle.

Mit Tasche, Autoschlüssel und Papieren kehrte ich in das Büro des Heimleiters zurück. Die Stasileute verfrachteten mich in einen Lada, vorne saßen zwei und auf der Rückbank neben mir ein weiterer Bewacher. Ein anderer setzte sich in meinen Trabant und fuhr hinter uns her. Der Rest des stattlichen Verhaftungstrupps trat in einem dritten Wagen den Heimweg an.

Der Heimleiter, Inhaber des Hausrechts im Anwesen, hat in meiner Gegenwart mit keinem Wort dagegen protestiert, daß das MfS in einer kirchlichen Einrichtung einen Pfarrer verhaftete. Er hat den Stasileuten statt dessen dabei geholfen, die Festnahme heimlich und unbemerkt von den Konfirmanden über die Bühne zu bringen. Hätten diese ihre Drecksarbeit vor deren Augen machen müssen, so wäre dies ein wichtiger Anschauungsunterricht gewesen. Wenn ich recht informiert bin, blieb der Heimleiter bis zum Ende der DDR in dieser Funktion. Er fühlte sich damals womöglich abhängig vom Wohlwollen staatlicher Stellen, ohne deren Hilfe Baugenehmigungen, Zement oder bestimmte Lebensmittel schwierig zu bekommen waren. Ich bin nie wieder dort hingefahren, weil ich dem Verräter nicht begegnen wollte.

Die Fahrt mit der Stasi ging in Richtung Berlin. Unterwegs versuchte ich, von meinen Begleitern zu erfahren, was sie von mir wollten. Aber sie hatten offensichtlich den Befehl, nicht mit mir zu sprechen. Ich würde es schon merken, lautete ihre lakonische Antwort.
Ich hatte die zweifelhafte Ehre, das gigantische Stasihauptquartier in der Normannenstraße in Berlin-Lichtenberg von innen kennenzulernen. Der Wagen erreichte durch eine Art Schleuse in einem Nebeneingang das Gelände. Dort wurde ich durch mehrere Gänge geführt in einen Raum, wo mein Vernehmer schon auf mich wartete. Er war vielleicht Mitte Dreißig, dunkelhaarig, ein unauffälliger Typ. Er versuchte, während der folgenden zwei Tage meine Untaten zu erhellen. Das Vernehmungsprotokoll schrieb er mit der Hand.

»*Frage:* Ihnen wird hierdurch mitgeteilt, daß gegen Sie ein Ermittlungsverfahren wegen des dringenden Tatverdachtes der ungesetzlichen Verbindungsaufnahme gemäß § 219 Absatz 2 Ziffer 1 StGB sowie der öffentlichen Herabwürdigung gemäß § 220 Absatz 2 StGB eingeleitet wurde. (...)
Antwort: Ich bin mir nicht bewußt, Handlungen begangen zu haben, die eine derartige Beschuldigung rechtfertigen würden.
Frage: In welchem Umfang haben Sie Nachrichten, die geeignet sind, den Interessen der DDR zu schaden, an Personen, Einrichtungen oder Organisationen im Ausland zugeleitet bzw. diese im Ausland verbreitet?
Antwort: Zunächst möchte ich voranstellen, daß ich

keinerlei Nachrichten an Personen oder Einrichtungen des Auslands übermittelt habe, die eine derartige Eignung aufweisen. (...)
Frage: In welchem Umfang ist Ihnen die Haltung der Staatsorgane der DDR zu solchen von Ihnen in dem Appell unter Punkt 4 angeführten Fragestellungen nach Verzicht auf die Herstellung von ›Kriegsspielzeug‹, die Durchführung des Unterrichts im Fach Sozialistische Wehrerziehung an den Schulen, nach Einführung eines sozialen Friedensdienstes sowie den Verzicht auf Übungen der Zivilverteidigung bekannt?
Antwort: Aus Presseveröffentlichungen von Zeitungen der DDR sowie innerkirchlichen Mitteilungen über die Reaktionen beispielsweise des Staatssekretärs für Kirchenfragen zu den diesbezüglich auf den kürzlich durchgeführten Synoden erhobenen Forderungen ist mir bekannt, daß solche Forderungen (...) als verfassungsfeindlich (...) charakterisiert wurden.
Frage: Aus welchen Gründen haben Sie sich in Kenntnis der staatlichen Reaktion auf derartige Forderungen mit Havemann zusammengeschlossen, um in Form dieses Appells öffentlichkeitswirksam Bürger der DDR zu inspirieren, gegensätzliche Positionen zur Politik der Regierung der DDR einzunehmen bzw. diese gegen die Staats- und Gesellschaftsordnung der DDR aufzubringen?
Antwort: Was ich mit diesem Appell wollte, habe ich bereits ausgesagt. Diese Ziele waren nicht gegen die DDR gerichtet, sondern sollten zu mehr Friedens-

sicherheit in Europa beitragen. Weiteres habe ich hierzu nicht zu sagen.«
(Aus den Vernehmungsprotokollen vom 9. und 10. 2. 1982, Ministerium für Staatssicherheit, Hauptabteilung IX/2)

Bald gewann ich den Eindruck, daß ich in den Westen abgeschoben werden sollte. Sonst jedenfalls konnte ich mir manche seltsame Frage nicht erklären. Der Vernehmer wollte etwa wissen, wie meine und meiner Frau Vermögensverhältnisse seien und ob wir Immobilien und Kunstgegenstände besäßen. Was sollte das mit meiner »Straftat« zu tun haben?
Am ersten Tag wurde ich zweimal vernommen, insgesamt dauerte die Prozedur neun Stunden. Der Vernehmer verhielt sich jederzeit korrekt. Danach wurde ich zu einem Kleintransporter vom Typ »Barkas« geführt. Als ich mich bei einem meiner Aufpasser bedankte, weil der mir die Tür aufhielt, antwortete er: »Halt die Schnauze!«
Der hinten fensterlose Barkas trug außen eine unverfängliche Aufschrift, so daß er nicht als MfS-Fahrzeug erkennbar war. Als ich nach vielleicht fünfzehn oder zwanzig Minuten den Wagen verließ, stand ich in einer geschlossenen Kellergarage. Ich hatte zuerst keine Ahnung, wo ich war, und das war der Zweck der Geheimnistuerei meiner Chauffeure. Als ich dann in den Genuß des Hofgangs kam, identifizierte ich sofort eine Plattenbausilhouette, die ich bestens kannte: Ich war im Stasiuntersuchungsgefängnis Berlin-Hohenschönhausen, ein paar Minuten von zu Hause entfernt.
Ich wurde nach meiner Einlieferung einer hochnotpeinlichen

Leibesvisitation unterzogen, die nur einen einzigen Zweck hatte: mich zu demütigen. Dagegen half mir meine Knasterfahrung und die Tatsache, daß ich nicht zu den sexuell verklemmten Vertretern des Menschengeschlechts zähle. Bei anderen Menschen, die in die Fänge der Stasi gerieten, zeigte diese entwürdigende Behandlung größere Wirkung, wie ich von Betroffenen erfuhr.

Dann wurde ich in eine Zelle gesperrt, deren Fensteröffnungen mit Glassteinen zugemauert waren, die unerreichbar hoch oben gerade einen Spalt freiließen, durch den ein bißchen Licht eindrang.

Als ich meinem Vernehmer aus der Normannenstraße hier wieder begegnete, fragte er mich grinsend: »Na, wie gefallen Sie sich denn jetzt?« Er sah mich im stasieigenen Gefängnisanzug und wußte, was zuvor mit mir geschehen war. Darauf zielte seine Frage. Und dann wollte er noch etwas anderes wissen: »Hab' ich denn nun Angst vor Ihnen, Herr Eppelmann?«

Diese Frage bestätigte mir, daß den Stasileuten unsere Bluesmesse zum Thema »Angst« schwer auf die Nerven gegangen war. Kein Wunder, denn Angst war ihre wirkungsvollste Waffe. Daß wir es gewagt hatten, von der Angst der Regierenden zu sprechen, mußte ihnen ungeheuerlich erscheinen. Wir hatten in unseren Spielszenen den Angsthasen eine Kappe mit langen Ohren aufgesetzt. In einem Sketch saßen Stasispitzel zusammen und sagten: »Menschenskinder, jetzt fängt wieder eine Bluesmesse an, da müssen wir hin und aufpassen.« Und dann sprangen unsere »Spitzel« von der Bühne, verteilten sich unter die Zuschauer und setzten sich die Kappen mit den Ohren auf. Brüllendes Gelächter und donnernder Beifall waren die Antwort der Zuschauer, denn sie wußten, daß unter uns welche saßen, die alles genau beobachteten und notierten.

In den nun folgenden Vernehmungen habe ich mich über Roberts und meine Motive ausgelassen, den Vorwurf, strafbare Handlungen begangen zu haben, zurückgewiesen und nur gesagt, was den Staatsorganen ohnehin bekannt war. Da ich wußte, daß die Unterzeichnerlisten nicht geheim bleiben konnten und wir sowieso eine öffentliche Aktion durchgeführt hatten, nannte ich die Namen der Unterstützer, soweit ich mich an sie erinnern konnte.

Der Vernehmer blieb sachlich. Am Anfang hatte er mir eine Zigarette angeboten. Ich lehnte sie ab, obwohl ich damals ein starker Raucher war. Er verstand sofort, daß ich damit die unüberbrückbare Distanz unterstrich, die uns trennte, und daß ich mich nicht von ihm abhängig machen wollte. Darum sagte ich: »Solange ich hier bin, rauche ich nicht!«

Ich saß mit dem Rücken zur Tür im Zimmer. Auf einmal stand der Vernehmer hinter seinem Schreibtisch auf und ging wortlos zur Wand. Ein in Zivil gekleideter kleingewachsener älterer Mann hatte den Raum betreten und stellte mir zwei, drei Fragen zu meinen Motiven und Taten, auf deutsch, aber mit russischem Akzent. Nachdem ich ihm geantwortet hatte, verließ er den Raum, ohne eine Reaktion zu zeigen. Ich habe keinen Zweifel, dies war ein »Berater« vom KGB. Mein Vernehmer äußerte sich mit keiner Silbe zu dieser Unterbrechung. Er setzte sich wieder hin und fuhr fort, als wäre nichts passiert. Ich hatte den Eindruck: Soeben war ein Bestimmer im Raum gewesen.

Am nächsten Morgen wurde ich in einen Raum gebracht, in dem mich der Generalstaatsanwalt von Berlin, Dr. Gläßner, darüber unterrichtete, daß ein Ermittlungsverfahren gegen mich eröffnet und ein Haftbefehl ausgestellt worden sei. Ich könne Haftbeschwerde einlegen. Es überraschte mich nicht, als diese dann abgelehnt wurde.

Während ich einsaß, organisierte die Stasi eine Hausdurchsuchung. Diese mußte geschickt vorbereitet werden, denn die Schwester meiner Frau, Helma, war gerade aus Dresden zu Besuch. Außenstehende aber sollten möglichst wenig mitbekommen.

Meine Schwägerin hatte zusammen mit ihrer Familie ein paar Monate zuvor einen Ausreiseantrag eingereicht und sich auf jahrelanges Warten eingerichtet. In gewisser Hinsicht hat sie es mir zu verdanken, daß sie die DDR in Rekordzeit verlassen durfte. Denn um sie aus unserer Wohnung herauszukomplimentieren, griff die Stasi zu einem Trick. Die Dresdener Spitzelgenossen sorgten dafür, daß sie und ihr Mann zur Polizei zitiert wurden, um die Bewilligung des Ausreiseantrags abzuholen. Glücklich und eilig packte Helma ihre Koffer und reiste schnurstracks in die Sachsenmetropole. Nun war die Wohnung frei für die Hausdurchsuchung.

Staatsanwalt und Helfer rückten an, um so schlimme Dinge zu finden wie Bücher von Alexander Solschenyzin, Wolfgang Leonhard, Jürgen Fuchs oder Robert Havemann sowie »westlich lizensierte Illustrierte«, wie der Durchsuchungsbericht weiß. Außerdem fanden sie meine Unterzeichnerlisten für den »Berliner Appell«.

»OKPräs. Stolpe erklärte im Auftrag von Bischof Forck, daß sie Kenntnis genommen hätten von den Vorgängen um Rainer Eppelmann. Man gehe davon aus, daß mit einem Ermittlungsverfahren und einem Haftbeschluß zu rechnen sei.

Stolpe erklärte, daß der Bischof und er selbst gegen die Aktionen des Pfarrers Eppelmann seien. Man habe darüber in der Kirchenleitungssitzung am 8. 2. 1982 gesprochen und einen Beschluß gefaßt, wonach am 12. 2. zum Problem Eppelmann und seinen Aktivitäten gesprochen werden sollte. Man gehe davon aus, daß ein Pfarrer zwar persönlich zu politischen Fragen, auch zur Erhaltung des Friedens, Stellung nehmen könne, aber ›es stimme bedenklich, wenn bei politischen Ermessensfragen andere Leute verführt und in Gefahr gebracht werden‹. Bischof Forck und er selbst erachten die getroffenen Maßnahmen als eine verständliche Reaktion des Staates auf die Aktivitäten von Eppelmann. Sie gehen davon aus, daß es kein Appell der Kirche ist, sondern eine Privatangelegenheit von Eppelmann. Sie gehen weiter davon aus, daß in der Kirche eine Auseinandersetzung mit Eppelmann geführt wird. Pfarrer Eppelmann habe, wenn er aus der Haft entlassen wird, mit einem kirchlichen Verfahren zu rechnen. Es wäre gut, keinen Märtyrer zu schaffen und keine breiten Kreise für die Freilassung von Eppelmann zu aktivieren. Stolpe sagte, daß sich anderenfalls die Kirche ›vor den Menschen Eppelmann‹ stellen müsse. Sie müsse sich dann auch seiner Familie zuwenden und gegebenenfalls Fürbitte halten. Durch die Haft werde Eppelmann erst interessant.«
(Aus: Vermerk über ein Gespräch des Genossen Heinrich, Hauptabteilungsleiter in der Dienststelle des Staatssekretärs für Kirchenfragen, mit Konsistorialpräsident Stolpe am 10. 2. 1982)

Am Abend meines zweiten Hafttages bescheinigte mir der Vernehmer, der sich mir auf meine Frage hin mit dem originellen Namen »Meyer« vorgestellt hatte, daß ich ein störrischer Mensch sei. Wir müßten wohl noch lange miteinander zubringen, wenn ich zur Zusammenarbeit nicht bereit sei. Am folgenden Morgen, wir saßen gerade wieder beim Verhör, klingelte das Telefon auf dem Schreibtisch. Der Vernehmer nahm ab und teilte mir dann mit, daß wir gleich einen Termin beim Generalstaatsanwalt hätten. Dr. Gläßner erklärte mir dann, daß der Staat Gnade vor Recht ergehen lasse, da ich mich kooperationswillig gezeigt hätte, und das Ermittlungsverfahren gegen mich einstelle.
Meine Freilassung war in Wahrheit das Ergebnis der internationalen Solidarität. Nicht nur die Ständige Vertretung der Bundesrepublik hatte sofort, nachdem sie von meiner Verhaftung unterrichtet worden war, an allen denkbaren Fäden gezogen, um mich aus dem Gefängnis herauszuholen. Und nicht nur die Kirche hatte sich in diesem Sinn bemüht. Weil ich zuvor an die Öffentlichkeit gegangen war, trafen in Ost-Berlin auch Proteste aus ganz Westeuropa ein. Die DDR war auf dem besten Wege, bei der KSZE-Folgekonferenz in Madrid, die am Tag der Veröffentlichung unseres Appells begann, auf die Anklagebank gesetzt zu werden.
Hinzu kam, daß die Ost-Berliner Führung in zunehmendem Maß finanziell und wirtschaftlich abhängig war vom Wohlwollen westlicher Staaten. Dieser Umstand vergrößerte nicht nur den Spielraum der Kirche, sondern auch den der Opposition. Die Unsicherheit des Politbüros hinsichtlich des Umgangs mit Dissidenten wuchs. Am Schluß trug die Abhängigkeit von der Bundesrepublik wesentlich dazu bei, daß die Wende friedlich vonstatten ging.

Bevor ich aus der Haft entlassen wurde, wollte der Vernehmer weitere Namen von Unterzeichnern des »Berliner Appells« von mir wissen. Ich erwiderte, daß ich mir vorstellen könne, daß mir später weitere Namen einfielen, allerdings setze dies voraus, daß sämtliche Unterzeichner in Ruhe gelassen würden.

Als ich wieder in »Freiheit« war, erfuhr ich, daß das MfS alle Unterzeichner massiv bearbeitete und von ihnen unter Zusprache und Drohungen verlangte, daß sie ihre Unterschriften zurückzogen. Sie wandten alle denkbaren Tricks an. So versuchten sie, den Unterstützern weiszumachen, ich hätte meine Unterschrift bereits widerrufen, und präsentierten zum »Beweis« eine Liste ohne meinen Namen. Doch solche Lügen nutzten nichts. Nur bei zwei Leuten von mehr als siebzig war das Bemühen der Staatsschützer von Erfolg gekrönt.

»Zur Wirksamkeit der eingeleiteten politisch-operativen Maßnahmen kann eingeschätzt werden, daß Eppelmann sowie weitere Initiatoren des sogenannten Berliner Appells und auch der ›SOFD‹-Initiative (SOFD: Sozialer Friedensdienst; d. Verf.) verunsichert sind. Diese Verunsicherung resultiert aus dem konsequenten offensiven Vorgehen staatlicher Organe sowie der damit ausgelösten Haltung kirchenleitender Personen, insbesondere der Kirchenleitungen der Evangelischen Kirche in Berlin-Brandenburg und der Evangelisch-Lutherischen Landeskirche Sachsens. (...)
Allerdings geht die Kirchenleitung davon aus, daß Eppelmann und seine Aktivitäten eingeschränkt bzw. iso-

liert werden müssen, aber nur soweit, daß er für die Kirchenleitung lenkbar und kalkulierbar bleibt. (...) Ähnliche Aktionen wie der ›Berliner Appell‹ werden von der Kirchenleitung nicht toleriert. Alleingänge dürfen nicht erfolgen.«
(Aus: Ministerium für Staatssicherheit, Hauptabteilung XX, Berlin, 26. 2. 1982, Information über den Stand weiterer durchgeführter Maßnahmen zu Pfarrer Eppelmann/Berlin)

Anfang April zitierte mich Dr. Gläßner telefonisch in seinen Amtssitz in Berlin-Mitte. Zusammen mit einem Angehörigen des MfS wollte er wissen, warum ich keine weiteren Unterzeichnernamen angegeben hätte. Ich antwortete ihm, daß ich dies nicht tun würde, da die Staatssicherheit weiter gegen Unterstützer vorgehe. Dr. Gläßner wies mich darauf hin, daß ich mich strafbar mache, wenn ich weiter Unterschriften unter den »Berliner Appell« sammelte. Sie warfen mir vor, daß ich dies nach meiner Entlassung aus dem Gefängnis getan hätte. In der Tat, die Unterzeichnerlisten zirkulierten in der gesamten DDR, und selbst wenn ich es gewollt hätte, das Unternehmen war nicht mehr zu stoppen.
Als ich mich von den Herren verabschiedete, konnte ich mir die Bemerkung nicht verkneifen, daß ich die von mir immer wieder bemerkte Beschattung durch die Stasi als stümperhaft ansähe. Wahrscheinlich sollte ich die »unauffälligen« Schnüffler aber sehen, die mich auf allen meinen Wegen begleiteten. Ihre Vorgesetzten spekulierten gewiß darauf, daß dies meine Bewegungsfreiheit einschränken und mich einschüchtern

würde. Diese Zeiten waren jedoch längst vorbei. Ich hatte vor der Überwachung durch die Staatssicherheit keine Angst mehr.

Inzwischen war unsere Initiative weit über die Grenzen der DDR hinaus bekannt geworden. Initiatoren des »Krefelder Appells« und andere politische Kräfte hatten sich mit unserer Aktion solidarisiert und gegen meine Verhaftung protestiert. Robert Havemann hatte recht behalten: Die Öffentlichkeit war der beste Schutz in einer Diktatur. Zumal in einer, die so auf internationale Anerkennung aus war wie die DDR.

Wir machten uns manchmal sogar unseren Spaß mit der Stasi. Eines Tages zum Beispiel besuchte mich Ralf Hirsch aufgeregt in der Gemeinde: »Die Stasi ist hinter mir her!« Wir gingen auf den Balkon und schauten auf die unübersehbaren Spitzel in der Samariterstraße hinunter. Wir dachten, ein bißchen Bewegung könne nicht schaden, stiegen in meinen Dienst-Trabant und fuhren um die nächste Ecke. Die Stasileute sprangen schnurstracks in einen Lada und folgten uns. Wir hielten an, unsere Verfolger taten es uns nach. Wir fuhren wieder los, der Wagen hinter uns auch. Dann kamen aus Nebenstraßen zwei weitere Stasi-Lada dazu. Unsere kleine Karawane startete und stoppte einige Male, bis wir wieder vor dem Gemeindehaus in der Samariterstraße waren. Wir stiegen aus und gingen zurück ins Haus. Wir hatten uns köstlich amüsiert.

> »Durch eine operative Kombination sollte erreicht werden, daß Hirsch der versuchten Vergewaltigung unter Alkoholeinfluß angeklagt werden konnte. Vorbereitungshandlungen wurden durchgeführt. Die Aktion

wurde nicht durchgeführt, da eingeschätzt wurde, daß die Ehefrau des IM ein nicht kalkulierbares Sicherheitsrisiko sei. Ablehnung durch Abteilungsleitung.«
(Aus: Bezirksverwaltung für Staatssicherheit Berlin, ohne Datum, Maßnahmen der spezifischen Zersetzung und der »normalen« operativen Arbeit, an denen der IM »Hoffmann« mitgewirkt hat [in zeitlich ungeordneter Reihenfolge])

Als die über siebzig Erstunterzeichner des »Berliner Appells« von der Stasi geholt und verhört wurden, hatten sie das erste Mal mit dem ominösen Ministerium zu tun. Sie widerstanden dem Druck, und damit änderte sich ihr Leben. Ihr Selbstbewußtsein wuchs, und die Möglichkeiten, sie einzuschüchtern, schwanden. Jedesmal, wenn sie bei einer Konfrontation mit dem MfS ungeschoren davonkamen, fühlten sie sich sicherer.

So sehr unsere Angst vor dem allgegenwärtigen und vermeintlich allmächtigen Ministerium gewichen war, auf die leichte Schulter nehmen konnten wir seine Spitzeleien nicht. Wir wußten, daß dort massiv daran gearbeitet wurde, uns bei einer günstigen Gelegenheit Ärger zu machen, und daß einige Spitzel in die Gemeinde eingeschleust worden waren, um uns zu überwachen und zu zersetzen. Denn das war die Taktik des Staats: Zum einen nahm er uns trotz zunehmender Stärke offiziell nicht zur Kenntnis, zum anderen aber scheute er keine Mühe und keinen Aufwand, um unsere Arbeit zu stören.

Zum Beispiel verbreiteten sie üble Gerüchte, um Protagonisten der Friedenskreise gegeneinander aufzubringen. Manch-

mal hatten sie damit Erfolg. So gelang es der Stasi, auf diese Weise zu verhindern, daß ich wieder in das Vorbereitungskomitee des Seminars »Frieden konkret« gewählt wurde.
Einmal versuchten sie, wie die Stasiakten zeigen, unsere Musikanlage zu stehlen oder kaputtzumachen. Ohne sie hätten wir unsere Bluesmessen nicht durchführen können. Während der Proben stand sie in der Kirche, und diese Gelegenheit wollte das MfS ausnutzen. Aber wir ahnten, was uns drohte, und richteten einen Wachdienst ein. Einige von uns nächtigten in Schlafsäcken in der Kirche und paßten auf Verstärker und Lautsprecher auf.

»Mit dem Ziel, die im OV ›Blues‹ bearbeiteten führenden feindlichen Kräfte um Pfarrer Eppelmann nachhaltig in ihrer insbesondere nach dem Kirchentag in Berlin neu zu planenden feindlichen Tätigkeit zu behindern, wurde auf der Grundlage des im OV ›Blues‹ vorhandenen Operativplanes im Kollektiv des Referates XX/4 beraten, eine spezifische Zersetzungsmaßnahme durchzuführen.
Durch den IMB ›Irene‹ und andere operative Mittel war bekannt, daß die im OV ›Blues‹ bearbeiteten Personen vom 4. 7. bis 17. 7. 1987 im Ferienheim ›Gustav-Lükke-Stift‹ in Darlingerode eine sogenannte Rüste durchführen, die neben Erholungszwecken vor allem der konzeptionellen Beratung der künftigen feindlich-negativen Arbeit, insbesondere zur Organisierung der überregionalen Zusammenarbeit, zur Durchführung publikumswirksamer Veranstaltungen und zur Gewin-

nung von Jugendlichen, genutzt werden sollte. Außerdem war ein Treffen mit dem sich gleichfalls im Harz aufhaltenden Pfarrer Markus Meckel (OV ›Wanderer‹ der BVfS [Bezirksverwaltung für Staatssicherheit; d. Verf.] Neubrandenburg) in Vorbereitung des ›Mobilen Friedensseminars‹ (...) vorgesehen.
Mit dem Ziel, Eppelmann von seinen Vorhaben der Organisierung überörtlicher Veranstaltungen abzubringen, die inhaltliche Arbeit der Rüste zu stören und ein Zusammentreffen mit Meckel zu unterbinden, wurde (...) im Kollektiv des Referates XX/4 eine sogenannte Ideenkonferenz durchgeführt, in der unterschiedlichste Vorstellungen zur Durchführung von spezifischen Maßnahmen der Zersetzung im Ferienheim ›Gustav-Lücke-Stift‹ beraten wurden. Im Ergebnis derselben haben Hauptmann Kappis und der vorgangführende Mitarbeiter Leutnant Tiedtke gemeinsam einen handschriftlichen Vorschlag gefertigt, in dem sie, ausgehend von dieser Zielstellung, vorschlugen:
- Durchführung von fingierten Telefonanrufen bei Einwohnern des Ortes von Darlingerode, um sie mit herabwürdigenden Bemerkungen zu Gesprächen mit einer Gruppe der Samariter-Kirchengemeinde in das ›Gustav-Lücke-Stift‹ einzuladen,
- die Bewegungsmöglichkeiten der Gruppe mittels PKW durch Beschädigen der Fahrzeuge von Eppelmann sowie 2 bis 3 weiteren Fahrzeugen einzuschränken,
- die Fahrzeuge mit Symbolen und Losungen unter Be-

zugnahme auf ›750 Jahre Berlin‹ zu beschmieren und damit den Eindruck zu erwecken, daß die Täter aus Verärgerung über die ›Berliner‹ handelten. Gleichzeitig sollte dadurch jeglicher Verdacht vom MfS abgelenkt werden.

Dieser Vorschlag wurde dem Referatsleiter Major Domeier zur Beratung und Bestätigung durch die Leitung der Abteilung übergeben.

Der Leiter der Abteilung XX, Genosse Oberst Häbler, stimmte dem Vorschlag zu, eine spezifische Zersetzungsmaßnahme im Ferienheim ›Gustav-Lücke-Stift‹ durch Beschädigen und Beschmieren der vorgesehenen Fahrzeuge zu realisieren. Die weiteren vorgeschlagenen Maßnahmen wurden von Oberst Häbler abgelehnt und persönlich gestrichen.

Im Ergebnis dessen erfolgte durch Major Domeier eine telefonische Kontaktaufnahme mit dem Leiter des Referates XX/4 der BVfS Magdeburg, wobei er sein Interesse am Ferienheim ›Gustav-Lücke-Stift‹ bekundete. Er wurde an den Genossen Major Frenzel, Referatsleiter der Linie XX der Kreisdienststelle Wernigerode verwiesen. Mit diesem führten Major Domeier und Hauptmann Kappis (...) unter Bezugnahme auf den vorgesehenen Aufenthalt der im OV ›Blues‹ bearbeiteten Personen in Darlingerode mehrfach telefonische Absprachen. Major Frenzel erklärte seine Bereitschaft, die Mitarbeiter der Abteilung XX/4 der BVfS Berlin mit den örtlichen Gegebenheiten am Ferienheim ›Gustav-Lücke-Stift‹ vor Ort vertraut zu machen.

Außerdem informierte Major Domeier telefonisch den Leiter der Hauptabteilung XX/4, Oberst Wiegand, über die Durchführung einer vorgesehenen spezifischen Zersetzungsmaßnahme in Darlingerode, ohne Einzelheiten dazu mitzuteilen.
Nachdem der IMB ›Irene‹ (...) bei einem Treff nochmals bestätigt hatte, daß die im OV ›Blues‹ bearbeiteten Personen die Rüste wie geplant durchführen werden, fand (...) beim stellvertretenden Leiter der Abteilung XX der BVfS Berlin, Oberstleutnant Bronder, eine Arbeitsberatung statt, an der neben dem Referatsleiter Major Domeier die Genossen Hauptmann Kappis, Oberleutnant Hoffmann und Leutnant Schöneck teilnahmen. Auf Vorschlag des Genossen Major Domeier wurden Hauptmann Kappis, Oberleutnant Hoffmann und (...) Leutnant Schöneck mit der Realisierung der spezifischen Zersetzungsmaßnahme in Darlingerode in der Nacht vom 7. 7. zum 8. 7. 1987 beauftragt.
In dieser Arbeitsberatung wurden die von den zum Einsatz vorgesehenen Mitarbeitern vorgeschlagenen Maßnahmen zur Beschädigung der ausgewählten Personenkraftwagen – Zerstechen der Reifen, Verunreinigung des Kraftstoffes mit Zuckerlösung, Verschmieren der Schlösser mit Metallkleber, Unterbrechen der elektrischen Leitungen, Ablassen des Getriebeöls, Übergießen der Fahrzeuge mit Salzsäure und Beschmieren mit den vorgesehenen Symbolen – von den dort anwesenden Vorgesetzen Major Domeier und Oberstleutnant Bronder nochmals bestätigt.

Im Ergebnis der getroffenen Absprache gingen die beteiligten Mitarbeiter der Abteilung XX/4 an die organisatorische Vorbereitung der geplanten Maßnahme, indem sie aus privaten Beständen rote und schwarze Autolackfarbe, Bremsflüssigkeit, Salzsäure, Zuckerlösung, Werkzeuge wie Zange, Hammer, Dorn, Schraubendreher, ein Klappfahrrad und ältere, dunkle Kleidung für jeden zusammenstellten. Des weiteren übernahm Oberleutnant Hoffmann nach vorheriger Veranlassung durch seinen Vorgesetzten vom Stab der Abteilung XX der BVfS Berlin einen Personenkraftwagen ›Wartburg 353‹ sowie aus Gründen der Konspiration ein der BVfS zugeordnetes polizeiliches Kennzeichen HM 23-81, das vor Durchführung der geplanten Maßnahme am Fahrzeug angebracht werden sollte.
Oberleutnant Hoffmann verpackte alle genannten Gegenstände zu etwa gleichen Anteilen in einen Rucksack und zwei Beutel, die er aus den operativen Beständen seiner Diensteinheit entnahm.
Am 7. 7. 1987 verließen Hauptmann Kappis, Oberleutnant Hoffmann und Leutnant Schöneck gegen 12.00 Uhr die BVfS Berlin, holten bei Hauptmann Kappis ein Klappfahrrad ab und fuhren mit genanntem PKW ohne Aufenthalt bis ca. 8 Kilometer vor Wernigerode. Sie wechselten das polizeiliche Kennzeichen und fuhren zur Kreisdienststelle, wo sie gegen 16.30 Uhr eintrafen. Sie parkten in der Nähe der Kreisdienststelle, und Hauptmann Kappis betrat die Dienststelle, wo er unter Bezugnahme auf die vorherigen Telefonate ein kurzes

Gespräch mit dem zuständigen Referatsleiter Major Frenzel führte. (...)
Major Frenzel stieg daraufhin in den PKW der Genossen der Abteilung XX der BVfS Berlin und lotste diese über für den öffentlichen Fahrzeugverkehr versperrte Wege unter Umgehung des Ortes Darlingerode in die Nähe des Ferienheimes ›Gustav-Lücke-Stift‹, wobei der PKW etwa 1000 Meter entfernt vom Objekt im Wald abgeparkt wurde. Major Frenzel, Hauptmann Kappis und Oberleutnant Hoffmann gingen zu Fuß zum genannten Ferienheim und besichtigten das Objekt von außen, wobei sie von einer unbekannten männlichen Person des angrenzenden Grundstückes gesehen wurden. Danach begaben sie sich zum PKW, fuhren nach Wernigerode zurück, wo Major Frenzel in der Nähe der Kreisdienststelle das Fahrzeug verließ. Die verbleibende Zeit bis etwa 21.00 Uhr verbrachten die Genossen mit einer Besichtigung der Stadt und des Schlosses Wernigerode sowie der Einnahme des Abendbrotes in einer Gaststätte. Daran anschließend fuhren sie in ihrem PKW auf dem ihnen nunmehr bekannten Weg über die Felder bis zu dem Waldstück, das sie bereits am Nachmittag betreten hatten, parkten den PKW dort etwa gegen 21.00 Uhr unmittelbar an einem dem Ferienheim ›Gustav-Lücke-Stift‹ vorgelagerten Angelteich ab und wechselten ihre Kleidung. Leutnant Schöneck begab sich anschließend mit dem Klappfahrrad nach Darlingerode, um die Personenbewegung im Ort zu erkunden. Dabei hielt er sich auch kurzzeitig in den beiden

Gaststätten des Ortes auf, wo er angetrunkene Jugendliche feststellte. Anschließend begab er sich zum Hintereingang des Ferienheimes ›Gustav-Lücke-Stift‹ und sichtete auf dem Gelände mehrere Personen an einem Lagerfeuer.
Danach kehrte er zum PKW zurück und beriet zusammen mit den anderen beiden beteiligten Mitarbeitern über ihr weiteres Vorgehen.
Unter Berücksichtigung ihrer bisherigen Feststellungen wichen sie eigenständig von dem bestätigten Plan dahingehend ab, alle auf dem Gelände des Ferienheimes zum Parken abgestellten PKW durch Zerstechen der Reifen und Beschmieren zu beschädigen, um damit ein spontanes, unvorbereitetes Handeln von Rowdys vorzutäuschen. Leutnant Schöneck unterbreitete in diesem Zusammenhang den Vorschlag, mit der zur Verfügung stehenden Farbe die Fahrzeuge mit solchen Aufschriften wie ›750 Jahre Berlin‹ und ›Scheiß Berlin‹ zu versehen, um den späteren Tatverdacht auf die im Ort festgestellten angetrunkenen Jugendlichen zu lenken und damit eine von diesen ausgehende Stimmung und Haltung gegen die Hauptstadt zu dokumentieren. Nach zwei von Hauptmann Kappis und Leutnant Schöneck zwischen 23.00 Uhr und 0.00 Uhr erneut durchgeführten Lageerkundungen in der Nähe des Zielobjektes, begaben sich die Beteiligten am 8. 7. 1987 gegen 1.30 Uhr zu Fuß durch den unverschlossenen Hintereingang auf das Gelände des Ferienheimes ›Gustav-Lücke-Stift‹. Dabei führten sie in Beuteln das

Werkzeug, die Farbe sowie einen gekauften und zwei aus Schaumstoffstücken und Holzstöcken selbst gefertigte Pinsel mit. Oberleutnant Hoffmann und Leutnant Schöneck beschmierten die im Objekt abgestellten Fahrzeuge, während Hauptmann Kappis mit einer Ahle die Reifen zerstach und den PKW ›Citroen‹ mit der eingeführten Salzsäure übergoß. Hauptmann Kappis entwendete außerdem von einer Wäscheleine mehrere Kleidungsstücke und zerschnitt ein Volleyballnetz. Nach ca. 10 Minuten kehrten sie, ohne durch fremde Personen entdeckt zu werden, zu ihrem PKW zurück. Sie kontrollierten die Vollständigkeit ihrer Ausrüstung und überzeugten sich vom Vorhandensein ihrer zuvor im PKW versteckten Dienstausweise und anderen Personaldokumente.
Gegen 2.30 Uhr fuhren sie nach Wernigerode und von dort in Richtung Halberstadt. Unterwegs hielten sie etwa 8 Kilometer nach Wernigerode auf einem Feldweg an der Fernverkehrsstraße 6, wo sie das zum PKW gehörende Berliner polizeiliche Kennzeichen wieder anbrachten und die leeren Farbbüchsen, Pinsel, die Flasche Bremsflüssigkeit sowie die entwendeten Kleidungsstücke in ein Gebüsch beziehungsweise auf das angrenzende Feld warfen. Danach fuhren sie nach Berlin zurück. (...)
Unter Bezugnahme auf eine von IMB ›Irene‹ erhaltene telefonische Information vom 8. 7. 1987 wurde eingeschätzt, daß nach Bekanntwerden der Fahrzeugbeschädigungen völlige Ratlosigkeit im Kreis der Betroffenen

um Eppelmann herrsche, die geplante Arbeit am Boden liege und die Täter unter angetrunkenen asozialen Jugendlichen aus der Nachbarschaft vermutet werden.« (Aus: Ministerium für Staatssicherheit, Hauptabteilung IX/5, Berlin 14. 7. 1987, Bericht zum Vorkommnis im Ferienheim »Gustav-Lücke-Stift« der evangelischen Kirchenprovinz Sachsen/Hof in Darlingerode, Am Birkholz 4, am 8. 7. 1987)

Erst aus den Stasiakten habe ich entnommen, daß einer unserer Jugendmitarbeiter Anfang der achtziger Jahre zeitweilig für das MfS geschnüffelt hat. Er stellte die Mitarbeit dann aber ein mit der Begründung, daß er uns inzwischen kennengelernt habe und das, was wir machten, gut und wichtig finde. Das ist ein Beispiel dafür, daß man sich nicht nur verweigern, sondern auch aussteigen konnte.

Ein anderer Bluesmessenhelfer war beim Tonbanddienst des Evangelischen Jungmännerwerks in Berlin angestellt. Er hatte sich bereit erklärt, die ersten Bluesmessen aufzuzeichnen. Uns erschienen diese Aufnahmen wichtig, um später beweisen zu können, daß dies oder jenes nie oder anders gesagt worden sei. Ein oder zwei Tage nach einer Messe händigte er mir das Band aus. Ich wußte nicht, daß er es zuvor mit seinen Stasiführungsoffizieren bereits abgehört und kopiert hatte.

Eines Tages kam er zu mir und offenbarte sich. Wir gingen sofort zu Bischof Forck. Dieser begleitete dann den Stasiaussteiger zum Stadtrat für Inneres, um zu dokumentieren, daß der Mann sich offenbart hatte und in Ruhe gelassen werden solle.

Es war klar, beim Jungmännerwerk konnte er nicht bleiben. Auch um ihn nicht aus den Augen zu verlieren, besorgte die Kirche ihm eine Arbeit auf dem Friedhof der Georgengemeinde in Friedrichshain. Immer, wenn ich dort eine Beerdigung zu machen hatte, gehörte er zu den Sargträgern. Er stellte später einen Ausreiseantrag und ist Mitte der achtziger Jahre mit seiner Frau zusammen in die Bundesrepublik übergesiedelt.

Ein Beispiel dafür, daß die Verstrickung in die Staatssicherheit nicht unwiderruflich war, wie manche das aus offensichtlichen Gründen heute behaupten, ist auch der Fall des Konrad Jahr. Er war Pfarrer in Thüringen und gestand dem Landesbischof, während seines Theologiestudiums als Mitglied der Evangelischen Studentengemeinde in Jena eine Art Agent provocateur für die Stasi abgegeben zu haben. Seine Aufgabe war, andere zu Handlungen zu verleiten, die sie mit dem Regime in Konflikt brachten. Der Bischof half ihm, seine Schuld aufzuarbeiten.

Konrad Jahr blieb noch einige Zeit Pfarrer in Thüringen. Außerdem leitete er eine Theatergruppe aus Laienspielern. Mit dem Antikriegsstück »Picknick im Felde« kam er 1984 erstmals in unsere Gemeinde. Ich lernte ihn als einen engagierten Friedensbewegten kennen. Im ländlichen Thüringen, nahe Jena, fielen seine Aktionen den Sicherheitsorganen offenbar mehr auf als unsere im großen Berlin. Der Druck auf ihn wuchs. In der zweiten Hälfte der achtziger Jahre stellte er einen Ausreiseantrag und siedelte nach West-Berlin über. Dort arbeitet er heute als Journalist.

Eberhard Henke dagegen blieb bei der »Firma«, wie sie im internen Jargon genannt wurde. Wir hatten ihn frühzeitig im Verdacht, für die Gegenseite zu arbeiten. Er tauchte nach meinem Fernsehauftritt mit Robert Havemann samt Ehefrau bei uns auf, war voll der Bewunderung und des Lobes. Als die beiden gar anfingen, ihre Wertschätzung per Gesang kundzutun, wurde es peinlich. Henke übernahm bald viel von der Organisation der Bluesmessen. Dank seiner Verbindungen besorgte er uns Musikanlagen, Hunderte von Würstchen und Brötchen und kastenweise Getränke, damit wir unsere Bluesmessengäste versorgen konnten.

Henke interessierte sich auch für die inhaltliche Arbeit und machte in der dafür zuständigen Vorbereitungsgruppe mit. Er überlegte mit uns gemeinsam, welches Thema wir das nächste Mal behandeln sollten, und half, Texte zu verfassen und Spielszenen zu konzipieren. Dies geschah abends oder bei Wochenendrüsten. Dabei kamen wir uns näher und redeten nicht mehr nur über die Bluesmessen und die Kirche. So wußten wir bald, daß er wegen einer Wirtschaftsstrafsache im Gefängnis gesessen hatte. Er erzählte, er habe im Knast eine Musikgruppe geleitet und selbst Schlagzeug gespielt. Er sei dann frühzeitig auf Bewährung entlassen worden. Sein Geld verdiene er als Bandmanager. Seiner Cleverneß und seiner Geldgeschäfte wegen hieß Eberhard in der Szene »Mafiosi«. Er fuhr einen Volvo und wohnte in einem großen Haus mit Swimmingpool. Er betätigte sich nicht nur als Bandmanager, sondern auch als Antiquitätenkäufer und -verkäufer, und verdiente dabei offenkundig glänzend. Später stieg er in den grenzüberschreitenden Antiquitäten- und Kunsthandel ein. Eberhard Henke ging seinen Geschäften ohne jede Tarnung nach und immer außerhalb der Gesetze. Uns war bald klar, daß dies nur klappen konnte, weil er einflußreiche Gönner hatte.

Inzwischen habe ich mit einigen seiner Beschützer gesprochen. Sie bestätigten mir, daß sie die Augen zugedrückt und sein Verhalten geduldet hätten, weil er eine »überprüfte, gute und zuverlässige Quelle« gewesen sei. Für Henke hat es sich gelohnt.

Bei der Stasi wurde Henke als IMB »Burkhard« geführt. Er hat uns fleißig geholfen, aber auch seinen Auftraggebern. Er sorgte dafür, daß die Protokolle unserer Vorbereitungssitzungen und die Texte der Bluesmessen rasch auf dem Tisch des Stadtrats für Inneres, Günter Hoffmann, landeten. So wußten die Sicherheitsorgane immer schon vorher, was wir vorhatten und sagen wollten.

Wir konnten ihm seine Zuträgertätigkeit nicht nachweisen, und so verfielen wir darauf, ihn durch einen Trick aus der Leitungstätigkeit hinauszubefördern. Wir organisierten die einzelnen Vorbereitungsgruppen für die Bluesmessen und deren Zusammenarbeit um, und seitdem durfte IMB »Burkhard« nur noch Würstchen besorgen und Musikanlagen auftreiben. Er tat es mit großem Eifer und war stets freundlich.

Als die Wende kam, suchte er den Geschäftsführer des Demokratischen Aufbruchs auf und bot ihm einen Koffer voll Geld an. Das könne man ihm nach der Währungsunion zum offiziellen Kurs zurückzahlen, kommentierte er sein dubioses Angebot. Zum Glück ist der Geschäftsführer darauf nicht eingegangen.

Zurück zum Ablauf der Ereignisse. Als ich am 12. Februar 1982 aus der Stasihaft entlassen worden war, traf ich meine Frau in der Nähe eines Nervenzusammenbruchs an. In den letzten drei Tagen waren nicht nur laufend Mitarbeiter der Kirche, angefangen bei Hartmut Grünbaum und Manfred Stolpe, gekommen, auch das Telefon hatte unaufhörlich geklingelt. Leute aus der Gemeinde, Mitarbeiter und Westjournalisten

wollten wissen, was geschehen war. Und als die Nachricht von meiner Entlassung die Runde gemacht hatte, ging es bei uns zu Hause zu wie in einem Tollhaus. Der Daueransturm auf unsere Haustür und das Telefon wollte nicht aufhören. Daher beschlossen wir, mit unseren vier Kindern die Flucht nach Eisenach anzutreten. In diesem schönen thüringischen Städtchen tagte gerade der Friedrichshainer Kreiskirchenrat.
In Eisenach wurden wir freundlich begrüßt. Eppelmann war freigekämpft, und alle freuten sich. Am folgenden Tag aber schlug die Stimmung um. Superintendentin Laudien äußerte sich außerordentlich kritisch über meine Aktionen. Wenn ich das nächste Mal so etwas wie den Appell im Sinn hätte, müsse ich es vorher im »Kreis der Brüder«, also mit den Kollegen und der Kirchenleitung, erörtern – was gleichbedeutend damit war, daß es dann nicht stattfinden würde. Das Vorbild des Christen sei die Ameise, fleißig und still. Sie als Superintendentin werde den »Berliner Appell« ab sofort mit allen ihr zur Verfügung stehenden Mitteln bekämpfen. Und dann schlugen die Kollegen Pfarrer auf mich ein. Fast alle verurteilten den »Berliner Appell« als überzogen, verantwortungslos und einseitig und akzeptierten nicht, daß Robert Havemann und ich Westmedien benutzt hatten. Nachdem die Veranstaltung beendet war, kamen zwei Kollegen heimlich zu mir und sagten, daß sie nicht übereinstimmten mit der Mehrheit des Konvents, sondern gut fänden, was ich getan hätte.
Auf dieser Tagung in Eisenach spürte ich, daß meine Lage in der Kirche nun komplizierter wurde. Der folgende Pfarrkonvent sollte diesen Eindruck so schmerzhaft wie enttäuschend verstärken. Auch weil Schwester Laudien dort noch massiver gegen mich auftrat.

»Der Appell wirft eine Reihe von Fragen auf, die im Gespräch über die christliche Friedensverantwortung ihren Ort haben. Alle Synoden des Bundes haben zu einer Reihe dieser Fragen Stellung genommen. Viele Aussagen des Appells gehören in dieses Gespräch. Genauer, als es im Appell geschieht, muß der tatsächlichen politischen und militärischen Konstellation bedacht werden.
Der Appell zeichnet zugleich ein Zerrbild der politisch Verantwortlichen. Er arbeitet mit Unterstellungen, für die es in der Nachfolge Jesu Christi keinen Raum geben darf.
Die Kirchenleitung rät nachdrücklich von einer Beteiligung an der Sammlung von Unterschriften ab, weil dadurch Mißverständnisse und Gefährdungen hervorgerufen werden, die das notwendige sachliche Gespräch nicht fördern.
Die Kirchenleitung beauftragt den Bischof, den Generalsuperintendenten von Berlin und den Stadtjugendpfarrer, mit den kirchlichen Mitarbeitern, die sich an der Verbreitung des Appells beteiligt haben, Gespräche zu führen. Der Bischof und das Konsistorium werden beauftragt, die offenen Fragen zum Vorgehen von Pfarrer Eppelmann zu klären.«
(Aus: Stellungnahme der Evangelischen Kirchenleitung Berlin-Brandenburg vom 13. 2. 1982, gez. Gottfried Forck)

Auch Manfred Stolpe stellte sich nun inhaltlich gegen mich. Er erklärte, der »Berliner Appell« enthalte Argumente der fünfziger Jahre, es seien die Ideen eines Greises, aufbereitet durch ein paar konkrete Vorschläge eines jungen Mannes. Es war offenkundig: Die Kirchenleitung versuchte, mich zu isolieren, um den Eindruck zu verstärken, daß sie nichts zu tun habe mit dem Appell, den sie als »friedensgefährdend« denunzierte. Dieser sei die Privatangelegenheit von Havemann, einem Atheisten, und Eppelmann, einem irregeleiteten und wichtigtuerischen Pfarrer. Diese und andere Kritik stieß jedoch auf Widerspruch. Vor allem die Jugendmitarbeiter in Berlin, aber auch Pfarrer stellten sich hinter den Appell und griffen die Kirchenleitung an.

Es kam zu einer Versammlung von kirchlichen Mitarbeitern und Vertretern der Leitung, auf der diese Fragen kontrovers diskutiert wurden. Die Vertreter der Leitung sprachen sich erneut scharf dagegen aus, daß Havemann und ich die Westmedien einbezogen hatten, und warnten davor, daß sich das Verhältnis zwischen Staat und Kirche verschlechtern könne. Die Leitenden erweckten den Eindruck, man solle sie nicht dabei stören, wenn sie unter Ausschluß der Öffentlichkeit mit den Mächtigen des SED-Staats alles regelten. Ich weiß nicht, inwieweit sich die, die so argumentierten, darüber im klaren waren, daß sie der Erwartungshaltung der SED genügten. Denn deren Position war eindeutig: Jede öffentliche Kritik nutzt dem »Klassenfeind« und schadet dem Sozialismus.

Die Vertreter der Kirchenleitung wollten meine Gegenargumente nicht hören. Ich erinnerte daran, daß ich versucht hätte, den »Berliner Appell« über kircheneigene Medien zu publizieren, daß mir dies aber verwehrt worden sei. Wenn man viele Menschen für die Friedensarbeit gewinnen wolle, dann gehe dies in der DDR nur mit Hilfe des Westfernsehens und des Westradios. Am Ende der Auseinandersetzung solidarisierte

sich die Mehrheit der Versammlung mit dem Appell beziehungsweise seinem Anliegen.
Die Kirchenleitung ließ sich davon nur begrenzt beeindrukken. Sie ging nicht ab von ihrem elitären Standpunkt. Sie allein wollte mit dem Staat reden. Allzuoft warfen mir Brüder der Kirchenleitung Naivität vor und zeigten damit an, daß sie viel mehr wußten als wir gewöhnliche Sterbliche. »Wenn Sie wüßten, lieber Bruder Eppelmann, was wir wissen, dann würden Sie viel differenzierter argumentieren!« – so oder ähnlich ließen sie ihre vermeintliche Überlegenheit durchblicken. Leider haben sie uns nicht erzählt, was uns zu größerer Weitsicht verholfen hätte. Mich macht noch heute betroffen, daß sie Geheimnisse vor uns hatten, aber nicht gegenüber den Sicherheitsorganen, mit denen auch Manfred Stolpe intimer verkehrte als mit den eigenen Brüdern an der Basis. In der Tat, die Akten der Staatssicherheit offenbaren, daß Stolpe und andere den Vertretern des Staats mehr kircheninterne Informationen gaben als zum Beispiel mir. Eine innerkirchliche Veranstaltung war gerade beendet, und schon wußten Mielkes Spitzel alles, was sie wissen wollten.
Stasimann Roßberg, der Führungsoffizier des IM »Sekretär«, erzählte mir, daß die Frau eines Oberkonsistorialrats ihm seinen Lieblingskuchen gebacken habe, wenn er ihren Mann aufgesucht habe. Ist das ein Zeichen dafür, daß der Gesprächskontakt mit der Staatssicherheit widerwillig ertragen wurde? Die Herren Roßberg und Stolpe speisten nicht nur heimlich in einer konspirativen Wohnung miteinander, sondern kochten auch gemeinsam. Für Christen ist das Zubereiten einer Mahlzeit bekanntlich eine ganz besondere Sache. Für meine Frau und mich war es jedenfalls etwas außergewöhnlich Erfreuliches, wenn Manfred Stolpe zu uns zum Es-

sen kam oder uns dazu einlud. Aber er mag das ja anders gesehen haben.

Eines Tages erschien ein befreundeter Pfarrer bei mir. Er habe soeben dazu beigetragen, daß »das Schlimmste« von mir abgewendet worden sei, sagte er. Es gab Mitglieder der Kirchenleitung, die darauf aus waren, mich mit einem Disziplinarverfahren zu überziehen. Es wurde eruiert, ob ich den Appell im Gottesdienst verlesen und begründet hatte. Glücklicherweise fanden die Inquisitoren hier keine Handhabe. Als unbegründet erwies sich auch der Vorwurf, ich hätte Minderjährige politisch verführt. Ich hatte beim Unterschriftensammeln streng darauf geachtet, daß niemand unterzeichnete, der jünger war als achtzehn.

Seltsamerweise erstreckte sich das Disziplinierungsbedürfnis der Kirchenleitung nur auf mich. In unserem Kirchenkreis wirkte zum Beispiel ein Pfarrer, Hans-Peter Schneider, der in die Block-CDU eingetreten war, um politisch etwas zu bewegen. Später trat er wieder aus, als er sich eingestehen mußte, daß in und mit dieser Partei von ihm nichts zu verändern war. Aber in der Zwischenzeit entdeckte man seinen Namen und Äußerungen von ihm zum 1. Mai oder 7. Oktober, dem Jahrestag der DDR-Gründung, in der Zeitung. Einmal verlieh der Staat ihm sogar einen mittleren Orden mitsamt Geldprämie. Im Pfarrkonvent gab es darüber zwar Diskussionen. Aber niemand von der Kirchenleitung schlug vor, Pfarrer Schneider müsse, wenn er wieder in aller Öffentlichkeit eine politische Erklärung abgeben wolle, diese vorher absprechen.

Andere Pfarrer reisten in den Westen oder in Entwicklungsländer und lobten dort das SED-Regime über den grünen Klee. Sie wiesen Kritik an der DDR zurück, auch an der Kirchenpolitik der Politbüros, aber in der Kirche sah man ihrem Treiben zu und verhinderte es nicht. Man bat diese Emissäre des realen Sozialismus im Talar nicht einmal, sich vorher mit ihren Leitungen abzusprechen. Offensichtlich wurde dies nur bei staatskritischen Äußerungen für notwendig erachtet.

Manch ein Pfarrer oder anderer Mitarbeiter verzweifelte an seiner Kirche. Zu ihnen zählte Pfarrer Brüsewitz aus Magdeburg. Als ich über Medien der Bundesrepublik erfuhr, daß er sich verbrannt hatte, fühlte ich mich vollkommen hilflos. Was mußte in einem Menschen vorgegangen sein, bevor er sich mit Benzin übergoß, um sich dann anzustecken? Auf dem Pfarrkonvent wurde gefragt, was Brüsewitz für ein Mensch gewesen sei. Der Grundtenor in der Kirche war, ein Christ dürfe sich nicht das Leben nehmen. Und ein bißchen seltsam sei Brüsewitz schon immer gewesen, zu ernst solle man den Vorfall nicht bewerten. Man wußte außerdem zu berichten, daß er einmal ein Kaninchen mit auf den Altar gebracht habe.

Als ich später feststellte, daß das Kaninchen bei einem Familiengottesdienst mit vielen Kindern mitgewirkt hatte, empfand ich diese Bemerkung als unfair. Auch ich nahm beispielsweise eine Sonnenblume mit in den Taufgottesdienst. Ich sehe darin keine Gotteslästerung, sondern eine Methode, denn mit Hilfe von Symbolen lassen sich manche Einsichten leichter vermitteln.

Pfarrer Brüsewitz' Selbstverbrennung traf die Kirche an einem wunden Nerv. In dem Papier, das er hinterließ, kritisierte er nicht nur die gesellschaftlichen und politischen Verhältnisse im Arbeiter-und-Bauern-Staat, sondern besonders auch die evangelische Kirche und ihre Position gegenüber den Herrschenden.

Kirchenoffizielle Solidarität gegenüber Brüsewitz registrierte ich erst, als das SED-Zentralorgan »Neues Deutschland« ihn in übelster Weise diskreditierte. Das war selbst dem staatstreuesten Kirchenoberen zu viel des Schlechten. Sie hatten vermutlich den Eindruck, daß nicht nur ein einzelner Pfarrer, der sich zu einer Verzweiflungstat hatte hinreißen lassen, angegriffen wurde, sondern ein ganzer Berufsstand.

Mich macht noch heute betroffen, wie in der Kirche versucht wurde, eine Katastrophe abzutun mit einem theologischen Argument – Verbot der Selbsttötung – und dem Hinweis auf ein Kaninchen. Aber es gelang nicht, das Anliegen des Pfarrers Brüsewitz zu verdrängen. Ihm gebührt das Verdienst, in der evangelischen Kirche eine umfassende Diskussion über das Verhältnis zum realsozialistischen Staat initiiert zu haben, die bis zum Ende der DDR nicht mehr zu unterdrücken war.

Robert Havemann starb am 9. April 1982, Karfreitag. Der Widerstandskämpfer durfte im Staat des verordneten Antifaschismus nicht einmal unbewacht beerdigt werden. Er wünschte sich ein ganz anderes Deutschland als ich, aber mit seinem Mut, seinem Optimismus und seiner Erfahrung gab er allen, die das SED-Regime durch demokratische Verhältnisse ablösen wollten, ein Beispiel für Standhaftigkeit.

Für Evi und mich war es ein Bedürfnis und eine Freundespflicht, an Roberts Beerdigung teilzunehmen. Überall im Umfeld des Friedhofs und in Grünheide sahen wir die auffällig Unauffälligen der Staatssicherheit. Sie sollten beobachten, einschüchtern, Personalien überprüfen und Besucher abweisen.

Als ich den Friedhof betrat, kam Probst Dr. Friedrich Winter auf mich zu, in meiner Erinnerung war er sehr blaß. Er riet mir, auf keinen Fall öffentlich zu reden.

Der Friedhof war voller Menschen, die Kapelle überfüllt, Pfar-

rer Meinel aus Grünheide hielt den Gottesdienst. In seiner Predigt würdigte er den aufrechten Streiter Havemann, der den Mut gefunden hatte, als Erwachsener eine Kehrtwendung zu machen, sich vom Stalinismus zu distanzieren, und damit – wieder einmal – seine Karriere beendete.
Als ich dann am Grab Erde auf den Sarg geworfen hatte, mußte ich in dieser traurigen Stunde den Versammelten etwas vermitteln von der Hoffnung, die Robert mir gegeben hatte. Ich wies darauf hin, daß für Christen auf den Karfreitag, den Tag der Trauer und des Schmerzes, Ostern folge, der Tag des Sieges, der Hoffnung und der Zukunft. So verband ich Roberts Todestag mit seinem Handeln für uns und unserer Hoffnung auf eine menschlichere, offenere und demokratischere DDR. Damit war der Tag der Beerdigung Robert Havemanns nicht nur der Abschluß eines Lebens, sondern auch ein Neuanfang.
Jetzt war Robert nicht mehr da. Jetzt waren wir allein gefordert.

)ben: Rainer Eppelmann (links) in seiner Klasse in der Grundschule
n Berlin-Pankow, 1957.
Jnten: Rainer Eppelmann (hinten) zusammen mit Mutter (Mitte),
ruder Dietmar (links) und Schwester Dorit (rechts), 1963

Links oben: Während eines Ferienaufenthalts auf Schloß Mansfeld zur Zeit des Mauerbaus, 1961.
Rechts oben: Als Darsteller in der Theaterspielgruppe »Die Boten«, 1963.
Unten: Als Dachdeckerhilfsarbeiter, 1961/62.

nks oben und unten: Als Bausoldat, 1967.
echts oben: Rainer Eppelmann, 1968.

Links oben: Die Samariterkirche, geschmückt zu einer Friedensdekade, 1984.
Rechts oben: Predigt in der Samariterkirche, siebziger Jahre.
Unten: Rainer Eppelmann bei einem Taufgottesdienst in der Samariterkirche, achtziger Jahre.

uesmessen, achtziger Jahre.

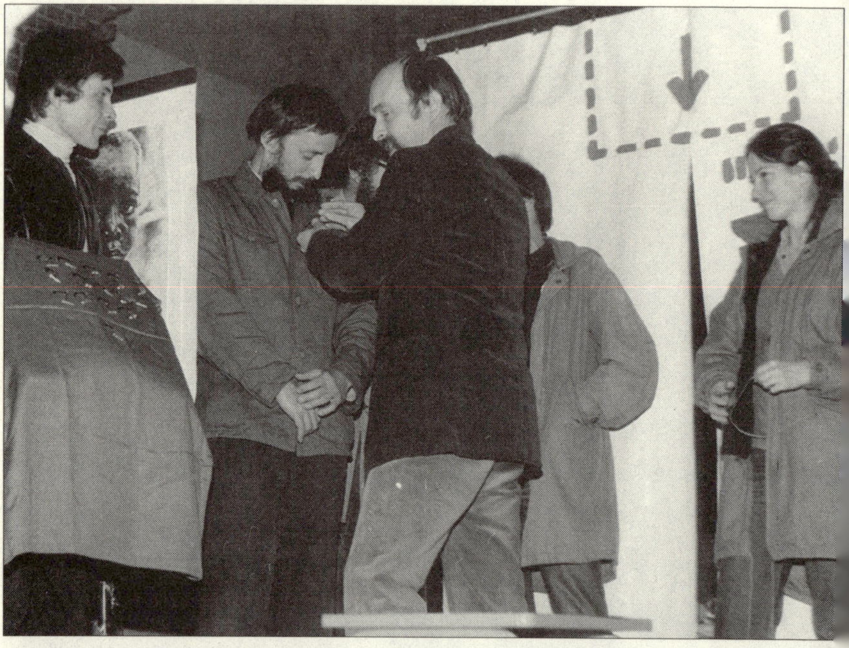

Oben: Rainer Eppelmann verleiht in selbstkritischer Einschätzung der Funktion der Bürgerrechtler den Ulk-Orden »Das goldene Ventil« an Wolfgang Templin, unterstützt von Ralf Hirsch (links) und Ulrike Poppe (rechts).
Unten: Friedensgottesdienst in der Erlöserkirche. Unter den Besuchern: Altbischof Albrecht Schönherr (2. v. l.), rechts neben Rainer Eppelmann der langjährige Ost-Berliner Stadtjugendpfarrer Joachim Rißmann, achtziger Jahre.

‹obert Havemann, 1968.

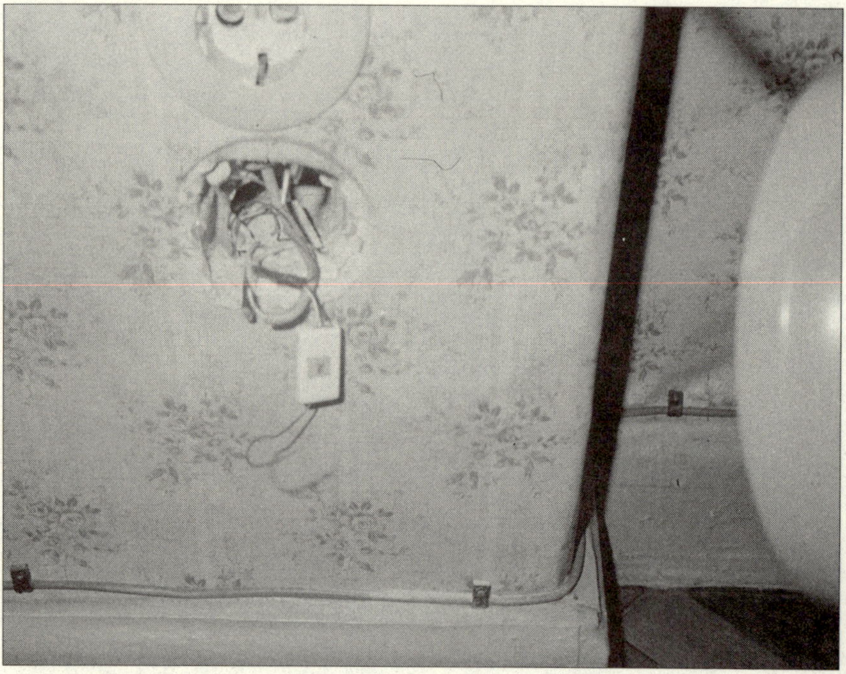

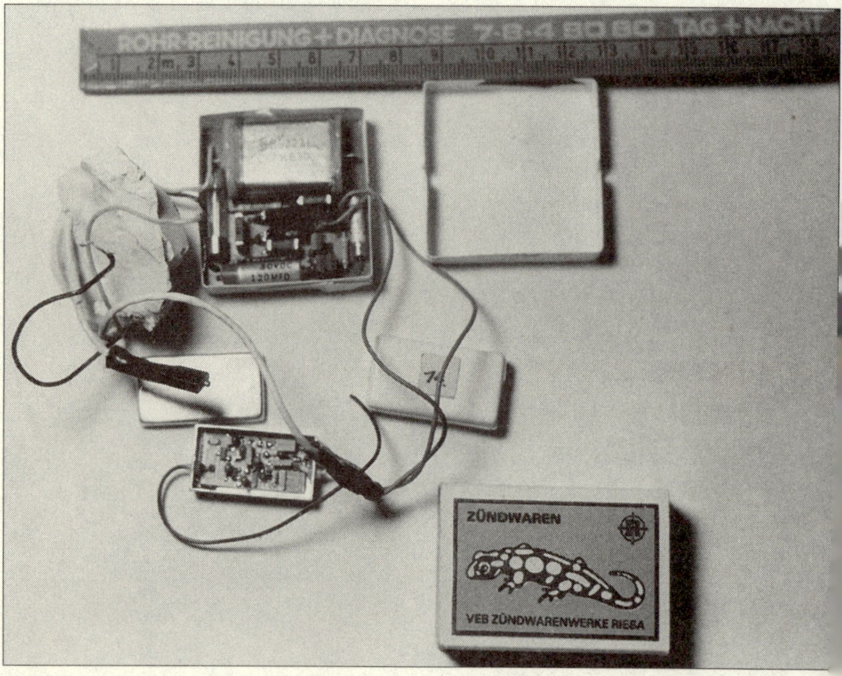

Oben: Durch einen Zufall entdeckt Rainer Eppelmann eine Wanze hinter einer Steckdose, 1988/89.
Unten: Eine der Wanzen, mit deren Hilfe die Stasi die Privat- und Diensträume Rainer Eppelmanns abhörte, 1988/89.

)ben: Rainer Eppelmann (1. Reihe, 3. v. r.) als Minister ohne Geschäftsbereich
n Kabinett Hans Modrow (1. Reihe, 6. v. r.), 1990.
Jnten: Amtseinführung des neuen Ministers für Abrüstung und Verteidigung,
ainer Eppelmann, durch seinen Vorgänger, Admiral Theodor Hoffmann, 1990.

Oben: Bei einer Einheit der Landstreitkräfte, 1990.
Unten: Bei der Volksmarine, 1990.

ben: Rainer Eppelmann im Gespräch mit Michail Gorbatschows
eutschlandpolitischem Berater Valentin Falin (links), 1990.
nten: Rainer Eppelmann und der langjährige DDR-Korrespondent des »Spiegels«
lrich Schwarz (links), 1990.

Oben: Bei Bundesverteidigungsminister Gerhard Stoltenberg in Bonn, 1990.
Unten: Gemeinsames Gedenken mit sowjetischen Offizieren an den Tag der Kapitulation der Hitler-Wehrmacht am 8. Mai 1945 in Moskau, 1990.

ɔen: Rainer Eppelmann, umrahmt von den Verteidigungsministern des Warschauer
ᵼkts, vor dem Mahnmal gegen Faschismus und Militarismus in Ost-Berlin, 1990.
ıten: Ein historischer Tag – die DDR verläßt den Warschauer Pakt.
ıiner Eppelmann und Armeegeneral Pjotr Luschew, Oberkommandierender der
lichen Allianz, beim Austausch der Urkunden am 24. September 1990.

Oben: Mit Ehefrau Eva und dem jüngsten Sohn Justus, 1990.
Unten: Auf dem Wenzelsplatz in Prag, vor dem Denkmal für Jan Pallach, 1990.

st beim Studium seiner umfänglichen Stasiakte erkennt Rainer Eppelmann das faßbare Ausmaß seiner Bespitzelung – auch durch Menschen, die er für Freunde halten hatte, 1992.

Rainer Eppelmann, 1992.

Freunde und Feinde

Die Kirchenleitung wollte seit dem »Berliner Appell« verhindern, daß es wegen mir zu neuen Konfrontationen mit dem Staat kam. Und ich wollte mich weiter in der unabhängigen, hauptsächlich bei uns in der Kirche beheimateten Friedensbewegung engagieren. Es gab also in den folgenden Jahren genügend Konfliktstoff. Dabei wußte ich, daß ich auf den Schutz durch die Kirche angewiesen war und Kompromisse mit deren Leitungsgremien eingehen mußte. Diese wiederum wußten, daß sie mich nicht ohne weiteres hinausdrängen konnten, ohne in der DDR wie im westlichen Ausland unter heftigen Beschuß zu geraten. Es war für alle Beteiligten eine Wanderung auf einem äußerst schmalen Grat.

»So erklärte Stolpe, daß die 9. Tagung des ZK der SED deutlich gemacht habe, daß sich die Politik Erich Honeckers durchgesetzt habe und vom ZK der SED gestützt und mitgetragen werde. (...) Die 9. Tagung des ZK der SED habe die innenpolitische Stabilität in der DDR unterstrichen und somit auch eine Wertung kirchlichen Handelns vorgenommen, da die Kirche

durch keine zusätzlichen innenpolitischen Belastungen die Position der DDR mit stärken half.«
(Aus: Ministerium für Staatssicherheit, Berlin, 15. 1. 1985, Information über die 96. ordentliche Tagung der Konferenz der Evangelischen Kirchenleitungen [KKL] am 11./12. 01. 1985 in Berlin)

Weil mir klar war, daß die Staatsorgane über mich herfielen, sollte die Kirche mir ihren Beistand entziehen, stimmte ich zu, als Manfred Stolpe mir vorschlug, mich in einer regelmäßigen kirchlichen Gesprächsrunde einzubinden. Es war bestimmt kein Zufall, als er mir sagte, wir hätten viel zu wenig miteinander geredet, ob wir uns nicht häufiger in einem Kreis treffen sollten. Er wollte wissen, welche Personen ich dafür vorschlüge, und ich nannte Martin-Michael Passauer und Rudi Pahnke. Später kamen noch die Kollegin Ruth Misselwitz, Rechtsanwalt Wolfgang Schnur und der neue Stadtjugendpfarrer Wolfram Hülsemann hinzu. Die Kirchenleitung wurde von Bischof Forck, Generalsuperintendent Grünbaum – dann seinem Nachfolger Günter Krusche – sowie von Probst Winter – dem später Probst Dr. Hans-Otto Furian folgte – und Stolpe vertreten; zeitweilig wurde Oberkonsistorialrat Pettelkau hinzugezogen.
Wir trafen uns bis zum Ende der DDR meist alle acht bis zwölf Wochen, um über mögliche Konfliktfelder zu sprechen. Es wurde offen diskutiert. Ich fand es nützlich, kirchenleitenden Persönlichkeiten Dinge vorzutragen, die dann vielleicht eine gewisse Rolle spielen konnten in deren Arbeit. Nicht nur ich hatte den Eindruck, daß diese Gespräche für Stolpe wichtig waren.

Natürlich boten sie ihm oder dem Bischof auch die Möglichkeit, steuernd einzugreifen, Absprachen zu treffen, uns zu bitten, dieses oder jenes zu unterlassen. Im nachhinein ist mir nicht immer wohl, wenn ich an die Runde im Konsistorium denke. Inwieweit hat Schnur zuvor fremde Aufträge erhalten, inwieweit sind Stolpes Einflußnahmen nicht nur auf kirchliches Interesse zurückgegangen?

»Werter Genosse Verner,
lieber Paul!
Ich möchte Dich über ein Gespräch von Konsistorialpräsident Stolpe mit dem Hauptabteilungsleiter meiner Dienststelle, Genossen Peter Heinrich, am 18. 6. 1982 in der Dienststelle informieren und Dir einen Vorschlag zu der anstehenden Problematik unterbreiten.
Stolpe informierte darüber, daß unter der Verantwortung der Kirchenleitung der Evangelischen Landeskirche Berlin-Brandenburg in der Erlöserkirche Berlin-Lichtenberg am 27. 6. 1982 von 10.00 bis 16.00 Uhr unter der Thematik ›Hände für den Frieden‹ ein Friedensdienst stattfinden soll. Die Kirche wolle während der Abrüstungstagung der UNO das Friedensthema aufgreifen und im positiven Sinne in uns gegenüber loyaler Weise behandeln.
Stolpe erwähnte nicht – worüber wir informiert sind –, daß sich seit Ende April ein Vorbereitungskreis um Pfarrer Eppelmann gebildet hatte mit der offensichtlichen Absicht, durch Einladung von ausländischen Persönlichkeiten, von für ihre negative Haltung bekannten

Schriftstellern, von Vertretern der Westpresse in der durch die Berliner Bluesmessen bekannten negativen Weise wirksam zu werden.
Aus der Erklärung von Stolpe bei seinem Besuch ging hervor, daß er, unterstützt von anderen kirchenleitenden Kräften, den Versuch machen will, diese Veranstaltung in ihrem Charakter zu verändern.
Stolpe erklärte, daß die Veranstaltung folgenden Ablauf haben solle:

1. Gottesdienst
2. Gebetsstunde
3. Friedensgespräch
4. Orgelvesper
5. Abschlußgottesdienst

Zum Friedensgespräch seien als kirchliche Partner vorgesehen: Altbischof Schönherr, Stolpe, Pfarrer Günther, Oberkirchenrätin Lewek (sind alle als loyale und realistische Kirchenleute einzuschätzen).
Weiter erklärte Stolpe: die Veranstaltung solle sich nur im kirchlichen Raum abspielen. Das bekannte Symbol (›Schwerter zu Pflugscharen‹; d. Verf.) würde – falls überhaupt – nur in der Kirche zu sehen sein. (...)
Westpresse soll ausgeschaltet werden. Er habe die Absicht, mit dem Pressereferenten der BRD-Vertretung zu sprechen, damit er die Korrespondenten bewege, der Veranstaltung fernzubleiben.
Stolpe wolle weiter das Ministerium für Auswärtige An-

gelegenheiten bitten, falls Anträge kommen, keine Westjournalisten zuzulassen.
Es sollen keine ausländischen Gäste eingeladen werden, bis auf den Leiter der internationalen Abteilung des britischen Kirchenrates, Paul Oestreicher, der sowieso zu Studienzwecken in Berlin ist. Dessen Auftritt solle sich jedoch auf ein Gebet beschränken.
Pfarrer Eppelmann habe er sich direkt unterstellt und auf organisatorische Arbeit beschränkt, so daß er ihn ständig unter Kontrolle habe. (...)
Da es sich bei dem Vorschlag von Stolpe um den Versuch handelt, die Wirksamkeit der negativen Kräfte zu begrenzen und zurückzudrängen, sollte man ihm und seinen Leuten nach meiner Meinung diese Chance geben.«
(Aus: Brief des Staatssekretärs für Kirchenfragen, Klaus Gysi, an Politbüromitglied Paul Verner, Berlin, 21. 6. 1982)

Immer wieder hatte ich innerhalb der Kirche Auseinandersetzungen, weil ich bei verschiedenen Gelegenheiten Westmedien einschaltete, um Informationen schnell landesweit zu verbreiten und das DDR-Bild außerhalb unserer Grenzen realistisch darzustellen. Einmal zum Beispiel diskutierten wir im Gemeindekirchenrat über unsere weitere Friedensarbeit. Unser damaliger Vorsitzender, der Laie Wolfgang Apfeld, der inzwischen ein guter Freund ist, hatte sich stark darin engagiert. Aber dann tauchten nach dem »Berliner Appell« Journalisten aus der Bundesrepublik und West-Berlin auf, und er bekam es mit der Angst zu tun. Der Umgang mit westlichen Medienleuten war suspekt, manche hielten ihn gar für verboten. Außerdem mußte man sich ja gegenüber den Medien festlegen und damit rechnen, daß das, was man sagte, auch gedruckt oder gesendet wurde. Sobald man die SED-Führung aber öffentlich kritisiert hatte, hatte man sich zu den »politisch negativen Elementen« begeben.

Wolfgang legte den Vorsitz nieder und schied schließlich gänzlich aus dem Gemeindekirchenrat aus. Ich freute mich sehr, als er ein oder zwei Jahre später zurückkam. Seitdem gehörte er zu jener Kerngruppe in der Friedensarbeit, die bis zum Ende aktiv mitgemacht hat und ohne die keine einzige Aktion und Veranstaltung stattgefunden hätte. Dafür gebührt Wolfgang meine Anerkennung wie auch »Winne« und Günter Weu, Thomas Welz, Thomas Sell, Horst Grieser, Volker Schleicher, »Detti« Kucharzewski, Edeltraut Pohl, Ralf Hirsch und Wolfgang Janisch. Wolfgang hat damals seine Angst überwunden und damit gezeigt, daß dies möglich war, wenn man sie erkannte und darauf verzichtete, falsche Gründe vorzugeben. Er war nicht der einzige, der diesen Weg ging.

Den Vorwurf, mit den Westmedien »verheiratet« und profilsüchtig zu sein, wurde ich bis zur Wende nicht los, obwohl sich allmählich auch andere für diesen Weg entschieden, an die Öffentlichkeit zu treten. Und als zum erstenmal bekannt geworden war, daß ARD und ZDF über einen Gottesdienst während der Friedensdekade in der Samariterkirche berichten würden, entdeckte ich nicht wenige meiner Kritiker, die auffällig neu eingekleidet und frisiert waren. So ist das mit der Eitelkeit.

1986 besuchte uns ein belgisches Fernsehteam in der Samaritergemeinde. Die Belgier baten darum, am Abend im Friedenskreis Aufnahmen machen zu dürfen, und wollten mich am Schluß interviewen. Nachdem sie ihre Arbeit beendet hatten, fragte ich sie, was für einen Eindruck sie gewonnen hätten. Sie antworteten, daß sich ihr DDR-Bild gewandelt habe, sie seien mit völlig falschen Vorstellungen zu uns gekommen. Sie hätten gedacht, daß sich jenseits der Mauer niemand traue, den Mund aufzumachen, aber nun hätten sie gleich eine ganze Gruppe erlebt, die kein Blatt vor den Mund nehme. Ich mußte die belgischen Fernsehleute in ihrem Optimismus bremsen und sie darüber aufklären, daß ihr DDR-Bild im allgemeinen nicht so falsch gewesen sei. Sie hätten an diesem Abend nur Menschen erlebt, die viel selbstbewußter seien als die meisten anderen DDR-Bürger, weil sie das seit Jahren in der Kirche übten.

Der »Berliner Appell« hatte uns vorangebracht. Daneben spielte schon seit 1980 eine Initiative des Pfarrer Christoph Wonneberger aus der Weinbergsgemeinde in Dresden eine große Rolle: der Soziale Friedensdienst, abgekürzt SOFD. Dies war der Versuch, der Kriegsdienstverweigerung neue Impulse zu geben. Verweigerer sollten nicht mehr zur NVA, zu den Bausoldaten, eingezogen werden, sondern einen zivilen Ersatzdienst leisten ähnlich wie in der Bundesrepublik. Die Bausoldatenregelung war für uns auf Dauer nicht befriedigend, weil Kriegsdienstverweigerer auch für die Aufrüstung eingesetzt wurden, indem sie Schießplätze anlegen oder Lagerhallen für Waffen errichten mußten.

Es wuchs die Zahl derer, die erklärten, daß die Bausoldatenanordnung ein zu ihrer Zeit angemessener Kompromiß gewesen sei, daß inzwischen aber neue Alternativen auf der Tagesordnung stünden. Nicht nur waffenloser, sondern auch ziviler

Dienst – das war für uns das Gebot der Stunde. Aber die Regierenden ließen sich nicht bewegen, sondern zogen sich in Gesprächen darauf zurück, daß die Verbündeten im Warschauer Vertrag schon genug Kritik an der Bausoldatenanordnung äußerten, von denen Wehrpflichtige in ihren Ländern nicht einmal träumen könnten. Mehr sei nicht machbar. Erst das Kabinett von Hans Modrow führte im Februar 1990 einen zivilen Ersatzdienst in der DDR ein.

Bei einer Rüstzeit des Kreisjugendkonvents von Friedrichshain 1981 stellte unser Kreisjugendmitarbeiter Bernd Schröder das SOFD-Projekt vor. Zehn Monate hatte Wonnebergers Brief gebraucht, um uns zu erreichen. Kirchliche Kanäle wurden nicht zur Weitergabe benutzt, um das Verhältnis von Staat und Kirche nicht zu belasten. Und die Westmedien blieben zunächst außen vor. Wonneberger trat erst später, anläßlich einer ökumenischen Veranstaltung in Dresden, an die internationale Öffentlichkeit, um seine Idee vorzustellen. Er hatte wohl feststellen müssen, daß seine wichtige Initiative quasi ein Geheimunternehmen bleiben würde, wenn er sich auf die ihm in der DDR gegebenen Kommunikationsmöglichkeiten beschränkte.

Nicht nur der Friedenskreis in der Samaritergemeinde unternahm neue Aktionen. Die Gefährdung des Friedens, der Nord-Süd-Konflikt, die Vergeudung nichterneuerbarer Ressourcen – das waren Themen, die nicht nur die Friedens- und Ökologiebewegung im Westen beunruhigten. Wir wollten außerdem ein Zeichen der blockübergreifenden Solidarität setzen und verdeutlichen, daß es auch in den Staaten des Warschauer Vertrags Menschen gab, die mit der sogenannten Friedenspolitik ihrer Regierungen nicht einverstanden waren.

Wir hatten registriert, wie Parteien und Regierungen die Frie-

densbewegungen Westeuropas zu diskreditieren versuchten. Der Pazifismus habe nach Auschwitz geführt, erklärte etwa der damalige CDU-Generalsekretär Heiner Geißler.
Ich habe diesen Satz damals nicht verstanden, ich fand ihn nur ungeheuerlich. Bis heute halte ich es für unverantwortlich und unfair, die Schuld an Hitlers Mordregime Pazifisten anzulasten, die wie beispielsweise Carl von Ossietzky früher und massiver als viele andere vor der Nazigefahr gewarnt hatten, aber von den meisten ihrer Zeitgenossen nicht ernst genug genommen worden waren, ja, wegen ihrer Enthüllungen sogar vor 1933 verfolgt wurden. Die deutschen Pazifisten haben die Hitlerdiktatur nicht mit Gewalt verhindert – das ist unbestreitbar. Aber das KZ-System haben andere gefordert, geplant, gefüllt und genutzt, und wiederum andere haben es geduldet und weggeschaut.

Wir organisierten weiterhin Bluesmessen, Friedenswerkstätten und jeweils im November Friedensdekaden sowie Seminare. Auf wenig Gegenliebe seitens der Stadtverwaltung stieß unsere Idee, gemeinsam ein Konzept zur Verkehrsberuhigung zu entwickeln.
Inzwischen kamen immer mehr westliche Berichterstatter in die Gemeinde, um mich kennenzulernen und Informationen zu sammeln. Zu ihnen zählte Helmut Löhlhöfel von der »Süddeutschen Zeitung« und dessen Nachfolger als DDR-Korrespondent, Albrecht Hinze. Besonders eng war die Verbindung zu Peter Merseburger von der ARD, die nicht abriß, als er nach London versetzt worden war. Ihn konnte man ohne Umstände bitten, Briefe in den Westen zu befördern und dieses oder jenes Fachbuch mitzubringen. Für einen DDR-Bürger war dies außerordentlich wichtig. Jedes mitgebrachte Buch fand

mehrere Leser, es wurde immer wieder verliehen. Mancher Band allerdings wurde leider nicht mehr zurückgegeben.

Von besonderer Bedeutung für mich waren meine Kontakte zu Ingemar Schwelz und Ulrich Schwarz. Der Österreicher Schwelz arbeitete für die New Yorker Nachrichtenagentur Associated Press (AP) und war trotz hohen Risikos jederzeit bereit, Kurieraufgaben zu übernehmen und technische Hilfsmittel in den Osten zu schmuggeln.

Ulrich Schwarz war akkreditierter Korrespondent des »Spiegels«. Genauer gesagt, er war dies zum zweitenmal. Denn 1978 hatte die DDR-Regierung das Ost-Berliner »Spiegel«-Büro geschlossen, als in dem Nachrichtenmagazin das SED-kritische Manifest eines »Bundes Demokratischer Kommunisten Deutschlands« veröffentlicht worden war. Aber im Lauf der Zeit erkannten die Politbürokraten, daß es ihrer internationalen Reputation schlecht zu Gesicht stand, das bedeutende Hamburger Blatt auszusperren. Also lud man den »Spiegel« zur Rückkehr ein. Der war allerdings frech: Er forderte, als neuen Korrespondenten den alten zu akkreditieren. Es gab einiges Gezerre, aber dann hatten die Hamburger sich durchgesetzt, und Ulrich Schwarz saß wieder in Ost-Berlin.

Ich hatte ihn über Ralf Hirsch kennengelernt. In seinem Büro in der Leninallee lag jede Woche ein »Spiegel« für mich – wie für manch anderen – bereit, was für einen DDR-Bürger ein unüberschätzbares Informationsprivileg darstellte. Ulrich Schwarz war für mich bald ein Freund. Er gehörte quasi mit zur Familie und war auch dabei, wenn Geburtstage gefeiert wurden. Er wußte enorm viel über die DDR und hatte einen anderen Blickwinkel als wir bei verschiedenen Ereignissen. Er war nicht so direkt SED-geschädigt wie wir. Dies machte Gespräche mit ihm besonders produktiv. Er sparte nicht mit Kritik an unseren Ansichten und Aktionen – meistens hatte er recht. Wir waren, typisch für ein Land ohne Pressefreiheit, anfällig für Gerüchte. So glaubte zum Beispiel nicht nur ich eine bestimmte Zeit, daß die DDR die alte U-Bahn-Linie nach West-Berlin wiedereröffnen würde, um Gäste in die Devisenhotels zu befördern. Schwarz rückte in diesem wie in anderen Fällen unsere Köpfe wieder zurecht.

Ulrich Schwarz war nicht auf schnelle Schlagzeilen aus. Wir konnten mit ihm über alles sprechen, ohne Angst haben zu müssen, es am folgenden Tag in der Zeitung zu lesen. Wenn ich eine Aktion plante, diskutierte ich gerne mit ihm darüber. Wir profitierten von seinen vielfältigen Kontakten zu den Mächtigen der DDR.

Ulrich machte keinen Hehl daraus, daß er die Positionen der DDR-Opposition unterstützte. Die Staatssicherheit hielt ihn für einen feindlichen Spion und sein Büro für eine BND-Residentur. Für sie war es geradezu logisch, daß ein ihrer Meinung nach nachrichtendienstlich versierter Pfarrer wie ich mit Ulrich Schwarz zusammenarbeiten mußte bei dem Versuch, die realsozialistische Herrlichkeit zu stören.

Er hatte, wie manch anderer auch, zunächst Schwierigkeiten mit meiner Haltung zu Zeiten der Wende. Es war in der Tat bei vielen Menschen auf Unverständnis gestoßen, daß der Demokratische Aufbruch, dessen Gründungsmitglied und letzter Vorsitzender ich war, an der Seite von CDU und DSU in der »Allianz für Deutschland« in den Volkskammerwahlkampf ging, daß ich dann Minister für Abrüstung und Verteidigung im Kabinett de Maizière wurde und schließlich als CDU-Abgeordneter in den Bundestag einzog. Aber im Gegensatz zu anderen distanzierte Ulrich sich nicht von mir, sondern sprach mit mir darüber. Daher versteht er mich heute besser. Wir sind Freunde geblieben, und darüber bin ich froh.

Die DDR ist vor allem aus ökonomischen und politischen Gründen untergegangen, aber ein wenig auch, weil ihre Bürger sich in Westmedien informieren konnten. Die Opposition gegen das Regime der SED hat von diesem Vorzug enorm profitiert. Die Machthaber kannten die Gefahr, die ihnen durch die westliche Pressefreiheit drohte – und die Kirchenleitung richtete ihr Verhalten daran aus.
Sie diente dem Staat unter anderem beim Informationsaustausch mit westdeutschen Spitzenpolitikern. Ex-Bundeskanzler Helmut Schmidt hat darauf in einer Aussage vor dem Stolpe-Untersuchungsausschuß des brandenburgischen Landtags zu Recht hingewiesen. Er hat in seiner Hymne auf den Potsdamer Ministerpräsidenten aber leider die notwendige Präzision vermissen lassen. Schmidt übersah außerdem – oder wollte er es übersehen? –, daß Stolpe auch ohne seinen Wunsch nach Ost-Berlin berichtet hätte, wie seine Stasigesprächspartner es ihm vor Reiseantritt aufgetragen hatten. Aus Schmidts Sicht ist es verständlich, daß er einen Informationsaustausch schätzte, der seinen politischen Intentionen entsprach. Leider hat auch der brandenburgische Untersuchungsausschuß vergessen, die moralischen Implikationen dieser Ost-West-Kontakte Manfred Stolpes unter die Lupe zu nehmen. Eine genauere Betrachtung zeigt nämlich, daß humanitäre Überlegungen zu Randerscheinungen verkrüppelt waren im Weltbild der großen und der kleinen Weltstrategen.
Die Bürgerrechtler störten das Schachspiel der Mächtigen, dessen Brett die ganze Erde war. Anfang der achtziger Jahre

waren es vor allem Lech Walesa und seine Gewerkschaft »Solidarität«, die sich nicht an die realpolitischen Spielregeln hielten. Sie durchzusetzen bemühten sich Schmidt und Stolpe. So nutzte der Bundeskanzler ein Gespräch mit Bischof Schönherr und Konsistorialrat Stolpe, um der DDR- und der sowjetischen Führung Verständnis zu signalisieren für eine eventuelle gewaltsame Beendigung der Auseinandersetzungen in Polen.

Folgt man Protokollen im einstigen Zentralen Parteiarchiv der SED, erklärte Schmidt gegenüber Honecker, daß eben einer aufräumen müsse, wenn die Tassen aus dem Schrank fielen. So verwandelte sich der Militärdiktator Jaruzelski quasi in einen politischen Reinemachemann. Wie mag sich heute ein Lech Walesa fühlen, wenn er erfährt, welch tiefgreifendes Mitgefühl eines deutschen Kanzlers die in Not geratenen polnischen Kommunisten bei ihrem Verfolgungsfeldzug gegen die Demokratie begleitete? Und dies auch dank der Kundschafterdienste des Manfred Stolpe.

»1. Arbeit im Operationsgebiet (Stasijargon für BRD; d. Verf.)

1.1. Der IM ›Heinz Wendland‹ fährt unter Ausnutzung des Geburtstages seiner Schwester vom 16.-18. 7. 1981 ins Operationsgebiet. Er organisiert für diesen Zeitraum ein Zusammentreffen mit Vertretern politisch-klerikaler Zentren der BRD und Berlin (West) mit dem Ziel, Reaktionen zum Verlauf des Parteitages der PVAP (Polnische Vereinigte Arbeiter-Partei; d. Verf.) in diesen feindlichen Zentralen in Erfahrung zu bringen. (...)

1.2. Im Rahmen einer kirchlichen Dienstreise begibt sich der IM ›Sekretär‹ am 16. 7. 1981 nach Bonn. Er trifft mit dem Beauftragten der ›Evangelischen Kirche Deutschlands‹ bei der Bundesregierung der BRD, Prälat Binder, zusammen. Es wurde bekannt, daß von seiten des Bundeskanzleramtes (Schmidt, Genscher) Interesse besteht [unleserlich; d. Verf.]. Der IM wird besonders Informationen zu Reaktionen auf den Parteitag der PVAP erarbeiten. (...)
Schmidt sagte weiter, daß er in Sorge darüber sei [unleserlich; d. Verf.], wenn in der VRP (Volksrepublik Polen; d. Verf.) Ruhe und Ordnung doch nicht eingehalten werden können und ›marschiert werden muß‹. Das sei für Europa ganz schlimm, denn die Stimmung in Europa, besonders aber in den skandinavischen Ländern, in England, Frankreich sei sehr propolnisch, entsprechend den sich dort abzeichnenden demokratischen Veränderungen. Und sollten alle Töpfe aus dem Schrank fallen, muß die Frage der Vertragspolitik gestellt werden. Das sei eine Frage, ob es politisch weitergehen kann, obwohl es weitergehen muß.
Schmidt wollte wissen, ob sich die DDR dabei raushalten könne. Schönherr vertrat die Ansicht, daß das nicht geht, denn die DDR sei wie die anderen sozialistischen Länder im Warschauer Pakt fest integriert.
Schmidt äußerte weiter, daß er es verstehen könne, wenn sich die Sowjetunion engagiert, denn sie muß als Führungsmacht ihren Laden reinhalten. (...)
Bundeskanzler Schmidt hat Bischof Schönherr aufge-

fordert, über den allgemeinen Gesprächsinhalt die staatlichen Stellen der DDR zu informieren, ohne daraus eine Verhandlungslinie zu machen. (...)
Die Information kann wegen Quellengefährdung offiziell nicht ausgewertet werden.«
(Aus: Ministerium für Staatssicherheit, Hauptabteilung XX/4, ohne Datum, Politisch-operative Maßnahmen im Rahmen der Aktion »Reaktion«)

»I. Herr Stolpe berichtete über seine Reise mit Bischof Schönherr nach Bonn. Bei der Verabschiedung von Bischof Schönherr von Prälat Binder führte dieser sie sowohl zu Bundeskanzler Schmidt wie zu Außenminister Genscher.

a) Gespräch mit Bundeskanzler Schmidt
Anwesend waren außer Schmidt, Prälat Binder, Staatssekretär Huonker sowie von Richthofen, Abteilungsleiter im Bundeskanzleramt, weiter Bischof Schönherr und OKR Stolpe. (...)

Erstes Hauptthema war Polen.
Schmidt sprach sehr freundlich über Gierek (den abgelösten PVAP-Generalsekretär; d. Verf.) als einen gestandenen Politiker, der aber leider von Ökonomie nichts verstanden habe. Es sei ehrenrührig, ihn einfach in die Wüste zu schicken. Die BRD habe Polen viel geholfen, aber sie könne kein Geld mehr geben. (...) Ihm sei schleierhaft, wie jemand in Polen die Lage meistern

sollte. Das System habe Gierek fertiggemacht und würde auch jeden anderen zum Scheitern bringen. Nur die Preußen und die Sachsen könnten offensichtlich aus diesem System etwas machen. Die Rede des Genossen Felfe auf dem Parteitag der PVAP sei völlig richtig gewesen; und er habe gut daran getan, herauszustellen, wie man bei uns arbeitet. Das müßten die Polen mal zur Kenntnis nehmen.
Die Hauptsorge von Schmidt war jedoch offenbar, daß ein ›Handlungszwang‹ die SU und die DDR zu einem ›Eingreifen‹ in Polen zwingen könne. Die Stimmung in Frankreich, Skandinavien und der BRD sei so für Polen, daß er (Schmidt) in diesem Fall handlungsunfähig werde. (Laut Binder: Schmidt meine, daß danach keine Ostpolitik mehr möglich sei.) Dabei müsse man zwischen DDR und SU (›Rußland‹) noch unterscheiden. Bei der SU sei es eher zu verkraften als bei uns.
Das alles waren Schmidtsche Monologe. Schönherr beschwichtigte, erwähnte vor dem Bundeskanzler die Hilfsleistungen der DDR und verwies auf die Äußerungen unseres Staatsratsvorsitzenden über sein Vertrauen in die Fähigkeit der polnischen Genossen, die Dinge selbst in Ordnung zu bringen.

Eindruck von Schönherr und Stolpe:
Schmidt zittert um seine eigene Politik und nicht um Polen. Im Gegensatz zur letzten Unterredung – Juli 1980 – war er diesmal wesentlich deprimierter, sorgenvoller und sah düster in die Zukunft. 1980 habe er noch

auf hohem Roß gesessen. Im Ganzen habe er aber etwas mehr von der DDR begriffen.
Das wichtigere Thema bei Schmidt sei ihm aber offensichtlich seine evtl. Reise in die DDR gewesen. Er habe erklärt, daß er an einer Weitergabe interessiert sei.«
(Aus: Klaus Gysi, Information über die Unterredung mit Oberkonsistorialrat Stolpe am 20. 7. 1981, Berlin, 21. 7. 1981; der Brief trägt folgende handschriftliche Notiz: »An die Mitgl und Kand des PB. EH, 23. 7. 81« [An die Mitglieder und Kandidaten des Politbüros, Erich Honecker; d. Verf.])

Dank Stolpe war das Politbüro in Moskau frühzeitig darüber informiert, was von Protesten der Bonner Regierung gegen einen eventuellen Militärputsch oder einen Einmarsch sowjetischer Truppen in Polen zu halten war – nichts. Vor diesem Hintergrund wird verständlich, warum KPdSU-Generalsekretär Leonid Breschnew dem amerikanischen Präsidenten Ronald Reagan in einem Brief massiv vorwarf, daß seine Regierung sich in Polen einmische, wohingegen die Sowjetunion an der Entwicklung völlig unschuldig sei, er aber dem deutschen Bundeskanzler zur gleichen Zeit viel moderater schrieb (Kopien beider Briefe finden sich ebenfalls im einstigen SED-Archiv).

Ich beharrte als Privatperson auf meinem Recht, meine Meinung zu sagen, und dies weiterhin auch gegenüber Pressevertretern. Das brachte mir immer wieder Ärger mit der Kirchenleitung ein. Als ich in offenen Briefen an Honecker und den

Botschafter der Sowjetunion in Ost-Berlin erneut auf Abrüstungsschritte drängte, erhielt ich ein Schreiben, das im Westen Deutschlands als eine Art »arbeitsrechtliche Abmahnung« qualifiziert worden wäre.

»Sehr geehrter Herr Pfarrer!
Das Kollegium des Konsistoriums ist am 25. 10. 1982 über das Gespräch mit Ihnen vom 29. 09. 1982 unterrichtet worden.
Das Kollegium sieht sich danach veranlaßt, Sie nochmals eindringlich an das Schreiben der Kirchenleitung vom 5. 4. 1982 – K.Ia Nr. 783/82 – zu erinnern.
Die mit Ihnen am 29. 09. 1982 erörterten Aktionen haben wiederum ohne Abstimmung mit dem Gemeindekirchenrat und dem Pfarrkonvent stattgefunden. Der Brief an den Staatsratsvorsitzenden vom 26. 08. 1982 ist gegen den ausdrücklichen Rat der Superintendentin und des mit Ihnen in der Samaritergemeinde im Pfarrdienst stehenden Pfarrers Mueller-Schlomka geschrieben worden.
Sie haben unter Nutzung Ihrer Stellung als Pfarrer und der westlichen Medien erneut die Öffentlichkeit in einer Weise angesprochen, die die nach § 34 Pfarrerdienstgesetz gebotene Zurückhaltung vermissen läßt.
Das Kollegium ist auch über Ihren Brief an den Botschafter der UdSSR in der DDR unterrichtet worden.
Angesichts der bevorstehenden Friedensdekade weist das Kollegium eindringlich darauf hin, daß die zu diesem Zeitpunkt geplanten kirchlichen Veranstaltungen

auf das äußerste belastet würden, wenn sie zeitlich etwa mit einer Veröffentlichung Ihres Briefes an den Botschafter in westlichen Medien zusammenfielen.
Wir bitten Sie deshalb dringend, eine ausschnittsweise oder vollständige Veröffentlichung Ihres Briefes an den Botschafter der UdSSR in westlichen Medien wirksam zu verhindern.«
(Brief des Evangelischen Konsistoriums Berlin-Brandenburg an Pfarrer Rainer Eppelmann vom 25. 10. 1982, unterzeichnet von Manfred Stolpe und Dr. Gottfried Forck)

Nach dem »Berliner Appell« kamen zu unseren Verbindungen mit Partnergemeinden politische Kontakte hinzu. Sie waren den Regierenden mehr als lästig. Den intensivsten Austausch hatten wir zunächst mit den Grünen. Ich erinnere mich gerne an die Besuche von Petra Kelly, Gert Bastian und Lukas Beckmann, für die es selbstverständlich war, nach einer Visite bei Honecker bei uns vorbeizuschauen. Sie brachten uns Bücher aus der Friedensbewegung mit, die wir gut gebrauchen konnten. Auch andere Vertreter der Grünen scheuten sich nicht, mit uns zu sprechen. Man muß aber hinzufügen, daß nur eine Minderheit in dieser Partei Kontakte mit uns begrüßte, um dann von einer Mehrheit regelmäßig dafür gescholten zu werden.
Allerdings litten die guten Beziehungen durch einen Vertrauensbruch des damaligen Grünen-Geschäftsführers erheblich. Wir hatten verabredet, am 4. November 1983 gemeinsam mit niederländischen und belgischen Freunden Briefe mit Abrü-

stungsforderungen in der amerikanischen und sowjetischen Botschaft in Ost-Berlin abzugeben. Wir wollten den Supermächten mitteilen, daß wir es ablehnten, uns zu ihren Geiseln zu machen. Für den Fall, daß Cruise Missiles und Pershing-2-Raketen im Westen und weitere sowjetische SS 20 in der DDR und in der Tschechoslowakei aufgestellt würden, verlangten wir »die sofortige vollständige Evakuierung der betroffenen Bevölkerungen dieser Länder in eine von der UNO zur Verfügung gestellte entmilitarisierte Schutzzone gemäß der von allen beteiligten Ländern ratifizierten UNO-Konvention über den Schutz der Zivilbevölkerung bis zum 6. 8. 1984«. Außerdem wollten wir jeweils einen Globus überreichen, um damit auszudrücken, daß es nur eine Erde gebe und man diese bewahren müsse. Bei den Vorbereitungsgesprächen waren seitens der Grünen Antje Vollmer und Lukas Beckmann in der Samaritergemeinde. Wir trafen uns auch einmal bei Manfred Stolpe im Konsistorium, wo wir verabredeten, das Projekt vertraulich zu behandeln, um es nicht zu gefährden.
Über das Konsistorium erreichte ich dank Stolpes Hilfe, daß die Behörden die Aktion duldeten, sofern wir keine große Sache daraus machen würden. Damit waren wir einverstanden, denn uns kam es darauf an, die erste gesamtdeutsche Demonstration für den Frieden mit europäischer Beteiligung in der DDR durchzuführen. Kein Zweifel, diese Demonstration hätte Furore gemacht und wäre zum Signal für weitere blockübergreifende staatsunabhängige Initiativen geworden.
Aber sie fand nicht statt. Am 3. November, einen Tag vor der geplanten Kundgebung, trat Beckmann vor die Presse und begeisterte sich öffentlich für die Aktion. Er gab sogar Treffpunkt und Treffzeit bekannt. Sofort nahmen sich die Medien der Sache an. Und sofort trat die Stasi auf den Plan. Wer ver-

dächtigt wurde, an der Aktion mitmachen zu wollen, wurde spätestens auf dem Weg in die Innenstadt angehalten und zum zuständigen Volkspolizeikreisamt gebracht. Auch mich stoppte ein Wagen auf der Straße in Chikago-Manier. Wie andere wurde ich stundenlang verhört und erst freigelassen, nachdem die Demonstration gescheitert war. Die Profilierungssucht eines einzelnen bewirkte außerdem, daß die Grünen nicht in die DDR einreisen durften.

Für mich bedeutete diese Katastrophe einen Bruch in meinem Verhältnis zu den Grünen, die ich bis dahin als natürliche Bündnispartner angesehen hatte. Die unabhängige Friedensbewegung in der DDR hätte in ihrer Entwicklung einen großen Schritt nach vorne machen können. Aber das hatten Lukas Beckmann und andere offenkundig nicht begriffen. Sie waren schon auf Dutzenden von internationalen Friedenskundgebungen gewesen, da kam es auf eine in Ost-Berlin wohl nicht an. Wichtiger war ihnen die Publicity. Manche von uns heulten vor Wut, denn die Chance war passé, zum erstenmal eine staatlich geduldete Demonstration in Ost-Berlin durchzuführen, deren Träger die unabhängigen Friedensbewegungen in beiden deutschen Staaten waren.

Mich überraschte dieser Vertrauensbruch auch deshalb, weil Lukas Beckmann zu den wenigen westdeutschen Politikern gehört hatte, die über Jahre die Verbindung zu uns aufrechterhalten und bei DDR-Besuchen nicht zuerst oder nur bei Honecker Schlange gestanden hatten. Dafür bin ich ihm bis heute dankbar.

Inzwischen mußte ich lesen, daß Manfred Stolpe uns zwar offiziell unterstützt hatte bei unserem Versuch, eine Friedensdemonstration in Ost-Berlin durchzuführen, aber hinter unserem Rücken distanzierte er sich von uns gegenüber dem Staat.

»Am 23. 11. 1983 sprach Konsistorialpräsident Stolpe vor. Er informierte von folgenden Vorhaben der Kirchenleitung Berlin-Brandenburg. Am Anfang der nächsten Woche soll eine Aussprache der Kirchenleitung mit kirchlichen Gruppen stattfinden, die sich in der Friedensarbeit besonders engagieren. Diese kirchlichen Gruppen sollen über die Haltung der Kirchenleitung zur Friedensfrage informiert werden. Insbesondere soll darauf verwiesen werden, daß die Kirchenleitung sich nicht hinter die Aktionen kirchlicher Gruppen stellt. Als Begründung dafür wird angeführt, daß nach der Übergabe der Position der Kirchenleitungen an die Botschaften der UdSSR und der USA am 11. 11. 83 keine Notwendigkeit für weitere Aktionen besteht. Darüber hinaus wird empfohlen, von Briefen an den Staatsratsvorsitzenden bzw. andere politisch führende Persönlichkeiten abzusehen. Sollten derartige Briefe geschrieben werden, dann sind sie unter Beachtung folgender 3 Voraussetzungen zu formulieren:

1. In den Briefen dürfen keinerlei antisowjetische Tendenzen zum Ausdruck gebracht werden.
2. Es ist der unbedingte Respekt vor der Person und der Funktion des Staatsratsvorsitzenden bzw. anderer politischer Persönlichkeiten zu wahren.
3. Es ist davon auszugehen, daß die Notwendigkeit einer Stationierung von Nuklearwaffen in der DDR nicht durch die Regierung der DDR angeheizt wird. Diese Notwendigkeit entspricht dem Stationierungs-

beschluß der NATO für Nuklearwaffen in Europa (...).

Stolpe gab zur Kenntnis, daß sich außerhalb der Kirche bewußt ›Unabhängige‹ zusammenfinden. Ihm sei durch Pfarrer Eppelmann bekannt, daß einige Friedenskräfte nicht bereit sind, mit der Kirche zusammenzuarbeiten. Diese Kreise gehen davon aus, daß ›die Popen nur abwiegeln wollen‹. Die Kirchenleitung habe dazu die Position, daß diesen Leuten nicht nachgelaufen wird.«
(Aus: Vermerk über ein Gespräch des Genossen Heinrich, Hauptabteilungsleiter in der Dienststelle des Staatssekretärs für Kirchenfragen, mit Konsistorialpräsident Stolpe am 23. 11. 1983)

Anfang Januar 1984 bekam ich einen Anruf. Die Kirchenleitung lud meine Frau und mich zu einer Aussprache ins Konsistorium. Als wir dort eintrafen, waren die leitenden Brüder schon mit ernsten Gesichtern versammelt. Uns wurde mitgeteilt, daß Staatssekretär Gysi Bischof Forck berichtet habe, der Generalstaatsanwalt der DDR habe so viel Belastungsmaterial gegen mich in der Hand, daß es für eine langjährige Haftstrafe reiche. Nur auf Betreiben von Gysi habe der Generalstaatsanwalt sich darauf eingelassen, mich nicht einzusperren, wenn ich mich binnen einer Woche dazu entschlösse, die DDR zu verlassen. Nun sei es an mir, mich zu entscheiden.
Ich schaute zu Evi und sagte dann, daß es hier nichts zu ent-

scheiden gebe. Ich hätte mir nichts vorzuwerfen und würde Gemeinde und DDR nicht verlassen.
Die Brüder rieten uns daraufhin, bis zum Abend noch einmal in Ruhe über alles nachzudenken und dann Probst Winter mitzuteilen, was wir zu tun gedächten. Es wurde strikte Vertraulichkeit vereinbart und von allen Teilnehmern akzeptiert – auch von Manfred Stolpe.

»Am 18. 1. 1984 fand im Evangelischen Konsistorium, Berlin, Neue Grünstraße, ein internes Gespräch durch 3 leitende Vertreter der Kirchenleitung von Berlin-Brandenburg mit Pfarrer Eppelmann und dessen Ehefrau statt. Die Aussprache stand im Zusammenhang mit der Erklärung des Staatssekretärs für Kirchenfragen gegenüber den Bischöfen Hempel und Forck am 17. 1. 1984 in Potsdam.
Nach der Erläuterung der staatlichen Haltung zur Situation um Pfarrer Eppelmann durch Konsistorialpräsident Stolpe gab Eppelmann eine erste Erklärung ab.
Eppelmann fühle sich ungerecht beurteilt und behandelt. Die gegen ihn erhobenen Vorwürfe könne er nicht einsehen. Er (...) habe sich bemüht, in der Öffentlichkeit maßvoll und ausgleichend in Erscheinung zu treten. Er sei weder am 1. September noch am 4. 11. 83 federführend gewesen. Die Auflagen zu den Blues-Messen habe er erfüllt. Er sehe sich nicht imstande, einen Antrag auf Übersiedlung nach der BRD zu stellen. Ein solcher Schritt könne von ihm gegenüber seinen Freunden und Mitarbeitern nicht verantwortet werden. Er

würde in der BRD auf diese Art und Weise völlig unglaubwürdig erscheinen. Für alles, was man ihm anlaste, wolle er geradestehen und alles auf sich nehmen. Möglicherweise werde er seine Position nach einer evtl. Verurteilung neu überdenken.

Die Vertreter der Kirchenleitung Pettelkau und Winter rieten Eppelmann, seine Haltung zu überprüfen und sich nicht von vornherein alles zu verbauen. Des weiteren seien die Konsequenzen weit schwerwiegender, wie Eppelmann sich das im Moment vorstellen könne.

Die Ehefrau von Eppelmann teilte nicht in jeder Hinsicht die Position von ihrem Ehemann. Sie zeigte Bereitschaft, im Interesse der Familie ›nachzugeben‹.

Die Aussprache wurde ohne Ergebnis beendet. Durch Probst Winter wurde das Ehepaar E. zum absoluten Schweigen verpflichtet.

Nach der Aussprache fand eine interne Auswertung beim Konsistorialpräsidenten statt. Dort wurde eingeschätzt, daß man als Kirchenleitung sich in einer weit unbequemeren Position befinde als Eppelmann. E. setze alles auf eine Karte. Er wolle, daß erst einmal ›alles auf den Tisch‹ komme und er sich in einer evtl. Haft weiter als ›Held‹ profilieren könne.

Die Kirchenleitung Berlin-Brandenburg könne sich nicht von Eppelmann in der Öffentlichkeit distanzieren bzw. ihn völlig fallenlassen. Sie stünde sonst gegenüber den eigenen Gemeinden und gegenüber den anderen evangelischen Kirchenleitungen isoliert da. Darüber, daß Eppelmann ›weg‹ müsse, seien sich alle in der Kirchenleitung einig. Deshalb habe man ja schon versucht, Eppelmann in einer anderen Landeskirche unterzubringen. So sei versucht worden, ihn als Superintendenten nach Angermünde oder Bad Wilsnach zu bugsieren. Dort habe man ihn aber ›ausgepfiffen‹ und empört eine Ablehnung bereitet.

Die Kirchenleitung fühle sich im Moment fast überfordert, denn man habe ja schon beträchtliche Ruhe in die Szene Eppelmann reingebracht. Bei einem Fallenlassen von Eppelmann müsse man auch dessen Position in den Niederlanden, Norwegen, Schweden, Frankreich, Kanada und den USA berücksichtigen.

Der Bischofskonvent, der vom 16.-18.1.1984 in Ferch bei Potsdam tagte, soll sich in der Frage Eppelmann sehr befangen gezeigt haben. Bischof Hempel befürchte eine Solidarisierung seitens der ›Basis-Kräfte‹. Bischof Leich soll eingeschätzt haben, daß er bei einer staatlichen Aktion gegen Eppelmann sich nicht in der Lage sehe, das Treffen der Friedenskreise vom 3.-4. März 1984 in Eisenach stattfinden zu lassen.

Bischof Demke soll auf die Erfahrungen im Fall Rochau hingewiesen haben (der Diakon Lothar Rochau aus Halle-Neustadt hatte sich durch gesellschaftskritische Äußerungen und seine engagierte Jugendarbeit bei den Oberen unbeliebt gemacht. Er wurde auch in seiner Landeskirche unter Druck gesetzt und reiste schließlich in die Bundesrepublik aus; d. Verf.). Die Kirchenleitung in Magdeburg habe Rochau noch nicht verkraftet. Das Urteil sei regelrecht ein ›Rausschmiß-

Urteil‹ gewesen. Die Kirchenleitung sei unter ungeheuren Beschuß genommen worden, weil sie zuviel Toleranz gegenüber dem Staat geübt habe. Der ›Bohley-Clan‹ würde sich breit und stark machen, und es sei noch nicht ganz zu überblicken, wie alles ausgeht.
Am 19. 1. 1984 soll eine außerordentliche Sitzung der Kirchenleitung von Berlin-Brandenburg stattfinden. Forck verfügt jedoch noch über keinerlei Konzept.
In der folgenden Woche findet dann eine weitere Aussprache mit Eppelmann statt.«
(Aus: Ministerium für Staatssicherheit, Hauptabteilung XX/4, Berlin, 19. 1. 1984, in der KW [Konspirativen Wohnung; d. Verf.] »Hagen«, Treffbericht, Quelle: IM »Sekretär«)

Im Ergebnis der Auseinandersetzung mit der Kirchenleitung mußte ich, wollte ich den Schutz durch die Kirche nicht riskieren, einen »Informationsverbund« für zunächst drei Monate akzeptieren. Kamen Personen zu mir, deren Besuch »mißdeutet« werden konnte, Journalisten oder Angehörige westlicher Botschaften zum Beispiel, dann mußte ich dies nachträglich der Superintendentin melden. Sollte ich auf die Idee verfallen, Aktionen zu unternehmen, die öffentlichkeitswirksam und nicht auf die Gemeinde begrenzt waren, sollte ich diese vorher anmelden. Einmal in der Woche mußte ich bei der Superintendentin Bericht erstatten. Bei besonderen Vorkommnissen hatte ich sofort Probst Winter oder in dessen Abwesenheit Konsistorialpräsident Stolpe zu informieren. Generalsuperintendent Krusche übernahm meine seelsorgerische und geistliche Betreuung.

»Pfarrer Eppelmann hat die neuen Bedingungen seiner Tätigkeit akzeptiert. (...) Es ist nach wie vor ins Auge gefaßt, Pfarrer Eppelmann von Berlin wegzubekommen. Der Kirchenleitung ist dies bisher nicht gelungen, weil keine andere Landeskirche ihn haben will. Zur Praktizierung des ›Weglobens‹ gibt es Widerspruch bei einigen KL-Mitgliedern.
Am 7. 2. 1984 informierte Eppelmann die Kirchenleitung, daß er durch einen Beauftragten von Pfr. Heinrich Albertz aufgefordert worden sei, einen ›Appell‹ von Bürgern beider deutscher Staaten an die Volkskammer der DDR mitzuunterzeichnen. Im Ergebnis der durch den Konsistorialpräsidenten geführten Aussprache nahm Eppelmann Abstand von einer Unterzeichnung und distanzierte sich von dem Appell (Wortlaut siehe Anlage). Welche DDR-Bürger noch zur Unterzeichnung angesprochen werden sollen, wurde nicht bekannt.
An dem Treffen von Vertretern kirchlicher ›Friedenskreise‹ am 3. und 4. 3. 1984 in Eisenach nimmt Pfarrer Eppelmann teil, wird aber dabei ständig von Konsistorialpräsident Stolpe begleitet und kontrolliert.
Quellenschutz ist unbedingt erforderlich.«
(Aus: Ministerium für Staatssicherheit, Hauptabteilung XX/4, ohne Datum, Festlegungen der Kirchenleitung von Berlin-Brandenburg gegenüber Pfarrer Eppelmann, Quelle: IM »Sekretär«)

Erst mit dem Olof-Palme-Marsch im September 1987 sollte es gelingen, eine internationale Friedensaktion unabhängiger

Gruppen auf dem Boden der DDR – und auch der ČSSR – durchzuführen. Die DDR wollte ihr Renommee als »Friedensstaat« nicht weiter angekratzt sehen und gestattete es Friedensbewegten aus vielen europäischen Ländern, auf ihrem Zug von Stockholm nach Prag im Arbeiter-und-Bauern-Staat für ihre Ziele zu demonstrieren. Die Idee war auf einer Konferenz europäischer Friedensgruppen entstanden. Da die Veranstalter Wert darauf legten, die unabhängige Friedensbewegung in der DDR einzubeziehen, mußte die SED wohl oder übel Leute aus der kirchlichen Jugendarbeit, vom Evangelischen Jungmännerwerk, als Mitveranstalter akzeptieren. So zählte etwa Martin-Michael Passauer zu den DDR-Vertretern – ein erstaunliches Novum.

Eine Kundgebung fand im Frauenkonzentrationslager Ravensbrück statt. Es war für mich ein einmaliges Bild, wie Menschen der SED-geführten Organisationen zusammen mit der unabhängigen Friedensbewegung durch die Straßen zogen. Plakate mit dem Symbol »Schwerter zu Pflugscharen« tauchten vor den Kameras östlicher und westlicher Fernsehstationen auf. Endlich waren sie wieder in der DDR zu sehen.

Für die DDR-Friedensbewegung war der nach dem ermordeten sozialdemokratischen schwedischen Ministerpräsidenten benannte Marsch von kaum zu überschätzender Bedeutung. Die staatsoffizielle Verpönung unserer Tätigkeit verlor an Wirkung. Die Glaubwürdigkeit der Vorwürfe, die gegen uns erhoben wurden, litt beträchtlich wie auch das SED-Monopol auf die Friedensarbeit. Nun konnte unser Engagement nicht mehr einfach ignoriert werden. Wir waren da, auch öffentlich!

Die SED versuchte nach wie vor, die Friedensbewegungen in den NATO-Ländern für ihre Ziele einzuspannen. Es paßte ihr gar nicht ins Konzept, daß wir internationale Kontakte aufbauten und pflegten. Deshalb behinderte sie diese, wo sie nur konnte. Viele Male wurde ich zu internationalen Friedenskonferenzen eingeladen, aber ich durfte nie hinfahren. Die Kirchenleitung traute sich nicht, mich offiziell als ihren Vertreter zu schicken, und meine privaten Versuche schlugen fehl. Auf solchen Konferenzen sprachen dann Kirchenvertreter als Repräsentanten der unabhängigen Friedensbewegung der DDR, von denen manche noch nie eine Friedensgruppe besucht hatten. Sie gehörten, wie die einschlägigen Akten zeigen, zu den sogenannten »realistischen Kräften«.

Die dänischen Friedensorganisationen hatten sogar einmal eine Konferenz verschoben, weil die eingeladenen Gäste aus der DDR keine Ausreisebewilligung erhalten hatten. Als 1986 wieder eine Friedenskonferenz in Kopenhagen stattfinden sollte, zu der ich eingeladen war, versuchte ich mit Vehemenz, daran teilnehmen zu können. Unter anderem schrieb ich im September einen Brief an den Chef der SED-Bezirksleitung Ost-Berlin, Günter Schabowski, und bat um eine Ausreiseerlaubnis. Der »stern« schloß später, ich hätte um die Ausreisebewilligung gebuhlt, und druckte den Brief als vermeintlichen Beleg ab, allerdings nur auszugsweise, weil das, was die Redaktion weggelassen hatte, nicht ins Bild paßte. Manche machen es sich gar zu einfach.

In meinem Schreiben versuchte ich Schabowski klarzumachen, daß ich nicht nach Kopenhagen fahren müsse, um die DDR zu kritisieren. Bekanntlich tat ich dies in Ost-Berlin.

Aber auch der Brief an den SED-Bezirkschef nutzte nichts. Ich durfte wieder einmal nicht fahren. Statt meiner schickte der Kirchenbund Christa Lewek, seine »Außenministerin«. Im Stasijargon zählte sie zu den »loyalen und realistischen

Kräften«. Sie vertrat unsere Kirche dermaßen oft auf internationalen Konferenzen, daß ihr Reisen ins Ausland eine Last waren. Das sagte sie vor laufender Fernsehkamera, und Millionen von eingesperrten DDR-Bürgern kochten vor Wut.
Außer den Grünen besuchten uns öfter der damalige West-Berliner Senator und spätere Bundessozialminister Norbert Blüm sowie der CDU-Bundestagsabgeordnete Heribert Scharrenbroich, beide aktiv in der christlich-demokratischen Arbeitnehmerschaft.
Norbert Blüm kenne ich seit 1982. Eines Tages klingelte das Telefon, ich nahm ab und hatte den damaligen Senator am Ohr. Er sei zusammen mit Franz Alt, dem Fernsehjournalisten, gerade in Dresden, und wenn ich nichts dagegen hätte, würden sie jetzt zu mir nach Ost-Berlin fahren. Ich hatte nichts dagegen, die beiden kamen und wir unterhielten uns. Im Garten, wie die Stasi betrübt feststellen mußte, denn dort konnte sie nicht mithören.
Ulf Fink, damals Senator für Arbeit und Soziales in West-Berlin, habe ich ein Jahr später getroffen. Eine Rentnerin aus unserer Gemeinde brachte mir einmal einen Ausschnitt aus einer Wochenendausgabe der West-Berliner Tageszeitung »BZ« mit. Es war die regelmäßige Rubrik »BZ fragt Politiker«, in der ein Interview mit Fink abgedruckt war. Eine Frage war: »Wen möchten sie kennenlernen?« Er antwortete: »Rainer Eppelmann.«
Ich rief Dieter Bub an und bat ihn, mir Finks Adresse zu besorgen. Als ich sie hatte, schrieb ich auf einer Postkarte sinngemäß: »Dieses Vergnügen, mich kennenzulernen, können Sie haben.« Ich fügte Telefonnummer und Anschrift hinzu und steckte die Karte ein. Wenige Tage später rief er an. Kurz darauf besuchte er uns zusammen mit Frau und Sohn. Seitdem

kam er zweimal im Jahr in die Samaritergemeinde und brachte Interessierte mit.
Politikern wie Norbert Blüm, Heribert Scharrenbroich, Ulf Fink, Stefan Schwarz, Rita Süßmuth, Uwe Lehmann-Brauns, Werner Schreiber und Hildegard und Michael Höbich werde ich stets dankbar sein. Ihr Engagement und ihre Treue sorgten mit dafür, daß die Herrschenden sich nicht mehr offen an uns herantrauten, wir mit unseren Aktionen und unseren Anliegen international zur Kenntnis genommen wurden und sich unsere Lage in der evangelischen Kirche verbesserte.
Ulf Fink und Hildegard Höbich hatten wir noch etwas anderes zu verdanken: Die Samariterkirche erhielt noch vor der Wende eine moderne Läutelektronik, weil die beiden in West-Berlin eine Sammelaktion für uns durchgeführt hatten, bei der ein fünfstelliger Betrag zusammenkam. Endlich konnten wir unsere Glocken programmgesteuert läuten lassen.
Von der SPD lernte ich unter anderem den Wieslocher Bundestagsabgeordneten Gert Weißkirchen als guten Gesprächspartner schätzen wie auch seinen Fraktionskollegen Freimut Duve. Kurz vor der Wende traf ich im Konsistorium in Manfred Stolpes Beisein auch Jürgen Schmude, den ehemaligen Bundesminister für Bildung und Wissenschaft und Präses der Synode der EKD. Alle, die zu uns kamen, waren willkommen.

Unsere Besucher aus dem Westen befremdeten uns hin und wieder. Einmal zum Beispiel waren wir Gastgeber einer Gruppe von CDU-Abgeordneten, die auf Anregung von Norbert Blüm zu uns gekommen waren. Sie sprachen immer von »Deutschland« und von »Europa« und meinten die Bundesrepublik und die Europäische Gemeinschaft. Irgendwann hatte ich genug davon und fragte sie, wofür sie mich hielten. Etwa für einen Chinesen? Heribert Scharrenbroich, der dies miterlebte, berichtete mir später, daß diese Kritik ihn sehr betroffen gemacht habe. Er habe diesen Einwand nie vergessen und sei seitdem vorsichtiger in seiner Wortwahl geworden.

Es tat mir – genauso wie Gerd Poppe, der bei diesem Treffen dabei war – damals weh, wenn Westdeutsche uns in einer Zeit der Spaltung unseres Landes sprachlich aussperrten und sprachlich einen Alleinvertretungsanspruch erhoben. Sprache drückt Denken aus, und mir wurde deutlich, wie sehr die deutsche Teilung bei vielen Menschen schon verinnerlicht war und als unüberwindlich galt.

Kontakte pflegte ich auch mit Diplomaten der Botschaften westlicher Staaten in Ost-Berlin. Die ersten, die zu uns kamen, waren die Briten, gefolgt von den Amerikanern. Danach nahmen die Österreicher, Schweizer und Franzosen den Kontakt zu uns auf. Seit 1988 gab es dann Verbindungen zu vielen diplomatischen Vertretungen europäischer Staaten außer den Mitgliedern des Warschauer Pakts. In Osteuropa interessierten sich nur die Jugoslawen für Gespräche mit uns. Die Ständige Vertretung der Bundesrepublik meldete sich erst spät bei uns.

Vor allem die Amerikaner wollten meine Anschauungen und Einschätzungen kennenlernen, und sie hielten mich auf dem laufenden über die Position ihrer Regierung, vor allem zu Fragen der Abrüstung. Einer meiner Kontaktleute soll, behauptet der »stern«, sein Gehalt vom US-Geheimdienst CIA bezogen haben. Mag sein. Ich fragte ihn genausowenig wie all die anderen Diplomaten, mit denen ich mich unterhielt, ob sie für irgendwelche Nachrichtendienste tätig seien. Sie hätten es mir wohl kaum gesagt. Und Staatsgeheimnisse hat niemand erfahren, ich kannte nämlich keine.

Der »stern«, dem gegenüber ich zu DDR-Zeiten ebensowenig ein Blatt vor den Mund nahm wie gegenüber anderen Medienvertretern, Politikern und Diplomaten, konstruierte Ende 1992 daraus eine miese Story, ohne mich nach meinen Motiven zu fragen und ohne zu versuchen, sich in die Lage in der DDR der achtziger Jahre hineinzuversetzen: »Jetzt könnte Eppelmann, CDU-Bundestagsabgeordneter und Vorsitzender der Bonner Enquetekommission zur Aufarbeitung der DDR-Vergangenheit, tatsächlich ins Zwielicht kommen. Dem ›stern‹ liegen detaillierte Informationen vor, nach denen der Regimekritiker mehrfach in der Stasiakte eines amerikanischen Staatsbürgers auftaucht. Dieser Brian Michael Qu., heute 49, von 1983 bis 1985 Erster Sekretär der US-Botschaft in Ost-Berlin, war, nach Erkenntnissen der Staatssicherheit, Mitarbeiter des Geheimdienstes CIA.« Und dann folgen vor allem Bewertungen einstiger Stasioffiziere.

Als ich diese »Enthüllungen« las, fragte ich mich, was ich hätte tun sollen, um der Gefahr zu entgehen, unwissentlich Geheimdienstkontakte zu pflegen. Ich kann nicht ausschließen, daß auch mancher Pressevertreter, der mich aufsuchte, einen zweiten Arbeitgeber hatte. Hätte ich auf den allgemeinen Verdacht hin nichts mehr sagen sollen? Aber vielleicht verraten mir die Experten der Hamburger Illustrierten ja gelegentlich, wie man als Oppositioneller in einer Diktatur die Öffentlichkeit sucht und von vornherein die Gefahr ausschließt, einmal an den Falschen zu geraten.

Dem »stern« gelang in gewisser Hinsicht, was der Stasi trotz intensivster Bemühungen nicht glückte: den »Nachweis« zu erbringen, daß Eppelmann und andere Bürgerrechtler im Auftrag »imperialistischer Geheimdienste« den Arbeiter-und-Bauern-Staat zersetzen sollten. Aber ich zahle diesen

Preis gerne für die Pressefreiheit, die ich mit all ihren Ausuferungen der Meinungsdiktatur der SED tausendmal vorziehe.

Hinter solchen und anderen Denunziationen steht offensichtlich die Absicht, einen der wenigen Kritiker Manfred Stolpes unglaubwürdig zu machen. Es wird versucht, Stolpes tatsächliche und konspirative Stasiverbindungen mit meinen eventuellen CIA-Kontakten auf eine Stufe zu stellen. Das aber ist aus vielen Gründen absurd. Der entscheidende ist, daß Manfred Stolpe zu jeder Zeit wußte, daß er mit dem Ministerium für Staatssicherheit verkehrte. Ihm blieb nie verborgen, mit wem er Freundlichkeiten austauschte, wen er informierte und mit wem er zusammen speiste. Ich habe dagegen keine konspirativen Wohnungen aufgesucht, sondern in meinen Privaträumen oder im Gemeindehaus jeden Politiker, Journalisten oder Diplomaten empfangen, der mit mir sprechen wollte – ganz offen, ohne jede Heimlichkeit. Ich wollte sogar, daß staatliche Stellen diese Kontakte registrierten. Sie waren schließlich mein Schutz!

Hätte mich ein Geheimdienst, gleich von welcher Seite, angesprochen und um meine Mitarbeit gebeten, hätte ich dies strikt abgelehnt. Erstens fühlte ich mich nie zum Spion berufen, und zweitens wäre dies mein politischer Tod gewesen. Das größte Geschenk, das ich der Stasi hätte machen können, wäre gewesen, den Vorurteilen des Herrn Mielke gerecht zu werden. Er ist ja bis heute nicht von der Idee abzubringen, daß ich auf der Soldliste des britischen Secret Service gestanden hätte. Mit größter Genugtuung hätten Stasi und Justiz zugeschlagen und mich als endlich überführten feindlichen Agenten eingesperrt, wenn sie mir irgendwelche Geheimdienstaktionen hätten nachweisen können.

Kontakte suchte ich ebenfalls, wenn ich, selten genug, aus familiären Gründen in die Bundesrepublik fahren durfte. Stefan Schwarz von der rheinland-pfälzischen Jungen Union, der heute im Bundestag sitzt, besorgte mir Eintrittskarten für das Bonner Kanzlerfest, an dem ich zu DDR-Zeiten dreimal teilnehmen konnte. Er stellte mich bei diesen Gelegenheiten allen möglichen Leuten vor als den »Pfarrer Eppelmann aus Ost-Berlin«.

Einmal konnte ich mit Anke Fuchs, der damaligen Bundesgeschäftsführerin der SPD, sprechen. Ich fragte sie, warum ihre Partei keine Kontakte zur unabhängigen Friedensbewegung in der DDR aufnehme. Sie widersprach energisch. Ihre Partei habe hervorragende Verbindungen zur DDR-Opposition, da müsse ich mich irren.

Nicht ganz so unwahrhaftig, aber ähnlich desinteressiert zeigten sich die meisten Gesprächspartner auf dem Kanzlerfest. Wichtige Ausnahmen waren Bundespräsident Richard von Weizsäcker und Außenminister Hans-Dietrich Genscher.

»Betr. Eppelmann, Rainer (...)
Decknamen ›Blues‹ (...)

›Blues‹ wurde am 19. 06. 1984, während der Grenzpassage an der Güst (Grenzübergangsstelle; d. Verf.) Bahnhof Friedrichstraße, zur Beobachtung aufgenommen. In der Zeit von 00.02-00.10 Uhr wurde er durch die Paß- und Zollkontrolle ohne Vorkommnisse zügig abgefertigt. ›Blues‹ begab sich zielgerichtet zum Fernbahnsteig A, wo der D 1244 nach Hoek van Holland zur Abfahrt

bereitstand. ›Blues‹ stieg in den 5. Wagen von vorn ein, ging bis zum 1. Wagen vor, kehrte dort um und ging zurück zum 2. Wagen. Er öffnete das Fenster und schaute aufmerksam auf den Bahnsteig. Bis zur Abfahrt des Zuges um 00.20 Uhr blieb er am Fenster stehen.
Als der Zug in den Bahnhof Zoologischer Garten einfuhr, stand ›Blues‹ wieder am Fenster und schaute während des gesamten Aufenthaltes auf den Bahnsteig. Aus seinem Verhalten war nichts zu entnehmen, was darauf hindeutete, daß ›Blues‹ jemanden erwartete. Es kam zu keiner Kontaktaufnahme.
00.37 Uhr fuhr der Zug ab. ›Blues‹ blieb am Fenster stehen und nahm erst wieder Platz, nachdem der Zug den Bahnhof Berlin-Wannsee verlassen hatte. ›Blues‹ befand sich während der Fahrt allein im Abteil.
Auf dem Bahnhof Helmstedt wechselte das Zug-Begleitpersonal. ›Blues‹ wurde von diesem aufgefordert, das Abteil zu räumen, da dies als Dienstabteil benötigt würde. ›Blues‹ nahm daraufhin im 2. Abteil des gleichen Wagens Platz, welches bereits mit 3 Personen besetzt war.
Während der Fahrkartenkontrolle wurde ›Blues‹ von einem Kontrolleur befragt, warum er nach Frankfurt/Main einen solch großen Umweg über Osnabrück und Bochum fährt. Als Erklärung gab ›Blues‹ an, daß er nicht 2 1/2 Stunden Aufenthalt in Hannover haben wollte und deshalb lieber diesen Umweg fährt.
Kurz vor dem Bahnhof Braunschweig verließ ›Blues‹ das Abteil und ging zur Toilette. Sein Gepäck und seine

Jacke verblieben im Abteil. Nachdem er von der Toilette zurückgekehrt war, kontrollierte er die Taschen seiner Jacke, insbesondere die darin verbliebene Brieftasche.
Aus Gründen der Wahrung der Konspiration mußte die weitere Beobachtung von ›Blues‹ in Hannover unterbrochen werden.
›Blues‹ hatte während der gesamten Fahrt keinerlei Kontakte.
Am 23. 06. 1984 wurden Beobachtungskräfte in Bereitschaft gehalten, um ›Blues‹ bei seinem beabsichtigten Aufenthalt in Westberlin unter Kontrolle zu halten.«
(Aus: Ministerium für Staatssicherheit, Hauptabteilung VIII/6, Berlin, 20. 7. 1984, Beobachtungsbericht)

Solche Reisen in den Westen waren nicht ohne Risiko. Zu Recht hatte Havemann mich darauf hingewiesen, daß es mir genauso ergehen könne wie seinem Freund Wolf Biermann, der 1976 nach einem Auftritt im Westen nicht mehr in die DDR hineingelassen und ausgebürgert wurde. Ich glaubte aber, dieser Möglichkeit weitgehend vorgebeugt zu haben. Ich wußte, daß mein Telefon abgehört wurde und nutzte diesen Umstand, um der Stasi hin und wieder Botschaften zu übermitteln. In einem solchen Fall rief ich irgend jemanden an und sagte ihm etwas, was in Wahrheit aber für die geheimen Mithörer gedacht war. Und so rief ich eines Tages, als mein Vater schwerkrank in einem West-Berliner Krankenhaus lag, Manfred Stolpe an und sagte ihm, daß ich nun in den Westen führe, aber auf jeden Fall wiederkäme. Zuvor hatte ich Dieter Bub gefragt, ob er im Notfall bereit sei, mich in seinem Journalistenauto im Kofferraum wieder in die DDR zurückzuschmuggeln, und dieser war gewillt, das Risiko auf sich zu nehmen.

Als Bub die DDR verlassen hatte, wurde die Lage komplizierter, und ich verkündete per Telefon, daß ich vor laufenden Fernsehkameras über die Mauer zurückklettern würde, falls die Grenzer mich abwiesen. Glücklicherweise wurde ich nie vor die Entscheidung gestellt, diese Mutprobe abliefern zu müssen.

Unmittelbar nach dem »Berliner Appell«, als wir die erste Friedenswerkstatt »Konkret für den Frieden« organisierten, herrschte fast vollständige Übereinstimmung unter den Oppositionellen in Ost-Berlin. Nachdem wir aber bemerkt hatten, daß uns die Staatsorgane nicht mehr einfach wegdrängen konnten und wir daher nicht mehr jeden Augenblick auf die Unterstützung des anderen bauen mußten, traten die Eigeninteressen und Charakterunterschiede der Beteiligten stärker hervor.

Es war einer der Vorzüge der Opposition, daß ihre Träger ganz verschiedene Biographien aufwiesen. Vera Wollenberger zum Beispiel entstammte der SED, Gerd Poppe und Bärbel Bohley dem Kreis um Robert Havemann. Ralf Hirsch hatte über unsere offene Jugendarbeit seinen Weg gefunden. Reinhard Schult, Mitbegründer des ersten Friedenskreises der DDR, studierte Theologie und war in der Berliner Evangelischen Studentengemeinde aktiv. Ingrid Köppe hatte sich 1977 geweigert, eine Resolution gegen Wolf Biermann zu unterschreiben, und flog von der Universität. Und ich kam aus der Arbeiterschaft, wobei meine Eltern immer bemüht waren, sich gutbürgerlich zu geben.

Wir wußten, daß wir das SED-Regime ablehnten. Darin bestand unser gemeinsames Interesse, das alles andere in den Hintergrund schob. Als das Ziel erreicht war, fiel die verbindende Klammer weg, und jeder definierte seine Ziele neu. Dies ist ein ganz natürlicher Prozeß, der sich überall, wo Diktaturen gestürzt werden, beobachten läßt.

Aber auch vor der Wende herrschte nicht immer eitel Sonnenschein. Es gab Meinungsunterschiede über Vorgehensweisen. Spannungen traten auf, weil die Bürgerrechtler meist gezwungen waren, sich in kirchlichen Räumen zu treffen. Manchen stieß dieser Umstand natürlich unangenehm auf. Sie hatten nichts im Sinn mit Singen und Beten und auch nicht mit Jesus und dem lieben Gott. Aber sie mußten Lieder und Predigten ertragen, weil sich sonst kein Freiraum für sie fand.

Manche versuchten trotzdem immer wieder, Versammlungsmöglichkeiten außerhalb der Kirche zu finden, und wenn sie die eigene Wohnung dazu umfunktionieren mußten. Gerd Poppe beispielsweise organisierte schon in den siebziger Jahren Lesungen bei sich zu Hause. Für die Autoren, die sonst kein Publikum fanden, weil ihre Arbeiten nicht in die realsozialistische Welt paßten, boten solche Veranstaltungen die einzige Chance, an eine Öffentlichkeit zu treten. Und wer eine Lesung aufsuchte, hörte Dinge, die er sonst nirgendwo erfahren hätte. Zwanzig bis achtzig Menschen drängten sich bei derartigen Gelegenheiten in einer Wohnung.

Für die Kulturfunktionäre der SED war dies Grund genug, Poppe zu schikanieren. Sie hetzten ihm die Baupolizei auf den Hals, die ihm aus Sicherheitsgründen solche Versammlungen untersagte und ihn, weil er sich nicht einschüchtern ließ, mit Geldstrafen drangsalierte. Der studierte Physiker erhielt Berufsverbot und mußte als Maschinist in einem Schwimmbad arbeiten.

Auch Ralf Hirsch entzog sich mit einigen Freunden von der Arbeitsgruppe »Frieden stiften« im Friedenskreis der Samariterkirche einige Male den nervigen Diskussionen mit Vertretern der Kirchenleitung, ob dies oder jenes nun erlaubt sei oder nicht. Und trotzdem rechneten die Staatsorgane ihre Aktionen dem Samariterfriedenskreis zu. Es war hin und wieder ein Spiel mit dem Feuer, auch weil die jugendliche Arbeitsgruppe die Kirchenoberen gerne austrickste und Initiativen einleitete, die nicht mehr zu stoppen waren, wie etwa eine Meinungsumfrage zum Thema Kriegsspielzeug, die nach dem Schneeballprinzip ablief. Die Kirche mußte sich in solchen Fällen notgedrungen vor die Initiatoren stellen, wenn sie diese nicht der Stasi ausliefern wollte.

Die Spannungen unter den Bürgerrechtlern verstärkten sich manchmal auch durch mein Zutun. Als Veranstalter war ich in der stärkeren Position und ließ mir diese Chance hin und wieder nicht entgehen, um meine Meinung durchzusetzen, und manchmal blieb mir auch nichts anderes übrig. Ich verstehe, daß das Gefühl dauerhafter Abhängigkeit von der Kirche und meiner Zustimmung anderen nicht gefallen hat. Sie waren stets gezwungen, bei Differenzen einen Kompromiß zu suchen, mit dem die Kirche leben konnte. Ich bemühte mich in solchen Fällen um einvernehmliche Lösungen.

Die Initiative für Frieden und Menschenrechte, die Mitte der achtziger Jahre gegründet wurde, war die erste bekannte Bürgerrechtsgruppe, die sich bewußt außerhalb kirchlicher Räume traf. Sie legte zu Recht Wert darauf, von anderen Einrichtungen unabhängig zu sein.

Grund zur Irritation boten auch die vielfältigen Gerüchte

über Stasiverstrickungen. Das Studium der Akten beweist heute, daß wir damals recht hatten, als wir annahmen, daß das MfS mit allen Mitteln in unsere Kreise eindringen würde. Die Staatssicherheit versuchte alles, um uns gegeneinander auszuspielen. Einmal lancierten sie die Unterstellung, daß Ralf Hirsch für die Stasi spitzele, weil unsere Überwacher mitbekommen hatten, daß wir beiden eng zusammenarbeiteten. Das Teuflische unserer Lage war, daß wir nie ausschließen konnten, daß ein Gerücht wahr sein konnte.

Im Fall von Ralf Hirsch stimmten derartige Unterstellungen natürlich nicht. Nach seiner Entlassung aus der Haft hatte er polizeiliche Auflagen zu erfüllen, und er konnte sich Gesprächen mit der Polizei nicht entziehen. Er beantwortete eine Zeitlang auch deren Fragen nach unserer offenen Jugendarbeit, aber jedesmal informierte er uns eingehend darüber, was die Sicherheitsorgane von ihm hatten wissen wollen und was er ihnen gesagt hatte. Als die Polizei ihn schließlich zu stark bedrängte, zog er es vor zu schweigen, wie wir es ihm geraten hatten.

Eines Tages im Frühsommer 1989 traf ich Bärbel Bohley zufällig im Bus, wir waren beide auf dem Weg zu einer Veranstaltung der theologischen Studienabteilung des Kirchenbundes in der Innenstadt. Sie erzählte mir, daß Ralf Hirschs bester Freund, Reiner Dietrich, Informant der Stasi sei. Sie konnte es nicht beweisen, führte aber einige Indizien an, die ihren Verdacht erhärteten.

Reiner Dietrich hatte zusammen mit Hirsch in Jugendhaft gesessen. Dietrich hatte sich wie Ralf Hirsch in der Jugendarbeit engagiert. Jeden Morgen weckte er seinen Freund, der mit dem Aufstehen heftige Schwierigkeiten hatte, damit er nicht zu spät zur Arbeit kam. Die beiden waren für die Vorbereitung der Bluesmessen so unentbehrlich wie im Friedenskreis, wenn die Freundschaft auch mitunter durch Eifersüchteleien Dietrichs getrübt wurde. Und dieser Reiner Dietrich sollte Stasispitzel sein? So glaubwürdig Bärbel Bohley ist, diese Anschuldigung erschien mir ungeheuerlich.

Inzwischen weiß ich, daß ich unter dem Eindruck dieses Hinweises einen großen Fehler beging. Ich konfrontierte Reiner Dietrich mit dem, was Bärbel Bohley mir unter vier Augen anvertraut hatte. Da war ein Freund in einen schlimmen Verdacht geraten, und ich konnte die Sache nicht für mich behalten. Dietrich stritt in mich überzeugender Manier alles ab und beklagte sich bei Katja Havemann und Bärbel Bohley, daß ihm so etwas unterstellt würde. Durch meine Schuld hat das Verhältnis zwischen Bärbel Bohley und mir stark gelitten. Außerdem hatte sie recht, Dietrich war IM »Cindy«.

Es war ein Risiko, Freunden – oder Menschen, die man dafür hielt – zu vertrauen. Aber dieses Risiko mußte man eingehen. Einmal erwischte ich mich selbst dabei, daß ich mich bei Menschen, die aus verschiedenen Gründen zu mir kamen, immer häufiger fragte, ob sie nur mitarbeiten wollten, Rat suchten, verzweifelt waren oder ob sie etwas vortäuschten, um mich auszukundschaften. Ich merkte, daß ich aufhörte, offen mit diesen Menschen umzugehen. Hinter jeder Aussage vermutete ich Lüge und Taktik. In dieser Phase lief ich Gefahr, meinen Beruf als Pfarrer nicht mehr ausüben zu können.

Ein Anlaß für mein Mißtrauen waren wöchentliche Besuche einer Frau Anfang Dreißig. Sie hatte, wie sie erklärte, große Probleme mit sich und ihrem Leben. Sie brachte mir hin und wieder Tee oder selbstgemachte Marmelade mit.

Seelsorge empfand ich als eine wichtige und befriedigende Aufgabe, und ich nahm mir Zeit für meine Gesprächspartner,

auch für diese junge Frau. Aber irgendwann kam mir die Frage in den Kopf: Soll die Frau in Pfarrers Bett? Dagegen sprach, daß sie in der Friedensarbeit nicht sonderlich aktiv war.
Ich war mir unsicher, und ich machte mir klar, daß ich dieser Frau nicht helfen konnte, wenn ich sie für eine Stasiinformantin hielt. Ich hatte keinen Beweis für diese Annahme, daher mußte ich ihr vertrauen. So verfuhr ich in allen vergleichbaren Fällen. Enttäuschungen blieben nicht aus, aber als ewig Mißtrauischer hätte ich nichts gewonnen.
Die junge Frau war tatsächlich ein IM. Die Stasi wußte durch ihre Abhöranlagen, daß es in meiner Ehe kriselte, und da versuchte sie, mir eine »Quelle« ins Bett zu legen. Das hätte sich gelohnt, wenn es geklappt hätte.

Eines Tages fragte mich Ulrich Schwarz, ob ich mir vorstellen könne, daß Wolfgang Schnur für die Stasi arbeite. Ich dachte kurz nach und verneinte dann entschieden. Ich erzählte Ulrich, daß ich Wolfgang Schnur einmal darauf angesprochen hätte, daß sein Hang zu schnellen Westautos, Häusern und Frauen ihn für die Stasi erpreßbar mache. In seiner exponierten Stellung als Rechtsanwalt gehe er damit ein viel zu hohes Risiko ein. Mein Freund aber hatte mich beruhigt: »Keine Sorge, hier ist keine Gefahr.« So ließ ich mich durch Ulrichs Frage nicht irritieren. Für mich war Wolfgang Schnur ein Freund und blieb es – bis er als IM »Torsten« enttarnt wurde. Er war einer der fleißigsten Inoffiziellen Mitarbeiter des Ministeriums für Staatssicherheit. Seine Berichte über mich füllen einige Aktenordner. Er ließ kein Detail aus. Ausgenommen die, die ihm selbst hätten schaden können.
Eines Tages im Frühjahr 1982 stand er vor unserer Haustür in der Niehofer Straße in Hohenschönhausen. Evi und ich hat-

ten seinen Namen schon gehört. Rechtsanwalt Schnur aus Rostock verteidigte die Bausoldaten, ein Job, den andere Advokaten gar nicht schätzten. Außerdem, so wurde erzählt, habe er »ein Herz für die Asozialen«. Natürlich war er uns willkommen, als er klingelte.

Nachdem er sich vorgestellt hatte, sagte Schnur, er habe mich durch den »Berliner Appell« kennengelernt. Er kämpfe seit vielen Jahren an der »Bausoldatenfront«, und angesichts gemeinsamer Interessen müßten wir zusammenstehen.

Seitdem schickte ich Leute, die einen Rechtsbeistand brauchten, zu ihm. Und ich lud ihn zu Veranstaltungen ein, in denen es um Wehrfragen ging, wo wir von seinem Sachverstand profitierten. Es gab ja auch eine Gruppe im Friedenskreis der Samaritergemeinde, die sich mit diesem Thema befaßte.

Zweimal besuchte ich ihn an seinem Geburtstag in Rostock, weil ich den Eindruck hatte, daß er stark in seiner Arbeit aufging und daher keine Freunde hatte außer uns in der Samaritergemeinde. Tatsächlich bestand die Geburtstagsrunde, die ich antraf, lediglich aus ihm, seiner zweiten Frau, dem Kraftfahrer und der Sekretärin. Erst viel später begriff ich, daß ein Mann wie er das bißchen Zeit, das ihm der Beruf ließ, brauchte, um der Stasi zu berichten. Wann hätte er Freundschaften pflegen sollen? Und mit wem hätte er über seine Sorgen sprechen sollen? Solche Menschen hatten gespaltene Persönlichkeiten und verloren in der Regel ihr vertrautes soziales Umfeld.

IM »Torsten« wurde erst spät erkannt. Anfang März 1990, mitten im Volkskammerwahlkampf, war ich als Minister ohne Geschäftsbereich der Modrow-Regierung im Süden der DDR unterwegs. Ich besuchte am Vormittag eine LPG, danach hatte ich weitere Termine, bei denen ich das Programm der »Allianz

für Deutschland«, dem Zusammenschluß von CDU, DSU und Demokratischem Aufbruch (DA), vorstellen wollte.
Aber dann schmiß eine Radiomeldung meine Planung über den Haufen. In Rostock seien Papiere aufgetaucht, die den Vorsitzenden des Demokratischen Aufbruchs, der sich gerade erst wenig zurückhaltend als künftiger Ministerpräsident vorgestellt hatte, stark belasteten, hieß es da. Schnur habe für die Staatssicherheit gearbeitet. Ich fuhr auf schnellstem Weg zurück nach Berlin, denn ich war Vorstandsmitglied und Pressesprecher des DA. Dort dementierte Schnur heftig: Alles sei Lüge, irgend jemand wolle ihn fertigmachen.
Ich glaubte ihm.
Er gab uns ein Ehrenwort von Barschelscher Güte. »Jetzt gerade!« erklärte der Wahlkampfparteitag des DA Mitte März in Dresden. Wir waren optimistisch und rechneten mit einem Ergebnis zwischen acht und fünfzehn Prozent. Wir wußten, daß in manchen Bezirks- und Kreisverbänden der von ihrer Götting-Vergangenheit gebeutelten CDU überlegt wurde, zu uns überzutreten. »Trotz Verleumdung« stand auf den Aufklebern, die wir nachträglich auf unseren Wahlplakaten anbrachten. Die Beschuldigungen gegen Schnur habe die Staatssicherheit lanciert, behaupteten Funktionäre des DA auf Veranstaltungen.
In dieser Zeit lag unser Parteivorsitzender im Krankenhaus und erweckte auch dadurch den Eindruck, das unbescholtene Opfer einer Verleumdungskampagne zu sein.
Direkt nach unserem Dresdener Parteitag ging ich zusammen mit Rechtsanwalt Dr. Kurzhals in das von den Bürgerbewegungen besetzte MfS-Hauptquartier in der Normannenstraße in Berlin-Lichtenberg. Schnur hatte uns erlaubt, dort seine Akte zu prüfen. Aber das einzige, was wir fanden, war ein etwa 25 Jahre alter handschriftlicher Brief, in dem der Unterzeichne-

te Stasiminister Mielke schrieb, er habe ihm etwas Wichtiges mitzuteilen und bitte ihn deshalb um ein kurzes Gespräch. Unterschrieben war das Dokument der Anbiederung mit dem Namen »Wolfgang Schnur«. Nur, die Handschrift unterschied sich deutlich von der, die ich kennengelernt hatte. Wollte jemand Schnur schaden, indem er ihm ein solchen Brief unterschob, oder war das Schriftstück echt? Ich wußte es nicht. Als Beweisstück taugte das Papier in meinen Augen nicht.

Anschließend besuchten wir Wolfgang Schnur im Krankenhaus. Ich riet ihm, er müsse nun ehrlich sagen, ob er für die Stasi gearbeitet habe oder nicht. »Wie kannst du so etwas denken?« antwortete er empört.

Mich verunsicherte ein wenig, was er hinzufügte: Ob er diesen Brief verfaßt habe? Er habe zum 80. Geburtstag seiner Großmutter in die Bundesrepublik fahren wollen, und um das zu erreichen, habe er Mielke wohl einmal geschrieben. Aber alles andere seien Gerüchte, um ihm und dem Demokratischen Aufbruch zu schaden. Die Stasi wolle uns jetzt kaputtmachen.

Ich hatte bis dahin, wie ich glaubte, nur gute Erfahrungen mit ihm gemacht und sah keinen Grund, an den Worten meines Freundes zu zweifeln, zumal, wie es schien, es Leute von der Stasi waren, die behaupteten, daß er ein Verräter sei. Zwei Tage später hörte ich im Radio, Schnur habe einen Brief an Bundeskanzler Helmut Kohl geschrieben, in dem er seine Stasimitarbeit eingestehe und erkläre, daß er sich aus der Politik zurückziehe.

Ich wollte ihn daraufhin im Krankenhaus besuchen, wurde aber nicht durchgelassen. Anders erging es Ministerpräsident Hans Modrow. Ihm erklärte Schnur, er habe nichts gegen ihn vorzubringen, und bat um Schutz für seine Familie.

Wir beriefen eine Sondersitzung des DA-Vorstands ein, in der Schnur aus der Partei ausgeschlossen wurde. Ich wurde zum amtierenden Vorsitzenden ernannt und kurz darauf auf einem Parteitag in Schwerin mit 96 Prozent der Stimmen gewählt.

Inzwischen war es mir gelungen, mit Wolfgang Schnur im Berliner St.-Hedwigs-Krankenhaus einen Termin zu verabreden. Als ich kam, mußte ich eine halbe Stunde warten. Seine Lebensgefährtin war noch bei ihm. Die beiden hatten einen Sohn zusammen. Er trug den Namen Ralf – nach Ralf Hirsch. Auch über ihn hatte er Aktenmeter von Berichten abgegeben.

Es klingt zwar völlig verrückt, aber ich glaube noch heute, daß Wolfgang Schnur sich auch als unser Freund verstanden hatte. Als ich zu ihm ins Zimmer durfte, nahm er mich fest in die Arme. Alles tue ihm leid, versicherte er. Aber er habe niemandem geschadet – diesen Satz wiederholte er mehrmals. Er erschien mir unehrlich, erst später lernte ich seine Reaktion als das typische IM-Verhalten kennen. Als Freund hätte er sich anders verhalten müssen. Er hätte aufrichtig schildern müssen, wie er zum Stasispitzel geworden war und was er über mich warum ausgekundschaftet hatte. Er blieb aber die ganze Zeit im allgemeinen. Konkrete Auskünfte erhielt ich nicht.

Nach etwa einer Stunde verabschiedete ich mich. Ich sagte auf Wiedersehen, aber wir trafen keine Verabredung, wann dieses stattfinden könne. Mich hatte dieser Besuch maßlos enttäuscht, vor allem, als ich entdeckte, daß Schnur unser Treffen offenkundig nicht nahegegangen war. Kurze Zeit später konnte ich im »stern« teilweise nachlesen, was er mir nicht erzählen wollte.

Je länger ich über Wolfgang Schnur nachdenke, desto klarer

wird mir, daß man ihn nicht nur verdammen darf, so übel er uns auch mitgespielt hat. Was ebenso unterm Strich bleibt, ist die Tatsache, daß er sich für die Bausoldaten eingesetzt hat. Jahr für Jahr fuhr er Tausende von Kilometern. Oft besuchte er seine Mandanten mehrmals in den Untersuchungsgefängnissen, wohingegen andere Anwälte sich mit einem Termin begnügten und dann glaubten, die Sache im Griff zu haben. Wolfgang Schnur hat gewiß die Informationen, die er bei seiner Arbeit sammelte, an die Stasi weitergegeben. Aber er hat gleichzeitig immer versucht, den Gefangenen zu helfen. Ich kenne Menschen, die noch heute Wolfgang Schnur dankbar sind für seine Unterstützung.

Wolfgang Schnur war wie viele seiner IM-Kollegen ein zerrissener Mensch. Er ging fast bis zur Selbstaufgabe in seinem Beruf auf. Das zerstörte seine Familie. Und er war ein Mann, der ein ungeheures Geltungsbedürfnis hatte, Bestätigung und öffentliche Anerkennung suchte und nach Macht über andere strebte. Er genoß es, wenn Staatsfunktionäre mit ihm verkehrten und seine Arbeit für wichtig befanden, und er hatte, wenn er berichtete, das Gefühl, Macht über Menschen auszuüben.

Mir drängen sich in diesem Zusammenhang einige Parallelen zu Manfred Stolpe auf. Auch im Fall des IM »Sekretär« habe ich nichts von dem zurückzunehmen, was ich Positives über den einstigen Konsistorialpräsidenten gesagt habe. Manfred Stolpe hat vielen Menschen, auch mir, bei vielen Gelegenheiten geholfen. Aber es hat ihm auch Spaß gemacht, Macht auszuüben, zu jenen zu gehören, auf deren Wort es mit ankam, mit denen man sprach und die man aufsuchte. Es hat ihm Freude bereitet, mit einer der widerwärtigsten Institutionen der deutschen Geschichte geradezu freundschaftlich zu verkehren. Ein Stasioffizier war so vertraut mit ihm, daß er ihn »Manne« nennen durfte. Er hat Hunderte von Gesprächen mit Unterdrückern geführt, ohne daß sein Bischof darüber informiert war, was er berichtete und besprach. Hat es ihn nie bedrückt, daß er Freunde und Mitstreiter hinterging – vielleicht weil er es im Interesse eines irgendwie gearteten größeren Ganzen für gerechtfertigt oder für kluge Taktik hielt? Wußte Manfred Stolpe nicht, daß eine große Mehrheit der DDR-Bevölkerung die Meinung vertrat, daß man mit der Stasi nicht redete, weil dies unanständig sei? Entgegen allen heutigen Behauptungen Stolpes war es keineswegs normal, mit MfS-Offizieren regelmäßig und konspirativ zu verkehren.

Wolfgang Schnur praktiziert heute als Rechtsanwalt in Berlin und vertritt auch Westdeutsche, die Grundstücke in den neuen Bundesländern zurückfordern. Ich bin gespannt, wie lange der Rechtsstaat einen solchen Rechtsanwalt erträgt. Wie ich vernahm, befassen sich die Berliner Justizbehörden mit diesem und anderen Fällen vergleichbarer Qualität.

Schnur war der übelste Stasispitzel in meinem Umfeld und nach heutigen Aussagen ehemaliger Stasileute auch ihr wichtigster. Aber andere haben dem »Schild und Schwert« der SED ebenso treu gedient. Sie setzten alles daran, meine Freunde und mich auszuspitzeln und fertigzumachen.

Zurück zur Chronologie. Evi und ich waren 1982 von Hohenschönhausen in die Samaritergemeinde gezogen. Vor allem die Erfahrungen nach dem »Berliner Appell« hatten uns dazu gebracht, unser Haus zu verkaufen und den Schutz der Gemeinde zu suchen. Hinzu kam mein Wunsch, Zeit zu sparen. Anfänglich war ich zur Gemeinde geradelt und dabei eine halbe Stunde pro Wegstrecke unterwegs gewesen. Stetes Training verkürzte die Fahrtzeit fast um die Hälfte. Mit dem Trabant dauerte es dann je nach Verkehrslage sieben oder acht Minuten, aber das oft ein paarmal am Tag. Außerdem hatte sich meine Frau zu Recht darüber beklagt, daß sie und die Kinder am Rand der Gemeinde lebten.

Es fiel mir nicht leicht, aus dem Haus meines Vaters auszuziehen. Als die Regierung Ende der siebziger Jahre die sogenannten Westgrundstücke den jeweiligen Bewohnern zum Kauf angeboten hatte, waren wir darauf eingegangen. Das Geld dafür hatten wir uns von Evis Eltern geliehen. So hatten wir unser Haus nach meinem Vater praktisch zum zweitenmal gekauft.

Die Kirche unterstützte unsere Umzugspläne, weil sie es für sinnvoll hielt, daß ein Pfarrer in seiner Gemeinde wohnte. Darüber hinaus war in der Niehofer Straße in Hohenschönhausen im Rahmen des von der EKD finanziell subventionierten Sonderbauprogramms der Kirche ein kleines Gemeindezentrum errichtet worden. Da für den neuen Pfarrer keine Wohnung gefunden worden war, interessierte sich die Kirchenleitung für unser Haus, wie Manfred Stolpe mir sagte. Es gelang uns schließlich aber nicht, das Haus an die Kirche zu verkaufen oder zu vermieten.

Ebenso schwierig wie der Hausverkauf gestaltete sich die Beschaffung einer Wohnung in der Gemeinde. Das Gemeindehaus gehörte zwar der Kirche, aber über seine Wohnungen verfügte die Kommunale Wohnungsverwaltung (KWV). Nur sie war in der Lage, dafür zu sorgen, daß eine Wohnung für uns frei wurde. Aber sie dachte monatelang nicht daran, uns zu helfen.

Bischof Forck wandte sich daher an den Chef der SED-Bezirksleitung Berlin, Konrad Naumann – Schabowskis Vorgänger –, und bat ihn, seinen Einfluß dahingehend geltend zu machen, daß ich ins Samariterhaus einziehen könne. Sollte dies nicht möglich sein, müsse er den Eindruck gewinnen, daß Naumann das Verhältnis zwischen Staat und Kirche belasten wolle. Es sei nicht vertretbar, daß man einen Pfarrer nicht in seine Gemeinde ziehen lasse.

Der Brief brachte Bewegung in die Angelegenheit. Der Magistrat teilte uns mit, daß wir in eine Gemeindewohnung ziehen könnten, wenn wir der Stadt unser Haus verkauften. Damit war der schwarze Peter uns zugeschoben worden. Konrad Naumann war nämlich auf einen Trick verfallen, unseren Umzug zu verhindern. Das Haus war nach dem offiziellen Verkaufswert mit 25000 bis 30000 Mark zu taxieren, der tatsächliche Wert betrug aber das Doppelte. Hätten wir es an eine Privatperson verkaufen dürfen, so hätten wir den offiziellen Preis erhalten und unterderhand etwa noch einmal so viel. Das war gängige DDR-Praxis. Mit der Stadtverwaltung funktionierte dieses Verfahren natürlich nicht, und darauf baute Naumann.

Zwischenzeitlich war eine Wohnung im Gemeindehaus frei geworden, und während wir darüber nachdachten, ob wir sie ohne KWV-Segen »besetzen« sollten, tauchte schon eine Familie mit Zuweisungsschein im Gemeindebüro auf. Der Schlüssel des Vormieters war noch nicht einmal in der Küsterei abgegeben und die KWV noch gar nicht über das Freiwerden der Wohnung unterrichtet. Manchmal war die DDR erstaunlich effektiv.

Wir gingen schließlich auf den miesen Handel ein. Mittlerweile weiß ich, daß die Staatssicherheit auf diese Weise bezweckte, uns finanziell zu schädigen. Sie hatte sich gegen unseren Umzug ausgesprochen, hatte sie doch unser Domizil in der Niehofer Straße unter großen Mühen umfassend verwanzt.

29000 Mark zahlte der Magistrat schließlich für unser Haus, um es dann an den stellvertretenden Chef der Sparkasse zu verhökern. Ob diese Transaktion streng nach Warteliste ablief? Jedenfalls wohnt dieser gute Staatsbürger und verdiente Funktionär des Volkes nach wie vor darin. Was er dereinst dafür bezahlen mußte, weiß ich nicht. Es war aber gewiß ein Schnäppchen.

Nach der Wende versuchte ich nachzuweisen, daß ich zum Verkauf an die Stadt gezwungen worden war. Ich fragte bei Bischof Forck und Manfred Stolpe an, ob sie noch Unterlagen über diese Affäre hätten, die ich als Belege für meine Behauptung benutzen könne. Bei Gottfried Forck fand sich ein Brief, unterzeichnet von Bischof und Konsistorialpräsident an die damaligen »Herren von Berlin«.

Forck hat sich bei uns für diesen Brief entschuldigt und sich nachträglich darüber gewundert, daß er so etwas geschrieben hatte. Denn darin wurde nicht nur die Stadtverwaltung gebeten, meinem Umzug keine Steine in den Weg zu legen, sondern auch festgestellt, daß ich von der Kirchenleitung besser zu kontrollieren sei, wenn ich in der Gemeinde lebte. Die Kirchenleitung fiel uns dadurch gegenüber dem Staat in den Rükken. Das läßt sich auch durch die Behauptung nicht wegdiskutieren, es habe sich um einen taktischen Schachzug gehandelt, um uns zu einem schnellen Umzug zu verhelfen.

Nun hatte zwar der Umzug geklappt, und ich mußte nicht mehr pendeln. An der Fülle meiner Arbeit änderte sich aber nichts und auch daran nichts, daß ich mich weiterhin voll auf sie konzentrierte. So war es kein Wunder, daß meine Ehe unter der pausenlosen Belastung zerbrach.

1986 sagte meine Frau, daß sie es nicht mehr aushalte mit mir.

Diese Erklärung kam für mich wie aus heiterem Himmel – was nicht für mich spricht. In den folgenden zwei Jahren quälten wir uns durch Versöhnungsversuche und Streit. Wir nahmen auch die Ehe- und Familienberatung der evangelischen Kirche in Anspruch, was uns half, unsere Lage zu verstehen, was aber die Fehlentwicklung nicht ungeschehen machen konnte. Es war zu spät.

Erst bei meiner Frau hatte ich Wärme und Geborgenheit erlebt. Ich kann mich nicht erinnern, daß meine Mutter mich in den Arm genommen oder gestreichelt hatte.

Mir fällt es schwer, mit weinenden Menschen umzugehen. Sie tun mir leid, noch dazu, wenn ich den Eindruck habe, daß sie wegen mir weinen. Dann fühle ich mich hilflos. Wir hatten schon vor dem Ausbruch der Krise immer wieder einmal über meine Belastung und deren Folgen für das Familienleben geredet, aber ich hatte nicht gemerkt, daß das Eis, das uns trug, dünner wurde. Erst später begriff ich, daß ich mich oft rücksichtslos gegenüber Frau und Kindern verhalten hatte. Daß ich kaum Zeit hatte, mich meinen Kindern zu widmen, empfand ich als wenig dramatisch, wußte ich sie doch bei der Mutter in den besten Händen. Ich übersah aber die Notwendigkeit, meiner Frau dabei ein wirklicher Partner zu sein.

Wenn ich früher darüber nachgedacht hatte, beruhigte ich mich mit der Feststellung, daß Evi und ich uns am Anfang unserer Ehe für ein solches Leben entschieden hatten. Sie hatte erklärt, daß sie 2 bis 22 Kinder haben wolle. Ich ignorierte dabei, daß es einen Unterschied gibt zwischen den Wünschen einer Neunzehnjährigen und der Wirklichkeit von Menschen Mitte Dreißig. Wenn das schlechte Gewissen mich übermäßig piesackte, fragte ich mich, was anders zu machen wäre. Meine Antwort war, daß ich meinen gesamten Lebens- und Arbeitsstil hätte ändern müssen. Ich hätte nicht mehr ein Pfarrer sein können, der von morgens früh bis abends spät für alle Leute da war. Ich hätte Dienst nach Vorschrift machen müssen. Ich beruhigte mich mit der Vorstellung, daß ich dann unglücklich wäre und eine Plage für meine Umgebung. Das konnte sich meine Familie doch auch nicht wünschen!

Eigentlich fand ich unser Leben nicht schlecht, jedenfalls war es besser als das, was ich in meiner Arbeit über die Lage anderer Menschen erfuhr. Wohl war ich niemand, der am späten Nachmittag von der Arbeit heimkam, um sich dann nur noch der Familie zu widmen. Dafür aber bot mein Status als Pfarrer meinen Angehörigen enorme Vorteile. Meine Frau zählte zu den freiesten Menschen in der DDR, sie konnte allein entscheiden, was sie tat. Sie hatte diese ungebundene Existenz jahrelang genossen. Und ich hatte geglaubt, daß die Gemeinsamkeiten, die so erwuchsen, für ein ganzes Leben ausreichten. Das war ein grundlegender Irrtum.

Am 11. Juni 1988 wurde unsere Ehe geschieden. Genau zwei Jahre später heirateten wir wieder. In dieser kurzen Zeit hatte sich alles geändert. Und natürlich hatten wir inzwischen Erfahrungen gemacht und Dinge bedacht, die wir vorher nicht gesehen hatten, obwohl wir dieselben Menschen geblieben waren. Heute muß meine Familie oft noch stärker unter meinem Beruf leiden, denn als Bundestagsabgeordneter bin ich oft zwei Wochen nicht zu Hause in Berlin.

Die Krise, die dem einstweiligen Bruch vorausgegangen war, wurde von der Staatssicherheit in jeder Hinsicht genutzt. Jene, die sich nach der Wende auf die Position zurückzogen, einem »anerkannten Ministerium« gedient und sich für Recht und Ordnung eingesetzt zu haben, bemühten ihre perversen Phantasien, um die Opposition zu bekämpfen. Wie man heute den Akten entnehmen kann, hatten sie sich geradezu darauf verlegt, in die persönlichen Beziehungen ihrer Feinde »zersetzend« einzubrechen, um den größtmöglichen psychischen Schaden anzurichten. Ihnen war nichts zu mies, und sie scheuten keine Mittel.

Es war dem MfS nicht gelungen, den Gemeindekirchenrat gegen mich aufzubringen. Die Kirchenleitung machte mir das Leben zwar hin und wieder schwer, aber sie ließ mich nicht fallen. Und wenn in anderen Friedenskreisen Gerüchte auftauchten über verdächtige Umtriebe des Pfarrers Eppelmann, hatten sie nie durchschlagende Wirkung. Mit der Zeit sammelten wir unsere Erfahrungen mit den Ergebnissen der für uns meist unsichtbaren Arbeit von Mielkes Inoffiziellen Mitarbeitern. Irgendwann fragte ich in unserem Kreis, wann die Stasi nun versuchen würde, mir anzuhängen, eine Konfirmandin vergewaltigt zu haben. Wahrscheinlich fand sie kein Mädchen, das beschwor, daß ich mich ihr unsittlich genähert hätte.

In meinem Wahlkreis und in Potsdam allerdings wird heute, mehr als drei Jahre nach der Wende, das Gerücht gestreut, ich hätte mich an meiner Tochter vergriffen. Diese Bemühungen haben zwar Stasiniveau, aber ich muß die Urheber in Kreisen vermuten, denen meine Tätigkeit als Vorsitzender der Enquetekommission des Bundestags zur Aufarbeitung der DDR-Vergangenheit zuwider ist.

Kurz vor Weihnachten 1985 tauchten anonyme Briefe mit Schmuddelversen in der Gemeinde auf. In ihnen wurde wahrheitswidrig unterstellt, daß Evi ein intimes Verhältnis mit unserem damaligen Kirchenmusiker habe. Es war ein neuer Höhepunkt der Versuche der Stasi, uns zu zersetzen. Stasigenosse

Bronder ließ es sich nicht nehmen, sich selbst als Dichter zu versuchen.

»Der erste Fick mit Eva
Herr Radelhof hat Kraft im Stengel
dagegen ist des Rainers Schwengel
erbärmlich dünn, ein schlapper Aal
deshalb hat Eva freie Wahl.
Der erste Fick mit Eva war
für beide einfach wunderbar
es wurde wiederholt so oft
so soll es bleiben, wie man hofft.
(...)

Zur Beruhigung der Gemüter:
AG ›Moral stiften‹ stellt seine Tätigkeit ein, sobald Radelhof die Samaritergemeinde für immer verlassen hat.

(Nur zum innerkirchlichen Dienstgebrauch)«
(Hervorhebungen im Original; d. Verf.)

Diese Briefaktion hat ihren Zweck teilweise erfüllt. Monatelang zirkulierten ständig neue schmutzige Verse durch die Gemeinde. Der Gemeindekirchenrat, der Generalsuperintendent, das Konsistorium beschäftigten sich damit und auch die Mitarbeiterrunde unserer Gemeinde.
Zuerst glaubten die meisten – auch ich –, mein Kollege Mueller-Schlomka stecke dahinter. Er hatte nach anfänglich guter Zusammenarbeit offensichtlich zunehmend Schwierigkeiten

damit, daß er in der Gemeinde nicht der Pfarrer war, der das alleinige Ansehen genoß. Auch sonst sprachen Indizien gegen ihn. Es mußte, so glaubten wir, auf jeden Fall einer aus unserer nächsten Umgebung sein, der für die Sudeleien verantwortlich war, wenn vielleicht auch nur in dem Sinne, daß er die dafür erforderlichen Informationen weiterleitete. Er mußte unter anderem von unserer Ehekrise wissen.

> »Mit der Zielstellung, den Ruf von Eppelmann in der Gemeinde zu ruinieren, den Haß von Eppelmann und dem 2. Pfarrer der Gemeinde zu schüren und die Eheverhältnisse weiter zu verschlechtern, wurden Spottverse auf das Verhältnis von Eva Eppelmann und dem kirchlichen Mitarbeiter R. in mehreren Folgen über einen längeren Zeitraum in der Gemeinde in Umlauf gebracht. (...) Zum Teil wurden diese Spottverse vom Gen. Bronder persönlich verfaßt, zum Teil war der Charakter der Spottverse pervers und anzüglich.«
> (Aus: Bezirksverwaltung für Staatssicherheit Berlin, ohne Datum, Maßnahmen der spezifischen Zersetzung und der »normalen« operativen Arbeit, an denen der IM »Hoffmann« mitgewirkt hat [in zeitlich ungeordneter Reihenfolge])

Als ich später in den Akten las, wer in Wahrheit verantwortlich war für die obszönen Verse, überlegte ich, ob ich Bruder Mueller-Schlomka aufsuchen, ihm von meinem Verdacht berichten und mich entschuldigen sollte. Ich nahm aber davon Abstand, denn er hatte zwar die anonymen Briefe nicht ge-

schrieben, aber möglicherweise den Anstoß dazu gegeben. Ohne ein Blatt vor den Mund zu nehmen, erzählte er laut Stasiakten der Referentin für Kirchenfragen beim Rat des Stadtbezirks Internes und Intimes aus dem Samariterhaus.
Frau Nehrlich, die »Kirchentante« von Friedrichshain, paßte auf, daß in den Kirchen ihres Bezirks nichts geschah, was den Vorschriften widersprach. Sie inspizierte zweimal in der Woche die Schaukästen der Gemeinden im Kirchenkreis, um ihrem Vorgesetzten, dem Bezirksrat für Inneres, dann zu melden, wo etwas Bedenkliches zu lesen war. Sie pflegte auch die Kontakte zu Pfarrern und Mitarbeitern. Mueller-Schlomka gehörte zu jenen, die recht auskunftsfreudig waren. So erzählte er ihr laut Stasiakten wahrheitswidrig, daß meine Frau fremdgehe, seit ich meinen Verkehrsunfall gehabt hätte.
Wenn die Stasi etwas erreicht hat, dann daß das Verhältnis zwischen der Mitarbeiterrunde und dem Gemeindekirchenrat auf der einen Seite und Mueller-Schlomka auf der anderen unwiderruflich vergiftet war. Und außerdem gab diese Aktion unserer Ehe möglicherweise den Rest. Allerdings verfehlte sie ihr Hauptziel. Dieses bestand darin, daß ich in Folge der Affäre von der Samaritergemeinde als ständiger Stein des Anstoßes entfernt wurde.
Die Kirchenleitung hatte einige Zeit darauf geachtet, daß die Affäre keine größeren Kreise zog. Aber als sich nichts aufhellte und die Gerüchte unsere Arbeit schwer behinderten, erstatteten die Küsterin Edeltraut Pohl und Evi Anzeige bei der Polizei. Diese nahm Schriftproben von allen, die als Urheber in Frage kamen. Aber bald teilte die Polizei mit, daß ihre Ermittlungen nichts ergeben hätten.
Die Staatssicherheit hatte sich für den Fall unserer Trennung vorbereitet. Zu allem bereit war im Auftrag des MfS die Son-

derschullehrerin Barbara Kanafolski alias IMB »Irene«, wegen ihrer auffälligen Schminke auch spitz, aber liebevoll die »Bunte« genannt. Sie war eines Tages zu uns gekommen und hatte gesagt: »Ich fühle mich im Friedenskreis in Pankow nicht mehr wohl. Stellt euch vor, da gibt es Leute, die behaupten, ich hätte was mit der Stasi zu tun!« Und dann arbeitete sie bei uns mit. Sie war enorm fleißig und hilfsbereit. Es gab kaum eine Gruppe, in der Barbara Kanafolski nicht mitmachte. Sie hatte eine Menge gelesen und redete ununterbrochen.

Wir hatten unseren Friedenskreis inzwischen umstrukturiert, unter anderem weil wir zunehmend von Horden von sogenannten »marxistischen Diskutierern«, Stasistudenten, heimgesucht wurden, die darauf aus waren, unsere Zusammenkünfte zu stören. Wir verwandelten die offenen Plenumssitzungen in das »Café Schalom«. Einmal im Monat räumten wir den Gemeinderaum um, stellten Tische, Stühle, Lampen und Kerzen hinein, bereiteten ein kleines Büfett zu und unterhielten uns in privaterer Atmosphäre ungestört über die Dinge, die anstanden.

IMB »Irene« machte sich fast unentbehrlich. Mit Feuereifer besorgte sie Brötchen, schmierte sie Schmalzstullen, kochte sie Kaffee und Tee. Sie fuhr mit, wenn unsere Gruppe gemeinsam auf Urlaub ging, und kümmerte sich rührend um die Kinder, wenn wir etwas zu besprechen hatten.

> »Die persönlichen Beziehungen des IM (»Irene«; d. Verf.) zu Pfarrer Eppelmann sollten nach der Scheidung mit dem Ziel einer möglichen Lebensgemeinschaft bei-

der ausgenutzt werden. Diesbezügliche vorbereitende Gespräche wurden mit dem IM geführt.»
(Aus: Bezirksverwaltung für Staatssicherheit Berlin, ohne Datum, Maßnahmen der spezifischen Zersetzung und der »normalen« operativen Arbeit, an denen der IM »Hoffmann« mitgewirkt hat [in zeitlich ungeordneter Reihenfolge])

Zwei- oder dreimal lud sie mich zu sich nach Hause ein. Aber ich beließ es bei einer Tasse Kaffee. Ich hatte Frau und Kinder nicht vernachlässigt, weil ich keine Lust mehr auf Familie gehabt hätte, sondern weil ich unter enormem Zeitdruck stand. Es war ein Irrtum der Stasi, zu glauben, ich sei nun darauf aus, eine neue Beziehung zu beginnen. IMB »Irene« versuchte eine Weile ihr Glück, gab sich gegenüber ihrem Dienstherren optimistisch und schmierte Schmalzstullen. Das Schmalz brachte sie in einem hübschen Keramikgefäß mit. Sie schenkte es mir, als es leer war.
Dann trat sie noch einmal in Erscheinung, allerdings ohne daß ich dies merkte. In einer Sondernummer der Zeitung »Feuermelder« des Friedrichsfelder Friedenskreises, in dem der später als IM enttarnte Pfarrer Gottfried Gartenschläger wirkte, wurde ein Beitrag abgedruckt, der sich in rüder Form mit mir befaßte. Es wurde der Eindruck erweckt, Vera Wollenberger habe ihn verfaßt. Aber das stimmte nicht. IMB »Irene« hatte sich hier als Redakteurin versucht.
Der Friedenskreis in der Samaritergemeinde sollte sich mit Pfarrer Eppelmann solidarisieren und sich gegen die angebliche Kritik von Vera Wollenberger verwahren, woraufhin der

Friedrichsfelder Friedenskreis sich hinter Vera Wollenberger stellen sollte. So wollte die Stasi die beiden größten Friedenskreise gegeneinander aufhetzen. Das Unternehmen klappte allerdings nicht.

IM »Hoffmann« alias Jürgen Ehlers, der seiner Spitzeltätigkeit einige Jahre lang sogar hauptamtlich nachging, war ein wichtiger Mann für unsere Gemeinde. Ehlers war zunächst technischer Mitarbeiter, dann Hausmeister, schließlich sogar technischer Leiter im St.-Elisabeth-Stift in der Schönhauser Allee. Eines Tages tauchte er bei mir auf und erzählte von Schwierigkeiten, die er an seiner Arbeitsstelle habe. Der Leiter wolle ihn kaputtmachen und hinausdrängen. Er wurde ein häufiger Gast, und ich bemühte mich, ihn seelisch immer wieder aufzubauen. Und wenn ich Handwerker und Baumaterialien suchte, mußte ich ihn nur anrufen. Irgendwann erklärte er mir, daß er es im Stift nicht mehr aushalte und woandershin gehen müsse. Eine geschickte Verabschiedung, wie ich nach dem Studium meiner Stasiakten registrierte. Ihm gegenüber hatte ich nie einen Verdacht gehegt.

Ich war davon überzeugt, daß meine Post überwacht wurde. Und wenn jemand mich besuchte und etwas Vertrauliches besprechen wollte, bat ich meinen Gast ins Freie. Martin-Michael Passauer fand meine Vorsicht etwas überzogen, als ich ihn einmal zu einem Straßenspaziergang einlud. Ich nähme mich vielleicht doch ein bißchen zu wichtig, dachte er damals, aber wenn es mir guttue, draußen zu reden, sei ihm dies auch recht.
Darauf, daß unsere Wohnung komplett verwanzt war, kam ich durch einen Zufall. Die Gemeinderäume mit Küsterei und

Büro liegen im Erdgeschoß in der Samariterstraße 27, direkt unter meinem damaligen Arbeitszimmer. Für mich bedeutete das, daß ich zigmal am Tag die Treppe hoch und runter laufen mußte. Darum war es unerläßlich, daß die Küsterin über die Amtsleitung mit mir sprach. Aber das kostete knappes Geld, und außerdem gingen wir davon aus, daß die Leitung angezapft war. Also baten wir unsere Partnergemeinden, uns ein Haustelefon zu schenken. Sie waren so freundlich, dies bald zu tun, und wir glaubten uns aller Telefonsorgen ledig. Ein Apparat stand in meiner Wohnung, der andere bei der Küsterin.

Allerdings piepte es in meinem Hörer, wenn ich das Haustelefon benutzte. Es regte mich nicht sonderlich auf, sondern verleitete mich zu der eher resignierenden Feststellung, daß jetzt auch im Westen offenkundig nur noch Pfusch gebaut werde.

Mit Ulrich Schwarz hatte ich hin und wieder über Wanzen gesprochen. Als ich ihn einmal in seinem Büro in der Leninallee besuchte, zeigte er mir ein Gerät, das er aus West-Berlin mitgebracht hatte und mit dem man Abhörmikrophone aufspüren konnte. Er war natürlich mißtrauisch und vermutete, daß die Stasi gerne mithören würde, was in seinem Büro vorging. Aber er hatte keine Wanze gefunden.

Dieses Gerät müsse ich bei mir zu Hause ausprobieren, sagte ich Ulrich. Er erklärte mir, wie man es benutzte. Zu Hause angekommen, bat ich das Gemeindekirchenratsmitglied Winfried Weu, gemeinsam mit mir auf Wanzensuche zu gehen. Er erschien mir dafür besonders geeignet, arbeitete er doch für den DDR-High-Tech-VEB Robotron. Allerdings nur von sieben bis neun Uhr morgens, weil er dann sein Soll im Kundendienst bereits erfüllt hatte und dafür einen guten Lohn einstrich – daher personifizierte er für mich in gewisser Hinsicht den unvermeidlichen Untergang der DDR.

Winne hatte viel Zeit für die Gemeindearbeit und war gleich mit von der Partie. Als wir das Gerät einschalteten, fing es an zu piepen. Das bewies nicht, daß es eine Wanze gab, aber mein Verdacht verstärkte sich fast bis zur Gewißheit.

Erst ein Zufall brachte mich endgültig auf die richtige Spur. Eine Steckdose neben meinem Schreibtisch war locker, und ich bat ein im Haus wohnendes Gemeindemitglied, Stefan Freyer, den ich als leidenschaftlichen Bastler kannte, sie zu reparieren.

Stefan schraubte die Steckdose von der Wand. Dann sagte er: »Du, Rainer, da ist ein Draht drin, der hier nichts zu suchen hat.« Er stellte weiter fest, daß die Plastedose in der Rückwand ein Loch hatte. Tatsächlich führte eine Leitung hinter die Dose in die Wand, und dort fanden wir einen kleinen Gegenstand, der mit Gips befestigt war. Stefan brach ihn heraus, gab ihn mir, und ich hatte die erste Wanze in der Hand. Es war Adventszeit 1988.

Das Piepen im Haustelefon verstummte. Stefan nahm den Hörer auseinander und entdeckte einen Wackelkontakt. Auf irgendeine Weise hatte das Telefon durch diesen Herstellungsfehler Signale der Wanze aufgefangen und so das Piepen erzeugt.

Ich rief sofort empört das Evangelische Konsistorium an. Die Kirchenleitung drängte mich, mit meinem Fund auf keinen Fall an die Öffentlichkeit zu gehen. Sonst würden die Behörden nichts unternehmen, und der Schuldige würde nicht erwischt werden. Außerdem würde dadurch das Verhältnis zwischen Staat und Kirche belastet. Ich verstand zwar die Logik nicht recht, die hinter dieser Bitte stand, ließ mich aber aus

Loyalität darauf ein. Das Konsistorium erstattete Anzeige, und ich brachte mein Fundstück zur Polizei.

Staatsanwalt Dr. Gläßner, den ich anläßlich meiner Verhaftung wegen des »Berliner Appells« schon kennengelernt hatte, nahm sich des Falls an. Als erstes erklärte er mir, daß es ein Fehler gewesen sei, den mysteriösen Apparat auszubauen. Jetzt könne man nicht mehr feststellen, ob er tatsächlich funktioniert habe, und daher sei es unmöglich, zu sagen, ob es sich überhaupt um eine Abhöranlage handele oder nicht. Selbst wenn es eine solche sei, könne sie von der CIA oder einem anderen imperialistischen Nachrichtendienst installiert worden sein.

Diese Aussage verblüffte mich, denn inzwischen hatte ich herausbekommen, daß meine Wanze gerade mal fünfzig bis hundert Meter weit senden konnte. Und da erzählte mir der Generalstaatsanwalt von Berlin seelenruhig, daß möglicherweise die CIA einen Stützpunkt in der Nähe meiner Gemeinde eingerichtet hatte! Eigentlich hätte er sofort, begleitet von Polizeiexperten, zu mir in die Wohnung eilen müssen, um festzustellen, welche Gebäude im Umkreis von hundert Metern als CIA-Stützpunkt in Frage kämen. Aber nichts dergleichen geschah. Offenkundig war es in Honeckers und Mielkes DDR möglich, daß der Todfeind sich gemütlich einrichtete, und niemand störte sich daran.

Nach der Wende gestanden die beiden Stasioffiziere, die unter anderem dafür zuständig gewesen waren, mich zu bearbeiten, daß das MfS den Staatsanwalt instruiert hatte. Einer der beiden hatte sich gegenüber seinen Vorgesetzten bereit erklärt, die Panne, also die Enttarnung der Wanzen, auf sich zu nehmen und gewissermaßen das »Bauernopfer« zu spielen. Aber diese Anregung wurde abgelehnt, und Dr. Gläßner mußte weiterlügen.

Ich hatte herausbekommen, daß das Mikrophon Geräusche höchstens bis zu zwanzig Meter Entfernung aufnehmen konnte, eher weniger. Wenn ich flächendeckend abgehört werden sollte, reichte also eine Wanze nicht. Ich ging daher davon aus, daß sich mindestens eine weitere in der Wohnung befand. Die wollte ich jetzt finden.
Inzwischen hatte ich Ulrich Schwarz seinen Detektor zurückgegeben. Die Sicherheitsorgane sollten nicht erfahren, daß ich das Gerät von ihm erhalten hatte, er hätte sonst eine Menge Ärger bekommen können. In der DDR sah man sich schnell als Spion verdächtigt – eine Spezialität von Diktaturen, überall feindliche Geheimdienste zu wittern. Wahrscheinlich schließen sie von sich auf andere.
Ich bat den ARD-Korrespondenten Hans-Jürgen Börner während eines Spaziergangs vertraulich, mir ein anderes Wanzensuchgerät in West-Berlin zu kaufen. Ich weihte ihn ein, weil er absolut vertrauenswürdig war und ich sicher sein konnte, daß er diese Geschichte ohne meine Zustimmung nicht publik machen würde.
Im Januar 1989 suchte ich meine Wohnung mit dem neuen Detektor systematisch ab. Und tatsächlich piepte es wieder. Ich rief Stefan Freyer, mir bei der Suche zu helfen. Auch Reiner Dietrich beteiligte sich an der Wanzenstöberei. Ich fotografierte unsere Suche. Einen Satz Aufnahmen gab ich meinem Freund Wolfgang Schnur, der ihn – wie ich heute weiß – an seinen Führungsoffizier weiterleitete. Als die Stasi das Konterfei ihres IM »Cindy« darin entdeckte, hätte sie sich fast von Dietrich getrennt und ihn eingesperrt. Nicht einmal zum Schein durfte ein Spitzel dabei helfen, eine unter so großer Mühe installierte Abhöranlage zu demontieren.
Zeitweise machte noch mein Kollege Hans-Peter Schneider

bei der Suche mit. Im Fuß einer Tischlampe fanden wir die zweite Wanze. Zwei oder drei Tage später entdeckten wir die dritte. Sie war am raffiniertesten untergebracht, und zwar im Radio. Stefan, der etwas von Elektrotechnik verstand, stellte nach einigem Grübeln fest, daß darin eine Röhre zuviel steckte. Genauer gesagt, es handelte sich um eine Röhrenattrappe, in der ein Mikrophon samt Sendeanlage eingebaut war.

Es gab keinen Quadratzentimeter in unserer Wohnung, den die Stasi nicht abgehört hatte. Darüber hinaus konnte sie belauschen, was in den Gemeinderäumen und in der im Stockwerk über unserer Wohnung gelegenen Superintendentur gesprochen wurde.

Mir schlug diese Erkenntnis auf den Magen. Es bedeutete nämlich, daß die Stasi jedes seelsorgerische Gespräch – das auch in der DDR gesetzlich geschützt war – und jede Sekunde unseres Ehekonflikts bespitzelt hatte. Daß wir uns zum Vergnügen dieser Lauscher gestritten hatten, war eine schmerzliche Tatsache.

Ich trug auch die neugefundenen Wanzen zum Staatsanwalt. Dieser machte mir erneut Vorwürfe, daß ich die Ermittlungen behindert hätte. Aber er ließ sich immerhin dazu herab, mit zwei Ermittlern in unserer Wohnung nach weiteren Wanzen zu forschen. Sie fanden nichts. Wenn ich verlangte, daß sie noch gründlicher suchten, müßten sie den Putz von den Wänden schlagen, wofür ich die Kosten zu tragen hätte, erklärten sie mir. Darauf konnte ich verzichten. Natürlich sei allein ich schuld, daß die geheimnisvollen Täter nie gefunden worden seien, sagte Dr. Gläßner.

Wie ich in den Stasiakten lesen konnte, wußten die Spitzel, daß Ulrich Schwarz mir sein Suchgerät geliehen hatte. Von dem anderen Detektor hatten sie jedoch keine Ahnung.

Zu Zeiten der Modrow-Regierung klärte mich der stellvertretende DDR-Generalstaatsanwalt darüber auf, daß die Staatssicherheit mich tatsächlich mit Hilfe der von mir gefundenen Wanzen abgehört habe. Die Lauschprotokolle wurden unter dem Decknamen »Gramkow« abgelegt. Erwartete ich prominenten Westbesuch, dann bediente sich das MfS zusätzlich modernerer elektronischer Überwachungsmittel.
»Gramkow« war der beste Stasiinformant, wichtiger noch als Wolfgang Schnur alias »Torsten«. Das MfS schätzte es als bittere Niederlage ein, als ich die Wanzen aushob. Hinzu kam, daß auch einige IM nicht zum Zug gekommen waren.
Ein Jahrzehnt hatte die Stasi mich nun bearbeitet und keine Mühe gescheut. Und nun stellte sie fest, daß sie gescheitert war. Im Frühjahr 1989 mußte sie noch einmal von vorn anfangen. Als ich dies 1990 las, war ich stolz auf uns in der Samaritergemeinde.

»Im Rahmen des verstärkten Feindangriffes auf dem Gebiet der PUT (Politischen Untergrundtätigkeit; d. Verf.) – zur Organisierung einer ›Inneren Opposition‹ unter dem Deckmantel einer selbständigen Friedensbewegung unter dem Deckmantel der Ev. Kirche in der DDR – erwies sich der betriebene Aufwand als notwendig.
Immerhin garantierte er eine tiefgründige Antwort auf die Frage ›Wer ist Wer‹ bezogen auf die Person des Pfarrers Eppelmann und dessen Verbindungen. Sein Verbindungssystem wurde aufgeklärt. (...) Vor allem konnten seine Pläne und Absichten im wesentlichen rechtzeitig aufgeklärt und erforderliche Maßnahmen

eingeleitet werden. Eine Reihe wichtiger Informationen trug dazu bei, daß die Partei ständig über die Lageentwicklung auf dem Gebiet der PUT objektiv informiert werden konnte.
Trotz und besonders wegen dieser Anstrengungen muß objektiv eingeschätzt werden, daß letztlich der Hauptzweck – Eppelmanns feindlich-negative politische Machenschaften zu unterbinden – mit den Mitteln des MfS nicht erfüllt werden konnte. Eppelmann ist, bei allem, was hier differenzierend genannt werden könnte, in seinen Positionen sowohl im Rahmen der Samaritergemeinde des ›FK Samariter‹ (FK: Friedenskreis; d. Verf.), innerhalb der EKiBB (Evangelischen Kirche in Berlin-Brandenburg; d. Verf.) und deren Leitung als auch durch nicht zu unterschätzende ›politische Rükkendeckung‹ und Unterstützung z. T. höchstrangiger Politiker der BRD heute ungleich schwerer zu erschüttern als in der Vergangenheit. Es muß somit konstatiert werden, daß das damit verbundene politische Problem der Organisierung von PUT durch Eppelmann nicht behoben wurde und unverminderter Beachtung bedarf.
Den im Operativplan vorgegebenen Maßnahmen liegen im Prinzip 3 Varianten möglicher Problemlösungen zugrunde, deren Hauptzweck, wie oben erwähnt, darin besteht, Eppelmann auf die eine oder andere Weise das Handwerk zu legen.
Die erste Variante sieht vor, Eppelmann mittels Anwendung strafrechtlicher Maßnahmen zumindest vorübergehend zu inhaftieren. Diese Variante enthält von vorn-

herein die Einschränkung, daß das nur unter veränderten politischen Bedingungen in Frage kommt. (...)
Die zweite Variante beinhaltet zwei Möglichkeiten, Eppelmann entweder aus der DDR (oder wenigstens aus der Samaritergemeinde) hinauszudrängen oder ihm ggf. die Wiedereinreise zu verweigern. Die Verweigerung einer Wiedereinreise wurde im Grunde aus den gleichen politischen Überlegungen wie in der ersten Variante ebenfalls nicht realisiert.
Das Hinausdrängen wurde wiederum in zwei Richtungen betrieben. Mit der einen sollte Eppelmann derart verunsichert werden, daß er letztlich selbst die ständige Übersiedlung in die BRD beantragt. Die andere Richtung beinhaltete die Idee, Eppelmann ›lukrative‹ Stellenangebote oder Aufgaben, bis zu längeren Tätigkeiten im Ausland, über kirchenleitende Personen zu unterbreiten. Diese z. T. von der HA XX (HA: Hauptabteilung; d. Verf.) bereits veranlaßten Angebote kamen jedoch nicht zum Tragen. Sie scheiterten immer an der ablehnenden Haltung Eppelmanns, der die Gemeinde und damit den ›FK Samariter‹ unter keinen Umständen verlassen will. Er vertritt die Position: ›Bleibe im Lande und wehre dich täglich.‹«
(Aus: Bezirksverwaltung für Staatssicherheit Berlin, Abteilung XX, Berlin, 3. 4. 1989, Sachstandsbericht zum OV ›Blues‹)

Die Wende

Im nachhinein betrachtet, begann für den Friedenskreis in der Samaritergemeinde die Wende im Mai 1987. Der offenkundig gewordene Betrug bei den Kommunalwahlen 24 Monate später sollte der Glaubwürdigkeit der SED-Herren den Rest geben. Der »Probelauf« für die umfassende Wahlkontrolle von unten begann aber mehr als zwei Jahre zuvor.

In der Gruppe »Christen und Sozialismus« wurde die Idee geboren, die Stimmenauszählung bei den für Mai 1987 angesetzten Volkskammerwahlen zu überprüfen. Wir waren überzeugt davon, daß es bei keiner Wahl in unserer Republik mit rechten Dingen zuging. Schon die Durchführung mit dem De-facto-Gebot, offen zu wählen, die eingerichtete Wahlkabine also nicht zu benutzen, sprach allen demokratischen Regeln hohn. Wir mißtrauten auch den Resultaten, jenen 99-Prozent-Ergebnissen, auf die sich die Partei- und Staatsführung bezog, wenn sie behauptete, daß das Volk geschlossen hinter ihr stehe.

Das Wahlgesetz bestimmte, daß Abstimmungen und ihre Auszählung öffentlich stattzufinden hätten. Auch in diesem Fall genügte das DDR-Recht demokratischen Gepflogenheiten, in der Praxis sah es dann, wie in anderen Fällen, meist ganz anders aus.

Wie sich später herausstellte, arbeitete Karl Launecke, der Leiter der Gruppe »Christen und Sozialismus«, als IM »Bob« für das MfS. Er spielte noch in der Startphase des Demokratischen Aufbruchs eine wichtige Rolle. Wie dieses und andere Beispiele zeigen, war die Lage für die Stasi recht kompliziert. Denn wenn sie einen Inoffiziellen Mitarbeiter bei uns einschleusen wollte, mußte dieser sich möglichst aktiv gebärden, um glaubwürdig zu bleiben und viele Informationen sammeln zu können. Das bedeutete aber, daß diese Spitzel uns tatkräftig halfen. Und so verdanken wir Reiner Dietrich, Barbara Kanafolski und anderen nicht wenig an Tatkraft und Initiative. Das gilt nicht weniger für Kalle, wie wir Karl Launecke nannten. Um mein Vertrauen in ihn zu verstärken, bat er mich im Auftrag der Stasi sogar, ihn und seine neue Frau im März 1988 zu trauen, obwohl eine ganz andere Gemeinde für ihn zuständig war. Ich war ahnungslos und tat es natürlich.

Schwierigkeiten bei der Wahlüberprüfung bekamen wir nur in den Sonderwahllokalen. Dort konnte man schon vor dem Termin seinen Stimmzettel in die Urne werfen. Sie dienten dem gleichen Zweck wie die Briefwahlen in der Bundesrepublik. Wer am Wahltag verhindert war, konnte seine Stimme im Sonderwahllokal abgeben. Nach einem Grund für die frühzeitige Stimmabgabe wurde man nicht gefragt. Und so war es kein Wunder, daß der Anteil der Wahlscheine, der dort einging, stetig wuchs, bis er ungefähr ein Drittel der Gesamtstimmenzahl umfaßte.

So vermieste man sich nicht mehr einen Sonntag mit dem Spektakel, sondern erledigte die lästige Angelegenheit schnell vorher nach Feierabend. Und für manchen war es willkommen, daß Nachbarn nicht sahen, daß man sich als treuer

Staatsbürger betätigte. Auf diese Weise konnte man sich der aufdringlichen Bearbeitung durch Aktivisten der Nationalen Front entziehen. Bei den »Volkswahlen« wurde nämlich das Volk zur Wahl genötigt. Wer nicht abstimmte, wurde oft schon am Mittag des Wahlsonntags besucht und zum Urnengang aufgefordert. In den Durchführungsplänen für solcherlei Veranstaltungen verpflichteten sich die Wahlkommissionen, schon Stunden vor Lokalschluß am Abend die Hundert-Prozent-Marke zu erreichen.
Unsere Aktion war 1987 allerdings nicht ausreichend vorbereitet worden, so daß die Kontrolle nur in einigen wenigen Friedrichshainer Wahllokalen stattfand. Aber da wir in einer kleinen Minderheit der Auszählungsstellen eine große Mehrheit der offiziell eingestandenen Neinstimmen eruierten, war für uns die Sache klar. Allerdings konnten wir so den Betrug lediglich behaupten, beweisen konnten wir ihn nicht.
Bestätigt fühlten wir uns außerdem durch Politbüromitglied Egon Krenz, den Vorsitzenden der Zentralen Wahlkommission. Statt vor Freude über die gewaltige Zustimmung zu jubeln, die seine Partei einmal mehr gewonnen zu haben behauptete, verlas er die Ergebnisse, als käme er gerade von der Beerdigung seiner Lieblingstochter.
Im Mai 1989, als die Kommunalwahlen angesetzt waren, klappte die Kontrolle erheblich besser. Diesmal bewiesen unsere Zahlen eindeutig, daß die Ergebnisse gefälscht worden waren. Ich erstattete deshalb Anzeige.
Daraufhin verfaßte der 1. Sekretär der SED-Stadtbezirksleitung Berlin-Friedrichshain einen Brandbrief an den Generalstaatsanwalt, den er von seinen Bündnispartnern in der Nationalen Front unterschreiben ließ. Meine Anzeige sei eine Verleumdung der DDR, und er verlangte deshalb strafrechtli-

che Schritte gegen mich. Ein paar Wochen später saß er in Untersuchungshaft.
Sein Brief an die Strafverfolgungsbehörden trägt auch die Unterschrift des örtlichen CDU-Vorsitzenden, der noch heute Parteimitglied ist. Sein Name sei ohne sein Zutun unter den Brief gesetzt worden, hat er später erklärt.
Wie ich nach der Wende erfuhr, landete der Brief der Nationale-Front-Aktivisten auch auf dem Schreibtisch von Krenz. Er gab ihn weiter an Erich Honecker »zur Kenntnisnahme«.

»Ich kann mich an diesen Vorgang erinnern, habe ihn – wie aus der HM (Hausmitteilung; d. Verf.) hervorgeht – am 2. 6. 1989 auch E. Honecker z. Ktn. gegeben und hatte aufgrund der Tatsache, daß alle Parteien und Massenorganisationen diesen Brief unterzeichnet hatten, keinen Zweifel an der Richtigkeit dieses Briefes.«
(Egon Krenz, nach: Peter Przybilski, Tatort Politbüro, Band 2, Berlin 1992)

Die Herren waren informiert über die Betrügereien bei ihren »Volkswahlen«. Es hinderte sie nicht daran, die Wahlen für rechtmäßig zu erklären.
Der ehemalige Pressesprecher der DDR-Generalstaatsanwaltschaft, Peter Przybilski, stellt in seinem Buch »Tatort Politbüro«, Band 2, dar, wie gereizt Stasiminister Mielke auf die Proteste gegen die Wahlfälschung reagierte. Er habe dazu einen geheimen Befehl ausgegeben über »Maßnahmen zur Zurückweisung und Unterbindung von Aktivitäten feindlicher, oppositioneller und anderer negativer Kräfte zur Diskreditie-

rung der Ergebnisse der Kommunalwahlen am 7. Mai 1989«. Die Stasi hatte nach Przybilskis Erkenntnissen herausbekommen, daß die Absicht bestanden habe, »durch den operativ bekannten Pfarrer Eppelmann und seinen Umgangskreis, durch Mitglieder der ›Initiative Frieden und Menschenrechte‹ sowie der ›Umweltbibliothek‹ und durch weitere feindliche, oppositionelle und andere negative Kräfte, Anzeigen beim Generalstaatsanwalt der DDR zu erstatten bzw. Eingaben an den Staatsrat der DDR sowie an den Nationalrat der Nationalen Front der DDR bzw. an örtliche Organe zu versenden«. Die »Einleitung strafprozessualer Maßnahmen« sei »auf einen engen, offen feindlich handelnden Personenkreis zu beschränken«, ordnete Erich Mielke an. Daraus wurde dann aber nichts mehr.
Mir wurde mitgeteilt, daß ich bei der öffentlichen Konstituierung des Stadtbezirkstags nicht erwünscht sei. Sollte ich dennoch kommen, dürfe ich den Sitzungssaal nicht betreten. So konnte nur unsere Superintendentin an diesem gewiß würdevollen Akt teilnehmen. Ich verzichtete auf einen Eklat. Es wäre nicht schwierig gewesen, die Behörden zu blamieren, indem ich, begleitet von ein paar Kamerateams, verlangt hätte, zu einer öffentlichen Sitzung zugelassen zu werden. Mich interessierte hier nur die Frage, ob der Stadtbezirkstag auf den peinlichen Umstand reagierte, daß er aufgrund einer groben Fälschung in dieser Zusammensetzung zustande gekommen war. Dazu mußte ich nicht persönlich anwesend sein. Es genügte, daß die Superintendentin aus eigener Anschauung bestätigte, was ich ohnehin schon wußte.

Daß der Block im Osten aufweichte, spürten einige, auch ich, als wir gewahr wurden, was der neue Generalsekretär der

KPdSU, Michail Gorbatschow, seit 1985 in seinem Riesenland bewegte. Was seit Jahrzehnten unumstößlich schien, geriet ins Wanken. Glasnost und Perestrojka waren die Stichwörter, die bald überall die Runde machten. Aber auch in Polen und Ungarn zeigten sich Veränderungen, von denen ein Bürger der DDR nur träumen konnte. Von Meinungsfreiheit war die Rede und davon, daß richtige Wahlen mit konkurrierenden Kandidaten stattfinden sollten.

Ich hatte die deutschsprachige Wochenzeitung »Budapester Rundschau« abonniert. Was ich in der zweiten Hälfte der achtziger Jahre darin las, klang wie Musik von einem fremden Stern. Aber noch vor dem spektakulären Verbot der Sowjetzeitschrift »Sputnik« verschwand die »Budapester Rundschau« von der Abonnementliste des Postzeitungsvertriebs der DDR.

Neugierig ging ich 1987 ins Haus der ungarischen Kultur in Berlin-Mitte zu einem Vortrag eines Vertreters des Zentralkomitees der Ungarischen Sozialistischen Arbeiterpartei (USAP) über die Wirtschaftspolitik in seinem Land, den »Gulaschkommunismus«, wie man im Westen den Versuch nannte, starke marktwirtschaftliche Komponenten mit der fortbestehenden Parteidiktatur zu verbinden. Das war revolutionär, wenn auch zum Scheitern verurteilt.

Der Kontrast zu dem, was das »Neue Deutschland« seinen Lesern an Weisheiten zumutete, war schmerzhaft. Der ZK-Mann aus Ungarn sagte knapp und trocken: Am Ende des Zweiten Weltkriegs habe Ungarn hinsichtlich seiner Wirtschaftskraft und seines Technologiepotentials auf dem 22. bis 25. Platz in der Welt gestanden. Dann sei sein Land sozialistisch geworden und mußte sich von Staaten der Dritten Welt überholen lassen, nicht nur von Taiwan und Hongkong, sondern auch

von Brasilien, Argentinien und Mexiko. Der Sozialismus hatte demnach vierzig Jahre lang den vielgepriesenen Fortschritt gepachtet, um im internationalen Maßstab zurückzufallen.
Der ungarische Kommunist allerdings wollte an der Herrschaft seiner Partei nicht rütteln lassen. Er nannte Landsleute, die demokratische Rechte einforderten, »Elemente«. Das erinnerte mich dann doch wieder an die Verhältnisse, die ich täglich erlebte. Ich meldete mich in der dem Vortrag folgenden Diskussion und kritisierte, daß das ZK-Mitglied politische Gegner als »Elemente« bezeichnet hatte. Für mich seien das Menschen, widersprach ich ihm.
Er entschuldigte sich für seine Wortwahl und gab mir recht. Mir wurde bei dieser Gelegenheit deutlich, daß auch im sich wandelnden Ungarn noch nicht alles im Lot war. Der »Gulaschkommunismus« mußte schließlich scheitern, weil Sklaven nicht schöpferisch sein können. Aus dieser Gewißheit speist sich heute meine Hoffnung, daß bald die Demokratie auch in der VR China, auf Kuba und in Nordkorea einzieht und die Menschenrechte dort endlich respektiert werden.
In der ČSSR kämpfte die Charta 77 für Bürgerrechte, obwohl die Staatsorgane mit größter Härte gegen ihre Repräsentanten vorgingen. Vaclav Havel und seine Freunde konnten nicht damit rechnen, bald freigekauft zu werden, wenn sie ins Gefängnis geworfen wurden. In den letzten beiden Jahren der DDR verstärkte sich der Eindruck, daß unsere Republik neben Rumänien und Albanien das einzige sozialistische Land in Europa bleiben würde, in dem sich nichts veränderte. Und die SED tat alles, um deutlich zu machen, was sie von Demokratisierung und Marktwirtschaft hielt: nichts.
Nicht nur das Politbüro und der Ministerrat hatten sich bisher in der Überzeugung gesonnt, daß ihre DDR im Osten einsa-

me Spitze sei. Es gab nicht wenige Bürger in unserem Land, die hochnäsig auf die Nachbarn jenseits von Oder und Neiße herabblickten und sich über die »polnische Wirtschaft« mokierten.
In Ungarn, Polen, der ČSSR und in der DDR hatten Teile der Bevölkerung versucht, ihre Diktatoren loszuwerden. Aber sie waren bisher stets getrennt marschiert und geschlagen worden. So war es im Juni 1953 in der DDR gewesen, als das Volk aufstand und verlor, während Polen, Ungarn und Tschechoslowaken zuschauten. So war es 1956 in Ungarn, 1970 und 1980 in Polen gewesen; 1968 hatten sogar deutsche »Brüder« bereitgestanden, den »Prager Frühling« in der ČSSR zu ersticken.
Jetzt aber zeichneten sich Umwälzungen in einigen Staaten gleichzeitig ab. Die Herren in Wandlitz versetzte diese Entwicklung in gereizte Nervosität. Sie widersetzten sich halsstarrig jeder Reform. Heute erkennen wir, daß wir wahrscheinlich davon profitiert haben, weil wir geradezu gezwungen wurden, den realen Sozialismus ohne Umwege abzulegen. Ein jahrelanges Hin und Her mit extremen volkswirtschaftlichen Einbußen wie in der Sowjetunion blieb uns erspart.
Die SED stellte die Bürgerbewegung stets vor die Alternative: entweder den ganzen realen Sozialismus oder keinen. Zu Kooperation und Reformen war sie nie bereit. Politbürokrat und Propagandachef Kurt Hager verwahrte sich öffentlich dagegen, die Tapeten in seinem Haus zu wechseln, nur weil der Nachbar tapeziere. Und Honecker bemühte Ochs und Esel, die den Sozialismus in seinem Lauf nicht aufhielten. Die Mauer bleibe noch hundert Jahre stehen, wenn es sein müsse, stellte der erste DDR-Deutsche silbenverschluckend fest.
Die Politbürokraten raubten mit ihren selbstgerechten Reden der Bevölkerung jede Hoffnung, daß eine Veränderung von oben möglich sei. Gegen die Illusion einer »biologischen Lö-

sung«, genährt durch die beängstigende Vergreisung des Politbüros, stand die Tatsache, daß der designierte Nachfolger Honeckers Egon Krenz hieß.
Er war in der SED-Führung zuständig für die Sicherheitsorgane, auch für das MfS, und ein genuines Produkt der FDJ, als deren Vorsitzender er sich lange Jahre größter Unbeliebtheit erfreut hatte. In seiner Biographie fand sich im Gegensatz zu manch anderem Führungskader nichts, was auf Charakter hätte schließen lassen. Er hatte öffentlich gutgeheißen, daß die Führung der chinesischen KP die Studentendemonstrationen auf dem Platz des Himmlischen Friedens in Peking von Panzern niederwalzen ließ – nicht gerade eine vertrauensbildende Maßnahme gegenüber der eigenen Bevölkerung.
Ob der ewig grinsende Krenz innerhalb eines überschaubaren Zeitraums überhaupt zum Zug kommen würde, war fraglich. Nachdem einige Zeit Gerüchte umgegangen waren, Honecker werde auf dem XII. SED-Parteitag nicht mehr als Generalsekretär kandidieren, sickerte durch, daß der Staatsratsvorsitzende sich doch für unersetzlich hielt und sich weiter »dem Wohl des ganzen Volkes« zu widmen beabsichtigte.
Von entscheidender Bedeutung für Beginn und Verlauf der Bürgerrevolution in der DDR war die sich allmählich verbreitende Erkenntnis, daß die sowjetischen Panzer dieses Mal in ihren Kasernen bleiben würden, nachdem sie zuvor die Aufstände in Ungarn und Ostdeutschland genauso unterdrückt hatten wie den »Prager Frühling«. Jetzt konnten die Bürger der DDR und ihre Regierung unter sich ausmachen, wie die Zukunft zu gestalten war. Dieser Michail Gorbatschow zu verdankende Umstand stärkte unser Selbstbewußtsein enorm. Gleiches gilt für die Bürgerrechtsbewegungen in anderen Staaten des Warschauer Vertrags.

Die tiefer werdende Kluft zwischen den Reformbemühungen in einigen europäischen Ländern des sozialistischen Lagers und der Erstarrung von Politik und Gesellschaft im eigenen Land bewirkten, daß der DDR-Staat lange vor seinem offiziellen Ende Risse bekam. Vor allem die Aussicht, auch weiterhin nur dann in den Westen reisen zu dürfen, wenn irgendwelche Behörden einem gnädig gesonnen waren, untergrub die Autorität des Staats. Die Stimmung in der Bevölkerung schlug spürbar um. Erste Botschaftsbesetzungen signalisierten, daß viele Menschen nicht mehr bereit waren, sich von alten Männern schikanieren zu lassen, die die Zeichen der Zeit nicht erkannt hatten. Sie setzten für sich das jahrzehntelang wohl oder übel respektierte Recht der DDR außer Kraft. Sie interessierte es nicht mehr, daß es für die Ausreise in den Westen inzwischen ein offizielles Prozedere gab. Sie wollten raus, und sie gingen raus, wann sie es wollten – egal, was im Gesetzbuch stand. Als sich gelegentliche Botschaftsbesetzungen zur Massenflucht ausweiteten, war der Zusammenbruch des ersten Arbeiter-und-Bauern-Staats auf deutschem Boden nicht mehr weit.
Ein frühes Signal des kommenden Untergangs hatte ich schon 1982 erhalten. Ein Jugendmitarbeiter in unserer Gemeinde, Ralph Syrowatka, hatte seinen Urlaub in Rumänien verbracht. Auf dem Rückweg trampte er und wurde ein Stück von einem österreichischen Konsul in der ČSSR mitgenommen. Als dieser hörte, daß Ralph in der Kirche tätig war, taute er auf. Er schilderte die Wirtschaftslage der sozialistischen Länder in düstersten Farben und begründete kenntnisreich seine damals abenteuerlich klingende These, daß die osteuropäischen Staaten in sieben Jahren am Ende seien und vom Westen wirtschaftlich überrollt würden. Der Konsul hatte sich um kein Jahr verschätzt.

Ich erzählte verschiedentlich Besuchern aus dem Westen, auch Spitzenpolitikern, von dieser Episode. Aber meine Gesprächspartner ließen sich eher davon beeindrucken, daß die DDR sich zu den zehn führenden Industrienationen der Welt zählte. Da half es nicht viel, wenn ich auf die wachsenden Versorgungsengpäße und den Verfall in den Städten hinwies. Daß die DDR pleite war, glaubten manche selbsternannten Experten aus der Bundesrepublik erst nach dem Bankrott.

Die für jeden DDR-Bürger außerhalb des Wandlitzer Gettos spürbaren wirtschaftlichen Schwierigkeiten verstärkten die allgemeine Unzufriedenheit. In den siebziger und achtziger Jahren hatte die SED nicht ohne Wirkung versprochen, den Wohlstand der Bevölkerung zu mehren, und tatsächlich waren einige drückende Mängel beseitigt oder gemildert worden. Das Wohnungsbauprogramm entschärfte allmählich eines der größten Ärgernisse der DDR-Bürger, obwohl seine Segnungen nicht Schritt halten konnten mit dem Propagandarummel der Einheitssozialisten; heute wissen wir, daß viele neue Wohnungen nur auf dem Papier existierten, während gleichzeitig unzählige Altbauten verfielen. Die Sozialgesetzgebung hatte aber immerhin vor allem die Lage der alleinstehenden und alleinerziehenden Frauen verbessert.

Die Wohltaten der Führung für ihr eingesperrtes Volk entsprangen vor allen Dingen machtpolitischen Erwägungen, was viele Kritiker der heutigen Situation in den neuen Bundesländern übersehen. Die DDR hatte eine gemeinsame Grenze mit dem »Klassenfeind« und wurde stets mit ihm verglichen. Das Politbüro und sein Wirtschaftspapst Günter Mittag verschuldeten die DDR immer stärker bei westlichen Banken, bis die Rückzahlungsfähigkeit erschöpft war. Die Herren verramschten alles, was zu Dumpingpreisen gegen Devisen loszuschlagen war. Sie wollten auf jeden Fall verhindern, daß sie zu ihren Lebzeiten eingestehen mußten, daß ihr realsozialistischer Musterstaat pleite war. Das war nun die Triebfeder ihrer Politik.

Die Versorgung wurde schlechter, die Planzahlen entstammten zunehmend der Phantasie der SED-Führung, und jede Hoffnung auf Besserung schwand. Die Ausreiseanträge stapelten sich bei den Behörden. Tausende von Menschen suchten Rat bei der Kirche, und bald war deren Leitung vollkommen überfordert durch den Andrang. Schließlich kamen die Menschen, die es in ihrer Heimat nicht mehr aushielten, zu jedem auch nur halbwegs bekannten Pfarrer und baten um Hilfe. Unsere Gemeinde war schließlich überlaufen von DDR-müden Menschen. Ich konnte ihnen zwar keinen Paß in die Hand drücken, aber ich hatte wenigstens einige Tips parat, an welche Stellen sie sich wenden konnten, um die DDR möglichst schnell verlassen zu können.

Jetzt traten auch Oppositionelle in größeren Gruppen öffentlich auf, um für ihre Forderungen zu demonstrieren. Aus der Sicht der Regierenden geschah etwas Ungeheuerliches, als im Januar 1988 Menschen bei der traditionellen »Liebknecht-Luxemburg-Demonstration« Transparente entfalteten mit Rosa Luxemburgs berühmtem Satz »Freiheit ist immer nur die Freiheit des Andersdenkenden«. Gnadenlos griffen die Sicherheitsorgane gegen jene durch, die sie nicht schon präventiv festgesetzt hatten. Trotz Perestrojka und Glasnost, trotz des gemeinsamen Ideologiepapiers mit der SPD, in dem ja von Streitkultur die Rede war – die SED dachte nicht daran, auch nur ein Milligramm Demokratie im eigenen Herrschaftsbereich zuzugestehen.

Es gab leider Menschen in der Kirchenleitung, die diese Haltung unterstützten, auch das brutale Einschreiten von Volkspolizei und Staatssicherheit gegen Bürgerrechtler. Das jedenfalls legen Akten der Staatssicherheit nahe.

»Genosse Heinrich (vom Staatssekretariat für Kirchenfragen; d. Verf.) äußerte Stolpe gegenüber sein Unverständnis über die am Wochenende von Bischof Forck den Westmedien zugespielte Stellungnahme. Das stünde in völligem Gegensatz zu dem, was er, Heinrich, mit ihm, Stolpe, abgesprochen habe und wozu es Übereinstimmung gegeben habe. Stolpe zeigte sich außerordentlich betroffen und kleinlaut über die inzwischen entstandene Lage sowie die aktuellen Entscheidungen des heutigen Tages. Er zeigte sich voll informiert über die Inhaftierungen und betonte, daß damit eine neue Qualität entstanden sei. Unter Bezug auf die ADN-Meldung betonte er, daß bei dieser Begründung auch er Einsicht in die Notwendigkeit solcher Maßnahmen zeigen müsse.

Was die beabsichtigten Störungen zur Liebknecht-Luxemburg-Demonstration angehe, habe er Verständnis dafür, daß sich ein Staat so etwas nicht bieten lassen könne. Wer so etwas durchlasse, würde seine Autorität verspielen. Stolpe wiederholte die Erklärung aus seinem letzten Gespräch, daß er seinen ganzen Einfluß geltend machen wolle, um eine Eskalation zu verhindern und das Ganze im begrenzten Rahmen zu halten. Anschließend äußerte Stolpe ›unverbindliche‹ persönliche Gedanken, ob es denn nicht nützlich sein könnte,

wenn die Vertreter der Kirche mit jenen Inhaftierten sprechen könnten, die eng mit der Kirche verbunden sind, ob man nicht mit dem Staatsanwalt sprechen könne usw.«
(Aus: Staatssekretariat für Kirchenfragen, Berlin, 25. 1. 1988, Information über ein Gespräch des Genossen Heinrich mit Konsistorialpräsident Stolpe; das Dokument trägt unter anderem folgenden handschriftlichen Vermerk: »An die Mitgl u. Kand des PB. EH, 25. 1. 88« [An die Mitglieder und Kandidaten des Politbüros. Erich Honecker; d. Verf.])

Bereits im Herbst 1988 versuchte ich, eine langgehegte Idee in die Tat umzusetzen. Ich wollte eine Partei gründen. Mein Plan war, die SPD in Ost-Berlin neu zu beleben. Ich kannte noch einige alte Genossen, die ihren Idealen treu geblieben waren, obwohl der sozialdemokratische Vorstand nach dem Mauerbau das Ostbüro der Partei geschlossen hatte. Im Oktober unterrichtete ich Manfred Stolpe über meine Absicht. Er riet mir energisch davon ab und erklärte, daß er mich in diesem Fall nicht schützen könne.
SPD und SED hatten im Sommer 1987 ein gemeinsames Ideologiepapier verabschiedet, in dem die Einheitspartei sich unter anderem dazu verpflichtete, den Streit der Ideen in der DDR zuzulassen. Darauf konnten wir uns in Folge berufen, wenn wir die Führung kritisierten. Es war uns zwar von vornherein klar, daß die SED nicht daran dachte, die Versprechungen zu halten, die sie unterschrieben hatte, um als gleichberechtigter Partner der SPD anerkannt zu werden. Aber wir

gingen davon aus, daß das Politbüro sich nicht jeden Tag vorwerfen lassen wollte, wortbrüchig geworden zu sein. Außerdem war die DDR-Führung in hohem Maße abhängig vom Wohlwollen Bonns. Das Papier nutzte der SED letztlich nicht viel, uns brachte es aber taktische Vorteile im Umgang mit unserer Staatsführung.

Wenn der Dialog innerhalb der DDR nun möglich sein mußte, dann mußte es auch erlaubt sein, eine Partei zu gründen. Und die SPD allemal. Schließlich war die SPD-Ortsgruppe in Ost-Berlin von der Bonner Parteiführung aufgelöst und keineswegs von den DDR-Behörden verboten worden. Warum sollte man sie also nicht wiederbeleben? So dachte ich, als ich im Januar 1989 das SPD-Vorstandsmitglied Jürgen Schmude nach einem Gespräch im Konsistorium bei Manfred Stolpe auf der Straße bat, im Erich-Ollenhauer-Haus anzufragen, ob die sozialdemokratische Führung mit meinem Konzept einverstanden sei.

Leider erhielt ich nie eine richtige Antwort. Die SPD war offenkundig zu stark auf ein gutes Verhältnis mit der SED fixiert und wollte sich auf einen Streit mit Honecker und Genossen nicht einlassen.

Erst später begriff ich, daß der Plan, eine Partei zu gründen, einen entscheidenden Schritt zur Überwindung der SED-Diktatur bedeutete. Würde es gelingen, unabhängige Parteien zu bilden, dann war das Machtmonopol der Einheitspartei unterminiert. Und gab es mehrere unabhängige Parteien, dann waren freie Wahlen eine notwendige Konsequenz. Und in solchen Wahlen würden die demokratischen Parteien nicht antreten, um zu verlieren, sondern um die Macht zu gewinnen. Die SED mit demokratischen Mitteln zu entmachten – das war unser Ziel.

Am Anfang standen aber eher pragmatische Erwägungen. Der lockere Verbund der Friedenskreise genügte den Anforderungen der politischen Auseinandersetzung nicht mehr. Die Opposition mußte die Fähigkeit erlangen, schnell in der gesamten Republik zu reagieren, und dies ohne die Hilfe von Westjournalisten. Dazu war in meinen Augen nur eine Partei mit einem funktionierenden Apparat fähig.
In unseren Diskussionen spielte die Vorstellung einer deutschen Einheit damals keine Rolle. Wir wollten eine andere DDR schaffen. Die weltpolitische Konstellation und die Lage in Europa schlossen jede andere Überlegung aus. Wir hatten uns mit der Teilung nicht nur abgefunden, sondern akzeptierten sie auch als letzte Sühne für die Verbrechen Hitlerdeutschlands. Wir im Osten mußten eben mehr von dieser Last tragen.
Wir träumten von einem dritten Weg, von einem Reformsozialismus mit allen demokratischen Freiheiten. Die Namen, die wir unseren Organisationen und Parteien gaben, hatten im Westen keine Vorbilder: Neues Forum, Demokratischer Aufbruch, Demokratie jetzt, Initiative für Frieden und Menschenrechte, Deutsche Forumpartei – in diesen und anderen Benennungen drückte sich unser Wille aus, eine eigene politische Kultur zu schaffen: weder Diktatur noch Konsumgesellschaft. Aus dem Rahmen fiel nur die SDP, die lediglich zwei Buchstaben vertauschte, bis sie nach einigem Hin und Her durch die Bonner »Baracke« anerkannt wurde.
Spätestens die Volkskammerwahlen vom 18. März 1990 hätten jedem klarmachen müssen, daß wir einer groben Fehleinschätzung aufgesessen waren. Die Bürger der DDR bezogen fast alle Informationen aus westlichen Quellen, und wir hatten die Konsequenzen dieser Tatsache nicht begriffen. In par-

teipolitischer Hinsicht dachten die meisten unserer Mitbürger längst wie die Menschen im Westen. Als ich nicht mehr umhin konnte, dieses Faktum anzuerkennen, war ich zunächst traurig. Aber dann machte ich mir klar, daß ich mich mit meinen Illusionen selbst betrogen hatte.
Manche Bürgerrechtler quittierten das Wahlergebnis dagegen mit harscher Kritik am Wähler. Dahinter stand auch die Enttäuschung, daß jene, die die Wende durch ihr mutiges Auftreten herbeigeführt hatten, weniger Stimmen erringen konnten als die SED/PDS oder die einstige Blockpartei CDU.

Im Juni 1989 fuhren wir zu siebt nach Dresden, um in einem Haus eines Kollegen in Ruhe zu überlegen, wie wir eine politische Partei gründen könnten. Mit von der Partie waren Rudi Pahnke, Ehrhart Neubert von der Studienabteilung des Kirchenbundes, Edelbert Richter, ein Pfarrer aus Erfurt, dazu aus der Samaritergemeinde Thomas Welz und Thomas Sell, schließlich Wolfgang Schnur und ich.
Unterwegs schaute ich einige Male in den Rückspiegel und stellte beruhigt fest, daß niemand uns folgte. Wolfgang Schnur saß neben mir. Ich sagte zu ihm: »Schau, Wolfgang, es fährt keiner hinter uns her. Die Stasi hat nichts mitbekommen.« Glaubte ich, doch irren ist menschlich. Die Stasi fuhr ja auf dem Beifahrersitz mit.
Als wir zurückkamen, hatten wir einen Namen für unsere Organisation gefunden und vereinbart, daß wir als DDR-weite Bürgerbewegung anfangen wollten, um nicht sofort staatliche Sanktionen zu provozieren. Auf der Gründungsversammlung des Demokratischen Aufbruchs wollten wir vorsichtshalber zwei Vorstände wählen, weil nicht ausgeschlossen werden konnte, daß die Stasi sofort zugriff. Wolfgang Schnur hatte

die Aufgabe übernommen, die Frage zu klären, ob es einen legalen Weg zur Parteigründung gab.

Wir wollten das politische Spektrum des DA so breit wie möglich halten. Uns schwebte das Beispiel der Grünen in ihrer Anfangsphase vor Augen, als sich ganz unterschiedliche Kräfte mit ganz unterschiedlichen Vorstellungen zusammengerauft hatten. Größtmögliche Pluralität war unser Selbstverständnis. An der Gründungsversammlung der Initiative Demokratischer Aufbruch nahmen eingeschriebene SED-Mitglieder ebenso teil wie überzeugte Radikaldemokraten, Ökologen und Konservative. Die Verbündeten aus der SED verließen uns aber, als die Parteigründung direkt bevorstand. Sie wollten die Einheitspartei nicht verlassen, sondern versuchen, sie zu reformieren.

In unseren ersten Publikationen forderten wir demokratische Rechte wie Freizügigkeit und Meinungsfreiheit sowie freie und geheime Wahlen. Wir bekannten uns in unserer Grundsatzerklärung zur Vision einer sozialistischen Gesellschaft. Es gab damals kaum einen Oppositionellen, der nicht für einen so oder so gearteten Sozialismus eintrat. Wir lebten im sozialistischen Lager, dessen wichtigster Repräsentant, Michail Gorbatschow, ein überzeugter Kommunist war und trotzdem demokratische Prinzipien verfocht. Die Ideale des Sozialismus hatten erstaunlicherweise noch immer einen guten Klang, und die Berufung auf ihn auch den Zweck, sich gegenüber dem Vorwurf zu schützen, man betreibe die Geschäfte des Westens. Außerdem befürchteten wir, sofort verhaftet und dadurch handlungsunfähig zu werden, wenn wir öffentlich die Abkehr vom Sozialismus forderten. Dafür schien uns die Zeit noch nicht reif. Und schließlich konnten wir uns nicht vorstellen, wie ein zweiter nichtsozialistischer deutscher Staat neben der Bundesrepublik Bestand haben sollte.

Vor unserem Ausflug nach Dresden hatte mir Bärbel Bohley nicht nur von ihrem Verdacht gegen Reiner Dietrich berichtet, wir hatten uns auch über Organisationsfragen unterhalten. Ich teilte ihr mit, daß ich mich zusammen mit Freunden seit einigen Monaten mit dem Gedanken beschäftigte, eine Partei zu gründen. Bärbel erzählte mir, daß sie und andere, darunter Katja Havemann und Rolf Henrich, ähnliche Überlegungen anstellten. Rolf Henrich aus Eisenhüttenstadt hatte gerade sein Buch »Der vormundschaftliche Staat« in der Bundesrepublik veröffentlicht. Er war deshalb aus der SED ausgeschlossen worden und durfte als Rechtsanwalt nicht mehr praktizieren. Bärbel und ihre Vertrauten wollten sich ein paar Wochen nach uns treffen, und ich versicherte ihr, daß wir zwar unseren Fahrplan einhielten, aber nicht an die Öffentlichkeit gehen würden, bevor beide Initiativen nicht miteinander geredet hätten. Ich fand es richtig, zweigleisig vorzugehen, weil dadurch unterschiedliche Konzepte entstanden, aus denen man sich am Ende das Beste hätte heraussuchen können, um eine gemeinsame Organisation auf die Beine zu stellen.

Aber dazu kam es nicht. Im September 1989 entnahm ich den Medien, daß sich das Neue Forum gegründet hatte, ohne wie versprochen vorher Kontakt zu uns aufzunehmen. Offenkundig war unter dem Druck der Ereignisse und in der Hektik unsere Verabredung in Vergessenheit geraten.

Bärbel war verärgert, weil ich Reiner Dietrich mit ihrem Stasivorwurf konfrontiert hatte, und ich war es, weil sie unsere Vereinbarung mißachtet hatte. Es sollten sich noch weitere Vorbehalte ansammeln, vor allem in meiner Zeit als Abrüstungs- und Verteidigungsminister. Erst als wir uns im Januar 1992 in der Gauck-Behörde beim Aktenstudium trafen, fanden wir wieder ein Stück zueinander.

Den Demokratischen Aufbruch mußten wir nun ohne jene Verbündeten gründen, die sich im Neuen Forum organisiert hatten und Bürgerbewegung bleiben wollten. Die Siebenergruppe, die sich in Dresden getroffen hatte, lud für Ende September zu einer Versammlung ein. Zuerst wollten wir in unserem Gemeindehaus zusammenkommen. Aber dort zog nun die Stasi auf, um jeden wegzuschicken, der nicht nachweisen konnte, daß er Kirchenmitarbeiter war oder dort wohnte.
So beschlossen wir, unser vorgeplantes Ausweichquartier aufzusuchen, die Wohnung von Ehrhart Neubert. Es war erst eine knappe Hälfte in der Wohnung, als auch hier die Stasi vor der Tür stand. Die anderen fuhren schließlich ins Gemeindezentrum der evangelischen Kirchengemeinde »Zu den vier Evangelisten« nach Berlin-Pankow. Dort war unsere Kollegin und Freundin Ruth Misselwitz Pastorin. Die beiden Gruppen verständigten sich telefonisch, und wir verabredeten notgedrungen, getrennt an einer Grundsatzerklärung zu arbeiten und weitere politische Schritte vorzubereiten.
Doch dann stellten wir fest, daß die Stasi uns umstellt hatte. Der Bezirksrat für Inneres wollte mit uns reden und drohte, die Versammlung in den kirchlichen Räumen aufzulösen. Daraus wurde aber nichts, denn inzwischen war der von uns alarmierte Bischof Forck herbeigeeilt, und er trat dafür ein, daß wir die Veranstaltung weiterführen konnten. Nur ihm und Wolfgang Schnur wurde gestattet, zu uns hineinzukommen. Alle anderen, die erst nach Aufbau der Stasisperre am Gemeindehaus angekommen waren, mußten unverrichteter Dinge wieder gehen.
Wir verabredeten in unserer stasiumzingelten Versammlung, DDR-weit für den DA zu werben und demnächst zur Gründungsversammlung wieder in Berlin zusammenzukommen.

Bald schon gab es in einigen Orten der DDR Initiativgruppen.
Die Gründungsversammlung fand am 1. Oktober 1989 im kirchlichen Königin-Elisabeth-Hospital in Berlin-Lichtenberg statt. Dessen Direktor, Thomas Passauer, ein Bruder Martin-Michaels, war ein mutiger und fairer Gastgeber und ließ sich auch durch Druck nicht dazu bewegen, uns wieder auszuladen. Ich betrachtete den DA als mein »Kind« und fand es folgerichtig, für den Vorsitz zu kandidieren. Zu meiner Überraschung trat auch Wolfgang Schnur an. Es hatte in der Vorbereitungsgruppe keine Absprachen gegeben. Was machtpolitische Fragen anging, waren die meisten von uns nach westdeutschen Maßstäben naiv. Wolfgang Schnur wurde gewählt.
Natürlich respektierte ich das Wahlergebnis, aber erfreut war ich nicht. Ich mußte zur Kenntnis nehmen, daß ein Pfarrer als Parteivorsitzender nicht erwünscht war, zumal die Versammlung ja nicht nur von Friedenskreisen beschickt worden war. In anderen Organisationen sollte sich eine ähnliche Haltung gegenüber den nicht wenigen Pastoren der Bürgerrechtsbewegung zeigen. Vielleicht handelte es sich hierbei um eine späte Absetzbewegung, nachdem die Opposition sich so viele Jahre fast nur unter dem Dach der Kirche hatte treffen können. Außerdem strömten jetzt viele Menschen in die Bürgerrechtsgruppen, die vorher inaktiv gewesen waren und keine Erfahrungen in der Friedens- und Ökologiebewegung hatten sammeln können. Wir wollten diese Menschen für unsere Ziele gewinnen, und jetzt durften wir uns nicht beschweren, wenn sie kamen und ihre Interessen wahrnahmen.
Ich erhielt dann, als über die Stellvertreter befunden wurde, mehr Stimmen, als der Vorsitzende bekommen hatte. Als

einer der Stellvertreter war ich willkommen, aber als Parteichef erschien ein Rechtsanwalt den meisten besser geeignet zu sein.

Schnurs Wahl zum DA-Chef war einer der letzten Erfolge der Stasi. Ich kann mir nicht vorstellen, daß der Anwalt seine Kandidatur zum Vorsitzenden nicht vorher mit seinen Auftraggebern abgesprochen hatte. Er hatte ihnen unsere Programmentwürfe und Konzepte ausgehändigt und über unsere Sitzungen berichtet. Sollte dabei nicht darüber gesprochen worden sein, in welche Richtung er die Diskussionen im DA beeinflussen sollte, wenn das Projekt schon nicht zu ersticken war? Auch nach seiner Wahl hielt er die Stasi auf dem laufenden. Mit der Entscheidung für Wolfgang Schnur, die auf dem Gründungsparteitag in Leipzig am 17. Dezember bestätigt wurde, war der Weg des DA vorbestimmt. Wir wußten es nur noch nicht.

Die Tatsache, daß die SED die Bildung von oppositionellen Organisationen nun nicht mehr verhindern konnte, war der Anfang vom Ende ihrer Diktatur. Es dauerte allerdings bis zum 4. November 1989, bis ich vollends davon überzeugt war, daß sich unsere »sanfte Revolution« nicht mehr würde aufhalten lassen. An diesem Tag fand auf dem Alexanderplatz die größte Kundgebung statt, die Berlin jemals erlebt hatte. Etwa eine Million Menschen waren dorthin demonstriert. Honekker war gestürzt, und sein Nachfolger mußte es sich gefallen lassen, auf einem Transparent verulkt zu werden als böser Wolf, der die Großmutter fressen will. Nur wenige Wochen zuvor hätte dies die Stasi in brutale Aktivität versetzt.

Wir gaben den Sicherheitsorganen keinen Vorwand, die Demonstration auseinanderzuknüppeln, wie sie es zuvor in anderen Städten betrieben hatten. Wir hatten zahlreiche vorbereitende Gespräche mit Staatsvertretern geführt, das Wort von der »Vertrauenspartnerschaft« machte die Runde. Viele von uns trugen Armbinden mit der Aufschrift »Keine Gewalt«. Die Ladefläche eines Lastwagens diente als Rednertribüne. Ich war als Ordner in der ersten Reihe mitgelaufen und stand nun neben dem Laster. Ich sah, wie Markus Wolf, der 1986 als Chef der Auslandsspionage im MfS auf eigenen Wunsch abgetreten war, auf die Ladefläche stieg. Er wurde mit freundlichem Beifall empfangen, aber nach den ersten Worten gnadenlos ausgepfiffen. Er mußte seine Rede abbrechen. Günter Schabowski, Politbüromitglied und Chef der Berliner SED-Bezirksleitung, erlebte Wolfs Einbruch hautnah mit. Er war als nächster Redner vorgesehen und ahnte, was im blühte. Er war weiß im Gesicht und zitterte. Was konnte das Ende der SED besser symbolisieren als die sichtbare Angst eines ihrer Mächtigen?

Schabowski war in der SED-Führung für die Öffentlichkeitsarbeit zuständig und stellte sich regelmäßig auf Pressekonferenzen den Fragen der Journalisten. Auf der Pressekonferenz fünf Tage nach der Demonstration in Berlin erläuterte er im umständlichsten SED-Deutsch, daß den Bürgern der DDR die Reisefreiheit gewährt werden solle. Es werde dazu ein Gesetz erarbeitet. An diesem 9. November verstanden die einstigen Untertanen der Einheitspartei ihre Führung wörtlich. Zu Tausenden zogen die Menschen zur Mauer und forderten deren Öffnung.

Gemeinsam mit Wolfram Hülsemann, dem Stadtjugendpfarrer von Ost-Berlin, fuhr auch ich zur Grenze. Wir trauten den Nachrichten nicht, die wir in Rundfunk und Fernsehen hörten, und wollten uns selbst überzeugen. In Wolframs Auto erreichten wir die Schönhauser Allee, und dann gingen wir im

Menschenstrom gespannt die Bornholmer Straße entlang zur Mauer. Als wir an der Grenze angelangt waren, standen dort einige hundert Menschen vor dem ersten Schlagbaum, einige hatten sich schon auf ihn gelehnt. Sie redeten mit den Grenzsoldaten und vermieden jede Aggression. Sie erkannten rasch, daß die Uniformierten, die die Bürger ihres Landes über Jahrzehnte arrogant heruntergemacht hatten, nicht mehr wußten, was sie tun sollten. Mit einem Mal war die ganze Selbstherrlichkeit verflogen. Plötzlich ging der Schlagbaum hoch, und wir drängten alle ins Sperrgebiet zur Bornholmer Brücke. Dort begann West-Berlin. Wir sprachen die beiden Grenzer auf der Brücke freundlich an und marschierten weiter nach Westen.
Es hätte so viele Gründe gegeben für Rachsucht und Lynchjustiz, aber nichts dergleichen geschah. Ich war stolz auf uns Berliner. Wir wollten in den anderen Teil der Stadt, und als die Bewacher uns dorthin gehen ließen, waren wir glücklich. »Wir kommen morgen früh wieder!« riefen wir ihnen zu.
Die ersten West-Berliner kamen aus der Gegenrichtung. Wildfremde Menschen fielen sich in die Arme, waren bewegt, fassungslos, verunsichert, aufgeregt und fröhlich. Trabbis fuhren laut hupend über die Grenze.
Ich stand neben Wolfram und schaute zu. Ich hörte in mich hinein. Endlich! Fast dreißig Jahre waren wir eingesperrt und abgeschnitten gewesen, und jetzt war es vorbei. Der 13. August 1961, der mein Leben so stark bestimmt hatte wie kein anderes Datum, war korrigiert! Und das war kein Geschenk von Günter Schabowski. Nein, die Öffnung der Mauer im November 1989 war die Leistung der Berliner. Dafür gebührt uns ebensoviel Anerkennung wie den Leipzigern für ihren 9. Oktober und den vielen Menschen in der ganzen DDR für den 4. November 1989 – drei Tage, die die DDR veränderten.

Mitte Dezember diskutierten wir in Leipzig das Programm des DA. Es war eine ausführliche und kontroverse Debatte. Die Mehrheit verabschiedete sich von jeder Form des Sozialismus, was mit dazu beitrug, daß linke Kräfte den Demokratischen Aufbruch verließen. Zu ihnen zählte der heutige Sozialdemokrat Friedrich Schorlemmer und mein alter Freund und Kollege Rudi Pahnke.

Im Programm präzisierten wir unsere Positionen unter dem Eindruck der im Verlauf der Wende gewonnenen Einsichten. Auf den Straßen wurde nun schon meist »Wir sind ein Volk!« skandiert, Besuche bundesdeutscher Politiker gehörten inzwischen zum Alltag. Die Wirtschaft der DDR befand sich in einem desolaten Zustand. Um die Offenheit des DA nach allen Seiten hin zu dokumentieren, hatten wir auf meinen Vorschlag hin Vertreter aller Bundestagsparteien eingeladen, am Parteitag als Gäste teilzunehmen und Grußworte zu sprechen. Sie kamen alle und sprachen alle. Wäre so etwas heute auf einem Parteitag einer bundesdeutschen Partei noch möglich?

»Die Gesellschaft in der DDR befindet sich in einem demokratischen Aufbruch, um ihre Selbstbestimmung endlich zu verwirklichen. Der Demokratische Aufbruch – sozial, ökologisch – versteht sich als eine gestaltende Kraft in dieser Volksbewegung. In unserem politischen Wollen und Handeln lassen wir uns leiten von den Menschenrechten und den Grundwerten Freiheit, Gerechtigkeit, Solidarität. (...) In diesem Sinne will der DA die grundlegenden Menschenrechte auf dem Gebiet der DDR verwirklichen. (...)

Wir vertreten das Prinzip der sozialen Marktwirtschaft mit hohem ökologischen Anspruch. Wirtschaftliche Monopolmacht wird rechtsstaatlich kontrolliert. Ein abgestimmtes System regulierender Mechanismen unter demokratischer Kontrolle sichert die Stabilität der Wirtschaft. (...)
Die Faktoren des politischen und wirtschaftlichen Gefälles zwischen beiden deutschen Staaten sowie zwischen Ost- und Westeuropa insgesamt wirken destabilisierend und müssen abgebaut werden. (...) Die deutsche Frage kann nicht allein unter innen- und wirtschaftspolitischen Gesichtspunkten behandelt werden, sondern kann nur als Element einer umfassenden kooperativen Politik in Europa (›Europäisches Haus‹) verstanden werden. Der Prozeß der staatlichen Einigung steht nicht im Gegensatz zum europäischen Einigungsprozeß. Beide Prozesse begünstigen einander. Wir finden uns mit der Spaltung Deutschlands nicht ab.«
(Aus dem Leipziger Programm des Demokratischen Aufbruchs)

Wir stellten uns dar als glaubwürdige, weil unbelastete neue politische Kraft mit einem breiten politischen Spektrum. So sehr bundesdeutsche Vorbilder uns beeinflußten, noch Anfang Januar hätten es viele von uns nicht für möglich gehalten, gemeinsam mit der ehemaligen Blockpartei CDU und der neu entstandenen DSU eine »Allianz für Deutschland« zu bilden.
Spätestens in Leipzig hätte ich begreifen müssen, daß unser

Versuch, ein möglichst breites Spektrum innerhalb der Partei zu bewahren, eine Illusion war. Zum einen tat sich eine Kluft auf zwischen den Befürwortern und den Kritikern einer baldigen deutschen Vereinigung. Und zum anderen setzt Pluralität die Fähigkeit voraus, sich selbst nicht über alle Maßen ernst zu nehmen und zu akzeptieren, daß andere als die eigenen Auffassungen sich durchsetzen.

Noch heute zählt größtmögliche Pluralität zu meinen Idealen, was auch darauf beruht, daß ich lange genug Gelegenheit gehabt hatte, mich mit dem staatlich verordneten Einheitsdenken auseinanderzusetzen. In gewissen engen Grenzen ist sie in den Bundestagsparteien verwirklicht. Immerhin muß ich nicht mit allem einverstanden sein, was in meiner Partei erklärt und beschlossen wird, und kann auch deswegen in meinem brandenburgischen CDU-Landesverband heute nicht nur mit Zustimmung rechnen.

Die Fähigkeit zum Kompromiß ist bei vielen Politikern unterentwickelt. Wenn es stimmt, daß wir alle in einer Welt leben und es nur diese eine gibt, dann müssen demokratische Politiker sich als Verbündete betrachten und nicht als Gegner. Das ist kein Plädoyer für eine Einheitssoße, sondern für die Vielfalt der Ideen im Rahmen eines demokratischen Grundkonsenses. Zur Demokratie gehört der Streit der Meinungen, aber nicht die Ausgrenzung und die Diffamierung.

Ein mutmachendes Beispiel dafür war für eine gewisse Zeit der Zentrale Runde Tisch in Berlin. An ihm versammelten sich nach Honeckers Sturz und der Maueröffnung die etablierten Parteien und die Bürgerbewegungen, um gemeinsam den Übergang zur Demokratie zu sichern. Sie kontrollierten die Regierung des SED-Ministerpräsidenten Hans Modrow und setzten bedeutende Entscheidungen durch, so etwa, daß die

Nachfolgeorganisation des MfS, das Amt für Nationale Sicherheit (AfNS), unter Leitung des langjährigen Chefs der Berliner Bezirksverwaltung für Staatssicherheit und späteren Mielke-Stellvertreters Wolfgang Schwanitz abgewickelt wurde.

Damals waren die Bürgerbewegungen in der Auseinandersetzung mit den DDR-Altparteien und der Koalitionsregierung wieder ein Stück zusammengerückt. Allerdings galt dies nur bedingt für die SDP, die Wert darauf legte, Distanz zu den früheren Mitstreitern zu halten. Ibrahim Böhme und seine Freunde dachten in erster Linie an ihre Profilierung und bereiteten sich schon aufs künftige Regieren vor. Die DDR-Sozialdemokraten waren sich sicher, daß sie die stärkste politische Kraft würden. In manchen Meinungsumfragen lagen sie bei über sechzig Prozent. Auf Bündnispartner glaubten sie daher verzichten zu können. Statt dessen hatten sie bereits einige Großveranstaltungen mit westdeutschen SPD-Prominenten wie Helmut Schmidt oder Willy Brandt organisiert und dabei einen verhängnisvollen Mechanismus ausgelöst. Denn nun fühlten sich die anderen Bundestagsparteien, bis auf die Grünen, herausgefordert, offen in die Politik in der DDR einzugreifen und dort ebenfalls aufzutreten, um die künftigen Wähler für sich einzunehmen.

Im Vorfeld der Wahlen besuchte ich den SPD-Ehrenvorsitzenden Willy Brandt in Bonn. Ihn hatte ich mein ganzes bewußtes Leben lang hoch geachtet und zeitweise verehrt. Ich fragte ihn traurig, ob er nicht mitbekomme, daß die Sozialdemokraten – und die ihnen zwangsläufig folgenden CDU/CSU und FDP – mit ihren Großeinsätzen unseren Versuch kaputtmachten, in der DDR eine eigene politische Kultur und Struktur aufzubauen. Brandt begriff, was ich meinte. Er konnte es aber nur nachdenklich zur Kenntnis nehmen. Sein Einfluß in der eigenen Partei war inzwischen deutlich begrenzt. Ich hinterließ einen stark betroffenen großen alten Mann der SPD.

Praktisch am Tag nach der Maueröffnung waren Kreis-, Bezirks- und Landesverbände westdeutscher Parteien an ihre ostdeutschen Wunschpartner herangetreten und hatten Hilfe angeboten. Natürlich taten sie das nicht nur, um die demokratische Revolution zu unterstützen. Die Parteizentralen in Bonn hatten schnell gespürt, wohin die Entwicklung ging. Bei den Weichenstellungen wollten sie möglichst mit am Hebel stehen und beeinflussen, welcher Verhandlungspartner ihnen künftig gegenübersaß.

Ich halte die damalige Einmengung in die DDR-Politik bis zum heutigen Tag für übereilt. Die Instrumentalisierung der DDR-Parteien führte außerdem dazu, daß viele langjährige betontreue Bündnispartner der regierenden Stalinisten sich aus ihrer Mitverantwortung stehlen konnten. Die Altkader der Blockparteien und deren Apparate wurden gebraucht, um Wahlen zu gewinnen. Die Debatte über die Vergangenheit kam erst viel später in Gang, und dann unter einigen Mühen.

Der DA geriet angesichts der bundesdeutschen Einmischung in der DDR unter Druck. Nicht nur die aus offenkundigen Gründen bald in SPD umgetaufte Sozialdemokratische Partei der DDR fand Unterstützung durch die westliche Schwesterpartei. Ähnliche Vorteile genossen die LDPD durch die FDP und die dereinst nicht minder SED-treue CDU, wenn es auch im christdemokratischen Vorstand in Bonn heftige Zweifel gab, ob dies die richtige Orientierung sei. Die CSU unterstützte die DSU. Wollten wir bei künftigen Wahlen mithalten, dann brauchten wir ebenfalls Hilfe aus der Bundesrepublik.

Mitte Januar 1990 informierte Wolfgang Schnur den Vorstand, daß er zu einem Gespräch mit Helmut Kohl eingeladen worden sei. Reden könne man ja einmal, war der Kommentar im Vorstand, der es sich gefallen ließ, daß Schnur immer wieder Entscheidungen im Alleingang traf. Aber wir brauchten Computer, Kopierer und andere kostspielige Geräte und Materialien. Im Gegensatz zu den einstigen Blockparteien war der DA nicht vermögend.

Am selben Tag präsentierte Wolfgang Schnur uns einen Generalsekretär des DA, der allerdings im Statut nicht vorgesehen war. Er brauche ihn zur Arbeitsentlastung, erklärte der Vorsitzende. Wir waren so naiv, diesen Bruch der Satzung hinzunehmen und Schnurs Kandidaten zu wählen. Der Generalsekretär hieß Oswald Wutzke. Als Pfarrer hatte er in Opposition zum SED-Regime gestanden und seinen Standpunkt auf mancher Synode mutig vertreten.

Inzwischen hatten wir schon einige Helfer gefunden, auch alte Freunde von mir aus dem Westen arbeiteten in Schnurs Rechtsanwaltsbüro, der Kommunikationszentrale des DA. Unter ihnen war Stefan Schwarz, Landesvorsitzender der Jungen Union in Rheinland-Pfalz, der mir das Entrée zu drei Kanzlerfesten in Bonn ermöglicht hatte. Er blieb Monate bei uns und vernachlässigte sein Studium in sträflicher Weise. Uns hat es sehr genutzt.

Uns beeindruckte die Hilfsbereitschaft der Freunde aus dem Westen. Die meisten waren eher dem konservativen Lager zuzurechnen. Andere boten uns Unterstützung nicht an. Auch diese Tatsache prägte die kommende Entwicklung. Ohne Hilfe aus dem Westen hätten wir den ehemaligen Blockparteien mit ihren Tausenden von hauptamtlichen Funktionären und gutgefüllten Kassen und der von der »Baracke« subventionier-

ten SPD hilflos gegenübergestanden. Wir hatten noch keine republikweite Parteistruktur, und Geld fehlte an allen Enden. Wer uns helfen wollte, war willkommen, sofern er ins politische Spektrum des DA paßte.
Die Gespräche mit Helmut Kohl führten Wolfgang Schnur und Oswald Wutzke allein. Es gab gegen diese Unterredungen grundsätzlich nichts einzuwenden, denn es gehörte zum Stil des DA, gegenüber allen demokratischen Organisationen offen zu sein. Ich war zwar stellvertretender Parteivorsitzender, aber ich traf Helmut Kohl erst nach den Volkskammerwahlen als neuer Chef des DA. Der Vorstand wurde nur spärlich informiert, und es war unser Fehler, daß wir diese Zumutung hinnahmen.
In der DA-Führung war die allmählich offenkundig werdende Anlehnung an die Bonner Christdemokratie keineswegs unumstritten, und als sich ein Wahlbündnis CDU-DA-DSU abzeichnete, traten zwei Vorständler und Mitglieder in den Landesverbänden aus der Partei aus. Am 2. Februar meldete die »Berliner Zeitung«: »Die Oppositionspartei Demokratischer Aufbruch steht nach Angaben von Pfarrer Rainer Eppelmann einem Wahlbündnis mit der DSU und der CDU der DDR skeptisch gegenüber. Eppelmann hält allenfalls die Bildung eines ›demokratischen Blocks der Mitte‹ mit der Deutschen Forumpartei für möglich.«
Aber wir hatten schließlich keine Alternativen. Die SPD fühlte sich über Bündnisfragen erhaben, die Bürgerbewegungen wollten mit Parteien nichts zu tun haben, und die FDP hatte ihre Partner bereits gefunden.
Ich hatte versucht, die Entscheidung des DA noch offenzuhalten, und deshalb unter anderem einen Termin mit Hans-Dietrich Genscher in der Samariterstraße vereinbart. Ich raste zu-

sammen mit DA-Geschäftsführer Klaus Poek von einer großen Wahlveranstaltung in Halle über die Autobahn zurück nach Berlin – mir klang noch im Ohr, wie Wolfgang Schnur sich zu meiner Überraschung als künftiger Ministerpräsident der DDR präsentiert hatte. Wir wollten den bundesdeutschen Außenminister und langjährigen FDP-Chef nicht warten lassen und erreichten pünktlich unser Ziel. Aber wer nicht erschien, war Genscher. Er hat sich nicht einmal entschuldigt, auch später nicht.

Vermutlich waren in der FDP inzwischen die Würfel gefallen auf Betreiben von Fraktionschef Wolfgang Mischnick, wie ich mittlerweile hörte. Die Freien Demokraten setzten auf das Bündnis mit LDPD und Forumpartei. Nach den Volkskammerwahlen stieß zu meinem großen Erstaunen noch die National-Demokratische Partei (NDPD) hinzu.

Die sowjetische Besatzungsmacht und die SED hatten sie 1948 gegründet, um ehemalige kleine Nazis und Wehrmachtangehörige für den Aufbau des Sozialismus zu mobilisieren. Nicht zuletzt die Immobilien der beiden Blockparteien könnten die Begehrlichkeit bei Bonns Liberalen geweckt haben.

Anfang Februar bildete sich die »Allianz für Deutschland«. Die CDU der DDR wurde gewissermaßen garniert mit den beiden unbelasteten Parteien DA und DSU. Der DA ist schließlich im September 1990 in den Christdemokraten aufgegangen, und viele seiner einstigen Mitglieder stellen ihren neuen Parteifreunden seitdem bohrende Fragen.

Es ist eine erstaunliche Situation. Politiker und Journalisten fordern, daß frühere Funktionsträger des SED-Staats in politischen Positionen des neuen Deutschlands zumindest für einige Zeit nichts zu suchen hätten. Die PDS mußte und muß sich tagtäglich anhören, daß sie die Nachfolgeorganisation

der Honecker-Partei ist und mit ihrer furchtbaren Vergangenheit nicht ins reine kommt. Vollkommen zu Recht.
Aber was haben Spitzenfunktionäre und manche Mitglieder der LDPD, der DBD, der NDPD und der CDU des SED-Intimus Gerald Götting dereinst getan? Haben sie nicht eifrig mitgewirkt an der Ausgestaltung des realen Sozialismus? Haben sie nicht die Niederschlagung des Aufstands vom 17. Juni 1953 und den Mauerbau am 13. August 1961 begrüßt und die Unrechtsprozesse in Waldheim gerechtfertigt? Haben sie nicht alle sonstigen Schandtaten der Diktatoren beklatscht? Haben Sie nicht versucht, in die Kirche hineinzuwirken im Auftrag der Partei- und Staatsführung? Haben Sie nicht um Posten und Pöstchen gerungen im Arbeiter-und-Bauern-Staat?
Als die Wende sie von ihrer Beteiligung an der Macht befreite, haben sich nicht wenige ein Mäntelchen aus Legenden umgehängt. Viele, besonders Hauptamtliche, flohen schnellstmöglich aus ihrer mit der SED verstrickten Vergangenheit, um bald wieder Posten und Pöstchen zu besetzen.
Während seit den Volkskammerwahlen vom März 1990 und vor allem seit der Einheit Deutschlands zwischen Greifswald und Plauen darauf geachtet wird, daß ehemalige Stasioffiziere und SED-Funktionäre nicht in wichtige Ämter gelangen, schaut man bei den Funktionären früherer Blockparteien nicht ganz so genau hin.
In der FDP, die im Osten dank ihrer Vereinigung mit LDPD und NDPD über mehr Mitglieder verfügt als im Westen, war von Vergangenheitsaufarbeitung im Gegensatz zur CDU bislang nicht die Rede. Es ist ein verblüffender Umstand, daß Fragen der Verstrickung in das SED-Regime nahezu ausnahmslos an die und in der CDU gestellt werden. Aber natürlich ändert solche Einseitigkeit nichts an der politischen, juri-

stischen und moralischen Schuld, die auch Christdemokraten auf sich geladen haben.
Gewiß wird man sich aber als Betrachter der Ost-CDU vor Verallgemeinerungen hüten müssen. Oft entsprach das Erscheinungsbild dieser Blockpartei, wie es von ihrer SED-treuen Führung geprägt wurde, nicht den Verhältnissen an der Basis. Über Schuld und Mittun sollten wir verständnisvoll miteinander reden, um etwas gemeinsames Neues aufzubauen.
Auf dem CDU-Bundesparteitag im Dezember 1991 in Dresden machten wir den Versuch, diese Fragen aufzuwerfen und Antworten zu finden. Ich war nicht als Delegierter meines Landesverbands in Sachsens Hauptstadt, sondern vom Bundesvorstand meiner Partei als Podiumsteilnehmer eingeladen worden.
Fast alle damaligen Mitglieder der brandenburgischen Christdemokratie waren schon vor der Wende in der CDU oder in der DBD, die im August 1990 dazustieß. Die Zusammensetzung der Landesorganisationen in Ostdeutschland ändert sich nur langsam. Das ist einer der wesentlichen Gründe dafür, daß ich nicht immer sicher sein kann, breite Zustimmung zu finden.
In Dresden erlebte ich in meiner Arbeitsgruppe, wie der damalige thüringische Ministerpräsident Josef Duchac mit harter Kritik wegen seiner SED-treuen Vergangenheit konfrontiert wurde. Nur eine Minderheit entschuldigte oder verteidigte ihn, viele griffen ihn an. Inzwischen ist er vom Amt zurückgetreten. Ob er mittlerweile Einsichten gewonnen hat, weiß ich nicht. Damals in Dresden zeigte er noch keine.
Dieser Bundesparteitag hat verdeutlicht, daß die CDU sich ihrer Vergangenheit in Ostdeutschland stellen will. Ob dieser Wunsch aber tatsächlich so weit in der Mitgliedschaft verbrei-

tet ist, wie er es sein sollte? Manche sagen, man solle den müßigen Streit über alte Geschichten lassen, es gebe Wichtigeres zu tun. Ich halte dieses Argument für grundfalsch.
Vergangenheit gestaltet Zukunft. Wäre die NS-Geschichte in Westdeutschland nicht zum Teil verdrängt und in Ostdeutschland nicht zur Begründung einer neuen Diktatur mißbraucht, sondern aufgearbeitet worden, dann wären die neonazistischen Ausschreitungen und die politischen Erfolge rechtsextremer Parteien nicht denkbar. Um künftigen Verirrungen und den Legenden, die heute schon gestrickt werden, zu begegnen, muß die ganze Wahrheit über die SED-Diktatur und ihre Helfershelfer ans Tageslicht. Das ist eine zentrale Aufgabe auch der politischen Parteien. Zum Glück ist diese Aufgabe von allen Parteien erkannt worden und hat in der Bildung der Enquetekommission des Deutschen Bundestags zur Aufarbeitung von Geschichte und Folgen der SED-Diktatur in Deutschland seinen parlamentarischen Ausdruck gefunden.
Vor allem manche ehemaligen Mitglieder der SED und DDR-Nostalgiker behaupten, Rechtsradikalismus habe es im Arbeiter-und-Bauern-Staat nicht gegeben. Diese Behauptung hat das Zeug, sich zu einer klassischen Legende zu mausern. In der Gauck-Behörde liegen Akten aus dem Ministerium für Staatssicherheit, die beweisen, daß Hunderte von Neonazis frei herumliefen im Staat des verordneten Antifaschismus. Die Stasi legte Akten über sie an und – tat nichts. Die Bewacher des sozialistischen Paradieses wollten die Möglichkeit nicht ausschließen, sich seiner Neonazis eines Tages zu bedienen.

An demselben Tag, an dem die »Allianz für Deutschland« perfekt war, wählte die Volkskammer Mitglieder von acht Parteien und Vereinigungen, die bislang nicht in der Regierung vertreten waren, in das Kabinett von Hans Modrow. Auch ich wurde, für den DA, am 5. Februar zum Minister ohne Geschäftsbereich ernannt. Auf diese Weise unterstrich die Koalitionsregierung, daß sie die Interessen aller DDR-Bürger berücksichtigen und in den verbleibenden sechs Wochen bis zu den Volkskammerwahlen geordnete Verhältnisse gewährleisten wolle.

Den neuen Ministern wurden Dienstwagen der französischen Marke Citroën angeboten aus dem Bestand des Ministerrats und des Politbüros. Ich wurde als einer der ersten angesprochen und erklärte, daß ich einen solchen Wagen nicht fahren würde, solange DDR-Bürger dreizehn Jahre auf einen Trabant warten müßten. Ein Lada würde mir reichen. Sieben der acht neuen Minister folgten dem Beispiel. Nur Walter Romberg (SPD) wünschte mit Verweis auf Rückenprobleme einen Citroën.

Eine gute Woche nach unserer Ernennung reiste ich als Mitglied einer DDR-Regierungsdelegation nach Bonn. Für einen noch vor wenigen Monaten geschmähten Staatsfeind war dies eine besondere Auszeichnung. Sie wurde noch gesteigert durch die Ehre, daß Bundespräsident Richard von Weizsäcker sich die Zeit für ein Vieraugengespräch mit mir nahm. Wir hatten uns einmal auf einem Kanzlerfest getroffen und freuten uns nun gemeinsam darüber, daß die Diktatur gestürzt war und wir uns sehen konnten, wann wir es für richtig hielten.

Es brachte mir nicht nur Freunde ein in der DDR-Abordnung, als ich bei einem Treffen der Delegationen nach den Reden von Ministerpräsident Hans Modrow und PDS-Wirtschaftsministerin Christa Luft das Wort ergriff, um mich statt für Finanzspritzen für eine baldige Wirtschafts-, Währungs- und Sozialunion auszusprechen. Zehn bis fünfzehn Milliarden Mark Solidarbeitrag hatten Hans Modrow und Christa Luft verlangt. Ich hielt

diese Forderung nicht für sinnvoll. Ich riet den westdeutschen Politikern sogar, sie abzulehnen, da Hans Modrow jede Finanzspritze vor den Wahlen als seinen Erfolg verkaufen und dies nur die Aussichten der PDS verbessern würde.
Auch Matthias Platzeck, Sprecher der Grünen Liga, hielt als einfaches Delegationsmitglied einen Beitrag. Wir fühlten uns nicht fair behandelt, denn niemand hatte uns vorher darüber informiert, daß wir in diesem Plenum unsere Argumente würden vortragen können. Hans Modrow und Christa Luft hatten wie Helmut Kohl und andere Redner Beiträge vorbereitet, wir dagegen mußten spontan sprechen. Das war ein deutlicher Nachteil.
Am Abend unterhielt ich mich noch lange im Amtshaus von Bundestagspräsidentin Rita Süßmuth mit ihr, dem stellvertretenden Vorsitzenden der CDU-Bundestagsfraktion Professor Karl-Heinz Hornhues und Stefan Schwarz. Ich drang auch hier darauf, der DDR um keinen Preis das erwartete Geld zu geben. Wenn die Bundesregierung dies tue, müsse sie sich darauf einstellen, in kurzer Zeit wieder zur Kasse gebeten zu werden. Denn für das Geld würden Bananen, Videorekorder und andere westliche Segnungen importiert, um zu zeigen, was für eine gute Politik unter Führung der PDS gemacht werde. Dieses Geld könne für sinnvollere Zwecke ausgegeben werden, als den Wahlkampf der Partei des Demokratischen Sozialismus zu unterstützen. Über Finanzfragen solle man erst nach den Volkskammerwahlen sprechen.
Die Bundesregierung lehnte die Geldforderung ab. Dafür stellte sie in Aussicht, die Wirtschafts- und Währungsunion kurzfristig einzuführen. Niemand außer mir in der DDR-Delegation war mit diesem Ergebnis zufrieden, und entsprechend fielen die Kommentare nach Abschluß des Besuches aus. Ich wider-

sprach dem aufkommenden Mißmut und erklärte, die Reise sei ein Erfolg gewesen. Ich bat meine Kollegen, sie sollten sich doch vorstellen, daß uns nicht einfach Geld in die Hand gedrückt worden sei, sondern viel mehr: In wenigen Monaten würden wir unser Spielgeld endlich los und bekämen das langersehnte Westgeld, mit dem man überall kaufen könne.

Aber das wollte niemand begreifen. Offensichtlich hatten manche schon vergessen, welche verheerenden Wirkungen der Devisenneid in der DDR gehabt hatte. Man hatte manchmal den Eindruck, daß die Bevölkerung unserer Republik sich in die Klasse der Westgeldbesitzer und in die der Nichtwestgeldbesitzer teilte. Der Intershop, in dem man für westliche Währungen Dinge kaufen konnte, die es sonst gar nicht oder in dieser Qualität nicht gab, nahm im Leben des DDR-Bürgers einen bedeutenden Stellenwert ein. Und das sollte nun bald zusammen mit vielen Versorgungsmängeln aus der Welt sein!

Abgesehen davon habe ich gute Erinnerungen an die Regierung Modrow, wenn sie sich auch auf sechs Kabinettssitzungen beschränken. Hans Modrow leitete die Sitzungen kompetent, freundlich und demokratisch und machte eine gute Figur. Er spielte den ehrlichen Mann nicht nur, in seiner Weise war er es, jedenfalls in der kurzen Sitzungs- und Reisezeit, in der ich ihn persönlich erlebt habe. Das habe ich ihm nach Ablauf seiner Amtszeit mündlich wie schriftlich bestätigt, und daran gibt es nichts zu relativieren.

Da Ulrich Schwarz mir jede Woche den »Spiegel« gab, gehörte ich zu den wenigen gutinformierten DDR-Bürgern und hatte schon einiges über Hans Modrow gelesen. Verglichen mit dem starrsinnigen Erich Honecker und seinem Kronprinzen Egon Krenz, erschien mir Modrow zwar nicht als der Gorbatschow der DDR, aber ich verband in der Zeit vor der Wende doch einige Hoffnungen mit ihm. Nicht nur ich glaubte, daß in der DDR endlich Reformen eingeleitet würden, wenn der Chef der Dresdener SED-Bezirksleitung mehr Einfluß in seiner Partei gewönne. Er stehe, so wurde erzählt, auf gutem Fuß mit Gorbatschow. Und er war, wie ich bei einem Besuch in seiner Berliner Wohnung feststellte, einer der wenigen, der der Versuchung widerstanden hatte, sich zu bereichern. Modrow in Wandlitz – unvorstellbar.

Ich lud ihn zu meinem Geburtstag am 12. Februar 1990 ein, und ich freute mich, daß er kam. Er schenkte mir ein kostbares Tuch, das er von seinem Staatsbesuch in Japan mitgebracht hatte. Für ihn muß die Lage exotisch gewesen sein, als er unter einem Haufen ehemaliger »finsterster Konterrevolutionäre« saß. Aber das Gespräch in unserem Kreis verlief ohne Aggressionen und war für alle Beteiligten ein Gewinn. Es war in ganz kleinem Maßstab ein ähnliches Erlebnis, wie ich es am 9. November auf der Bornholmer Brücke gehabt hatte. Ein Volk, das dreißig Jahre lang eingesperrt war, lynchte die Grenzer nicht, sondern redete freundlich mit ihnen.

Wenn die Deutschen in Ost und West, auch in meiner Partei, heute genauso tolerant miteinander umgingen wie wir auf der Bornholmer Brücke mit den Angehörigen der Grenztruppen, wäre das Zusammenwachsen leichter. Wir werden verständnisvoll aufeinander zugehen müssen, es gibt dazu keine Alternative.

Hans Modrow, mit dem ich mich bald duzte, war gar nicht begeistert, als seine Partei ihm die Spitzenkandidatur neben dem Parteivorsitzenden Gregor Gysi für die Volkskammerwahlen anbot. Wir sprachen zwei- oder dreimal darüber. Ich prognostizierte ihm den politischen Tod, wenn er darauf eingehe. Er habe ein großes Ansehen in der Bevölkerung zu verspielen. Als einfaches PDS-Mitglied dagegen habe er eine politische Zukunft, etwa als DDR-Botschafter in der Sowjetunion. Wir glaubten damals, daß es die DDR noch einige Jahre geben würde.

Er wurde von seiner Partei schließlich überredet, die Kandidatur doch anzutreten, und er zeigte sich als disziplinierter Genosse. Allerdings ist es mehr als fraglich, ob er tatsächlich politisch überlebt hätte, wenn er meinen Argumenten gefolgt wäre. Denn bald geriet er in seiner Funktion als ehemaliger SED-Bezirkschef in Dresden ins Zwielicht. Was wußte er vom Wahlbetrug am 8. Mai 1989? Und welche Rolle spielte er am 4. Oktober, als die Polizei am Hauptbahnhof der Sachsenmetropole auf Demonstranten einprügelte?

Heute sitzt Hans Modrow für die PDS/Linke Liste im Bundestag. Ab und zu sehen wir uns. Dann geben wir uns die Hand und sprechen manchmal miteinander. Mir tut es weh, wenn Abgeordnete auch meiner Fraktion ihn auspfeifen, sobald er zum Rednerpult geht. Sagt ein Parlamentarier etwas Unsinniges, ist gegen Mißfallenskundgebungen nichts einzuwenden. Aber wenn einer geschmäht wird, bevor er den Mund aufgemacht hat, ist es unfair. Es ist unwürdig, Menschen auf diese Weise vorzuverurteilen und moralisch zu diskreditieren. Und haben nicht manche von denen, die heute pfeifen und brüllen, diesen Mann beklatscht, als er im Frühsommer 1989 zum Besuch in die Bundesrepublik kam und später Regierungschef der DDR wurde? Und gibt es nicht in meiner Bundestagsfraktion Abgeordnete, die zu DDR-Zeiten keineswegs eine rühmlichere Rolle gespielt haben als hauptamtliche Spitzenfunktionäre einer Blockpartei? Wir sollten es lernen, anständig miteinander umzugehen. Das gilt nicht zuletzt für jene, die glücklicherweise nie in die Notlage gekommen sind, entscheiden zu müssen, wie sie sich in einer Diktatur verhalten sollen.

In der ersten Kabinettssitzung der Regierung Modrow, an der ich teilnahm, wurde ein für mich besonders wichtiger Beschluß gefaßt. Auf der Tagesordnung stand ein Gesetzentwurf für einen zivilen Ersatzdienst in der DDR. Er entsprach im wesentlichen dem, was in der Bundesrepublik üblich war. Als erster erhob CDU-Vorsitzender Lothar de Maizière, stellvertretender Ministerpräsident und Staatssekretär für Kirchenfragen, Einwände gegen die Vorlage. Sie ging ihm nicht weit genug. Ich meldete mich ebenfalls zu Wort und unterstützte ihn. Wir ließen nicht locker, und am Schluß blieb der Zivildienstleistende nicht nur von der Gewissensüberprüfung verschont, sondern mußte auch keinen Tag länger dienen als ein junger Mann, der seinen Wehrdienst in der NVA absolvierte. Ich bin noch heute stolz darauf, gemeinsam mit Lothar de Maizière das humanste Zivildienstgesetz Europas, vielleicht der Welt, durchgesetzt zu haben. An dieser Regelung könnte sich das neue Deutschland ein Beispiel nehmen.
Mich beeindruckte es, welche Möglichkeiten in diesem Kabinett einem Neuling wie mir eingeräumt wurden. So konnte ich dazu beitragen, daß eine der wichtigsten Forderungen unserer Friedensarbeit in der Samaritergemeinde, die Einführung des Sozialen Friedensdienstes, verwirklicht wurde.
Hans Modrow hatte nicht nur in dieser Hinsicht ein offenes Ohr für Vorschläge. Eines Tages fragte ich ihn, ob er nicht sehe, welch schweren Stand Michail Gorbatschow in der Sowjetunion habe. Er stimmte meiner Einschätzung zu. Daraufhin schlug ich ihm vor, daß einmal wir Deutschen etwas für den KPdSU-Chef unternehmen sollten, nachdem dieser uns ge-

holfen hatte. Warum luden wir ihn nicht in die DDR ein? »Was glauben Sie, wie viele Menschen in Berlin oder Leipzig freiwillig auf die Straße gingen, um ihm zuzujubeln?« fragte ich den Premier. Das würde diesen Mann stärken, auch in der Sowjetunion, wenn dort die Medien über dieses Ereignis berichteten. Modrow gab mir recht und versprach, sich mit Gorbatschow in Verbindung zu setzen. Er tat es dann auch. Aber der KPdSU-Generalsekretär wollte sein Land nicht verlassen, weil er befürchten mußte, daß in seiner Abwesenheit geputscht würde. Statt dessen lud er eine Delegation der DDR-Regierung nach Moskau ein. Fairerweise nahm Modrow mich mit.

So ging einer meiner größten Wünsche in Erfüllung. Denn Gorbatschow wollte ich schon lange kennenlernen und ihm danken für all das, was er in so kurzer Zeit in Bewegung gesetzt hatte. Diesmal bereitete ich mich besser vor als beim Besuch in Bonn. Ich hoffte darauf, unserem Gastgeber etwas sagen zu können, und außerdem wollte ich ihm etwas schenken.

In der Samaritergemeinde hatten wir es uns in den letzten Jahren angewöhnt, bei festlichen Gelegenheiten Kerzen zu verschenken. Bei Taufen gab es Kerzen, auf denen Name und Taufdatum vermerkt waren. Bei Brautpaaren hielten wir auf der Kerze das Heiratsdatum fest und schrieben die Namen in Form eines Kreuzes. In dieser Weise Kerzen zu verschenken war uns als symbolische Handlung wichtig geworden. Und nun wollte ich auch Gorbatschow eine Kerze überreichen.

Ich bat unsere zweitälteste Tochter Wiebke, die danach als einziges Kind bei mir lebte, auf einer Kerze das Wort »Spassibo« anzubringen, das russische Wort für »Danke«. Diese Kerze nahm ich mit, als unsere kleine Delegation sich auf den Weg in die Sowjetunion machte. Bevor Gorbatschow uns zum Ge-

spräch empfing, informierte ich Modrow über meinen Plan, damit er nicht überrascht wurde. Wir wurden gerufen und mußten mehrere Türen durchschreiten. An der letzten zündete ich meine Kerze an und überreichte sie mit einigen Worten des Dankes dem Generalsekretär.
Das Geschenk berührte ihn. Er dankte mir und sagte, daß ihm so etwas noch nie geschenkt worden sei. Die Kerze werde einen Ehrenplatz einnehmen in dem Raum, wo die Gastpräsente aufbewahrt würden.
Das waren keine Floskeln, wie ich einige Wochen später, im Mai, feststellte. Ich war als Minister für Abrüstung und Verteidigung mit einer Delegation nach Moskau gekommen, um am Staatsakt zum Sieg der Sowjetunion im Großen Vaterländischen Krieg teilzunehmen. Im Bolschojtheater war eine große Festveranstaltung angesetzt. Im Zuschauerraum hatten Veteranen Platz genommen, auf der Bühne thronten in Reihen das Politbüro der KPdSU, die Generalität sowie die Verteidigungsminister des Warschauer Vertrags. Gorbatschow betrat die Bühne durch einen Seiteneingang als letzter. Als er mich sah, kam er zu mir, drückte mir freundlich die Hand und ging zu seinem Platz. Er hatte die Kerze nicht vergessen.

Ein Minister ohne Geschäftsbereich hatte keine konkrete Aufgabe. Er mußte sich welche einfallen lassen oder sich darauf beschränken, Briefe zu beantworten und sonst untätig herumzusitzen. Das war nicht mein Fall. Ich wollte herausbekommen, wie es Menschen ging, die sich vor der Wende als Stützen des SED-Regimes verstanden hatten oder als solche von uns eingeschätzt wurden. Was war mit den scheinbaren Verlierern unserer Revolution geschehen, zum Beispiel den Uniformierten?
Zuerst meldete ich mich bei der Hauptzollverwaltung in der

Berliner Grellstraße an. Es war mein zweiter Besuch dort. Den ersten hatte ich gemacht, um einen Videorekorder zurückzubekommen, der bei Ralf Hirsch während einer Hausdurchsuchung beschlagnahmt worden war. Ulrich Schwarz hatte mir das Gerät geliehen, und ich wiederum hatte es Ralf geborgt. Ich erhielt den Rekorder aber nicht zurück, auch unser gemeinsamer Freund Rechtsanwalt Wolfgang Schnur erreichte nichts.

Diesmal fuhr ich im Dienstwagen vor und wurde am Eingang schon erwartet. Vor der Wende hatten die höheren Zollbeamten Uniform getragen, aber nun saßen mir acht Zivilisten gegenüber. Sie waren vollkommen verunsichert. Sie redeten sich nicht mehr mit »Genosse« an, sondern mit »Herr«. Die Leiter der Zollverwaltung erklärten, daß es für sie eine Befreiung sei, nicht mehr der SED angehören zu müssen. Einige stellten sich als »parteilos« vor, waren inzwischen also aus der Einheitspartei ausgetreten.

Sie hatten diesen Schritt nicht nur aus Opportunismus getan. Wenn sie beim Zoll, bei der Polizei oder in der Armee eine berufliche Laufbahn absolvieren wollten, war ihnen meist keine andere Wahl geblieben, als Mitglied der Staatspartei zu werden. Das bedeutete keineswegs automatisch, daß sie glühende Anhänger Ulbrichts oder Honeckers waren. Nach der Wende entfiel der Zwang, Parteimitglied zu werden.

Ich kenne allerdings zum Glück auch einige Menschen, die auf eine solche Karriere verzichtet hatten, weil die Eintrittskarte das Mitgliedsbuch der SED war.

Die Zollfunktionäre wußten um ihr miserables Ansehen, das sie sich durch ihre Beteiligung an der Unterdrückung, vor allem an der Grenze, verschafft hatten. Solange sie sich den Herrschenden zugerechnet hatten, war ihnen ihr Renommee in der Bevölkerung offensichtlich weitgehend egal gewesen.

Zumal ihnen nichts passieren konnte. Aber jetzt gehörten sie zu den vermeintlichen Verlierern. Sie wußten nicht, ob sie bestraft würden und wie lange man ihnen vorhalten würde, Honecker und Genossen gedient zu haben. Es herrschte ohnehin große Unsicherheit, weil niemand voraussagen konnte, wie die Wahlen ausgehen würden. Klar war nur, daß die PDS keine Chance mehr haben würde, eine bestimmende Rolle in der deutschen Politik zu spielen.

Große Unsicherheit herrschte bei allen ehemals Mächtigen, und viele verfielen in Devotion, legten die Verhaltensweise an den Tag, die sie zuvor bei ihren Untergebenen so geschätzt hatten. Nun nahmen sie wohl an, Unterwürfigkeit würde auch weiterhin honoriert. Ähnlich erlebte ich es dann auch in der Zentralen Ausbildungsstätte der Polizei in Berlin-Kaulsdorf, wo Offiziere der Volkspolizei geschult wurden.

Meinen dritten Besuch vorzubereiten war recht einfach gewesen. Ich bat meinen Kabinettskollegen Admiral Theodor Hoffmann, den Minister für Nationale Verteidigung, eine Gesprächsrunde in seinem Ministerium in Strausberg mit Mitgliedern des NVA-Generalstabs zu organisieren. Hoffmann half gerne.

Bei dem Gespräch mit der Führung der NVA stieß ich auf etwas mehr Selbstbewußtsein. Die Soldaten hatten nicht direkt an der Unterdrückung teilgenommen, obwohl die Führung unter bestimmten Bedingungen nicht davor zurückgeschreckt hätte, die NVA auf das eigene Volk loszulassen. Zumindest in Sachsen waren die Vorbereitungen dazu im Oktober 1989 bereits getroffen. Dort hatten die Soldaten Glück, daß ihnen der bereits in Aussicht gestellte Befehl zum Einsatz gegen Demonstranten in Leipzig nicht gegeben wurde. Sie hätten ihn vermutlich befolgt.

Die Offiziere der NVA hatten all die Jahre gelernt und gelehrt, daß der Imperialismus ihnen bei der nächsten sich bietenden Gelegenheit an die Gurgel gehen würde. Das Feindbild war klar konturiert. Später hat mir allerdings ein Oberst in Strausberg erzählt, daß er schon Anfang der achtziger Jahre seinen Kindern erlaubt hatte, Westfernsehen zu gucken. Für ihn war es bald selbstverständlich, sich Informationen aus den anderen Kanälen zu holen. Er wußte, daß er nicht der einzige Offizier war, der dem Befehl nicht gehorchte, keine »Feindsender« einzuschalten. Es gab innerhalb der NVA-Führung Menschen, die die Kluft erkannt hatten zwischen dem Anspruch der DDR, der deutsche Friedensstaat zu sein, und der keineswegs so friedlichen Wirklichkeit. Vor allem war der »Feind« ganz anders, als die Propaganda es behauptete.

Die Perestrojka Michail Gorbatschows und die vor allem durch ihn wesentlich vorangetriebenen Abrüstungsschritte trugen dazu bei, daß das Feindbild in der NVA ausgehöhlt wurde. Das registrierte offenkundig auch die Partei- und Staatsführung. Ab Mitte der achtziger Jahre besuchte Honekker öfter Einheiten der NVA, und nachdem die Soldaten bei den Einkommensverbesserungen lange Zeit übergangen worden waren, erhielten sie nun einige Male hintereinander Solderhöhungen.

Aber das konnte die Stimmung nicht verbessern. Denn was hätten sie sich für das Geld kaufen sollen angesichts der tristen Angebote in den Geschäften? Außerdem verminderte sich der Druck nicht, unter dem die NVA-Angehörigen standen. Noch immer tat die Generalität so, als wäre jeden Augenblick mit einem Krieg zu rechnen. Ständiger Bereitschaftsdienst strapazierte die Nerven und erhöhte die Unzufriedenheit. Die Loyalität gegenüber der Führung litt unter einem zunehmenden Mangel an Glaubwürdigkeit.

Solche Überlegungen im Offizierskorps trugen dazu bei, daß in einer Einheit der bei Potsdam stationierten 1. Motorisierten Schützendivision am 11. November 1989 heftige Diskussionen aufkamen. Den Soldaten war zwei Tage nach der Maueröffnung angekündigt worden, daß ihnen möglicherweise bald befohlen würde, unbewaffnet die Grenze in Berlin zu »sichern«.

Revolutionen beschleunigen auch das Nachdenken. Was im Oktober noch unvorstellbar erschienen war, wurde nun zur Realität: Offiziere diskutierten über Befehle! Der Einsatzbefehl blieb aus, ob er in die Tat umgesetzt worden wäre, weiß ich nicht.

Seitdem wußten der Verteidigungsminister und die SED-Oberen aber, daß die NVA ihnen nicht mehr unbedingt für Gewaltakte zur Verfügung stand. Glücklicherweise kam die Armeeführung nie in die Lage, sich entscheiden zu müssen, ob sie dem Befehl zum Eingreifen folgen wollte oder nicht.

Im November 1989 habe es leidenschaftliche Auseinandersetzungen im Generalstab gegeben, berichtete Admiral Hoffmann in unserer Gesprächsrunde. Verteidigungsminister Heinz Keßler, ein Honecker-Intimus aus alten FDJ-Tagen, bemühte sich in nächtelangen Monologen, die Armee auf Honecker und Krenz einzuschwören. Kurz nach der Maueröffnung erhob sich sein ranghöchster Offizier, Generaloberst Goldbach, und sagte, daß er den Wahnsinn nun nicht mehr mitmache. Dies war das Signal für andere, Keßler zu kritisieren.

Auch der damalige Chef der Volksmarine, Vizeadmiral Hoffmann, war gegen Keßler aufgetreten. Mit diesem könne man keine neue Politik in der NVA machen, war seine Überzeugung. Der Generalstab beauftragte ihn, den Staatsratsvorsitzenden Egon Krenz darüber zu unterrichten, daß der Verteidigungsminister nach Meinung der militärischen Führung zurücktreten müsse.

»Dann machen Sie es doch selbst«, antwortete Krenz auf die Kritik an Keßler. Am 18. November 1989 wurde Hoffmann zum Verteidigungsminister ernannt. Kurz darauf wurde er zum Admiral befördert. Hoffmann stellte klar, daß die NVA ausschließlich für die Abwehr eines Angriffs von außen zuständig sei. Er leitete unverzüglich eine Militärreform ein. So schaffte er den Politunterricht ab, hob den ständigen Alarmzustand auf und verlangte, daß Befehle von Vorgesetzten an Untergebene durch Diskussion vorbereitet würden. Daran konnte ich anknüpfen, als ich sein Nachfolger wurde.

Erste positive Veränderungen in der NVA registrierte ich bereits bei meinem Besuch im Februar 1990, als ich in Strausberg mit mehr als zwanzig hohen Offizieren zusammentraf. Auch sie redeten sich inzwischen mit »Herr« an, und sie überraschten mich mit Zügen eines neuen, demokratischen Selbstverständnisses. Sie begriffen sich teilweise schon als Abrüstungsoffiziere. Es war nicht mehr viel zu spüren vom Erbe des Kalte-Kriegs-Verteidigungsminister Heinz Hoffmann, in dessen Amtszeit ich meinen Dienst als Bausoldat geleistet hatte. Er hatte die These vertreten, die NATO auf deren Territorium vernichtend zu schlagen.

Meine interessantesten Besuche führten mich aber zu Erich und Margot Honecker sowie zu Egon Krenz. Krenz hatte ich am 22. Januar 1990 bei seinem Auftritt am Runden Tisch erlebt. Der Kronprinz, der, als er endlich an der Reihe war, nur wenige Wochen zwischen Mitte Oktober und Anfang Dezember 1989 den ersten Mann der DDR darstellen durfte, gab sich wie ein Konfirmand. Zerknirscht entschuldigte er sich gegenüber allen, »die unter der alten Sicherheitsdoktrin gelitten haben«. Für das MfS wollte er, der lange Jahre im Politbüro für Sicherheitsfragen zuständig gewesen war, keine Verantwortung übernehmen. Für den Wahlbetrug vom 8. Mai 1989 zeigte sich der einstige Leiter der Zentralen Wahlkommission ebensowenig zuständig. Es war ein durch und durch unglaubwürdiger Auftritt.

So schlecht sein Gedächtnis bei heiklen Fragen war, er vergaß in diesen Wochen nicht, darauf zu verweisen, daß er ein Blutbad in Leipzig verhindert und später die Mauer geöffnet habe. Inzwischen wissen wir, daß Egon Krenz sich Verdienste zusprach, die zu entscheidenden Teilen anderen gebühren.

Ich begreife bis heute nicht, daß dieser Mann zum Generalsekretär des ZK der SED gewählt wurde. Vielleicht lag es daran, daß die anderen im Bund der Betonköpfe durch Alter und Unfähigkeit noch schlechter geeignet erschienen. Als ich von Honeckers Ablösung durch Krenz am 18. Oktober erfuhr, war meine erste Reaktion: Die müssen verrückt geworden sein. Das glaubte nicht nur ich. Aber schon am Tag nach der Kür des neuen Generalsekretärs traf sich der Vorsitzende der Konferenz der Evangelischen Kirchenleitungen, Landesbischof Dr. Werner Leich, in Begleitung von Manfred Stolpe mit Krenz im Schloß Hubertusstock.

»Wie Egon Krenz feststellte, habe das Zentralkomitee mit seiner 9. Tagung aufgerufen, eine Wende einzuleiten, die gekennzeichnet ist durch den gemeinsamen Dialog über alle die Gesellschaft bewegenden Fragen, den gemeinsamen Willen zu einer Atmosphäre der Offenheit, Ausgewogenheit und Konstruktivität. Egon Krenz und Werner Leich stimmten darin überein, daß es gilt, die DDR, deren Geschichte auch ein Stück Geschichte der evangelischen Kirchen unseres Landes und des gesellschaftlichen Mittuns christlicher Bürger ist, zu bewahren. Dazu bedarf es der Achtung vor der Überzeugung und dem Auftrag des jeweils anderen.« (Aus: »Berliner Zeitung« vom 20. 10. 1989)

Als ich Manfred Stolpe daraufhin vorwarf, daß die Kirchenleitung mit dem neuen DDR-Chef konferiert hatte, erwiderte er, daß ich Krenz in seinen Fähigkeiten unterschätzte, und außerdem sei das Treffen noch mit Honecker vereinbart worden. Meines Erachtens war das Rendezvous vollkommen überflüssig, die Kirche hatte es in dieser Zeit des Umbruchs nicht mehr nötig, sich mit Repräsentanten einer untergehenden Diktatur zusammenzusetzen, Nähe zu zeigen und Solidarität zu üben. Und Terminpläne sind nichts Unabänderliches, schon gar nicht in Zeiten der Revolution. Das Gespräch war nur dazu geeignet, Krenz in den Augen der Öffentlichkeit aufzuwerten. Statt staatsmännisch zu parlieren, hätte die Kirche sich uneingeschränkt auf die Seite der Bürgerbewegungen stellen müssen.
Krenz war das personifizierte Armutszeugnis der SED. Auf

einer Diskussionsveranstaltung im Treptower evangelischen Gemeindehaus sagte ich in einem kurzen Vortrag, daß er mein Wunschkandidat nach Honecker gewesen sei. Protestrufe kamen auf. Wahrscheinlich begannen einige Zuhörer an meinem Verstand zu zweifeln. Aber ich beharrte auf meiner Position: »Stellt euch vor, die SED wäre so klug gewesen und hätte Modrow zum Generalsekretär gemacht. Wir wären mit Kerzen auf die Straße gegangen, eine Pulle Cognac in der Hand, und hätten gesungen: So ein Tag, so wunderschön wie heute. Am Tag darauf hätten wir auf dem Sofa gesessen und gesagt: Wir sind die Sieger. Die wir aber längst noch nicht gewesen wären. Und nun hat die SED uns den Gefallen getan, diesen Herrn zum Generalsekretär zu machen. Und so gehen wir weiter auf die Straße, weil es das ja nicht gewesen sein kann.« Das begriffen alle im Raum.

Vor meinen Unterredungen mit den einstigen SED-Größen sprach ich im Palast der Republik mit Modrow, dem Volkskammerpräsidenten Günther Maleuda (DBD) und dem amtierenden Staatsratsvorsitzenden Manfred Gerlach (LDPD). Sie teilten meine Meinung, daß ein Signal gesetzt werden müsse. Honecker und Krenz sollten öffentlich erklären, daß die Kommunalwahlen vom 8. Mai gefälscht worden waren. Sollten wir beide dazu veranlassen können, seien die Chancen größer, wirklich zu fairen und freien Wahlen unter friedlichen Umständen in der DDR zu kommen. Modrow gab mir zu verstehen, daß er vor dem 18. März nicht zu Honecker gehe, dies könne er sich nicht leisten. Ich war – soviel ich weiß – der einzige DDR-Politiker, der den vor kurzem noch so hochgepriesenen früheren Parteichef vor den Volkskammerwahlen besuchte.

Zuerst aber unterhielt ich mich mit Egon Krenz. Das Gespräch kam zustande durch die Vermittlung des stellvertretenden Generalstaatsanwalts von Berlin, den ich aufgesucht hatte, um mir bestätigen zu lassen, daß ich tatsächlich von der Stasi abgehört worden war. Seine Behörde hatte inzwischen auch wegen Wahlbetrug ermittelt und herausgefunden, daß unser Vorwurf zutraf. Als ich dem Staatsanwalt sagte, daß ich mit dem damaligen Chef der Zentralen Wahlkommission sprechen wolle, antwortete dieser, ich möge einen Termin bestimmen, Krenz werde dann pünktlich erscheinen. Ich schaute in meinen Terminkalender und stellte fest, daß ich nur im Februar an einem Sonntag um neun Uhr früh Zeit hatte.
Ich traf Krenz zum festgelegten Termin im Sitz des Generalstaatsanwalts in der Littenstraße in der Nähe des Alexanderplatzes. Er wies alle Schuld von sich. Die örtlichen Wahlkommissionen hätten möglichst gute Ergebnisse nach Berlin melden wollen, und da hätten sie vermutlich hier und da eben nachgebessert. Eine Anweisung dazu habe es aber nicht gegeben. Ich versuchte ihn davon zu überzeugen, daß er sich nicht aus der Verantwortung davonstehlen könne. Er akzeptierte schließlich die These, daß er wenigstens die politische Verantwortung für die Sache trage. Er war auch bereit, eine allgemeine Schulderklärung in diesem Sinn abzugeben. Allerdings wolle er vorher lesen, was Honecker in dieser Angelegenheit von sich gebe. Er konnte es kaum glauben, daß ich gemeinsam mit ihm vor die Fernsehkameras treten würde, sobald beide Schuldbekenntnisse vorlägen.
Mit Anwalt Wolfgang Vogel vereinbarte ich einen Termin beim ehemaligen Staatsratsvorsitzenden und seiner Frau, der früheren Volksbildungsministerin. Vogel hatte sich zunächst zugeknöpft gezeigt, als ich mit meiner Besuchsbitte an ihn

herantrat. Ich erklärte ihm, daß Honecker als historische Figur nun die Aufgabe habe, sich zu seiner Verantwortung zu bekennen. Wenn der frühere erste Mann im Staat ein differenziertes Urteil über seine Rolle wünsche, müsse er dazu beitragen und Stellung nehmen. Wichtig sei, daß er sich zum Wahlbetrug vom Mai 1989 äußere. Diese Argumente leuchteten Vogel ein. Und als ich einwilligte, daß Honeckers Verteidiger Dr. Friedrich Wolff am Gespräch teilnahm, stand dem Treffen nichts mehr im Weg.

Um nicht aufzufallen, fuhr ich im privaten Trabant nach Lobetal, wo das Ehepaar bei einem Pfarrer wohnte. Ein Pressefotograf erkannte mich, stürzte auf mich zu, knipste ununterbrochen und fragte immer wieder, was ich hier wolle. Auf mein Klingeln öffnete die Pfarrersfrau, und dann erschien gleich Margot Honecker. Ich gab ihr die Hand, und sie führte mich in ein einfach eingerichtetes Wohnzimmer, wo ihr Mann und Rechtsanwalt Wolff auf mich warteten. Erich Honecker stand auf und begrüßte mich.

Er und seine Frau hatten sich entsprechend ihren Möglichkeiten »feingemacht«. Er trug Stiefeletten in der gutgeheizten Wohnung. Margot Honecker fragte, ob ich eine Tasse Kaffee wünsche, und als ich darum bat, ging sie für ein paar Minuten in die Küche.

Ich kam ohne Umschweife zur Sache und sagte: »Herr Honecker, ich möchte Ihnen zur Einstimmung sagen, daß ich hier jetzt nicht als Politiker bin. Wenn ich als Politiker gekommen wäre, müßte ich mich mit ihnen ununterbrochen streiten und ihnen einen ganzen Sack voller Vorwürfe machen. Ich komme als Mensch. Und zwar deswegen, weil ich glaube, Sie zu verstehen in ihrer jetzigen Situation.«

Er schaute mich erstaunt an.

Ich fuhr fort: »Ich muß Ihnen von meinem Vater erzählen. Der hat ein Leben lang die Vorstellung gehabt, jedem seiner Kinder ein Haus zu bauen. Er wollte dies wohl in der Hoffnung tun, daß er, wenn er stirbt, jedem Kind sagen könnte: Das ist dein Haus, und dieses ist dein Haus usw. Den Kindern wäre gar nichts anderes übriggeblieben, als zu erwidern: Danke schön, lieber Papi, du bist der Beste. Und dann hätte er in Frieden sterben können. Er hätte sein Ziel erreicht gehabt. Aber irgendwann hat mein Vater festgestellt, daß er es nicht schaffen würde. Hinzu kam, daß von den Kindern, die er in die Welt gesetzt hatte, nur noch zwei etwas mit ihm zu tun haben wollten, und das weniger aus Liebe als aus Mitleid. Als er das begriff, wurde aus einem starken Mann, der sich als Versager fühlte, innerhalb von zwei Jahren ein Wrack, und bald war er tot. Und wie meinem Vater geht es jetzt Ihnen. Sie wollten etwas aufbauen und meinten auch, etwas aufgebaut zu haben, aber nun stellen Sie fest, daß die, für die sie etwas aufgebaut haben, Sie nicht mehr haben wollen. Die jagen Sie jetzt vom Hof.«

Honecker antwortete: »Ich habe den Eindruck, Sie verstehen mich.«

Dann klärte ich ihn über den Zweck meines Besuchs auf. Es habe in der DDR im Mai 1989 einen Wahlbetrug gegeben, und dafür müsse es Verantwortliche geben, da ja nicht anzunehmen sei, daß überall Wahlkommissionen spontan falsche Angaben gemacht hätten. Also müsse Honecker die politische Schuld übernehmen. Ich sei bereit, eine entsprechende Erklärung im Fernsehen zu verlesen.

Honecker bestritt nicht, daß das Abstimmungsergebnis »korrigiert« worden war, erklärte aber, von einer Anweisung zur Wahlfälschung nichts zu wissen.

Ich bemühte mich, ihm die Vorstellung nahezubringen, daß er sich nicht aus der politischen Haftung hinwegstehlen könne. Denn die Verhältnisse, mit denen wir nun zu tun hätten, seien maßgeblich von ihm mit beeinflußt worden. Deshalb erwartete ich ein Schuldbekenntnis von ihm.

Aber Honecker beharrte darauf, frei von allen Fehlern zu sein. Er habe stets das Beste getan und gewollt und sich nichts vorzuwerfen.

Auch Rechtsanwalt Wolff versuchte Honecker zur Einsicht zu bringen. Ein Eingeständnis von Schuld könne dem ehemaligen Staatsratsvorsitzenden nur nutzen. Mindestens politische Schuld habe der Genosse Honecker doch auf sich geladen als der oberste Repräsentant der DDR, und diese umfasse den Wahlbetrug mit. Als der Kundschafter Günter Guillaume 1974 in der Bundesrepublik aufgeflogen sei, sei Bundeskanzler Willy Brandt zurückgetreten und habe die Verantwortung übernommen.

Diese Argumente leuchteten Honecker ein, und er machte sich gemeinsam mit Wolff an die Arbeit. Deren Ergebnis aber war höchst unbefriedigend, denn es fand sich darin ein Satz, der sinngemäß lautete: Ich habe keine Schuld auf mich geladen.

Ich sagte Honecker, daß ich eine solche Erklärung nicht verlesen würde, weil ich mich damit lächerlich machen würde und er auch. Wolff unterstützte mich, und auch Margot Honecker trat dafür ein, ein allgemeines Eingeständnis abzugeben.

Als der Text schließlich verabschiedet war, setzte sich Margot Honecker an die Schreibmaschine und tippte ihn ins reine. In der Zwischenzeit unterhielt ich mich mit Erich Honecker. Ich fragte ihn: »Wissen Sie eigentlich, wann ich Ihnen am nächsten gewesen bin?« Er wußte es natürlich nicht, und ich klärte ihn darüber auf, daß es in Trier war, als der SED-Generalsekretär im Spätsommer 1987 auf Staatsbesuch in der Bundesrepublik weilte und dabei auch Karl Marx' Heimatstadt besuchte. Ich hatte anläßlich des Geburtstags meines Vaters in die Bundesrepublik reisen dürfen und erlebte aus zweieinhalb Metern Entfernung, wie Honecker mit Begleitung durch die Stadt fuhr. So nahe sei ich ihm in der DDR, wo wir beide doch zu Hause seien, nie gekommen. Mit zugezogenen Gardinen sei er durch Berlin gebraust und habe sich sonst im Wald von Wandlitz versteckt. Ob er nie darüber nachgedacht habe, daß die Führer der Arbeiter und Bauern in allen osteuropäischen Ländern die Arbeiter und Bauern nie an sich herangelassen hätten.

Aber er bekam meine Worte gar nicht mehr richtig mit. Er litt unter einer starken Konzentrationsschwäche, und seine Aufnahmefähigkeit war begrenzt. Ich gewann während meines rund zweistündigen Aufenthalts den Eindruck, daß Margot Honecker in der Ehe dominierte. Sie fiel ihrem Mann nach Belieben ins Wort. Sie war verschont geblieben von Beeinträchtigungen des Alters. Das hinderte sie allerdings nicht daran, sich genauso unschuldig zu fühlen wie ihr greiser Gatte.

»Erklärung
Entsprechend meinen früheren Erklärungen gegenüber der damaligen SED bekenne ich mich zu der politischen Verantwortung für die Krise, in die der Staat und die Bevölkerung der DDR geraten sind. Das betrifft auch die Umstände, die letztlich zu der Fälschung der Wahlergebnisse vom 7. Mai 1989 führten.

Gleichzeitig möchte ich betonen, daß ich nie in meinem Leben politische Entscheidungen aus egoistischen Motiven getroffen habe und daß ich mich frei von jeder Schuld im strafrechtlichen Sinne fühle.«
(Erklärung Erich Honeckers, wie ich sie am 15. Februar 1990, etwa um 20 Uhr, im ersten Programm des Deutschen Fernsehfunks verlesen habe)

Wenn ich nur eine einzige Person der einstigen DDR-Führungsriege bestimmen dürfte, die die größte Schuld auf sich geladen hat und dafür vor Gericht gestellt werden soll, dann würde ich nicht Erich Mielke nennen. Mit ihm und seinen Spitzeln und Folterern hatten im ungünstigsten Fall eine Million Menschen zu tun, und darunter sind nicht wenige, die ihn noch heute loben. Aber alle früheren Bürger der DDR in meinem Alter oder jünger waren dem unverantwortlichen und menschenunwürdigen Bildungssystem der DDR ausgesetzt. Die Spinne in diesem Netz hieß Margot Honecker. Wenn Kindern das Rückgrat gebrochen, wenn sie zur Lüge und Heuchelei erzogen wurden, wenn Eltern und Schüler vor Schulleitern, FDJ-Sekretären und Staatsbürgerkundelehrern den Kotau machten, wenn im Unterricht das Töten verherrlicht wurde, dann trug dafür vor allem Margot Honecker die Verantwortung. Viele Lehrer litten nicht weniger furchtbar unter ihrer bornierten Militanz. Niemand im Politbüro traute sich, die heilige Kuh der DDR zu kritisieren. Sie ihrem gerechten Urteil zuzuführen wäre eine lohnende Anstrengung.
Während sie voller Energie die Volksbildung in der DDR dirigierte, verlor Erich Honecker seinen Realitätssinn. Das war

nicht nur auf zunehmendes Alter zurückzuführen, sondern mehr noch auf seine Karriere. Die für ihn typische Verkennung der Wirklichkeit suchte alle Parteichefs im sozialistischen Lager heim, erst Gorbatschow sollte aus den realsozialistischen Traumgebilden ausbrechen.

Vom rumänischen KP-Chef Nikolai Ceaucescu ist überliefert, daß er geweint hat vor Zorn, als seine Landsleute ihn auf seiner Flucht aus Bukarest mit Steinen bewarfen. Der brutale Diktator war wütend, weil die Menschen seine vermeintlich großartigen Leistungen bei der Umwandlung Rumäniens von einem Agrar- in einen Industriestaat nicht honorieren wollten.

Honecker erging es ähnlich, wenn er auch sicher sein kann, daß er nicht von einem Militärgericht zum Tod verurteilt werden wird wie sein Ex-Genosse. Er maß die Wirklichkeit der DDR des Jahres 1989 wohl mit seinem Leben als Jugendlicher im saarländischen Wiebelskirchen. Damals standen Gaslaternen an den Straßen, die meisten Menschen fuhren mit dem Fahrrad, Holzkarren waren ihre wichtigsten Transportmittel. Im Vergleich dazu war die DDR ein geradezu hypermoderner Industriestaat mit Autos, Fernzügen, Flugzeugen, Computern und riesigen Fabriken. Aber eben nur im Vergleich mit Honeckers Jugendzeit.

Weder er noch Ceaucescu, noch all die anderen Generalsekretäre sind je auf die Idee gekommen, sich zu fragen, was alles möglich gewesen wäre, wenn nicht sie und ihre Parteien die Macht in ihren Händen gehabt hätten.

Mit Honeckers Erklärung ging ich zu Krenz. Der las sie und erklärte sich daraufhin bereit nachzuziehen. Gemeinsam mit ihm trat ich vor die Kameras, ich verlas Honeckers Text, und Krenz trug seinen vor. Es waren magere Erklärungen, aber die bislang einzigen Schuldeingeständnisse der vor kurzem noch mächtigsten Männer der DDR.

»Liebe Mitbürgerinnen und Mitbürger,

in einem Moment, da immer mehr Beweise der Fälschung der Wahlergebnisse bei den vorangegangenen Kommunalwahlen offenbar werden und eine unerträgliche Belastung für das demokratische Denken unseres Volkes entstanden ist, möchte auch ich als damaliger Vorsitzender der Wahlkommission der Republik nochmals Stellung nehmen.
Ich kann anhand von Unterlagen vor dem Volk der DDR dafür geradestehen, daß ich in Übereinstimmung mit der Wahlkommission, in der Vertreter der Parteien und Organisationen sowie Einzelpersonen mitgewirkt haben, auf eine unbedingt korrekte Wahldurchführung gedrungen habe. Als die aus den Kreisen übermittelten Wahlergebnisse eingingen, wurden sie ordnungsgemäß zusammengefaßt, von der Zentralen Wahlkommission ohne Veränderungen bekanntgegeben und dem Staatsrat mit Unterschrift aller Mitglieder der Wahlkommission zur Bestätigung vorgelegt.
Zugleich kann ich es bei dieser Feststellung nicht mehr bewenden lassen.
Die politische Verantwortung für gesellschaftliche Zustände, in denen eine kritische Auseinandersetzung mit der Wirklichkeit immer mehr verlorenging und bei Wahlen eine Welle von undifferenzierter Zustimmung

demokratische Willensbildung ersetzen konnte und dieser Vorgang auch noch mit sozialistischer Demokratie in Verbindung gebracht wurde, diese Verantwortung tragen wir alle, die wir in der damaligen Partei- und Staatsführung auf die Gestaltung politischer Verhältnisse prägenden Einfluß hatten.
In dieser Frage wiederhole ich, was ich bereits am Runden Tisch gesagt habe: Ich bekenne mich zu meiner politischen Mitverantwortung an der Politik der damaligen Partei- und Staatsführung.
Ich habe weder heute noch in Zukunft die Absicht, diese auf andere Schultern zu delegieren. Ich habe mit meinen politischen Freunden zu spät versucht, andere Verhältnisse in der SED herbeizuführen. (...)«
(Aus der Erklärung von Egon Krenz, die er am 15. Februar 1990, etwa um 20 Uhr, im ersten Programm des Deutschen Fernsehfunks abgegeben hat)

Meist betätigten sich die Minister mit und ohne Geschäftsbereich im Wahlkampf. Viel bundesdeutsche Prominenz trat bei den Wahlkampfveranstaltungen der Allianz auf, genauso wie auf denen der SPD und des Bundes Freier Demokraten. Als die Wähler am 18. März den Christdemokraten die meisten Stimmen gaben, meinten sie weniger die Ost-CDU, sondern Helmut Kohl und die deutsche Einheit. Sie wollten auf schnellstmöglichem Weg die Teilung überwinden, und dies zu tun, hatte ihnen die CDU versprochen.
Der Demokratische Aufbruch erhielt 106146 Stimmen und damit 4 von 396 Volkskammermandaten: zwei in Thüringen,

eines in Sachsen und meines in Berlin. Unsere einstigen Mitstreiter in der Bürgerrechtsbewegung, die sich im Bündnis 90 zusammengeschlossen hatten, wurden für ihren Mut vor und während der Wende ebensowenig belohnt mit etwas mehr als 330000 Stimmen und 12 Sitzen. Die PDS errang dagegen fast zwei Millionen Stimmen und 66 Mandate, und die CDU hatte mit 4,7 Millionen Stimmen und 163 Mandaten fast doppelt so viele Stimmen und Sitze wie die SPD. Die DSU, unser zweiter Partner in der Allianz, hatte immerhin die Zustimmung von über 727 000 Bürgern gefunden, was ihr 25 Mandate einbrachte – der erste und letzte große Erfolg des CSU-Ablegers. So gut die Allianz insgesamt abgeschnitten hatte, das Ergebnis für unsere Partei war erschütternd schlecht. Eigentlich hätte schon zu diesem Zeitpunkt jedem deutlich sein müssen, daß wir allein nicht überlebensfähig waren, und schon gar nicht im vereinten Deutschland, das wir anstrebten.

Erst jetzt begriff ich richtig, daß bereits am 9. November 1989, als die Mauer fiel, die Weichen in Richtung Vereinigung gestellt waren. Die DDR hätte nicht überleben können, außer am Tropf der Bundesrepublik. Und diese wäre verständlicherweise nicht bereit gewesen, eine marode Wirtschaft über Wasser zu halten. Und sie wäre, wie sich inzwischen gezeigt hat, dazu auch nicht imstande gewesen, fordert heute der Aufbau der neuen Bundesländer doch viel mehr Anstrengungen, als selbst Pessimisten es sich ausgemalt hatten. Die DDR-Ökonomie war am Ende, auch wenn viele in Ost und West dies nach wie vor nicht einsehen wollten. Wäre die Vereinigung verzögert oder gar offengehalten worden, dann wären weiterhin Zigtausende von Deutschen von Ost nach West gezogen und die Wirtschaft im Osten gänzlich zugrunde gerichtet worden. Dies wäre die teuerste Variante gewesen.

Die Abwicklung

Bundeskanzler Helmut Kohl begegnete ich als Vertreter des DA erstmals, als im Bonner Kanzleramt nach dem Wahlerfolg der Allianz über die Regierungsbildung gesprochen wurde. Nach Schnurs Enttarnung amtierte ich als Parteivorsitzender und war in dieser Eigenschaft zu diesem Treffen eingeladen worden. Außer Kohl und mir waren unter anderem anwesend: CDU-Generalsekretär Volker Rühe, von der DSU Parteichef Hans-Wilhelm Ebeling und Peter-Michael Diestel, von der Ost-CDU deren Vorsitzender Lothar de Maizière und Generalsekretär Martin Kirchner. Wir waren vom Wahlsieg überrascht worden, auch wenn der DA durch Schnurs Enttarnung als Stasispitzel deutlich unter den Erwartungen geblieben war. Kohl und Rühe interessierten sich vor allem dafür, wer ihr künftiger Verhandlungspartner sein würde. Ich weiß nicht, ob und wenn ja, was hinter den Kulissen ablief. In diesem Gespräch jedenfalls traten die Politiker von CDU und CSU als Zuhörer und Berater auf.
Lothar de Maizière war sich noch nicht sicher, ob er als Spitzenkandidat und Vorsitzender der stärksten Partei Ministerpräsident werden sollte. Ich weiß nicht, ob es zuviel der Spekulation ist, wenn ich die Möglichkeit nicht ausschließe, daß seine Zögerlichkeit auch mit der Angst zu tun hatte, daß seine

Stasiakte eines Tages auf den Tisch kommen würde, obwohl es dem MfS gelungen war, Tonnen von Akten zu vernichten.
Wir überlegten gemeinsam, ob es überhaupt personelle Alternativen gab. Auch ich leistete einen Beitrag zur Suche: Wenn de Maizière dieses Amt tatsächlich nicht übernehmen wolle, dann hätte ich einen Vorschlag, der in der DDR-Bevölkerung gewiß viel Anklang finde. Und dann nannte ich Manfred Stolpe. Diese Eingebung brachte mir nicht den Beifall des Kanzlers ein, aber wenn ich heute betrachte, wie Stolpe sich als brandenburgischer Ministerpräsident darstellt, fühle ich mich in gewisser Hinsicht bestätigt. Die politische Qualifikation dazu hätte er gehabt.
Als wir einige Zeit später mit den DDR-Sozialdemokraten über die Bildung einer Koalitionsregierung verhandelten, präsentierte ich Manfred Stolpe noch einmal als Kandidaten, diesmal für das Amt des Außenministers. Auch in dieser Funktion konnte ich mir den Konsistorialpräsidenten gut vorstellen. Besser jedenfalls als den stellvertretenden DDR-SPD-Vorsitzenden Markus Meckel, der kurz darauf die DDR nach außen vertrat.
Die SPD sollte ebenso mit in die Regierung eintreten wie der Bund Freier Demokraten. Angesichts der großen Aufgabe der ersten und letzten freigewählten Regierung der DDR, einen ganzen Staat abzuwickeln, mußten alle wichtigen politischen Kräfte an einem Strang ziehen. Es erschien uns besser, die vor uns stehenden komplizierten Aufgaben im Kabinett anzugehen, als die Zusammenarbeit der so unterschiedlichen Kräfte in der Volkskammer vor dem Forum der Öffentlichkeit zu versuchen. Die Tatsache, daß die Sitzungen des Parlaments von der ersten bis zur letzten Minute vor Fernsehkameras stattfanden, hätte womöglich manchen dazu verleitet, sich unnötig

stark zu profilieren und dadurch Meinungsverschiedenheiten zu verfestigen.
Allerdings waren die Koalitionsverhandlungen äußerst kompliziert. Der Wahlkampf hatte deutliche Spuren hinterlassen und vor allem das Verhältnis zwischen SPD und DSU belastet. Die Deutsche Soziale Union hatte in den vergangenen Monaten scharf gegen die Sozialdemokraten polemisiert, und es bedurfte einiger Mühe, um die Zusammenarbeit der beiden Parteien möglich zu machen, nachdem klar war, daß die »Allianz für Deutschland« zwar keine gemeinsame Volkskammerfraktion bilden würde, aber sich nicht auseinanderdividieren ließ zugunsten einer großen Koalition ohne Hans-Wilhelm Ebelings und Peter-Michael Diestels Partei.
Am 12. April 1990, nach zähen Verhandlungen um Inhalte und Personen, stand die neue Regierung unter Ministerpräsident Lothar de Maizière. Ihr Ziel war, Deutschland möglichst rasch und gut zu vereinigen, ohne die Stabilität in Europa zu gefährden. Es solle in die EG integriert und Mitglied einer sich in ihren militärischen Funktionen verändernden NATO werden. Am 1. Juli 1990 solle eine Währungs-, Wirtschafts- und Sozialunion in Kraft treten. Die deutschen Streitkräfte auf dem Gebiet der DDR sollten übergangsweise weder der NATO unterstellt noch Teil der Bundeswehr sein. Die Justiz solle gründlich nach rechtsstaatlichen Prinzipien reformiert werden. Die polnische Westgrenze müsse völkerrechtlich verbindlich anerkannt werden.
Ich weiß bis zum heutigen Tag nicht, wie die Ressortverteilung vonstatten ging. Den amtierenden Vorsitzenden des DA hatte man nicht hinzugezogen, als es offenbar in kleiner Runde darum ging, die Ministerien zu vergeben. Daß es nicht reibungslos verlief, erfuhr ich indirekt, als Markus Meckel – nach

Ibrahim Böhmes Enttarnung als IM Verhandlungsführer der SPD – mir klarzumachen versuchte, daß de Maizière als Regierungschef nicht geeignet sei und statt dessen ich dieses Amt übernehmen solle. Vielleicht war dies ein Versuch, die größte Koalitionspartei etwas zurückzudrängen, vielleicht glaubte die SPD, mit einem Ministerpräsidenten Eppelmann besser zurechtzukommen als mit dem spröden Lothar de Maizière, vielleicht steckte dahinter das Bemühen, den DA auf die Seite der Sozialdemokratie zu komplimentieren. Was auch immer der Grund für Meckels Vorstoß gewesen sein mag, ich hielt de Maizière für den geeignetsten Kandidaten. Ich lehnte den sozialdemokratischen Vorschlag ab und berichtete dem CDU-Vorsitzenden über diese Episode. Damit war der Fall für mich erledigt.

Als die Koalitionsgespräche sich ihrem Ende zuneigten, wurde mir klar, daß mir ein Ministerium angetragen werden würde, weil der amtierende Vorsitzende einer Koalitionspartei nicht übergangen werden konnte. Ich überlegte mir, welche Ämter mich reizten und welche ich mir zutraute, weil ich nicht die Absicht hatte, mich lächerlich zu machen. In den Sinn kamen mir die Ministerien für Auswärtiges, Arbeit und Soziales und, um so länger ich darüber nachdachte, vor allen anderen das Verteidigungsministerium. Es erschien mir als schlüssige Konsequenz meiner Biographie, das Verteidigungs- in ein Abrüstungsministerium zu verwandeln.

Ich behielt meine Wünsche allerdings für mich. Unter anderem wollte ich mir die Peinlichkeit ersparen, der sich gerade mein Berufskollege Ebeling ausgesetzt hatte. Er hatte nämlich lauthals verlangt, DDR-Präsident zu werden und außerdem ein Ministerium zu leiten. Zur Begründung führte der DSU-Chef an, dies sei Bundeskanzler Kohls Wunsch.

Lothar de Maizière war so überrascht von diesem Vorstoß wie alle anderen in der Koalitionsrunde. Ich nahm mir schließlich ein Herz und erklärte dem selbsternannten Präsidentenaspiranten, daß dessen Wunsch wohl nicht zu erfüllen sei, selbst wenn Helmut Kohl sich dafür ausgesprochen haben sollte. Ebeling brachte es schließlich weder zum Präsidenten – diese Funktion übernahm zusätzlich zu ihrem Amt als Volkskammerpräsidentin Sabine Bergmann-Pohl –, noch übergab ihm der Regierungschef ein klassisches Ministerium. Er wurde Minister für wirtschaftliche Zusammenarbeit, wobei nicht nur ich mich fragte, welche Entwicklungspolitik die bankrotte DDR betreiben solle. Mit der Weltpolitik war es längst vorbei in Ost-Berlin.

Lothar de Maizière bot mir, ohne in meine Überlegungen eingeweiht zu sein, das Verteidigungsministerium an. Ich nahm dieses Angebot an, aber ich bestand darauf, als Abrüstungs- und Verteidigungsminister geführt zu werden. Ich hatte den Kriegsdienst verweigert und lange Jahre Friedensarbeit gemacht, um das Bewußtsein der Menschen zu pazifizieren. Im Abrüstungs- und Verteidigungsministerium konnte ich diese Arbeit nun fortsetzen, und zwar wirkungsvoller als je zuvor. Ich wäre mir unglaubwürdig vorgekommen, wenn ich nach all den Anstrengungen der Vergangenheit diese Gelegenheit ausgeschlagen hätte, einen Teil meiner Ziele durchzusetzen. Ich bin noch heute froh, daß ich nicht Arbeits- und Sozial- oder Außenminister wurde, sondern Ressortchef für Abrüstung und Verteidigung.

Später erfuhr ich, daß ich der Wunschkandidat der Armeespitze war. Hoffmann und andere glaubten, daß ich die auf die Soldaten zukommenden Probleme ernst nehmen würde. Außerdem hatten die Offiziere im Ministerium schon 1985, als

Keßler-Vorgänger Heinz Hoffmann gestorben war, auf einen zivilen Vorgesetzten gehofft. Egon Krenz war einer der Kandidaten in den Gesprächen gewesen.

Die Lage in der NVA war außerordentlich kompliziert. Mein Vorgänger hatte sich unter anderem mit dem ersten Soldatenstreik der DDR-Geschichte auseinanderzusetzen. Anfang Januar hatten in Beelitz Soldaten gemeutert. Sie protestierten dagegen, als billige Arbeitskräfte mißbraucht zu werden. Es war typisch, daß ein Wehrpflichtiger aus Magdeburg aus seinem Betrieb herausgeholt wurde, um dann für neunzig Mark Sold in Dresden in einem Unternehmen arbeiten zu müssen, und ein Dresdener Rekrut arbeitete dann für ebensowenig Geld in Magdeburg. Sie seien bereit, als Soldaten in der NVA zu dienen, aber nicht als uniformierte Arbeitskräfte in der Wirtschaft die Lohnkosten zu drücken. Der Reichsarbeitsdienst sei abgeschafft, erklärten sie.

Admiral Hoffmann fuhr nach Beelitz und stellte sich den meuternden Soldaten. Sie begrüßten ihn mit Beifall und er sie mit Handschlag. »Prima, daß Sie gekommen sind, Genosse Minister«, sagten sie. Und dann legten sie ihre Forderungen auf den Tisch. Das Ergebnis des Gesprächs war, daß der Minister Änderungen zusagte. Das fiel ihm nicht schwer, denn diese Neuerungen hätte er ohnehin angeordnet. Vor allem wurde der Einsatz von Soldaten in der Wirtschaft gestoppt, und Einberufungen erfolgten nun möglichst in Heimatnähe. Hoffmann hatte den Mut, den Soldaten recht zu geben. Manche Offiziere verübelten ihm, daß er streikenden Soldaten Zugeständnisse gemacht hatte.

Am 18. April fuhr ich nach Strausberg, wo das Verteidigungsministerium und der Generalstab ihren Sitz hatten. Dort übergab mir Admiral Hoffmann die Armee auf der Treppe von

Haus 1, das seit dem 20. Juli 1990 Stauffenberghaus heißt; dem Haus 20 gaben wir den Namen Von-Tresckow-Haus, um die Wehrmachtoffiziere zu ehren, die am Widerstand gegen Hitler teilgenommen hatten.

Der komplette Generalstab war angetreten, die Militärattachés der Botschaften und unzählige Journalisten wollten erleben, wie zum erstenmal im Warschauer Pakt ein Zivilist, zumal ein Kriegsdienstverweigerer und Friedensaktivist, den Oberbefehl über eine Armee übernahm. Für mich war es der Tag der Gewißheit. Vor noch nicht einmal einem Jahr wäre man als traumtänzerischer Spinner ausgelacht worden, hätte man derartiges nur als vage Möglichkeit angedeutet.

Ich war nun verantwortlich für mehr als 135000 Männer und Frauen, Soldaten und zivile Mitarbeiter. Allein im Ministerium waren 5000 Menschen beschäftigt. Ihr Chef war Maurer gewesen und dann Pfarrer geworden. Meine engsten Mitarbeiter waren ebensolche militärische Laien wie ich. Einer der beiden Staatssekretäre, Werner E. Ablaß (DA), war Leiter eines Evangelischen Altersheims gewesen. Der Parlamentarische Staatssekretär, Dr. Bertram Wieczorek (CDU), hatte als Arzt gearbeitet. Der Staatssekretär für Abrüstung, Frank Marczinek, besaß als einziger von uns militärischen Sachverstand. Er hatte es in der NVA bis zum Major gebracht, dann aber 1989 den Dienst quittiert und sich auf die Seite der Friedensbewegung gestellt – ein kleiner Gert Bastian der DDR gewissermaßen. Walter Romberg von der SPD hatte ihn mir empfohlen.

Staatssekretäre hatte es in der NVA früher nicht gegeben. Genausowenig einen Soldatenbeauftragten, der die Aufgabe hatte, die Interessen der Mannschaftsdienstgrade zu eruieren. Dieses Amt übernahm der zwanzigjährige Michael Hahn. Er entstammte dem Demokratischen Aufbruch wie auch der

Umweltbeauftragte Klaus Gille. Der Leiter meines Beraterstabs, Dietmar Herbst, war zuvor Lehrer für Deutsch und Religion in Celle gewesen und Mitglied der FDP. Ich hatte mich mit ihm angefreundet, als er mit dem Arbeitskreis »FDP und Kirche« der niedersächsischen Liberalen 1988 die Samaritergemeinde besucht hatte und wir in der Folge gemeinsame Seminare durchführten. Der Personalchef, Gerd Engelmann (DA), war ebenfalls Lehrer, hatte allerdings in der DDR als Bürgerrechtler Berufsverbot bekommen. Der persönliche Referent des Ministers wurde Michael Kloth, der einst im MfS-Wachregiment »Feliks Dzierzynski« gedient hatte und dort vor der Wende auf eigenen Wunsch entlassen worden war. Mein Parlamentsreferent Wolfgang Apfeld, ein Arbeitsschutzingenieur und überzeugter Christ, kam aus der Samaritergemeinde. Später stieß auf Honorarbasis noch der sozialdemokratische Abrüstungspolitiker Egon Bahr zu uns. Kurz und gut, für militärische Verhältnisse waren wir eine exotische Führungsmannschaft.

Mir war klar, daß wir jemanden gewinnen mußten, der militärischen Sachverstand einbringen konnte. Mein Vorgänger als Minister, den ich in der Modrow-Regierung schätzengelernt hatte, erschien mir dazu am besten geeignet. Ich fragte ihn unter vier Augen, ob er bereit sei, als Chef der NVA und ranghöchster Offizier unter mir zu dienen. Es war für ihn wahrhaftig keine Beförderung, die ihm in Aussicht gestellt wurde, aber er nahm nach einer Bedenkzeit an. Zuvor informierte er mich darüber, daß er nach wie vor Mitglied der PDS sei und dies auch bleibe. Für mich war das ein deutliches Zeichen, daß er es ehrlich meinte. Er hätte auch darum bitten können, in allen Ehren entlassen zu werden. Ich wechsle noch heute hin und wieder Grüße mit ihm.

Als der Amtsübernahmeakt vollzogen war, stellte ich dem Generalstab seine neuen Vorgesetzten vor und begrüßte die Militärattachés. Danach wurden mir die Räume im Hauptgebäude gezeigt, und meine erste Amtshandlung bestand darin, anzuordnen, daß die Bilder mit Panzern, Kanonen und heroischen Soldaten von den Wänden verschwanden. Statt dessen hängten wir Bilder von Joachim Buhlmann auf.
Admiral Hoffmann und andere führende Offiziere rieten mir, bald eine Kommandeurstagung durchzuführen, um die Soldaten über die Absichten der Regierung zu unterrichten. Soldaten klatschen nicht. Diesmal, nach meiner Rede auf der Tagung am 2. Mai vor 400 Kommandeuren, taten sie es minutenlang. Und genauso neu war, daß sie diskutieren durften über das, was der Minister vorgetragen hatte.

»Es besteht keine akute Kriegsgefahr. Die Einsicht, daß Krieg in Europa nicht mehr verantwortet werden kann und nicht gewinnbar ist, wird von allen Mächten, die hier militärisch präsent sind, einhellig geteilt.
Wir verstehen die Angst der europäischen Nachbarn vor einem erstarkenden Deutschland, und wir verstehen das Bestreben, sich gegen eine überstarke militärische Macht in der Kernzone Europas zu sichern. Aber dem entspricht auch das Bestreben, den europäischen Vereinigungsprozeß voranzutreiben, die Blockkonfrontation endgültig zu überwinden und anstelle der in den Jahren des Kalten Krieges entstandenen Sicherheitsstrukturen allmählich neuartige gesamteuropäische Institutionen zu entwickeln.

Die Vereinigung der beiden deutschen Staaten, insoweit sie bedachtsam und verantwortungsbewußt betrieben wird, widerspricht dem nicht. Sie kann sich eher förderlich auswirken. Damit haben sich die Aussichten auf neue Abkommen zur Abrüstung, zur militärischen Vertrauens- und Sicherheitsbildung im Gefolge der Verhandlungen in Wien und Genf durchaus verbessert (...).

Grenzüberwindende Politik ist menschlicher, als es grenzüberschreitende Aktionen sind. Diesem Denken müssen wir uns verpflichtet fühlen. Dennoch wird die DDR, solange sie noch als selbständiger Staat fortbesteht, im Interesse ihrer äußeren Sicherheit ihre Volksarmee, in angemessenem Umfang und streng defensiv strukturiert, aufrechterhalten müssen. Es wird auch nach der Vereinigung auf DDR-Territorium eine zweite deutsche Armee geben, die, in kein Militärbündnis integriert, hier eigene, territoriale Sicherungsfunktionen ausüben wird und dementsprechend strukturiert, ausgerüstet und ausgebildet werden muß.«

(Aus meiner Rede auf der Kommandeurstagung am 2. 5. 1990)

Die Offiziere nahmen frische Motivation mit in ihre Einheiten. Die Desertionen gingen zurück, zuvor hatten durchschnittlich 34 Soldaten pro Tag eigenmächtig den Dienst quittiert und in Westdeutschland Zuflucht gefunden. Die Angehörigen der NVA registrierten, daß sie und ihre Interessen ernst genommen wurden.

Dazu gehörte, daß die Offiziere und Unteroffiziere befragt wurden, ob sie gemeinsam mit den Wehrpflichtigen einen neuen Eid leisten wollten. Der 2. Mai war Einberufungstag, und die Volkskammer mußte sich beeilen, einen Eidestext zu verabschieden, der demokratischen Gepflogenheit Rechnung trug. Wir wollten verhindern, daß die Dienstgrade weiterhin der Arbeiter-und-Bauern-Macht und der SED verpflichtet blieben, während die Wehrpflichtigen auf die Demokratie vereidigt wurden. 85 Prozent der Offiziere und Unteroffiziere sprachen sich dafür aus, einen neuen Eid abzulegen. Wer sich dazu nicht bereit zeigte, wurde aus der NVA entlassen. Ich legte Wert darauf, der Armee ein demokratisches Gesicht zu geben.

Wer, wie manche westlichen Medien, den Aufwand kritisierte, den wir in einer zur Auflösung vorgesehenen Armee betrieben, der übersah, daß wir im Mai 1990 nicht wußten, daß die Einheit schon im Oktober vollzogen werden würde. Davor standen noch Verhandlungen mit den Alliierten und zwischen den beiden deutschen Staaten.

»Ich schwöre, der Deutschen Demokratischen Republik, meinem Vaterland, allzeit treu zu dienen und sie auf Befehl der Arbeiter-und-Bauern-Regierung gegen jeden Feind zu schützen.

Ich schwöre, an der Seite der Sowjetarmee und der Armeen der mit uns verbündeten sozialistischen Länder als Soldat der Nationalen Volksarmee jederzeit bereit zu sein, den Sozialismus gegen alle Feinde zu verteidigen und mein Leben zur Erringung des Sieges einzusetzen.

Ich schwöre,ein ehrlicher, tapferer, disziplinierter und wachsamer Soldat zu sein, den militärischen Vorgesetzten unbedingten Gehorsam zu leisten, die Befehle mit aller Entschlossenheit zu erfüllen und die militärischen und staatlichen Geheimnisse immer streng zu wahren. Ich schwöre, die militärischen Kenntnisse gewissenhaft zu erwerben, die militärischen Vorschriften zu erfüllen und immer und überall die Ehre unserer Republik und ihrer Nationalen Volksarmee zu wahren. Sollte ich jemals diesen meinen feierlichen Fahneneid verletzen, so möge mich die harte Strafe der Gesetze unserer Republik und die Verachtung des werktätigen Volkes treffen.«
(Der alte Fahneneid der NVA)

»Ich schwöre, getreu dem Recht und den Gesetzen der Deutschen Demokratischen Republik, meine militärischen Pflichten stets diszipliniert und ehrenhaft zu erfüllen.
Ich schwöre, meine ganze Kraft zur Erhaltung des Friedens und zum Schutz der Deutschen Demokratischen Republik einzusetzen.«
(Der neue Fahneneid der NVA)

Viele westdeutsche Politiker und Offiziere haben die internationalen Umstände der deutschen Vereinigung in ihrer Bedeutung geringgeschätzt. Für sie waren die Absprachen mit den Siegermächten des Zweiten Weltkriegs lästige Pflichtübungen. Die Regierung de Maizière dagegen hatte versprochen, daß die deutsche Einigung die europäische nicht behindern werde und daß die Staaten des sich auflösenden Warschauer Vertrags nicht vor der Tür des neuen Hauses blieben. Lothar de Maizière, Markus Meckel und ich waren uns in diesem Punkt einig. Wir wollten vor allem verhindern, daß die Sowjetunion die deutsche Einheit als ihr Versailles empfand, selbst wenn dadurch die Aufhebung der Teilung ein oder zwei Jahre beanspruchen sollte. Denn sonst vermachten wir unseren Kindern und Enkeln eine schlimme Erblast, wenn sie damit rechnen müßten, daß in Moskau mächtige Menschen sitzen, die die neuen Grenzen in Europa nicht akzeptieren wollen. Erst Helmut Kohls Besuch bei Michail Gorbatschow und deren Kaukasus-Gespräche im Juli 1990 machten den Weg frei zur deutschen Einheit.

Nur wenige Tage nach Amtsantritt bekam ich die erste harte Nuß zu knacken. Ich hatte abends mit einem Freund in West-Berlin gegessen, und als ich nach Hause kam, stand mitten auf der Samariterstraße ein Polizeiwagen, darin zwei Volkspolizisten. Als sie mich entdeckt hatten, sprangen sie aus dem Auto und liefen auf mich zu. Aufgeregt teilten sie mir mit, ich müsse sofort ins Ministerium nach Strausberg, sie würden mich hinbringen. Auf meine Frage, was los sei, wußten sie keine Antwort, sondern nur, daß Staatssekretär Ablaß angerufen habe. Als erstes schoß mir der Fall Popieluszko durch den Kopf. Der polnische Priester und Bürgerrechtler Jerzy Popieluszko war vom Geheimdienst seines Landes ermordet worden. Aber dann wies ich diesen Gedanken zurück, nicht ohne später Werner Ablaß zu bitten, mir bei künftigen Gelegenheiten zur Sicherheit eine schriftliche Nachricht zukommen zu lassen und mich nicht wieder in eine so dumme Lage zu bringen.
In einem Höllentempo rasten wir durch die Nacht zum Mini-

sterium. Dort traf ich einen aufgeregten Staatssekretär Ablaß und einen ratlosen Berater Herbst an. Hastig informierten sie mich darüber, daß am folgenden Tag in der »Jungen Welt« ein Enthüllungsartikel veröffentlicht würde. Presseoffizier Oberst Uwe Hempel war von einem mit ihm befreundeten Redakteur des einstigen FDJ-Zentralorgans angerufen worden und hatte einen Tip erhalten: Drei NVA-Offiziere hätten schon im Februar einen Brief an BRD-Verteidigungsminister Gerhard Stoltenberg geschrieben und gefordert, die Bundeswehr solle in die DDR einmarschieren. Die Offiziere hatten eine Veröffentlichung ihres abenteuerlichen Schreibens nicht vorgesehen.
Der Versuch, die »Junge Welt« davon abzubringen, diese Geschichte zu veröffentlichen, scheiterte und damit auch die Möglichkeit, die Affäre innerhalb der NVA aus der Welt zu schaffen. Wenn wir die drei Offiziere fanden, waren sie nicht mehr zu halten. Wir begannen mit Befragungen im Ministerium, denn wir hatten erfahren, daß einer der drei in Strausberg arbeitete – wie sich herausstellte, war es Oberst Weber, mein Adjutant.
Ihn hatte ich im Spätherbst 1989 kennengelernt. Eines Abends hatte ein Mann vor meiner Tür gestanden und sich als Oberst Weber vorgestellt. Er trug Zivil. Er wolle mir als bekanntem Bürgerrechtler von der Lage in der NVA berichten, erklärte Weber den Zweck seines Besuchs. Er beließ es nicht bei einem Treffen, sondern kam ein zweites Mal zu mir. Ich fand den Mann vertrauenswürdig, da er mir aus eigenem Antrieb und nicht ohne persönliches Risiko die komplizierte Situation in der Armee geschildert hatte. Deshalb schlug ich ihm im April 1990 vor, mein Adjutant zu werden.
Und nun hatte er uns verraten wollen an die Regierung eines Staates, der nach wie vor einem anderen Bündnissystem ange-

hörte. Es gab für dieses Verhalten keine Rechtfertigung. Weber und seine beiden Kameraden hätten im Ministerium offen für ihre Ansichten eintreten können, aber nie diesen Brief schreiben dürfen. Sie wurden unverzüglich entlassen.

Am 27. April traf ich zum erstenmal meinen bundesdeutschen Amtskollegen Gerhard Stoltenberg. Da ich Symbole schätze, hatte ich ihm vorgeschlagen, daß wir uns in Torgau an der Elbe begegnen sollten, wo kurz vor Kriegsende, am 25. April 1945, amerikanische und sowjetische Kampfeinheiten sich zum erstenmal auf deutschem Boden begrüßt hatten. (Einige Historiker berichten, daß sich Amerikaner und Sowjets schon früher und an einem anderen Ort getroffen haben, aber wer läßt schon gern von liebgewordenen Legenden ab, zumal wenn sie der Völkerverständigung dienen?) Stoltenberg erwies sich allerdings nicht als Freund solcher Signale, so wie er auch meinen Vorschlag ablehnte, daß wir gemeinsam nach Warschau, Prag, Moskau, Paris und London reisen sollten, um dort Sorgen abzubauen und um Verständnis für unsere Absichten zu werben. Er wollte vermeiden, Bundesaußenminister Genscher in die Quere zu kommen, der in der westdeutschen Regierung für Abrüstung zuständig war. Wir waren sehr unterschiedliche Charaktere, und ich bezweifle, daß Stoltenberg mich und meine Anliegen immer begriff. Hinzufügen will ich, daß ich eine viel zu große Zahl von Politikern kenne, die mir menschlich unangenehm sind – Stoltenberg zählt nicht dazu. Ich empfand ihn als phantasielos, manchmal ängstlich, aber ehrlich.
Statt in Torgau kamen wir im Hotel »Holiday Inn« am Flughafen Köln/Bonn zusammen. Wenn meine Erinnerung mich nicht trügt, habe ich Stoltenberg die Position unserer Regierung dargestellt: zum einen, daß wir die beiden deutschen Staa-

ten möglichst gut und rasch vereinigen wollten, daß aber zum anderen die deutsche Einheit das europäische Zusammenwachsen fördern und nicht behindern solle. Die DDR sei ein verläßlicher Partner, Verträge, die wir abgeschlossen hätten, würden nicht einfach aufgekündigt. In der abschließenden Erklärung hieß es, daß das geeinte Deutschland zwar Mitglied der NATO sein solle, daß die militärischen Strukturen und Einrichtungen des westlichen Bündnisses aber nicht auf das Beitrittsgebiet ausgedehnt würden.

Das Bundesverteidigungsministerium stellte uns einen Berater zur Verfügung, der keine Weisungsbefugnis besaß, uns aber erklären sollte, wie manche Dinge in der Bundeswehr geregelt wurden. Es hätte keinen Sinn gehabt, die Armeen sich auseinanderentwickeln zu lassen, bevor sie zusammengebracht wurden. Der Berater war ein netter älterer Herr, der seinen Auftrag allerdings etwas mißverstanden hatte. Zunächst fiel uns auf, daß er hier und dort Offizieren Befehle erteilte. Und dann erfuhr ich, daß er jeden Abend seinem Arbeitgeber berichtete, was wir im Lauf des Tages getan hatten. Daher sagte ich Stoltenberg bei unserem zweiten Treffen, daß die Kommunikation zwischen der Hardthöhe und Strausberg nun so gut funktioniere, daß wir einen Berater nicht mehr benötigten. In der Tat telefonierten wir wöchentlich einmal miteinander und schafften es, größere Reibungsverluste zu verhindern.

Irritationen blieben dennoch nicht aus. Sie hingen nicht zuletzt zusammen mit Pressemeldungen, von denen mindestens einige den Zweck hatten, mich zu diffamieren. Leider betätigten sich auch Mitarbeiter meines Ministeriums als Ideenlieferanten für Sensationsjournalisten. Da wurde gemeldet, Abrüstungsminister Eppelmann verkaufe Waffen und lasse irakische Kampfflugzeuge in Dresden reparieren und wieder nach Hause transportieren. Panzer der NVA sollen in Jugoslawien gesehen worden sein, Tretminen aus unseren Beständen in Angola, Brückenlegepanzer im Irak. Und dann soll der offenkundig verrückt gewordene Ex-Pfarrer in Strausberg gar befohlen haben, Atomkriegspläne gegen die Bundesrepublik zu entwerfen.

Das alles ist vollkommener Unsinn – ich habe mich in meiner Amtszeit nicht als Waffenhändler oder als Atomkriegsplaner betätigt. Jede andere Unterstellung ist erfunden und erlogen.

Ich wehrte mich gegen diese Verleumdungen auch vor Gericht. Den Prozeß habe ich selbstverständlich gewonnen, und der Journalist, der sich diese üblen Geschichten ausgedacht hatte, mußte alles zurücknehmen. Aber dieses Ergebnis war natürlich nicht so spektakulär wie die vorherige Waffenschieberstory, und außerdem interessiert sich kaum einer für ein Gerichtsurteil über eine Sache, die Monate zurückliegt. Ich lernte, daß ein in der Öffentlichkeit ausgesprochenes oder geschriebenes Wort nicht mehr zurückzuholen ist.

Ein weiterer Verleumdungsversuch war die Behauptung, ich ließe auf Kosten des Steuerzahlers West-Berlins Regierenden Bürgermeister mit einem NVA-Hubschrauber zum Privatvergnügen herumkutschieren. Walter Momper (SPD) verbrachte seinen Sommerurlaub auf der Insel Rügen und hatte mich gebeten, ihm einen Hubschrauber für zwei dienstliche Flüge nach Hamburg und nach Berlin zur Verfügung zu stellen, um ihm die Fahrt über die völlig verstopften DDR-Autobahnen zu ersparen. Ich empfand Mompers Bitte so angemessen wie vernünftig, und warum sollten wir einem Regierenden Bürgermeister diesen kleinen Gefallen nicht tun?

Den besagten Hubschrauber entdeckten die beiden Parlamentarischen Staatssekretäre Willy Wimmer vom Bundesverteidi-

gungsministerium und Bertram Wieczorek aus meinem Amt auf dem Militärflugplatz Prora (Rügen). Sie fragten die Besatzung, warum der Helikopter dort stehe, und erhielten die zutreffende Antwort, daß er für Momper bestimmt sei.
Aus Stoltenbergs und meinem Ministerium wurde diese Information an die »Bild am Sonntag« weitergereicht. Bald rückten die Journalisten an, denen es sogar gelang, den Hubschrauber für einen Rundflug über Berlin zu mieten. Sie gaben vor, daß sie den Abbau der Grenzbefestigungsanlagen fotografieren wollten. Am Schluß stand Anfang August eine Story im Springer-Blatt über einen Hubschrauber, mit dem schon Honecker geflogen sei und den nun Momper in Absprache mit mir auf Steuerzahlers Kosten zweckentfremde. Geschmückt war alles mit hübschen Fotos von Maschine samt Stewardeß.
Ich wußte, wer »Bild am Sonntag« den Tip gegeben hatte, und wollte den Betreffenden sofort entlassen. Lothar de Maizière aber bat mich, der Regierung in ihren letzten Wochen solchen Ärger zu ersparen. Wir waren in der Tat schon ausreichend gebeutelt durch die täglichen Verdächtigungen, wer alles für die Stasi gearbeitet habe. (Auch ich geriet aus unerfindlichen Gründen in den Geruch, IM gewesen zu sein. Nachdem ich jahrelang vom MfS schikaniert und bespitzelt worden war, traf mich kein Vorwurf härter als diese Lüge.)
Ich begnügte mich damit, den Informanten zur Rede zu stellen. Der tat so, als wisse er von nichts. Seiner Laufbahn hat es nicht geschadet.
Von ähnlicher Qualität wie die angebliche »Hubschrauber-Affäre« waren andere Zeitungsenten, auch sie Ausdruck der zwanghaften Konstruktion von Sensationen zum Zweck der Verkaufsförderung.
In der Tat waren etwa Brückenlegepanzer aus einer Gemein-

schaftsproduktion von DDR und ČSSR in den Irak verkauft worden, dies aber noch zu Zeiten des Ministerpräsidenten Willi Stoph. Inzwischen schwammen die Panzer an Bord eines irakischen Schiffes irgendwo auf den Weltmeeren. Sobald ich davon erfuhr, versuchte ich alles, um zu verhindern, daß der Frachter seinen Zielhafen erreichte, aber er hatte den Suezkanal schon passiert. Ich erhielt den offiziellen Dank des US-Botschafters in Ost-Berlin für meinen Versuch, die Brückenlegepanzer zurückzuholen, aber öffentlich wurde mir unterstellt, Saddam Hussein aufzurüsten.

Er erhielt in der Amtszeit der de-Maizière-Regierung genausowenig Kriegswaffen wie irgendein anderer Despot. Eine Lieferung von Tretminen nach Angola hat höchstens zu Honeckers Zeiten stattgefunden; schon die Modrow-Regierung hatte im Februar 1990 ein Kriegswaffenausfuhrverbot erlassen. Und die MiG-Jäger, die das irakische Militär zur Wartung nach Dresden gebracht hatte, stehen möglicherweise noch heute dort. Wir haben die Flugzeuge jedenfalls nicht zurückgegeben.

In der Sachsenmetropole gründete mein Ministerium ein Institut für Konversion, für die Umwandlung von Waffen in zivile Gebrauchsgegenstände. Wir hatten diese Forschung bitter nötig, denn uns plagten gewaltige militärische Altlasten. Allein 300000 Tonnen Munition waren im Besitz der NVA – wie sollten wir diese Mengen umweltverträglich vernichten? Nach unseren ersten Berechnungen würden wir damit drei Jahrzehnte beschäftigt sein. Und wohin mit den Flugzeugen, Panzern, Lastwagen, Motorrädern, Gewehren, Pistolen, Kanonen und all dem anderen Zeug? Dazu kamen die Kasernenstandorte und Truppenübungsplätze, die verseucht waren durch Munitionsreste, Benzin und Öl. In den Böden wurden außerdem immer wieder verrostete Fässer mit undefinierbarem Inhalt ent-

deckt. Sie stammten zum Teil von der IG Farben, jenem Chemiegiganten, der zu Hitlers Zeit seine größte Machtentfaltung erlebt hatte und nach 1945 entflochten worden war.
In unserer Lage kam es uns zupaß, daß Ungarn, Tschechoslowaken und Polen Interesse an Waffen aus unseren Beständen bekundeten. Mit Kenntnis des Bundesverteidigungsministeriums verhandelte Staatssekretär Ablaß mit Ungarn und Polen über Kriegsgerät, das die DDR dereinst von ihnen bezogen hatte. Uns erschien es ziemlich unwahrscheinlich, daß Lech Walesa oder Vaclav Havel an der Spitze ihrer Armeen über uns herfielen.
Fast alle Verträge dieser Art trugen die Zusatzklausel, daß sie nur mit Zustimmung der Bundesrepublik Deutschland rechtskräftig würden. Denn inzwischen war nach den Gesprächen Helmut Kohls mit Michail Gorbatschow im Kaukasus klargeworden, daß wir uns im Eiltempo auf die Einheit zubewegten. Wir wußten, daß wir die Verträge, die wir aushandelten, nicht mehr selbst umsetzen würden.
In meiner Amtszeit wurden lediglich zwei Verträge realisiert: Zum einen lieferten wir auf den dringenden Wunsch Washingtons und Bonns Schutzmasken nach Saudi-Arabien – die Angst vor Giftgasangriffen der Irakis war begründet. Und zum anderen verkauften wir in Absprache mit der Hardthöhe Kleinkalibergewehre, die einst der Stasi gehört hatten, an einen lizenzierten Waffenhändler in Regensburg, der sie dann als Schonzeitbüchsen für Jäger anbot.
Andererseits gab es eine Reihe von rechtsgültigen Verträgen der Regierung Stoph über den Kauf von Waffen. Rüstungsgüter im Wert von mehr als einer Milliarde Mark der DDR waren bestellt, darunter Schiffe, Panzer und Raketen. Hätte die Sowjetunion auf die Einhaltung der Kaufverträge gepocht, dann

hätte die DDR Waffen bezahlen müssen, die sie nicht mehr brauchte – wenn sie sie überhaupt jemals gebraucht hat. Aber die Regierung in Moskau zeigte sich großzügig und verzichtete darauf, ihr gutes Recht durchzusetzen und Konventionalstrafen zu verhängen. Ein Großteil der Bestellungen wurde storniert gegen die Bezahlung der Kosten, die der Sowjetunion bis zu diesem Zeitpunkt entstanden waren. Dabei war die UdSSR selbst im Ausland hochverschuldet, und ihre Wirtschaft befand sich in einem katastrophalen Zustand.

Wir erwarben neben einigen Ausrüstungsgegenständen nur noch zwei Raketenschnellboote, die sich leicht zu Küstenschutzschiffen umfunktionieren ließen. Es wunderte mich nach meinen bis dahin gemachten Erfahrungen mit den Medien nicht, daß unser Erfolg beim Rückgängigmachen gültiger Verträge auf den Kopf gestellt wurde und mir eine Welle der Empörung entgegenschlug: Trotz ihrer bevorstehenden Auflösung rüste die NVA weiter auf, behaupteten einige Gazetten.

Wir bemühten uns, Fairneß mit Fairneß zu vergelten und gaben der Sowjetunion alle Geheimunterlagen und die Kodes für die Luftverteidigung unkopiert und kostenlos zurück, als wir aus dem Warschauer Vertrag ausschieden.

Für öffentlichen Ärger sorgte schließlich noch, daß ich einen Befehl meines Vorgängers, Admiral Hoffmann, teilweise bestätigte, mit dem der NVA-Geheimdienst aufgelöst wurde. Er hatte seine Aktivität bereits im März eingestellt. Später wurden die Akten, die Auskunft über seine 138 Agenten in der Bundesrepublik gaben, vernichtet. Daß die Bundesbürger, die für die andere Seite gearbeitet hatten, ungeschoren davonkommen sollten, empörte, vor allem im Westen, die Medien. Die Vernichtung ihrer Akten hatte ich verhindern wollen. Ich hatte mich nach einiger Bedenkzeit und diversen Beratungen lediglich damit einverstanden erklärt, die Personalakten von DDR-Bürgern, die für die NVA spioniert hatten, zu vernichten. Aber wie ich heute annehmen muß, waren sämtliche personenbezogenen Akten im Mai 1990 längst verbrannt.

Mehr noch als der Ärger mit Medien und Mitarbeitern bedrückte mich die Entfremdung zwischen der Samaritergemeinde und mir. Ein Grund war, daß ich ab Mitte Februar 1990, von einem Tag auf den anderen, im Gegensatz zu früher schwer zu erreichen war und so vieles von dem, was ich tat, nicht erklären konnte. Ein weiterer bestand darin, daß ich in meiner neuen Funktion einiges aus einem anderen Blickwinkel betrachtete. Und nicht zuletzt hatten sich mit dem Niedergang des realen Sozialismus und dem sich abzeichnenden Ende der Blockkonfrontation auch manche Axiome früherer Jahre glücklicherweise als falsch herausgestellt. Offenkundig mußten wir zum Beispiel nicht davon ausgehen, daß uns die DDR überleben würde.

Aus der Warte des Ministers – und heute des Bundestagsabgeordneten – sah die Welt komplizierter aus als aus dem Blickwinkel des Gemeindepfarrers. Frieden schaffen ohne Waffen, und dies so schnell wie möglich: das ist eine bis heute richtige Forderung. Allerdings muß ich als Politiker bedenken, daß es ohne Kompromisse und Folgeabschätzung nicht geht. Wir müssen Lösungen finden, die mehrheitsfähig sind und die die Interessen unserer Nachbarn und Bündnispartner berücksichtigen.

Inzwischen muß ich eingestehen, daß Ronald Reagan in gewisser Hinsicht recht hatte. In seiner Amtszeit wurde die Sowjetunion tatsächlich totgerüstet. Gorbatschow und seine Perestrojka waren erst möglich, als selbst der verkalkteste Politbürokrat durch die Gewalt der Tatsachen begreifen mußte, daß die Heimat aller Werktätigen pleite war. Das war die grausame Logik des Wettrüstens. Allerdings brachte diese Politik die Welt in eine gefährliche Konfrontation, und wir wissen nicht, ob der Frieden unter allen Umständen gehalten hätte. Insofern habe ich nichts von dem zurückzunehmen, was Robert Havemann und ich im »Berliner Appell« oder der Samariterfriedenskreis in seinen zahlreichen Aktionen gefordert hatte. So gerne wir die Resultate der Weltpolitik der jüngsten Vergangenheit annehmen, es war durch nichts zu rechtfertigen, das Risiko eines Atomkriegs auch nur minimal zu erhöhen. Viele haben die Aufregungen der achtziger Jahre schon vergessen und angesichts der vorteilhaften Ergebnisse rosarot verklärt.

Ich habe kein Wort zurückzunehmen. Ich war parteiisch für den Frieden und die Überwindung des SED-Regimes. Aber ich weiß heute mehr, und so würde ich als Gemeindepfarrer in mancherlei Hinsicht anders sprechen als früher. Gelernt habe ich vor allem, daß man niemanden zu seinem Glück zwingen, daß man die eigene Meinung nicht absolut setzen darf. Wenn man dies versucht, beseitigt man das Glück – auch das bißchen, das man auf dem Weg des Kompromisses finden kann.

Viele von den Freunden, mit denen ich mit der Kerze in der Hand auf der Straße gestanden hatte, glaubten, ich hätte den Verstand verloren, als ich Minister für Abrüstung und Verteidigung wurde. Wie konnte man als Pazifist Oberbefehlshaber der NVA werden! Der einzige Grund, dies zu akzeptieren, wäre für sie gewesen, ich hätte die Armee auf einen Schlag aufgelöst. Einige meiner Freunde erschienen nicht, als ich meine

Abschiedspredigt in der Samaritergemeinde hielt. Der Gemeindekirchenrat hatte sogar verhindern wollen, daß ich predigte, um mir nicht den »Platz für politische Erklärungen zur Verfügung« zu stellen. Dies nach fünfzehn Jahren Zusammenarbeit.

»Einige der Freunde von gestern behandeln mich wie einen Aussätzigen, gar wie einen Feind. (...) Ich versuche, für die Bürger dieses Landes eine gute Politik zu machen, für alle. Die Lebensverhältnisse zu verbessern, die Demokratie zu verwirklichen, abzurüsten. Aber die Regierung de Maizière wird von vielen fast genauso abschätzig betrachtet wie die Honecker-Regierung. Regierende sind in ihren Augen eben immer schlecht.
Wolf Biermann beschimpft mich mit dem gleichen Sprachduktus, mit dem er früher die Stasi attackiert hat. Katja (Havemann; d. Verf.) verkündet öffentlich ihre Scham über meine Tätigkeit, über mein Verhalten. Hatte sie denn nicht gemeint, ich würde mich mit der total gewandelten Wirklichkeit nicht auch verändern müssen? Hatte sie etwa gedacht, ich hätte die letzten Jahre nur zum Spaß gebetet, gefordert, gerungen und gestritten, und jetzt, wo es gilt, Erstrittenes umzusetzen, zöge ich mich zurück und wolle meine Hände nicht schmutzig machen? Ob sie annimmt, ich hätte das alles nicht so ernst gemeint? Nein, liebe Evi, ich habe damals ›Ja‹ gesagt, und ich sage heute ›Ja‹!
Es sind nicht nur Mißverständnisse, sondern es ist Unverständnis entstanden aus der Entfernung der letzten

Monate. Erklärungen verlieren vielleicht ihren Sinn. (...)
Ich habe ein gepanzertes Dienstauto und Fahrer und Personenschutz, um mich und andere nicht zu gefährden, wenn ich nach einem langen Arbeitstag unterwegs bin. Für meine ehemaligen Mitstreiter in der Samaritergemeinde bin ich damit zum Bonzen geworden.
Die Experten der Sicherheitskräfte haben mir gesagt, daß ich aufgrund der Drohbriefe und aufgrund ihrer Analyse der Situation zu den am meisten gefährdeten Personen in Deutschland gehöre. Dies gelte auch für meine Familie. Darum der Personenschutz, darum die bewachte Wohnung, die Warnanlage, die Pistole in der Kassette. Dies böte den unbedingt notwendigen Mindestschutz. Für andere werde ich dadurch zum Militaristen und fast schon zum potentiellen ›Mörder‹.
Ich denke nicht daran, daß ein Gesetz der Modrow-Regierung, das den Verkauf von Ein- und Zweifamilienhäusern an augenblickliche DDR-Mieter ermöglicht und das NVA-Angehörige nicht ausschließt, in der Volkskammer rückgängig gemacht wird. Ich setze mich – dem Gesetz vom 16. Februar entsprechend – ein, daß DDR-weit 800 Häuser aus den Beständen der NVA privatisiert werden. Daß Menschen, die bisher in den Häusern gewohnt und Zeit, Geld, Ideen und Kraft investiert haben, ein Vorkaufsrecht erhalten, halte ich für legitim.
Meine ehemaligen Freunde schließen sich dem Sprachgebrauch der ›Bild-Zeitung‹ an: Ich hätte den Verkauf ›befohlen‹. Für sie ›verschenke ich Volkseigentum‹ an

die Generale der NVA. Wir leben wahrlich wie Fremdlinge im eigenen Haus.
Daß wir mit unserer siebenköpfigen Familie aus der Pfarrer-Dienstwohnung in der Samariterstraße ausziehen und in eine nicht einmal gleich große Dienst-Wohnung ›meines‹ Ministeriums einziehen, wird als Zeichen meines Bonzentums gedeutet. (...)
Weil ich nicht alle Waffen sofort verschrotten lasse, werde ich in den Augen ehemaliger Mitstreiter zum unglaubwürdigen Menschen. (Die Verschrottung eines Panzers kostet etwa 70000 Mark, seit vierzehn Tagen D-Mark.) Weil ich die Verträge entsprechend den Versprechungen der Regierung de Maizière einzuhalten versuche, um nicht totale Irritation bei den ehemaligen Verbündeten hervorzurufen, werde ich zum Vorreiter der Aufrüstung und zum Stabilisator der Nationalen Volksarmee hochstilisiert. Und das alles bei einer Einsparung von 2,3 Milliarden bei einem Gesamtetat von 5,7 Milliarden. Das sind immerhin fast vierzig Prozent. Zeige mir einer der Freunde von gestern ein anderes Land in der Welt mit einer solchen Abrüstungsquote! (...)
Vera Wollenberger und andere Mitglieder vom Bündnis 90/Grüne greifen mich an, weil ich die Wehrpflichtigen nicht sofort nach Hause schicken will. Was soll denn aus den Uniformierten und den Zivilangestellten werden? Einen Panzer abzurüsten geht schneller – bei allen Kosten und Problemen –, als einem Soldaten neues Denken, ein neues Leben und ein neues Auskommen

zu sichern. Aus Schwertern Pflugscharen zu machen ist ein Kinderspiel gemessen an der Aufgabe, aus Soldaten Bauern zu machen. Das letzte braucht viel mehr Zeit und Ruhe, Verständnis und Geduld.«
(Aus einem Brief an meine Frau vom 15. 7. 1990, veröffentlicht in meinem Buch »Wendewege. Briefe an die Familie«, Bonn 1992)

Im Januar 1992 besuchte ich einige Male die Gauck-Behörde, um meine Stasiakten durchzusehen. Dort traf ich Bärbel Bohley, Katja Havemann, Lutz Rathenow, Jürgen Fuchs, Reinhard Schult und andere. Wir haben miteinander geredet. Später rief Katja meine Frau an und schlug vor, sich wieder einmal zu treffen. Die Zeit hat hier nicht nur Wunden geheilt, sondern auch beigetragen zum gegenseitigen Verständnis. Meine Freunde von gestern haben vielleicht festgestellt, daß ich ein völlig anderer nicht geworden bin.

Als nach den Gesprächen im Kaukasus die Sowjetunion keine Einwände mehr dagegen erhob, daß das geeinte Deutschland Mitglied der NATO war, stand uns die Aufgabe bevor, den Warschauer Vertrag zu kündigen. Ich hatte die zweifelhafte Ehre, als ehemaliger Bausoldat eine Tagung des Verteidigungsministerkomitees des östlichen Bündnisses zu leiten, da diese turnusgemäß in Strausberg stattfand. Ich verhinderte als Diskussionsleiter einen politischen Eklat, als ich meinen ungarischen Kollegen, auch er schon in Zivil, unterstützte, den der sowjetische Verteidigungsminister Dmitrij Timofejewitsch Jasow heftig angriff.

Die anderen Vertreter gehörten noch zur Riege der moskauhörigen Militärführer. Jasow, seit 1987 im Amt und Kandidat des KPdSU-Politbüros, verhielt sich ganz wie ein Vertreter der alten stalinistischen Schule. In seinem Verständnis war er der Befehlshaber, und die anderen, immerhin Repräsentanten souveräner Staaten, hatten zu gehorchen. Vom ungarischen Verteidigungsminister verlangte er kategorisch zu versprechen, daß sein Staat im Warschauer Vertrag bleibe. Aber der konnte nicht mehr erwidern, als daß sein Land inzwischen eine Demokratie sei und über solche Fragen Parlament und Regierung entschieden und nicht er allein. Jasow gab sich damit aber nicht zufrieden, sondern wurde immer zorniger. Schließlich wurde es mir zu bunt, und ich griff ein. Ich bemühte mich, Jasow den Standpunkt des ungarischen Ministers zu verdeutlichen und ihm klarzumachen, daß die Verhältnisse sich unwiderruflich verändert hatten. Jasow beruhigte sich etwas, als er merkte, daß er nun gegen zwei stand. Alle anderen im Raum schwiegen. Sie kannten solches Abkanzeln aus der Vergangenheit und wagten es nicht, dem mächtigen Mann aus Moskau Paroli zu bieten.
In der Mittagspause bat ich Jasow, schon einmal ohne mich in mein Dienstzimmer vorzugehen, wo zwei NVA-Offiziere auf ihn warteten, die in meinem Auftrag die Umweltsituation in den sowjetischen Militärstandorten in der DDR untersucht hatten. Jasow tat dies, legte dort Jacke und Schirmmütze ab, gab sich in Pullover und Hosenträgern ganz wie zu Hause und gestattete den beiden Offizieren, ihm vorzutragen. Er unterbrach sie aber bald, und als ich das Zimmer betrat, waren die beiden NVA-Männer schon stark verunsichert. Ich bat Jasow eindringlich, sich die giftigen Tatsachen anzuhören. Schon deshalb, weil die sowjetischen Kommandeure abwiegelten,

wenn man sie auf solche Fragen ansprach. Er möge bitte zur Kenntnis nehmen, daß unsere Unterlagen unzweifelhaft klarmachten, daß die Lage keineswegs so harmlos sei, wie seine Offiziere beteuerten.
Jasow wurde puterrot, sprang auf und erklärte: »Ich habe nicht gedacht, daß wir es hier mit solchen Kinkerlitzchen zu tun haben, sondern hier sind Männer zusammen und befassen sich mit den Fragen der Friedenssicherung und der Verteidigung.« Ich widersprach. In meinen Augen handele es sich keineswegs um unwichtige Fragen, sondern um Vergiftungen, die so unnötig wie gefährlich seien. Jasow erwiderte zornig, daß sie die Sieger des Zweiten Weltkriegs seien, dann zog er im Aufstehen seine Jacke an, ohne sie zuzuknöpfen, ergriff seine Mütze und verließ schnaubend den Raum.
Als die Pause beendet war, gab sich Jasow jovial und umgänglich. Später sagte er mir, daß er mich zwar für einen schwierigen, aber auch für einen ehrlichen Mann halte.
Meist kam ich mit meinen russischen Gesprächspartnern gut aus. Als ich im April zum erstenmal als Abrüstungs- und Verteidigungsminister in Moskau war, lernte ich unter anderem Armeegeneral Pjotr Luschew näher kennen, den Oberbefehlshaber der Truppen des Warschauer Vertrags. Er lud mich ein, an den Feierlichkeiten zum Sieg im Krieg gegen Hitlerdeutschland am 8. Mai teilzunehmen. Ich sagte zu, bat aber darum, auch Leningrad besuchen zu dürfen, weil dort Deutsche unendliches Leid angerichtet hätten. Dafür wollte ich mich als Regierungsmitglied entschuldigen. Er griff die Idee auf und schlug vor, daß wir gemeinsam ins heutige St. Petersburg führen.
Als die Feierlichkeiten beendet waren, flogen wir zusammen mit Begleitung nach Leningrad. Luschew ging den ganzen Tag

mit uns durch die Stadt und über den riesigen Friedhof, auf dem unzählige Opfer der Blockade liegen, mit deren Hilfe Hitler die Stadt aushungern wollte. Auf dem Flugplatz, von dem aus wir nach Ost-Berlin zurückreisten, fragte er mich, ob wir uns auf russische Art verabschieden wollten. Wir umarmten uns seitdem immer, wenn wir uns trafen.
Gemeinsam mit Luschew vollzog ich am 24. September den offiziellen Austritt der DDR aus dem Warschauer Pakt. Ich erwartete ihn in meinem Verbindungsbüro in unserer Hauptstadt, das ich jenseits der Legalität – Berlin stand nach wie vor unter alliierter Kontrolle – eingerichtet hatte, um der Regierungsarbeit nicht allzu fern zu sein. Als Luschew kam, empfing ich ihn an der Eingangstür des Büros. Wir beide wußten, daß wir das Ende des östlichen Bündnissystems einleiteten, als wir das »Protokoll über die Herauslösung der Truppen der Nationalen Volksarmee der Deutschen Demokratischen Republik aus den Vereinten Streitkräften der Teilnehmerstaaten des Warschauer Vertrages« gemeinsam unterschrieben. Wir umarmten uns, tranken ein Glas Sekt, umarmten uns wieder, und ich brachte ihn zum Ausgang. Es war ein Abschied von einem Freund.
Das Kabinett de Maizière war geprägt durch die Unterschiede seiner Mitglieder hinsichtlich ihres Charakters und ihrer Sachkompetenz. Innenminister Peter-Michael Diestel, gleichzeitig stellvertretender Regierungschef, gab sich als »charming boy«. Ich bezweifle, daß er sein Ministerium im Griff hatte und immer wußte, welchen Mitarbeitern er vertrauen konnte. Oft sah mir sein Verhältnis zu alten MfS-Kadern zu sehr nach Kumpanei aus. Vollkommen zu Recht kritisierten ihn deshalb vor allem die Vertreter der SPD im Kabinett, während die anderen aus falsch verstandener Loyalität gegenüber dem Bünd-

nispartner schwiegen oder ihn gar verteidigten. Aber immerhin gab es zu seiner Zeit keine Rebellion oder Terrorakte der Stasi.

Nicht nur ich, sondern auch andere Kollegen im Kabinett fragten sich allerdings, was der hochintelligente und sensible Ministerpräsident an seinem doch ganz anders veranlagten Vize so schätzen mochte, daß er ihn gegen alle Kritik in Schutz nahm. Und worauf gründete sich Diestels Einfluß auf Lothar de Maizière? Er hätte es fast geschafft, die Regierung zum Rücktritt zu bewegen, bevor die Vereinigung der beiden deutschen Staaten vollzogen war.

Auf einer der letzten Sitzungen der Volkskammer Mitte September war die Regierung schwer unter Beschuß geraten. Verschiedene Minister – wie etwa Axel Viehweger (Bund Freier Demokraten) und Professor Frank Terpe (SPD) – seien Mitarbeiter der Stasi gewesen, lautete der Vorwurf, der sich inzwischen in manchen Fällen als zutreffend erwiesen hat. Im Anschluß daran bat mich Frau Schulz, Lothar de Maizières Bürovorsteherin, erstmals zu einer Sitzung beim Ministerpräsidenten. Als ich kam, saßen dort außer de Maizière bereits Diestel und ein Berater aus Bonn, ein Neffe des Regierungschefs. Lothar de Maizière war verzweifelt. In seinem Verständnis rieb die Regierung sich auf und hörte doch immer wieder nur Stasivorwürfe. Er erklärte, daß er zurücktreten werde. Zu meiner Überraschung unterstützte Diestel de Maizière gleich engagiert: Jawohl, es sei alles verfahren, wir müßten zurücktreten.

Es bedurfte einiger Anstrengung des Beraters aus Bonn und von mir, um diese Katastrophe abzuwenden. Der Einigungsprozeß wäre womöglich verzögert worden, und Unruhen hätten ausbrechen können, wenn der Regierungschef wenige Wochen vor der Vereinigung am 3. Oktober aufgegeben hätte. Er brauchte Ermutigung und Unterstützung und keine Bestärkung seiner Niedergeschlagenheit. Es wird wohl nie zu klären sein, welcher Teufel Diestel damals ritt.

Justizminister Kurt Wünsche von der LDPD besaß großen Sachverstand, aber er hatte eine langjährige Blockparteikarriere hinter sich, war schon zu SED-Zeiten einmal Justizminister gewesen und gehörte eigentlich nicht in ein Kabinett, das Demokratie und deutsche Einheit zu seinen zentralen Programmpunkten gemacht hatte. Ich weiß nicht, wer ihn als Regierungsmitglied vorgeschlagen hatte.

Sichtbar an Bedeutung gewann Günther Krause in der Regierungsmannschaft. Er war Vorsitzender der CDU-Volkskammerfraktion und Parlamentarischer Staatssekretär im Amt des Ministerpräsidenten. Er trat vor allem hervor, weil er mit dem damaligen bundesdeutschen Innenminister Wolfgang Schäuble als Vertreter der Bundesrepublik den Einigungsvertrag aushandelte, dessen Inhalte ein wesentlicher Tagesordnungspunkt der Kabinettssitzungen waren. Er bestach durch Sachkenntnis und ein gutes Gedächtnis.

Arbeits- und Sozialministerin Regine Hildebrandt (SPD) war außerordentlich engagiert und anstrengend. Ihr Redefluß war kaum zu bremsen, wenn sie einmal in Fahrt gekommen war, und Auseinandersetzungen ging sie nicht aus dem Weg.

Durch längere Wortbeiträge zeichnete sich ebenfalls der sozialdemokratische Außenminister Markus Meckel aus. Er war manchmal unbeherrscht und unhöflich. Während eines Besuchs in Irland gefiel es ihm, der erstaunten Öffentlichkeit ein sicherheitspolitisches Modell zu präsentieren, das vor allem den Nachteil hatte, daß es der Regierung, die er vertrat, nicht bekannt war. Ärger und Streit im Kabinett waren die logische Folge.

Auch zwischen SPD-Finanzminister Walter Romberg und dem Regierungschef entstanden immer wieder Reibungen. Gewiß spielte bei den Konflikten zwischen den SPD-Ministern und den anderen Kabinettsmitgliedern die Tatsache eine Rolle, daß die westdeutsche SPD-Opposition den Kurs der Bonner Regierung auf die rasche Herstellung der Einheit scharf angriff. Im August 1990 verließen die Sozialdemokraten schließlich die Regierung. Trotzdem erreichte das Kabinett de Maizière sein Ziel, sich selbst überflüssig zu machen, indem es den Staat, den es regierte, auflöste.

Am Tag der deutschen Einheit, dem 3. Oktober 1990, war ich früh aufgestanden, um im Ministerium die letzten Aufgaben als Amtschef zu erledigen und die NVA an Gerhard Stoltenberg zu übergeben. Ich gestehe, daß es mir schwerfiel, mich von Menschen zu verabschieden, von denen ich viele als lernwillig und fair kennengelernt hatte.
Später fuhr ich zum Alexanderplatz, wo eine öffentliche Gesprächsrunde von Journalisten und Politikern unter freiem Himmel stattfand. Anschließend bestiegen die Schöneberger Sängerknaben die Bühne. Ich unterhielt mich mit ihrem Leiter, der mich gleich zur Adventsfeier der Sängerknaben einlud. Natürlich ging ich hin.
Den Abend verbrachte ich zu Hause bei meiner Familie – meine Frau und ich hatten nach zwei Jahren Trennung im Juni wieder geheiratet. Zusammen mit Freunden wollten wir das Ende der Deutschen Demokratischen Republik und die Geburt einer neuen Heimat feiern. Aber das Zusammensein empfand ich als enttäuschend. Jedenfalls wollte bei mir die richtige Stimmung nicht entstehen. Für mich war der 3. Oktober nicht der entscheidende Tag, sondern der Schlußpunkt

einer Entwicklung, die ihren Höhepunkt bereits am 9. November 1989 gefunden hatte: am Tag, als die Mauer fiel.
Auch meine Gäste von der Samaritergemeinde waren eher nachdenklich. Sie machten sich Gedanken über das, was nun vor uns stand. Wir gehörten zu den vielleicht 85 Prozent Ostdeutschen, die nicht mehr DDR-Bürger, sondern Bundesbürger sein wollten. Von einem Tag auf den anderen lebten wir in einer Gesellschaft, die einen ganz anderen Geist hat, andere Antriebskräfte, andere Lebens- und Denkweisen.
Waren wir Neubundesbürger nun nur noch beschränkt oder gar nicht mehr verwendungsfähig? Wir wurden zurückgeworfen auf die Situation von Lehrlingen, allerdings war ich über vierzig, und andere waren noch älter. Wir mußten nun aber nicht feilen oder Haare schneiden lernen, sondern die Fähigkeit erwerben, in neuen sozialen Verhältnissen zu leben. Wir kamen aus einer Gesellschaft, die von sich behauptet hatte, fortschrittlicher, menschlicher und erfolgreicher zu sein als der Konkurrent, der mit historischer Notwendigkeit zum Untergang verurteilt sei. Das Gegenteil war eingetreten. Was so viele Jahre richtig war, war auf einmal falsch. Viele fühlten sich als Verlierer. Die Politiker, auch ich, glaubten, die deutsche Einheit sei eine politische, militärische, ökologische, finanzielle, ökonomische und technische Aufgabe. Was wir aber vergessen haben, ist, daß sie vor allem eine menschliche Herausforderung ist.
Die Deutschen in Ost und West hatten 45 Jahre lang in unterschiedlichen Gesellschaftsordnungen gelebt. Seit dem Mauerbau waren viele Kontakt abgebrochen, später entspannte sich die Lage etwas. Am 9. November 1989 dachten viele, künftig lägen sich Ost- und Westdeutsche nur noch in den Armen. Wir erinnerten uns an die netten Besucher von drüben, die sich so

weltmännisch gegeben und Plastiktüten in den Händen getragen hatten, deren Inhalte sie uns schenkten. Da sie uns nicht erzählt hatten, wie hart sie dafür arbeiten mußten, glaubten wir, unsere Landsleute im Westen erwarben ihren Reichtum, ohne Schweiß zu vergießen.

Die Enttäuschung ist so groß, wie die Illusionen es waren. Heute belasten Mißverständnisse die Beziehungen der Menschen aus Dresden und Düsseldorf, Rostock und Hamburg. Dabei sind die Schwierigkeiten, vor denen wir stehen, die natürliche Folge dieses gewaltigen Projekts »Deutsche Einheit«. Wir verhalten uns nur wie Kinder, die sich zehn Geschenke zu Weihnachten gewünscht haben, aber nur fünf bekommen, und sich über diese nicht freuen können, weil sie die anderen nicht auch erhalten haben.

Ich wünsche mir, daß wir unser Gedächtnis nicht nur benutzen, um zu forschen und zu experimentieren, um zu bitten und zu fordern, sondern auch, um uns zu erinnern und zu danken. Wir würden manches an Zufriedenheit und Zuversicht zurückgewinnen.

Personenverzeichnis

Fotonachweis

Deutsche Presse-Agentur 235, 237 (unten), 241 (oben)
Dietmar Herbst 238, 239, 240 (unten)
Rainer Wolf 233 (unten)

Alle anderen Fotos aus dem Privatbestand des Autors.

Alice Schwarzer
Eine tödliche Liebe

Petra Kelly und Gert Bastian

Mit zahlreichen Abbildungen. Broschur

Die EMMA-Herausgeberin analysiert die fatale Symbiose von Liebe und Haß in der Beziehung des bekanntesten politischen Paares der deutschen Nachkriegsgeschichte.
In monatelangen Recherchen suchte sie Antworten auf die Frage, die sich schon wenige Wochen nach Bekanntwerden des Dramas niemand mehr stellte: Warum erschoß Gert Bastian Petra Kelly?

Kiepenheuer & Witsch

Ralph Giordano
Wird Deutschland wieder gefährlich?
Mein Brief an Kanzler Kohl – Ursachen und Folgen

Leinen

Im November 1992 schrieb Ralph Giordano Bundeskanzler Helmut Kohl einen Brief, in dem er mitteilte, daß Juden in Deutschland sich nun selbst schützen würden gegen die Gewalt von rechts. Die Resonanz in den Medien war enorm. Auch in einer Flut von Briefen zeigt sich, daß Giordano den Nerv der Zeit getroffen hat. In diesem grundlegenden Beitrag zur politischen Diskussion gibt er seine Antwort auf die Frage, ob Deutschland wieder gefährlich wird.

Ignatz Bubis
Ich bin ein deutscher Staatsbürger jüdischen Glaubens
Ein autobiographisches Gespräch mit Edith Kohn

KiWi 313
Originalausgabe
Dieses Buch ist eine autobiographische Bestandsaufnahme, die in Gesprächen mit Edith Kohn entstanden ist. Ignatz Bubis erzählt nicht nur seine Lebensgeschichte. Er spricht auch über das Judentum in Deutschland, sein Verhältnis zu Israel und seine Sehnsucht nach geschichtsbewußter Normalität zwischen jüdischen und nichtjüdischen Deutschen.

KiWi Paperbackreihe bei Kiepenheuer & Witsch